纯粹哲学丛书

黄裕生 主编

真理与自由

ZHENLI YU ZIYOU

康德哲学的存在论阐释

黄裕生 著

江苏人民出版社

图书在版编目（CIP）数据

真理与自由:康德哲学的存在论阐释/黄裕生著
. 一南京：江苏人民出版社，2023.9
ISBN 978-7-214-24374-4

Ⅰ.①真… Ⅱ.①黄… Ⅲ.①康德(Kant,
Immanuel 1724-1804)-哲学思想-研究 Ⅳ.①B516.31

中国版本图书馆 CIP 数据核字(2019)第 291533 号

书　　　　名	真理与自由——康德哲学的存在论阐释	
著　　　　者	黄裕生	
责 任 编 辑	薛耀华	
装 帧 设 计	许文菲	
责 任 监 制	王　娟	
出 版 发 行	江苏人民出版社	
地　　　　址	南京市湖南路 1 号 A 楼,邮编:210009	
照　　　　排	江苏凤凰制版有限公司	
印　　　　刷	江苏凤凰通达印刷有限公司	
开　　　　本	652 毫米×960 毫米　1/16	
印　　　　张	23　插页 3	
字　　　　数	298 千字	
版　　　　次	2023 年 9 月第 1 版	
印　　　　次	2023 年 9 月第 1 次印刷	
标 准 书 号	ISBN　978-7-214-24374-4	
定　　　　价	98.00 元	

(江苏人民出版社图书凡印装错误可向承印厂调换)

从纯粹的学问到真实的事物

——"纯粹哲学丛书"改版序

江苏人民出版社自 2002 年出版这套"纯粹哲学丛书"已有五年，共出书 12 本，如今归入凤凰出版传媒集团"凤凰文库"继续出版，趁改版机会，关于"纯粹哲学"还有一些话要说。

"纯粹哲学"的理念不只是从"纯粹的人"、"高尚的人"、"摆脱私利"、"摆脱低级趣味"这些意思引申出来的，而是将这个意思与专业的哲学问题，特别是与德国古典哲学的问题结合起来思考，提出"纯粹哲学"也是希望"哲学""把握住""自己"。

这个提法，也有人善意地提出质询，谓世上并无"纯粹"的东西，事物都是"复杂"的，"纯粹哲学"总给人以"脱离实际"的感觉。这种感觉以我们这个年龄段或更年长些的人为甚。当我的学生刚提出来的时候，我也有所疑虑，消除这个疑虑的理路，已经在 2002 年的"序"中说了，过了这几年，这个理路倒是还有一些推进。

"纯粹哲学"绝不是脱离实际的，也就是说，"哲学"本不脱离实际，也不该脱离实际，"哲学"乃是"时代精神"的体现；但是"哲学"也不是要"解决"实际的具体问题，"哲学"是对于"实际-现实-时代""转换"一个"视角"。"哲学"以"哲学"的眼光"看""世界","哲学"以"自己"的眼光"看"世界,也就是以"纯粹"的眼光"看"世界。

为什么说"哲学"的眼光是"纯粹"的眼光?

"纯粹"不是"抽象",只有"抽象"的眼光才有"脱离实际"的问题,因为它跟具体的实际不适合;"纯粹"不是"片面",只有"片面"的眼光才有"脱离实际"的问题,因为"片面"只"抓住-掌握""一面",而"哲学"要求"全面"。只有"全面-具体"才是"纯粹"的,也才是"真实的"。"片面-抽象"都"纯粹"不起来,因为有一个"另一面"、有一个"具体"在你"外面"跟你"对立"着,不断地从外面"干扰"你,"主动-能动"权不在你手里,你如何"纯粹"得起来?

所以"纯粹"应在"全面-具体"的意义上来理解,这样,"纯粹"的眼光就意味着"辩证"的眼光,"哲学"为"辩证法"。

人们不大谈"辩证法"了,就跟人们不大谈"纯粹"了一样,虽然可能从不同的角度来"回避"它们,或许以为它们是相互抵触的,其实它们是一致的。

"辩证法"如果按日常的理解,也就是按感性世界的经验属性或概念来理解,那可能是"抽象"的,但那不是哲学意义上的"辩证"。譬如冷热、明暗、左右、上下等等,作为抽象概念来说,"冷"、"热"各执一方,它们的"意义"是"单纯"的"抽象",它们不可以"转化",如果"转化"了,其"意义"就会发生混淆;但是在现实中,在实际上,"冷"和"热"等等是可以"转化"的,不必"变化"事物的温度,事物就可以由"热""转化"为"冷",在这个意义上,执著于抽象概念反倒会"脱离实际",而坚持"辩证法"的"转化",正是"深入""实际"的表现,因为实际上现实中的事物都是向"自己"的"对立面""转化"的。

哲学的辩证法正是以一种"对立面""转化"的眼光来"看-理解"世界的,不执著于事物的一面——一偏,而是"看到-理解到"事物的"全面"。

哲学上所谓"全面",并非要"穷尽"事物的"一切""属性",而是"看到-理解到-意识到"凡事都向"自己"的"相反"方面"转化","冷"必然要"转化"为"非冷",换句话说,"冷"的"存在",必定要"转化"为"冷"的"非存在"。

在这个意义上,哲学的辩证法将"冷-热"、"上-下"等等"抽象-片面"的"对立""纯粹化"为"存在-非存在"的根本问题,思考的就是这种"存在-非存在"的"生死存亡"的"大问题"。于是,"哲学化"就是"辩证化",也就是"纯净化-纯粹化"。

这样,"纯粹化"也就是"哲学化",用现在流行的话来说,就是"超越化";"超越"不是"超越"到"抽象"方面去,不是从"具体"到"抽象",好像越"抽象"就越"超越",或者越"超越"就越"抽象",最大的"抽象"就是最大的"超越"。事实上恰恰相反,"超越"是从"抽象"到"具体","具体"为"事物"之"存在"、"事物"之"深层次"的"存在",而不是"表面"的"诸属性"之"集合"。所谓"深层",乃是"事物"之"本质","本质"亦非"抽象",而是"存在"。哲学将自己的视角集中在"事物"的"深层",注视"事物""本质"之"存在"。"事物"之"本质","本质"之"存在",乃是"纯粹"的事物。"事物"之"本质",也是"事物"之"存在",是"理性-理念"的世界,而非"驳杂"之"大千世界"-"感觉经验世界"。"本质-存在-理念"是"具体"的、"辩证"的,因而也是"变化-发展"的。并不是"现象""变"而"理念-本质""不变",如果"变"作为"发展"来理解,而不是机械地来理解,则恰恰是"现象"是相对"僵化"的,而"本质-理念"则是"变化-发展"的。这正是我们所谓"时间(变化发展)"进入"本体-本质-存在"的意义。

于是,哲学辩证法也是一种"历史-时间"的视角。我们面对的世界,是一个历史的世界、时间的世界,而不仅是僵硬地与我们"对立"的"客观世界"。"客观世界"也是我们的"生活世界",而"生活"是历史性的、时间性的,是变化发展的,世间万事万物无不打上"历史–时间"的"烙印","认出–意识到–识得"这个"烙印–轨迹",乃是哲学思考的当行,这个"烙印"乃是"事物–本质–存在""发展"的"历史轨迹",这个"轨迹"不是直线,而是曲线。"历史–时间"的进程是"曲折"的,其间充满了"矛盾–对立–斗争",也充满了"融合–和解–协调",充满了"存在–非存在"的"转化",充满了"对立面"的"转化"和"统一"。

以哲学–时间–历史的眼光看世界,世间万物都有相互"外在"的"关系"。"诸存在者"相互"不同",当然也处在相互"联系"的"关系网"中,其中也有"对立",譬如冷热、明暗、上下、左右之类。研究这种"外在"关系,把握这种"关系"当然是非常重要的,须得观察、研究以及实验事物的种种属性和他物的属性之间的各种"关系",亦即该事物作为"存在者"的"存在""条件"。"事物"处于"外在环境"的种种"条件""综合"之中,这样的"外在""关系"固不可谓"纯粹"的,它是"综合"的、"经验"的;然则,事物还有"自身"的"内在""关系"。

这里所谓的"内在""关系",并非事物的内部的"组成部分"的关系,这种把事物"无限分割"的关系,也还是把一事物分成许多事物,这种关系仍是"外在"的;这里所谓"内在"的,乃是"事物""自身"的"关系",不仅仅是这一事物与另一事物的关系。

那么,如何理解事物"自身"的"内在""关系"?"事物自身"的"内在""关系"乃是"事物自身""在""时间–历史"中"产生"出来的"非自身–他者"的关系,乃是"是–非"、"存在–非存在"的"关系",而不是"白"的"变成""黑"的、"方"的"变成""圆"的等等这类关系。这种"是非–存亡"的关系,并不来自"外部",而是"事物自身"的"内部"本来就具备了的。这种"内在"的"关系"随着时间–历史的发展"开显"出来。

这样,事物的"变化发展",并非仅仅由"外部条件"的"改变"促使而成,而是由事物"内部自身"的"对立–矛盾"发展–开显出来的,在这个意义上,"内因"的确是"决定性"的。看到事物"变化"的"原因""在""事物自身"的"内部",揭示"事物发展"的"内在原因",揭示事物发展的"内在矛盾",这种"眼光",可以称得上是"纯粹"的(不是"驳杂"的),是"哲学"的,也是"超越"的,只是并不"超越"到"天上",而是"深入"到事物的"内部"。

以这种眼光来看世界,世间万物"自身"无不"存在-有""内在矛盾",一事物的"存在"必定"蕴涵"该事物的"非存在",任何事物都向自身的"反面""转化",这是事物自己就蕴涵着的"内在矛盾"。至于这个事物究竟"变成""何种-什么"事物,则要由"外部""诸种条件"来"决定",但是哲学可以断言的,乃是该事物-世间任何事物都不是"永存"的,都是由"存在""走向-转化为""自己"的"反面"——"非存在","非存在"就"蕴涵""在"该事物"存在"之中。在这个意义上,我们对事物采取"辩证"的态度,也就是采取"纯粹"的态度,把握住"事物"的"内在矛盾",也就是把握住了"事物自身",把握住了"事物自身",也就是把握住了"事物"的"内在""变化-发展",而不"杂"有事物的种种"外部"的"关系";从事物"外部"的种种"复杂关系"中"摆脱"出来,采取一种"自由"的、"纯粹"的态度,抓住"事物"的"内在关系",也就是"抓住"了事物的"本质"。

抓住事物的"本质",并非不要"现象","本质"是要通过"现象""开显"出来的,"本质"并非"抽象概念","本质"是"现实",是"存在",是"真实",是"真理";抓住事物的"本质",就是要"透过现象看本质"。"哲学"的眼光,"纯粹"的眼光,"辩证"的眼光,"历史"的眼光,正是这种"透过现象""看""本质"的眼光。

"透过现象看本质","现象"是"本质"的,"本质"也是"现象"的,"本质""在""现象"中,"现象"也"在""本质"中。那么,从"本质"的眼光来"看""现象-世界"又复何如?

从"纯粹"的眼光来"看""世界",则世间万物固然品类万殊,但无不"在""内在"的"关系"中。"一事物"的"是-存在"就是"另一事物"的"非-非存在","存在""在""非存在"中,"非存在"也"在""存在"中;事物的"外在关系",原本是"内在关系"的"折射"和"显现"。世间很多事物,在现象上或无直接"关系",只是"不同"而已。譬如"风马牛不相及","认识到-意识到""马""牛"的这种"不同"大概并不困难,是一眼就可以断定的。对于古代战争来说,有牛无马,可能是一个大的问题。对于古代军事家来说,认识到这一点也不难,但是要"意识到-认识到""非存在"也"蕴涵着""存在",二者是一而二、二而一的,并不因为"有牛无马"而放弃战斗,就需要军事家有一点"大智慧"。如何使"非存在""转化"为"存在"? 中国古代将领田单的"火牛阵"是以"牛"更好地发挥"马"的战斗作用的一例,固然并非要将"牛""装扮"成"马",也不是用"牛"去"(交)换""马",所谓"存在-非存在"并非事物之物理获胜或生物的"属性"可以涵盖得了的。"存在-非存在"有"历史"的"意义"。

就我们哲学来说,费希特曾有"自我""设定""非我"之说,被批评为主观唯心论,批评当然是很对的,他那个"设定"会产生种种误解;不过他所论述的"自我"与"非我"的"关系"却是应该被重视的。我们不妨从一种"视角"的"转换"来理解费希特的意思:如"设定"——采取一种"视角"——"A-存在",则其他诸物皆可作"非 A-非存在"观。"非 A"不"=(等于)""A",但"非 A"却由"A""设定","非存在"由"存在""设定"。我们固不可说"桌子"是由"椅子""设定"的,这个"识见"是"常识"就可以判断的,没有任何哲学家会违反它,但是就"椅子"与"非椅子"的关系来说,"桌子"却是"在""非椅子"之内,而与"椅子"有一种"对立统一"的关系,"非椅子"是由于"设定"了"椅子"而来的。扩大开来说,"非存在"皆由"存在"的"设定"而来,既然"设定""存在",则必有其"对立"的"反面"——"非存在""在","非存在"由"存在""设定",反之亦然。

"我"与"非我"的关系亦复如是。"意识-理性""设定"了"我",有了"自我意识",则与"我""对立"的"大千世界"皆为"非我",在这个意义上,"非我"乃由"（自）我"之"设定"而"设定",于是"自我""设定""非我"。我们看到,这种"设定"并不是在"经验"的意义上来理解的,而是在"纯粹"的意义上来理解的,"自我"与"非我"的"对立统一"关系乃是"纯粹"的、"本质"的、"哲学"的、"历史"的,因而也是"辩证"的。我们决不能说,在"经验"上大千世界全是"自我""设定"——或者叫"建立"也一样——的,那真成了狄德罗批评的,作如是观的脑袋成了一架"发疯的钢琴"。哲学是很理性的学问,它的这种"视角"的转换——从"经验"的"转换"成"超越"的,从"僵硬"的"转换"成"变化发展"的,从"外在"的"转换"成"内在"的——并非"发疯"式的胡思乱想,恰恰是很有"理路"的,而且还是很有"意义"的:这种"视角"的"转换",使得从"外在"关系看似乎是"风马牛不相及"的"事物"都有了"内在"的联系。"世界在普遍联系之中"。许多事物表面上"离"我们很"远",但作为"事物本身-自身-物自体"看,则"内在"着-"蕴涵"着"对立统一"的"矛盾"的"辩证关系",又是"离"我们很"近"的。海德格尔对此有深刻的阐述。

"日月星辰"就空间距离来说,离我们人类很远很远,但它们在种种方面影响人的生活,又是须臾不可或离的,于是在经验科学尚未深入研究之前,我们祖先就已经在自己的诗歌中吟诵着它们,也在他们的原始宗教仪式中膜拜着它们;尚有那人类未曾识得的角落,或者时间运行尚未到达的"未来",我们哲学已经给它们"预留"了"位置",那就是"非我"。哲学给出这个"纯粹"的"预言",以便一旦它们"出现",或者我们"发现"它们,则作出进一步的科学研究。"自我"随时"准备"

着"迎接""非我"的"挑战"。

"自我"与"非我"的这种"辩证"关系,使得"存在"与"非存在""同出一元",都是我们的"理性""可以把握-可以理解"的:在德国古典哲学,犹如黑格尔所谓的"使得""自在-自为之物""转化"为"为我之物";在海德格尔,乃是"存在"为"使存在",是"动词"意义上的"存在","存在"与"非存在"在"本体论-存在论"上"同一"。

就知识论来说,哲学这种"纯粹"的"视角"的"转换",也有相当重要的意义。知识论也"设定"一个不以人的意志为转移的"客体",这个"客体"乃是一切经验科学的"对象",也是"前提",但是哲学"揭示"着"客体"与"主体"也是"对立统一"的"辩证关系",一切"非主体"就是"客体",于是仍然在"存在-非存在"的关系之中,那一时"用不上"的"未知"世界,同样与"主体"构成"对立统一"关系,从而使"知识论"展现出广阔的天地,成为一门有"无限"前途的"科学",而不局限于"主体-人"的"眼前"的"物质需求"。哲学使人类知识"摆脱""急功近利"的"限制",使"知识"成为"自由"的。"摆脱""急功近利"的"限制",也就是使"知识-科学"有"哲学"的"涵养",使"知识-科学"也"纯粹"起来,使"知识-科学"成为"自由"的。古代希腊人在"自由知识"方面给人类的贡献使后人受益匪浅,但这种"自由-纯粹"的"视角",当得益于他们的"哲学"。

从这个意义来看,我们所谓的"纯粹哲学",一方面当然是很"严格"的,从康德到黑格尔的德国古典哲学,哲学有了自己很专业的一面,再到胡塞尔,曾有"哲学"为"最为""严格"(strict-strenge)之称;另一方面,"纯粹哲学"就其题材范围来说,又是极其广阔的。"哲学"的"纯粹视角",原本就是对于那表面上似乎没有关系的、在时空上"最为遥远"的"事物",都能"发现"有一种"内在"的关系。"哲学"有自己的"远"、"近"观。"秦皇汉武"已是"过去"很多年的"事情",但就"纯粹"的"视角"看也并不"遥远",它仍是伽达默尔所谓的"有效应的历史",仍在"时间"的"绵延"之"中",它和"我们"有"内在"的关系。

于是,从"纯粹哲学"的"视角"来看,大千世界、古往今来,都"在""视野"之"中",上至"天文",下至"地理","至大无外"、"至小无内",无不可以"在""视野"之"中";具体到我们这套丛书,在选题方面也就不限于讨论康德、黑格尔、海德格尔等等专题,举凡社会文化、政治经济、自然环境、诗歌文学,甚至娱乐时尚,只要以"纯粹"的眼光,有"哲学"的"视角",都在欢迎之列。君不见,法国福柯探讨监狱、疯癫、医院、学校种种问题,倡导"穷尽细节"之历史"考古"观,以及论题不捐细小的"后现代"诸公,其深入程度,其"解构"之"辩证"运用,岂能以"不纯粹"目之?

"纯粹哲学丛书"改版在即,有以上的话想说,当否敬请读者批评指正。

叶秀山

2007 年 7 月 10 日于北京

序"纯粹哲学丛书"

　　人们常说,做人要像张思德那样,做一个"纯粹的人",高尚的人,如今喝水也要喝"纯净水",这大概都没有什么问题;但是说到"纯粹哲学",似乎就会引起某些怀疑,说的人,为避免误解,好像也要做一番解释,这是什么原因? 我想,这个说法会引起质疑,是有很深的历史和理论的原因的。

　　那么,为什么还要提出"纯粹哲学"的问题?

　　现在来说"纯粹哲学"。说哲学的"纯粹性",乃是针对一种现状,即现在有些号称"哲学"的书或论文,已经脱离了"哲学"这门学科的基本问题和基本要求,或者可以说,已经没有什么"哲学味",但美其名曰"生活哲学"或者甚至"活的哲学",而对于那些真正探讨哲学问题的作品,反倒觉得"艰深难懂",甚至断为"脱离实际"。在这样的氛围下,几位年轻的有志于哲学研究的朋友提出"纯粹哲学"这个说法,以针砭时弊,我觉得对于哲学作为一门学科的发展是有好处的,所以也觉得是可以支持的。

　　人们对于"纯粹哲学"的疑虑也是由来已久。

　　在哲学里,什么叫"纯粹"? 按照西方哲学近代的传统,"纯粹"

（rein，pure）就是"不杂经验"、"跟经验无关"，或者"不由经验总结、概括出来"这类的意思，总之是和"经验"相对立的意思。把这层意思说得清楚彻底的是康德。

康德为什么要强调"纯粹"？原来西方哲学有个传统观念，认为感觉经验是变幻不居的，因而不可靠，"科学知识"如果建立在这个基础上，那么也是得不到"可靠性"，这样就动摇了"科学"这样一座巍峨的"殿堂"。这种担心，近代从法国的笛卡尔就表现得很明显，而到了英国的休谟，简直快给"科学知识""定了性"，原来人们信以为"真理"的"科学知识"竟只是一些"习惯"和"常识"，而这些"习俗"的"根据"仍然限于"经验"。

为了挽救这个似乎摇摇欲坠的"科学知识"大厦，康德指出，我们的知识虽然都来自感觉经验，但是感觉经验之所以能够成为"科学知识"，能够有普遍的可靠性，还要有"理性"的作用。康德说，"理性"并不是从"感觉经验"里"总结-概括"出来的，它不依赖于经验，如果说，感觉经验是"杂多-驳杂"的，理性就是"纯粹-纯一"的。杂多是要"变"的，而纯一就是"恒"，是"常"，是"不变"的；"不变"才是"必然的"、"可靠的"。

那么，这个纯一的、有必然性的"理性"是什么？或者说，康德要人们如何理解这个（些）"纯粹理性"？我们体味康德的哲学著作，渐渐觉得，他的"纯粹理性"说到最后乃是一种形式性的东西，他叫"先天的"——以"先天的"译拉丁文 a priori 不很确切，无非是强调"不从经验来"的意思，而拉丁文原是"由前件推出后件"，有很强的逻辑的意味，所以国外有的学者干脆就称它作"逻辑的"，意思是说，后面的命题是由前面的命题"推断"出来的，不是由经验的积累"概括"出来的，因而不是经验的共同性，而是逻辑的必然性。

其实，这个意思并不是康德的创造，康德不过是沿用旧说；康德的创造性在于他认为旧的哲学"止于"此,就把科学知识架空了,旧的逻辑只是"形式逻辑"——"止于"形式逻辑,而科学知识是要有内容的。康德觉得,光讲形式,就是那么几条,从亚里士多德创建形式逻辑体系以来,到康德那个时代,并没有多大的进步,而科学的知识,日新月异,"知识"是靠经验"积累"的,逻辑的推演,后件已经包含在前件里面,推了出来,也并没有"增加"什么。所以,康德哲学在"知识论"的范围里,主要的任务是要"改造"旧逻辑,使得"逻辑的形式"和"经验的内容"结合起来,也就是像有的学者说的,把"逻辑的"和"非逻辑的"东西结合起来。

从这里,我们看到,即使在康德那里,"纯粹"的问题,也不是真的完全"脱离实际"的;恰恰相反,康德的哲学工作,正是要把哲学做得既有"内容",而又是"纯粹"的。这是一件很困难的工作,康德做得很艰苦,的确也有"脱离实际"的毛病,后来受到很多的批评,但是就其初衷,倒并不是为了"钻进象牙之塔"的。

康德遇到了什么困难?

我们说过,如果"理性"的工作,只是把感觉经验得来的材料加工酿造,提炼出概括性的规律来,像早年英国的培根说的那样"归纳"出来的,那么,一来就不容易"保证""概括"出来的东西一定有普遍必然性,二来这时候,"理性"只是"围着经验转",也不大容易保持"自己",这样理解的"理性",就不会是"纯粹"的。康德说,他的哲学要来一个"哥白尼式的大革命",就是说,过去是"理性"围着"经验"转,到了我康德这里,就要让"经验"围着"理性"转,不是让"纯粹"的东西围着"不纯"的东西转受到"污染",而是让"不纯"的东西围着"纯粹"的东西转得到"净化"。这就是康德说的不让"主体"围着"客体"转,而让"客体"围着"主体"转的意义所在。

我们看到,不管谁围着谁转,感觉经验还是不可或缺的,康德主观上并不想当"脱离实际"的"形式主义者";康德的立意,还是要改造旧逻辑,克服它的"形式主义"的。当然,康德的工作也只是一种探索,有许多值得商讨的地方。

说实在的,在感觉经验和理性形式两个方面,要想叫谁围着谁转都不很容易,简单地说一句"让它们有机地结合起来"当然并不解决问题。

康德的办法是提出一个"先验的"概念来统摄感觉经验和先天理性这两个方面,并使经验围着理性转,以保证知识的"纯粹性"。

康德的"先验的"原文为 transcendental,和传统的 transcendent 不同,后者就是"超出经验之外"的意思,而前者为"虽然不依赖经验但还是在经验之内"的意思。

康德为什么要把问题弄得如此的复杂?

原来康德要坚持住哲学知识论的纯粹性而又具有经验的内容,要有两个方面的思想准备。一方面"理性"要妥善地引进经验的内容,另一方面要防止那本不是经验的东西"混进来"。按照近年的康德研究的说法,"理性"好像一个王国,对于它自己的王国拥有"立法权",凡进入这个王国的都要服从理性为它们制定的法律。康德认为,就科学知识来说,只有那些感觉经验的东西,应被允许进入这个知识的王国,成为它的臣民;而那些根本不是感觉经验的东西,亦即不能成为经验对象的东西,譬如"神-上帝",乃是一个"观念-理念",在感觉经验世界不存在相应的对象,所以它不能是知识王国的臣民,它要是进来了,就会不服从理性为知识制定的法律,在这个王国里,就会闹矛盾,而科学知识是要克服矛盾的,如果出现不可避免的矛盾,知识王国-科学的大厦,就要土崩瓦解了。所以康德在他的第一批判——《纯粹理性批判》里,一方面要仔细研究理性的立法作用;另一方面要仔细厘定理性的职权范围,防止越出经验的范围之外,越过了自己的权限——防止理性的僭越，管了那本不是它的臣民的事。所以康德的"批判"，有"分析"、"辨析"、"划界限"的意思。

界限划在哪里？正是划在"感觉经验"与"非感觉经验-理性"上。对于那些不可能进入感觉经验领域的东西，理性在知识王国里，管不了它们，它们不是这个王国的臣民。

康德划这一界限还是很有意义的，这样一来，举凡宗教信仰以及想涵盖信仰问题的旧形而上学，都被拒绝在"科学知识"的大门以外了，因为它们所涉及的"神-上帝"、"无限"、"世界作为一个大全"等等，就只是一些"观念"（ideas），而并没有相应的感觉经验的"对象"。这样，康德就给"科学"和"宗教"划了一条严格的界限，而传统的旧形而上学，就被断定为"理性"的"僭越"；而且理性在知识范围里一"僭越"，就会产生不可克服的矛盾，这就是他的有名的"二律背反"。

在这个意义上，我们看到，在知识论方面，康德恰恰是十分重视感觉经验的，也是十分重视"形式"和"内容"的结合的。所以批评康德知识论是"形式主义"，猜想他是不会服气的，他会说，他在《纯粹理性批判》里的主要工作就是论证"先天综合判断"如何可能，既然是"综合"的，就不是"形式"的，在这方面，他是有理由拒绝"形式主义"的帽子的；他的问题出在那些不能进入感觉经验的东西上。他说，既然我们所认知的是事物能够进入感觉经验的一面，那么，那不能进入感觉经验的另一面，就是我们科学知识不能达到的地方，我们在科学上则是一无所知；而通过我们的感官进得来的，只是一些印象（impression）、表象（appearance），我们的理性在知识上，只能对这些东西根据自己立的法律加以"管理"，使之成为科学的、具有必然真理性的知识体系，所以我们的科学知识"止于""现象"（phenomena），而"物自身"（Dinge an sich）、"本体"（noumena）则是"不可知"的。

原来，在康德那里，这种既保持哲学的纯粹性，又融入经验世界的"知识论"是受到"限制"的,康德自己说,他"限制""知识",是为"信仰"留有余地。那么,就我们的论题来说,康德所理解的"信仰"是不是只是"形式"的? 应该说,也不完全是。

我们知道,康德通过"道德"引向"宗教-信仰"。"知识"是"必然"的,所以它是"科学";"道德"是"自由"的,所以它归根结蒂不能形成一门"必然"的"科学知识"。此话怎讲?

"道德"作为一门学科,讨论"意志"、"动机"、"效果"、"善恶"、"德性"、"幸福"等问题。如果作为科学知识来说,它们应有必然的关系,才是可以知道、可以预测的;但是,道德里的事,却没有那种科学的必然性,因而也没有那种"可预测性"。在道德领域里,一定的动机其结果却不是"一定"的;"德性"和"幸福"就更不是可以"推论"出来的。世上有德性的得不到幸福,比比皆是;而缺德的人往往是高官得做、骏马得骑。有那碰巧了,既有些德性,也有些幸福的,也就算是老天爷开恩了。于是,我们看到,在经验世界里,"德性"和"幸福"的统一,是偶尔有之,是偶然的,不是必然的。我们看到一个人很幸福,不能必然地推断他一定就有德性,反之亦然。在这个意义上,这种关系,是不可知的。

所谓"不可知",并不是说我们没有这方面的感觉经验的材料,对于人世的"不公",我们深有"所感";而是说,这些感觉材料,不受理性为知识提供的先天法则的管束,形不成必然的推理,"不可知"乃是指的这层意思。

"动机"和"效果"也是这种关系,我们不能从"动机"必然地"推论"出"效果",反之亦然。也就是说,我们没有足够的理由说一个人干了一件"好事",就"推断"他的"动机"就一定也是"好"的;也没有足够的理由说一个人既然动机是好的,就一定会做出好的事情来。

之所以会出现这种情况,乃是因为"道德"的问题概出于意志的

"自由",而"自由"和"必然"是相对立的。

要讲"纯粹",康德这个"自由"是最"纯粹"不过的了。"自由"不但不能受"感觉经验-感性欲求"一点点的影响,而且根本不能进入这个感觉经验的世界,就是说,"自由"不可能进入感性世界成为"必然"。这就是为什么康德把他的《实践理性批判》的主要任务定为防止"理性"在实践-道德领域的"降格":理性把原本是超越的事当做感觉经验的事来管理了。

那么,康德这个"自由"岂不是非常的"形式"了?的确如此。康德的"自由"是理性的"纯粹形式",它就问一个"应该",向有限的理智者发出一道"绝对命令",至于真的该做"什么",那是一个实际问题,是一个经验问题,实践理性并不给出"教导"。所以康德的伦理学,不是经验的道德规范学,而是道德哲学。

那么,康德的"纯粹理性"到了"实践-道德"领域,反倒更加"形式"了?如果康德学说止于"伦理学",止于"自由",则的确会产生这个问题;但是我们知道,康德的伦理道德乃是通向宗教信仰的桥梁,它不止于此。康德的哲学"止于至善"。

康德解释所谓"至善"有两层含义:一是指单纯意志方面的,是最高的道德的善;一是更进一层为"完满"的意思。这后一层的意义,就引向了宗教。

在"完满"意义上的"至善",就是我们人类最高的追求目标:"天国"。在这个意义上,我们人类要不断地修善,"超越""人自身"——已经孕育着尼采的"超人"(?),而争取进入"天国"。

在"天国"里,一切的分离对立都得到了"统一"。"天国"不仅仅是"理想"的,而且是"现实"的。在"天国"里,凡理性的,也就是经验的,反之亦然。在那里,"理性"能够"感觉"、"经验的",也就是"合理的",两者之间有一种"必然"的关系,而不像尘世那样,两者只是偶尔统一。这样,在那个世界,我们就很有把握地说,凡是幸福的,就一定是有德的,而绝不会像人间尘世那样,常常出现"荒诞"的局面,让那有德之人受苦,而缺德之人却得善终。于是,在康德的思想里,"天国"恰恰不是"虚无缥缈"的,而是实实在在的,它是一个"理想",但也是一个"现实";甚至我们可以说,唯有"天国"才是既理想又现实的,于是,我们可以说这是一种"完满"意义上的"至善"。

想象一个美好的"上天世界"并不难,凡是在世间受到委屈的人都会幻想一个美妙的"天堂",他的委屈就会得到平申;但是建立在想象和幻想上的"天堂",是很容易受到怀疑和质询的,中国古代屈原的"天问",直到近年描写莫扎特的电影 Amadeus,都向这种想象的产物发出了疑问,究其原因,乃是这个"天堂"光是"理想"的,缺乏"实在性";康德的"天国",在他自己看来,却是"不容置疑"的,因为它受到严格的"理路"的保证。在康德看来,对于这样一个完美无缺、既合理又实实在在的"国度"只有理智不健全的人才会提出质疑。笛卡尔有权怀疑一切,康德也批评过他的"我思故我在"的命题,因为那时康德的领域是"知识的王国";如果就"至善-完满"的"神的王国-天国"来说,那么"思"和"在"原本是"同一"的,"思想的",就是"存在的",同理,"存在"的,也必定是"思想"的,"思"和"在"之间,有了一种"必然"的"推理"关系。对于这种关系的质疑,也就像对于"自然律"提出质疑一样,本身"不合理",因而是"无权"这样做的。

这样,我们看到,康德的"知识王国"、"道德王国"和"神的王国-天国",都在不同的层面和不同的意义上具有现实的内容,不仅仅是形式的,但是没有人怀疑康德哲学的"纯粹性",而康德的"(纯粹)哲学"不是"形式哲学"则也就变得明显起来。

表现这种非形式的"纯粹性"特点的,还应该提到康德的第三批判:《判断力批判》。就我们的论题来说,《判断力批判》是相当明显地表现了形式和内容统一的一个领域。

通常我们说,《判断力批判》是《纯粹理性批判》和《实践理性批判》之间的桥梁,或者是它们的综合,这当然是正确的;这里我们想补充说的是:《判断力批判》所涉及的世界,在康德的思想中,也可以看做是康德的"神的王国-天国"的一个"象征"或"投影"。在这个世界里,现实的、经验的东西,并不仅仅像在《纯粹理性批判》里那样,只是提供感觉经验的材料(sense data),而是"美"的,"合目的"的;只是"审美的王国"和"目的王国"还是在"人间",它们并不是"天国"。在这个意义上,我们具有(有限)理性的人,如果努力提高"鉴赏力-判断力",提高"品位-趣味",成了"高尚的人","脱离了低级趣味的人",那么就有能力在大自然和艺术品里发现"理性"和"感性"、"形式"和"内容"、"合目的性"和"合规律性"等等之间的"和谐"。也就是说,我们就有能力在经验的世界里,看出一个超越世界的美好图景。康德说,"美"是"善"的"象征","善"通向"神的王国",所以,我们也可以说,"美"和"合目的"的世界,乃是"神城-天国"的"投影"。按基督教的说法,这个世界原本也是"神""创造"出来的。

"神城-天国"在康德固然言之凿凿,不可动摇对它的信念,但是毕竟太遥远了些。康德说,人要不断地"修善",在那绵绵的"永恒"过程中,人们有望达到"天国"。所以康德的实践理性的"公设"有一条必不可少的就是"灵魂不朽"。康德之所以要设定这个"灵魂不朽",并不完全是迷信,而是他觉得"天国"路遥,如果灵魂没有"永恒绵延",则人就没有"理由"在今生就去"修善",所以这个"灵魂不朽"是"永远修善"所必须要"设定"的。于是,我们看到,在康德哲学中,已经含有了"时间"绵延的观念,只是他强调的是这个绵延的"永恒性",而对于"有限"的绵延,即人的"会死性"(mortal)则未曾像当代诸家那么着重地加以探讨;但是他抓住的这个问题,却开启了后来黑格尔哲学的思路,即把哲学不仅仅作为一些抽象的概念的演绎,而是一个时间的、历史的发展过程,强调"真理"是一个"全""过程",进一步将"时间"、"历史"、"发展"的观念引进哲学,形成了一个庞大的哲学体系。

黑格尔哲学体系可以说是"包罗万象",是百科全书式的,却不是驳杂的,可以说是"庞"而不"杂"。人们通常说,黑格尔发展了谢林的"绝对哲学",把在谢林那里"绝对"的直接性,发展为一个有矛盾、有斗争的"过程",而作为真理的全过程的"绝对"却正是在那"相对"的事物之中,"无限"就在"有限"之中。

"无限"在"有限"之中,"有限""开显"着"无限",这是黑格尔强调的一个非常重要的思想。这个思路,奠定了哲学"现象学"的基础,所以,马克思说,《精神现象学》是理解黑格尔哲学的钥匙。

"现象学"出来,"无限"、"绝对"、"完满"等等,就不再是抽象孤立的,因而也是"遥远"的"神城-天国",而就在"有限"、"相对"之中,并不是离开"相对"、"有限"还有一个"绝对"、"无限"在,于是,哲学就不再专门着重去追问"理性"之"绝对"、"无限",而是追问:在"相对"、"有限"的世界,"如何""体现-开显"其"不受限制-无限"、"自身完满-绝对"的"意义"来。"现象学"乃是"显现学"、"开显学"。从这个角度来说,黑格尔的哲学显然也不是"形式主义"的。

实际上黑格尔是在哲学的意义上扩大了康德的"知识论",但是改变了康德"知识论"的来源和基础。康德认为,"知识"有两个来源:一个是感觉经验,一个是理性的纯粹形式。这就是说,康德仍然承认近代英国经验主义者的前提:知识最初依靠着感官提供的材料,如"印象"之类的,只是康德增加了另一个来源,即理性的先天形式;黑格尔的"知识"则不依赖单纯的感觉材料,因为人的心灵在得到感觉时,并不是"白板一块",心灵-精神原本是"能动"的,而不仅仅是"被动"地接受。"精神"原本是自身能动的,不需要外在的感觉的刺激和推动。精神的能动性使它向外扩展,进入感觉的世界,以自身的力量"征服"感性世界,使之"体现"精神自身的"意义"。因而,黑格尔的"知识",乃是"精神"对体现在世界中的"意义"的把握,归根结蒂,也就是精神对自身的把握。所以在这个意义上,黑格尔的"科学-知识"(Wissenschaft),并不是一般的经验科学知识理论,而是"哲学",是"纯粹的知识",即"精神"在历史发展的进程中、在时间的进程中对精神自身的把握。

精神(Geist)是一个生命,是一种力量,它在时间中经过艰苦的历程,征服"异己",化为"自己",以此"充实"自己,从一个抽象的"力"发展成有实在内容的"一个""自己",就精神自己来说,此时它是"一"也是"全"。精神的历史,犹如海纳百川,百川归海为"一",而海因容纳百川而成其"大-全"。因此,"历经沧桑"之后的"大海",真可谓是"一个"包罗万象、完满无缺的"大-太一"。

由此我们看到,黑格尔的《精神现象学》作为"现象学-显现学",乃是精神——通过艰苦卓绝的劳动——"开显""自己""全部内容"的"全过程"。黑格尔说,这才是"真理-真之所以为真(Wahrheit)"——一个真实的过程,而不是"假(现)象"(Anschein)。

于是,我们看到,在康德那里被划为"不可知"的"本体-自身",经过黑格尔的改造,反倒成了哲学的真正的"知识对象",而这个"对象"不是"死"的"物",而是"活"的"事",乃是"精神"的"创业史",一切物理的"表象",都在这部"精神创业史"中被赋予了"意义"。精神通过自己的"劳作",把它们接纳到自己的家园中来,不仅仅是一些物质的"材料"-"质料",而是一些体现了"精神"特性(自由-无限)的"具体共相-理念",它们向人们——同样具有"精神"的"自由者-无限者(无论什么具体的事物都限制不住)"——"开显"自己的"意义"。

就我们现在的论题来说,可以注意到黑格尔的"绝对哲学"有两方面的重点。

一方面，我们看到，黑格尔的"自由-无限-绝对"都是体现在"必然-有限-相对"之中的，"必然-有限-相对"因其"缺乏"而会"变"，当它们"变动"时，就体现了有一种"自由-无限-绝对"的东西在内，而不是说，另有一个叫"无限"的东西在那里。脱离了"有限"的"无限"，黑格尔叫做"恶的无限"，譬如"至大无外"、"至小无内"，一个数的无限增加，等等，真正的"无限"就在"有限"之中。黑格尔的这个思想，保证了他的哲学不会陷于一种抽象的概念的旧框框，使他的精神永远保持着能动的创造性，也保持着精神的历程是一个有具体内容的、非形式的过程。在这个意义上，黑格尔的"绝对"并不是一个普遍的概念，而是具体的个性。这个"个性"，在它开始"创世"时，还是很抽象的，而在它经过艰苦创业之后"回到自己的家园"时，它的"个性"就不再是抽象、空洞的了，而是有了充实的内容，成了"真""个性"了。

另一方面，相反的，那些康德花了很大精力论证的"经验科学"，反倒是"抽象"的了，因为这里强调的只是知识的"普遍性"，这种普遍性又是建立在"感觉的共同性"和理性的"先天性-形式性"基础之上的，因而它们是静止的，静观的，而缺少精神的创造性，也就缺少精神的具体个性，所以这些知识只能是"必然"的，而不是"自由"的。经验知识的共同性，在黑格尔看来，并不"纯粹"，因为它不是"自由"的知识；而"自由"的"知识"，在康德看来又是自相矛盾的，自由而又有内容，乃是"天国"的事，不是现实世界的事。而黑格尔认为，"自由"而又有内容，就在现实之中，这样，"自由"才是具体的，不是抽象的形式。这样，在黑格尔看来，把"形式"与"内容"割裂开来，反倒得不到"纯粹"的知识。

于是，我们看到，在黑格尔那里，"精神"的"个性"，乃是"自由"的"个性"，不是抽象的，也不是经验心理学所研究的"性格"——可以归到一定的"种""属"的类别概念之中。"个体"、"有限"而又具有"纯粹性",正是"哲学"所要追问的不同于经验科学的问题。

那么,为什么黑格尔哲学被批评为只讲"普遍性"、不讲"个体性"的,比经验科学还要抽象得多的学说?原来,黑格尔在《精神现象学》中许诺,他的精神在创业之后,又回到自己的"家园",这就是"哲学"。"哲学"是一个概念的逻辑系统,于是在《精神现象学》之后,尚有一整套的"逻辑学"作为他的"科学知识(Wissenschaften)体系"的栋梁。在这一部分里,黑格尔不再把"精神"作为一个历史的过程来处理,而是作为概念的推演来结构,构建一个概念的逻辑框架。尽管黑格尔把他的"思辨概念-总念"和"表象性"抽象概念作了严格的区别,但是把一个活生生的精神的时间、历史进程纳入到逻辑推演程序,不管如何努力使其"自圆其说",仍然留下了"抽象化"、"概念化"的痕迹,以待后人"解构"。

尽管如此,黑格尔哲学仍可以给我们以启示:黑格尔的"绝对精神"既是"先经验的-先天的",同样也是"后经验的-总念式的"。

"绝对精神"作为纯粹的"自由",起初只是"形式的"、没有内容的、空洞的、抽象的;当它"经历"了自己的过程——征服世界"之后",回到了"自身",这时,它已经是有内容、充实了的,而不是像当初那样是一个抽象概念了。但是,此时的"精神"仍然是"纯粹"的,或者说,这才是真正意义上的有了内容的"纯粹",不是一个空洞的"纯粹",因为,此时的经验内容被"统摄"在"精神-理念"之中。于是就"精神-理念"来说,并没有"另一个-在它之外"的"感觉经验世界"与其"对立-相对",所以,这时的"精神-理念"仍是"绝对"的,"精神-理念"仍是其"自身";不仅如此,此时的"精神-理念"已经不是一个"空"的"躯壳-形式",而是有血肉、有学识、有个性的活生生的"存在"。

这里我们尚可以注意一个问题:过去我们在讨论康德的"先验

性-先天性"时,常常区分"逻辑在先"和"时间在先",说康德的"先天条件"乃是"逻辑在先",而不是"时间在先",这当然是很好的一种理解;不过运思到了黑格尔,"时间"、"历史"的概念明确地进入了哲学,这种区分,在理解上也要作相应的调整。按黑格尔的意思,"逻辑在先-逻辑条件"只是解决"形式推理"问题,是不涉及内容的,这样的"纯粹"过于简单,也过于容易了些,还谈不上真正意义上的"纯粹";真正的"纯粹"并不排斥"时间",相反,它就在"时间"的"全过程"中,"真理"是一个"全"。这个"全-总体-总念"也是"超越","超越"了这个具体的"过程",有一个"飞跃","1"+"1"大于"2"。这就是"meta-physics"里"meta"的意思。在这个意思上,我们甚至可以说,真正的、有内容的"纯粹"是在"经验-经历"之"后",是"后-经验"。这里的"后",有"超越"、"高于"的意思,就像"后-现代"那样,指的是"超越"了"现代"(modern)进入一个"新"的"天地","新"的"境界",这里说的是"纯粹哲学"的"境界"。所以,按照黑格尔的意思,哲学犹如"老人格言",看来似乎是"老生常谈",甚至"陈词滥调",却包容了老人一生的经验体会,不只是空洞的几句话。

说到这里,我想已经把我为什么要支持"纯粹哲学"研究的理由和我对这个问题的基本想法说了出来。最后还有几句话涉及学术研究现状中的某些侧面,有一些感想,也跟"纯粹性"有关。

从理路上,我们已经说明了为什么"纯粹性"不但不排斥联系现实,而且还是在深层次上十分重视现实的;但是,在做学术研究、做哲学研究的实际工作中,有一些因素还是应该"排斥"的。

多年来,我有一个信念,就是哲学学术本身是有自己的吸引力的,因为它的问题本身就在一个更高的层面上涉及现实的深层问题,所以不是一种脱离实际的孤芳自赏或者闲情逸致;但它也需要"排斥"某些"急功近利"的想法和做法，譬如，把哲学学术当做仕途的敲门砖，"学而优则仕"，"仕"而未成就利用学术来"攻击"，骂这骂那，愤世嫉俗，自标"清高"，学术上不再精益求精；或者拥学术而"投入市场"，炒作"学术新闻"，标榜"创新"而诽谤读书，诸如此类，遂使哲学学术"驳杂"到自身难以存在。这些做法，以为除了鼻子底下、眼面前的，甚至肉体的欲求之外，别无"现实"、"感性"可言。如果不对这些有所"排斥"，哲学学术则无以自存。

　　所幸尚有不少青年学者，有感于上述情况之危急，遂有"纯粹哲学"之论，有志于献身哲学学术事业，取得初步成果，并得到江苏人民出版社诸公的支持，得以"丛书"名义问世，嘱我写序，不敢怠慢，遂有上面这些议论，不当之处，尚望读者批评。

叶秀山

2001 年 12 月 23 日于北京

作者的话

近代哲学不仅把追求真理作为自己的目标,而且把维护自由作为自己的使命。那么,真理是什么? 自由又是什么? 真理与自由是否有关系,还是毫无关系? 如果没有关系,它们又如何共同构成哲学的根本问题? 如果有关系,又是一种什么关系?

我们知道,在一些哲学观念里,真理一直被当做一个认识论的问题,而在认识论语境里,自由则是对必然的认识。但是,这样理解自由无异于取消自由。因为不管对必然有多么深入的认识,未被认识的必然并没有减少,而且以这种认识为根据的行动永远都只是他律的,而不是自律的;自由之为自由就在于它是自律的,即自己给出自己的法则。只有这种自律的理性自由才真正是人的自由,因为只有在这种自由中,人才自在(an sich),也即才在自己的位置上获得人自身的格位,从而获得人自己的尊严与权利。因此,如果我们停留在认识论层面上,那么自由与人的尊严、权利、价值便毫无关系。然而,近代启蒙哲学一个最伟大的贡献恰恰就在于通过追问自由问题来确立和维护人的不可让渡的绝对权利和绝对尊严,使自由成为一切伦理学和政治学的全部基础。

这意味着要摆脱认识论哲学视野,才能理解整个启蒙哲学的真正意义。本书的目的就是改变把康德哲学当做一种认识论哲学来理解的传统,试图对康德哲学作出存在论阐释:他的"哥白尼式革命"并非简单地颠倒了认识论上的主-客关系,而是在存在论的深度上调整了存在论知识与存在者学知识的关系,也就是调整了先验(a priori)存在方式与经验存在方式的关系。因此,超验感性论(Die transzendentale Ästhetik)与超验逻辑学(Die transzendentale Logik)共同构成了关于真实存在与幻象存在的存在论。正是在康德的这个存在论视域内,真理与自由在形式上被统一了起来,而且从根本上说,真理必须以自由为基础。因为存在者不仅要通过超验的感性时-空才成为现实的(wirklich),而且必须在理性的思辨运用中,也即在知性范畴的构造中才成为真实的(wahr),也即才成为可规定的真理性存在。因此,整个真理性世界即规则性世界都可以也必须被视为是从自由理性出发的。如果说笛卡尔以自觉的思维原则开始了近代哲学与近代历史的话,那么,康德则通过自己的存在论把思维原则奠定在自由原则之上,从而使思维原则与自由原则统一起来,共同构成了社会的基本原则而承担起了近代社会。由此,一切伦理学和政治学不仅要具有真理性,更要具有合理性,即要以自由理性为根据。因此,任何个人和集体都不能声称因自己拥有某种真理就可以违背自由原则,就有权统治他人,乃至有权剥夺他人的权利和尊严。任何没有自由尺度的真理,哪怕它许诺给人类带来幸福,都不值得追求与维护。这是在存在论视野内康德哲学呈现出来的一个最根本的意义所在。从这一存在论视野出发,西方哲学从巴门尼德到笛卡尔对真理的追求被展示为一条缺失自由的求知道路。由于自由在哲学中的缺席,真理最终成了正确的陈述,甚至成了一种知识力量;与此相应,人在哲学上则被作为主体来塑造,主体成了人在天地万物中充当的唯一角色。于是,哲学在实质上降格为一种知识论,真理问题只是一个知识论问题,而真实的生活则被片面化为追求知识的活动。因此,德性、正义、幸福最终都以理智的求知活动为基础。结果是,随着求知活动构成生活的核心,知识论的真理原则成为社会的唯一原则,而作为哲学在实践领域的贯彻,伦理学、政治学实际上都成了一种幸福生活指南,与人的自由、权利、尊严等问题没有关系。这是古代西方哲学与近代启蒙哲学一个最根本的区别所在。近代哲学在实践领域的最高使命不在于人的幸福,而在于人的自由。

但是,设若没有中世纪基督教哲学对自由意志问题的追问与思考,我们便无法想象自由问题会成为近代哲学的核心问题。实际上,自由问题作为近代哲学区别于古代哲学的一个新维度,它首先是由中世纪基督教哲学开显出来的。于是,从我们的存在论视野出发,中世纪基督教信仰对于哲学来说,就不只是黑暗,更有其不可替代的贡献。因此,如何理解基督教信仰与哲学之间的积极关系,也就成了我们对康德哲学进行存在论阐释之后要进一步面对的一个问题。

目　录

从纯粹的学问到真实的事物——"纯粹哲学丛书"改版序　*1*

序"纯粹哲学丛书"　*10*

作者的话　*25*

第一章　真理的尝试与自由的缺失　*1*

第一节　真理的道路:从 Logos 到思想　*1*

第二节　柏拉图的真理学说　*13*

第三节　亚里士多德的本体学说及其真理观　*24*

第四节　培根的新工具:真理的力量化　*54*

第五节　笛卡尔的表象主体:真理就在于限制自由——思维(真理)原则的

自我确立　*61*

第二章　形而上学的任务与存在论问题　*68*

第一节　《纯粹理性批判》与基础形而上学　*68*

第二节　一个存在论问题:先验综合判断如何可能?　*75*

第三节　存在论知识与存在者学知识的区分　*82*

第三章　作为存在论的超验感性论　*94*

第一节　康德对感性论的变革:感性的超验化　*94*

第二节　时-空的观念化　*105*

第三节　时间:存在论的出发点　114

第四章　逻辑学与存在论　123
　　第一节　直观的有限性与思想的必要(然)性　123
　　第二节　超验逻辑学:逻辑学的区分　130
　　第三节　真理的逻辑学与幻象的逻辑学　139

第五章　作为存在论宾词的先验范畴　151
　　第一节　判断与范畴　151
　　第二节　范畴及其完整性　158
　　第三节　存在论宾词演绎的必要性及其原理　168

第六章　我思与存在论宾词演绎　178
　　第一节　我思与时间　179
　　第二节　统觉的综合统一:一切概念和知识的制高点　190
　　第三节　我思与范畴演绎　201
　　第四节　范畴如何是存在论宾词:范畴的超验演绎　222

第七章　时间与存在论图式　230
　　第一节　引言　230
　　第二节　图式与形象　237
　　第三节　图式的时间性　246

第八章　超越的存在:理念与幻象　264
　　第一节　辩证论的双重存在论意义　264
　　第二节　超验理念:事物的自在存在方式　274
　　第三节　宇宙论理念　289

第九章　自由与二律背反　295
　　第一节　超验幻象的产生　295
　　第二节　二律背反及其证明:幻象存在的分析　298
　　第三节　超验感性论与二律背反的化解　312
　　第四节　自由与真理　318

主要参考文献　331

后　记　333

再版后记　335

第一章　真理的尝试与自由的缺失

第一节　真理的道路：从 Logos 到思想

§ 1

从赫拉克里特对逻各斯的强调开始，就出现了使哲学（思想）走上一条追求永恒真理的道路的努力。追求永恒真理当然也可以视为是自然哲学寻求世界之本源本质这种努力的继续，只不过方向或道路发生了根本性的变化。

不过，明确把寻求本源本质的问题当做追求真理问题的，则是巴门尼德。也就是说，虽然巴门尼德并非是第一个使用"真理"这个概念的哲学家，但却是他首先明确把真理当做哲学（思想）的核心问题，因为正是他根据女神的教导而把生活区分为两条道路。

> 好吧，我要告诉你——你当仔细倾听——哪些探求道路才是可思议的：一条是，存在存在着，它不可能不存在着；这是一条确实可靠的、不可分离地与真理相伴的道路。另一条是，存在不存在并且不可能存在，我要说，这是一条什么也学不到的窄路。因为不存在

(Nichtsein)既不可能认识,也不可能言说——它不可把握。①

也就是说,只要我们生活着,就要进行探索和追问。我们只有两种可能的探索道路:一条是能获得真理,与真理共在的道路;一条是什么也得不到的,只是充满人为设定的意见的道路。因此,我们或者生活于真理中,或者生活于没有真理的意见中。

在巴门尼德这里,真理的道路也就是"存在的道路"——把存在(Sein)思想(认识)为存在,把存在维护为永恒的、不可分割的存在;从否定的角度说,就是思想不能把存在思想为不存在或者能够不存在。因此,"真理的道路"也就是这样一条思想的道路(从思想的角度说):只要思想,就必须是思想存在,且是永恒的存在,即永远不会变成不存在的存在;也只有在思想中,而不是在感性感觉中,存在才能被维护为存在,维护为不变的、整体的存在。在这个意义上,巴门尼德的真理道路可以用他的一句名言来表达:

το γαρ αυτο νοειν εστιν τε και ειναι(海德格尔在《同一与差别》中将它译为:Das Selbe nämlich ist Denken sowohl als auch Sein. K. Riezler 则把它译为:Denn Eines und Dasselbe ist Erkennen und Sein.)

"同一个东西既是思想也是存在"或"思想与存在共属于同一个东西"。也即说,思想和存在不可分离地共在于一体:存在一定是思想维护着的存在,思想一定是思想着存在的思想。

§ 2

实际上,巴门尼德强调存在必定存在,而不能不存在,意味着他同时要强调的是:探索真理的活动只能是纯粹思想性的活动,而不可能是感

①《巴门尼德残篇》4,K. Riezler 德译本,法兰克福,1925,第29页。

性的感觉活动或者有感性活动的参与。因为感性所关联和呈现的世界就是自然哲学家给出的流变世界。正是这流变的世界,存在可以不存在,不存在可以存在。如果停留于这种感性世界,那么,我们就不可能获得任何绝对可靠的真理(存在)。也就是说,如果我们跟从感性感觉走,我们就走在永远只有权宜之计的意见道路上,我们的生活就如一条"赫拉克里特之河",没有始终"存在着"的同一性。因此,意见的道路也就是一条跟着感觉走的道路,实际上也就是一条幻梦人生的道路。

在这个意义上,真理道路与意见道路的区分首先就不是"认识论"意义上的区分,而是存在论-生存论层面的区分。

在这里,所谓"真理的道路",其核心意义就是:把存在当做存在且不可能不存在,也即把存在当做永恒的、不可分割的整体存在。因此,与其说真理是"去蔽"或"无遮蔽状态",不如说真理是一种"超验性存在",即超越于感性经验的存在。因为只有超越感性经验,才能使纯粹思想把存在维护为那绝对同一的存在。于是,我们可以对巴门尼德的"真理道路"作出基本刻画:

(1)真理的道路就是一条纯粹思想的道路;(2)真理与感性感觉无关,它超越于一切感性感觉,因此,真理是超验性的存在;(3)真理是真实生活的担保或根据,或者说,真理是人的一种可靠的生活(存)方式。"女神大道"就是一种可能的生活道路。如果"女神大道"(如巴门尼德所认为)是人类所应当选择的生活道路,那么,追求真理就是人的一种使命,而不只是获取对人有实际用处的知识。换句话说,在巴门尼德这里,真理具有了强烈的伦理学色彩。对绝对存在的意识使真理成了思想(哲学)的核心问题,而这在根本上意味着对人自身的应有责任的觉醒。

§ 3

不过,这种觉醒只是在苏格拉底的"伦理学"中才得到进一步回应和深化。因此,柏拉图作《巴门尼德篇》来论述巴门尼德对年轻的苏格拉底的教诲,也就不是偶然的。即使巴门尼德与苏格拉底的会面如一些史家认为的并不一定真有此事,柏拉图也仍有学理上的理由来作这样的安排。

正如巴门尼德的"真理",苏格拉底所说的"知识"也并不是知识论(epistemology)意义上的知识,或说不是经验科学意义上的知识,而是存在论-伦理学的知识。在《泰阿泰德篇》里,虽然并没有给出知识的正面定义,但苏格拉底在那里显然否定了把知识等同于我们关于感性事物的知觉或判断。

那么,在苏格拉底这里,"知识"是什么呢?这一问题涉及如何理解他的一个核心命题:"美德即是知识"。

既然我们不能通过我们的感性官能来获得"真正的知识",那么通过什么途径来获得呢?巴门尼德强调真理(真知识)只在思想中。但如何理解这个思想本身?如何达到思想?巴门尼德留下了理解的余地,而苏格拉底通过对辩证法的强调既规定了达到思想的途径,同时也规定了西方的"思想"。根据色诺芬的回忆,苏格拉底认为,"διαλέγεσθαι(辩证-推理)这个词来源于人们的一种活动,即聚在一起讨论问题,对事物的性质进行辨析(διαλέγαντας)。因此,每个人都应当努力掌握这种艺术;因为一个人凭借它的帮助,就会成为最高尚、最能指导别人且最能推论的人。"[1]也即说,真理或关于事物的"知识"必须通过"辩证法"这种艺术才能获得,因为只有掌握这种艺术的人才能摆脱感性而洞见事物的本质,并因而才能成为高尚的、有德的人——使人有行德的能力。在这里,"辩证法"作为克服感性而达到普遍性(共相)的对话艺术,同时也就是达到巴门尼德的"思想"而认识事物本质的方法。

辩证法这种对话艺术可以在两个对话者之间进行,也可以在一个追问者的心灵中自问自答地进行。实际上,这种辩证法包含着亚里士多德

[1] 色诺芬:《回忆苏格拉底》,吴永泉译,商务印书馆1984年版,第173页。

归在苏格拉底名下的所谓"归纳论证"和"普遍定义"。因为对话或论辩最终所要达到的就是对事物的普遍定义。而就定义而言,它所要回答的就是"X是什么"①,因此,我们也可以说,苏格拉底所说的知识是通过"定义",也即通过回答"某某是什么"(Die‐was‐ist‐Frage)的追问而获得的对事物的本质把握。但是,以这种定义方式把握到的这种本质(真理或真知识)并不是从具有这种本质的该类事物中抽象、概括出来的,在这种定义(辩证‐论辩)过程中,具体事物(如勇敢的行为)只是起到刺激和唤醒灵魂或理性回忆起事物之本质的作用。因此,事物并不是其本质的来源,相反,只是当事物"仿效"或类似于灵魂回忆起的这一本质,事物才成为这一事物。事物的本质,也即使事物成为这一事物的原因不来自事物,而来自人的灵魂的回忆或醒悟。这一结论显然与苏格拉底在《申辩篇》中关于自己从"自然"到"心灵"的思想转向的自述是相吻合的。由于这一转向,我们有理由认为,在苏格拉底这里,灵魂所要回忆或醒悟的首先不是"自然事物"的本质,而是人本身的本质。因为只有在人觉悟到自己的绝对本质时,他才能根据这一本质去规定一自然事物真正能够是什么事物,从而避免同一事物在智者们不同的主观观照下呈现为不同的甚至是相反的事物。

那么,什么是人的本质呢? 一切问题都要归到这个问题上。所以,"认识你自己"才成为苏格拉底至死不渝的哲学信念。苏格拉底的伟大之处也正在于他对这一问题作出了方向性解答:德性(实践理性)。德性使人成为人,德性使人区别于他物。在这个意义上,我们可以把苏格拉底哲学视为实践理性的最初觉醒。而真理或知识就在于灵魂(理性)对德性的回忆与觉醒。用我们今天的话说,真正的知识(真理)就是理性的自我认识、自我觉悟:理性意识到自己是独立自主的存在,因而可以独立自主地行动(实践)。也即说,理性意识到自己是实践理性——可以独立

---

① 参见叶秀山《苏格拉底及其哲学思想》,人民出版社 1986 年版。

自主地行动的理性。对德性或实践理性的知识就是意识到自己是自己的主人，或者干脆说，就是使自己成为自己的主人。"而成为自己的主人就是智慧"①，同时，"智慧与善是一回事，而无知与恶也是一回事"②。因此，在苏格拉底看来，获得对德性的知识，从而成为自己的主人，与善是一回事。"使人成为自己的主人就是善"，这个几乎是近代启蒙思想家的伦理命题在这里已呼之欲出。

因此，"德性即知识"这一命题实际上可以读为：德性可以成为知识。也即说，德性可以成为灵魂（理性）的自我认识、自我觉醒，所以，德性才是可教的。在苏格拉底心目中，当且仅当德性成了灵魂自我回忆起来的知识，或者说，成了理性的自我认识（意识），德行才是自觉的，才成为自我命令。因此，只有作为知识的德性才是绝对可靠的。这并不是说，在对德性没有知识之前，人们就没有具体的德行，比如勇敢、节制、公正等。实际上，在不知德性是什么之前，人们早已有各种体现其德性的具体行动。但是，在拥有德性的知识之前，或说在德性成为自我意识之前，人们的具体德行都不是自觉的，而往往是盲目的，甚至是被迫的。以《普罗塔哥拉斯篇》讨论的"勇敢"为例：

在没有弄清楚什么是德性之前，也就不可能确切知道什么是勇敢这一具体德行。而在不知勇敢是什么的情况下，"勇敢"很可能只是一种疯狂或鲁莽，更为严重的是，这种"勇敢"还很可能被用来作恶。一个士兵的冲锋陷阵要成为一种自觉的勇敢行为，而不只是一种多多杀人的疯狂把戏（像"二战"中丧心病狂的日本士兵所为那样），他不仅要知道作为士兵的责任是什么，而且还必须知道，他进行的战争是否是正义的战争，即他对战争必须有知识。但是，如果没有对使人成为人的德性（善）的认识，要有责任意识和正义观念则是不可想象的。苏格拉底在《普罗塔哥拉斯篇》要传达的一个基本思想就是：对德性的知识是对一切具体品德

---

① 《普罗塔哥拉斯篇》，538c。
② 《拉黑斯篇》，转引自叶秀山《苏格拉底及其哲学思想》，人民出版社 1986 年版，第 131 页。

的知识的前提,因而是一切自觉的德行的前提。哲学的目的,或者说,苏格拉底的使命,就在于通过"教育"来使人获得德性的知识而成为自己的主人,而这同时意味着使人摆脱和克服感性世界。获得了德性知识的人,或说德性成了灵魂(理性)的自我认识的人,也就是不再受感性世界的影响或欺骗的人。

§ 4

对于这种获得德性知识而对感性世界有了"免疫力"的人来说,他的一切行动的根据就是德性知识,因为我们想象不出还会有别的什么根据能成为他行动的理由。因此,有了德性之知识,德行就是必然的。这等于说,有了德性之知识,人们就必定不作恶。这也就是苏格拉底的另一著名命题"无人自愿犯错"的基本意思。这里,"犯错"并不是因缺乏或违背某种经验知识而没有做成某事或破坏了某事这种意义上的过错或犯规,比如,因没有完全掌握制鞋知识而制作了废品鞋。因缺乏或违背经验知识而导致行为失败这种意义上的过错的确都不是人自愿的,只要人们知道怎样行动肯定不会成功,人们就不会那样去行动。在这个意义上,所有"自然哲学家"(广义上的"物理学家")和智者们都会赞同"无人自愿犯错"这一命题。如果苏格拉底只是在此意义上提出这一命题,那么他在哲学史上就不会具有他今天占据着的那种地位。苏格拉底在这一命题中首先关心的不是人的经验行动,与经验行动的失败相比,道德上的过错对于人类更具有危害性。因此,对于人类的"牛虻"来说,首要的任务或使命在于帮助人类避免道德上的过错。这是苏格拉底不同于智者的一个出发点。

单从逻辑的意义上讲,"无人自愿犯错"这一命题实际上就是说,人的一切错误都是在"不知不觉"中犯下的,没有人明知故犯。因此,这一命题可以表达为另一个命题:无知使人犯错。这意味着知识至少是避免犯错误的必要条件。而在苏格拉底心目中,知识甚至是人在伦理领域避免犯错误的充分必要条件。因为在他看来,人之所以在伦理上犯错,显然是因为他未能摆脱感性世界的影响和诱惑而常常陷于自我欺骗当中。人一旦获得德性之知识,也即一旦在灵魂中觉悟到德性(善)这一人之本质,那么,不仅意味着他知道了什么是智慧,而且意味着他摆脱了感性世界而从自我欺骗中解放出来,因此,他不仅知道怎样做是好(善)的,而且知道怎样做是不好(恶)的。所以,在伦理领域,一切过错(作恶)都源于无知;一旦获得了德性之知识,一切过错都可以避免、杜绝。因此,在苏格拉底看来,使人过真实而道德(善)的生活,不仅是必要的,而且是可能的。这是苏格拉底用其一生的实践与努力加以证明和维护的一个基本信念。

实际上,在苏格拉底这里,"无知使人犯错(作恶)"这一命题在根本上要强调的是,有知识将使人不犯错,而知识是可教可求的,因而人是可救的,可改造的。因此,"无知使人犯错"作为苏格拉底的命题,它是以"德性即知识"这一命题为前提的,因为只有成为知识的德性或认识了德性的那种知识,才能把人从"犯错"中"解放"出来而不犯错。难道自然知识就不能使人避免犯错误?在经验-自然领域,无知固然使我们犯错,但有了知识也并不保证我们不犯错。这有两种情况:(1)有关自然的经验知识只告诉我们怎样做会成功,并没有告诉我们怎样做不成功,而我们没有理由永远只按某一已知知识规定的方式去行动;(2)从总体上说,我们对自然即使有了许多知识,也一点没有减少我们所不知的领域,因而没有减少我们行动的盲目性。人在与自然的关系上,主动性的增加并不意味着盲目性的减少,正如对自然的认识的增加,并不意味着自然的未知的领域的减少。即使在今天,我们对自然的知识已获得了长足的发展,我们也并不能真正成为自然的"主人"。那种幻想通过对必然性的认识的积累和深入就能够获得自由,实际上已预设了自然里的必然性(规律)是有定数的,但是,从来没有人能对这种设定给出任何可靠的根据。因此,从总体上说,我们关于自然的知识并不能使我们减少在自然面前的盲目性,自然哲学家和智者努力的结果似乎向苏格拉底揭示了这一点,因此,苏格拉底转而"专心于伦理道德的辨析",而"不像其他大多数哲学家那样去争论(自然)事物的本性是什么"①,也就并不奇怪了。于是,追求知识(真理)的方向发生了根本性的变化。这种转向的结果就是"德性即知识"这一命题的提出。

根据上面的分析,现在我们可以对苏格拉底追求的这种"知识"作出基本的说明。

1. 苏格拉底所说的知识并不是一种"对象性的知识",而首先是一种"存在性知识"。"德性即知识"或"德性可以成为知识"的这种知识不是关于作为人之对象的事物是什么的知识,而是使人作为人自身存在的知识,也即使人成为自己主人而存在的知识。德性成为知识意味着人觉悟到自己的本质,认识到自己的本质,因而存在于自己的本质中而作为人自身存在。人获得了德性之知识,才意味着他真正作为人自身而存在。因此,在这里,知识首先是人本身的真实存在方式。也就是说,在这里,"真理"(知识)同时也是真实的生活,真实的存在,或叫自身性的存在。"认识你自己"并不是要你把自己作为对象来观察、探究,以便提供有关自己在心理学、生理学等诸方面的知识(就如今天一些浅薄的唯科学主义或泛物质主义者杜撰出来的所谓"综合人学"所要提供的有关人的知识一样),而是要你成为你自己,要人成为真正的人自身,从根本上说,也就是要达到自我意识而觉悟到真正的自身(本质)。而所谓"达到自我意识"也就是达到独立自主地存在,使自己作为自己的主人而存在。在这个意义上,"认识你自己"也就是"拯救你自己"或"解放你自己":从感性世界中解放出来,从各种不自觉和道德作恶中解救出来。因此,在苏格拉底这里,获得知识或追求真理同时是一种拯救行动或解放实践。

2. 但是,尤其重要的是,在苏格拉底这里,正如我们前面曾指出,德

---

① 色诺芬:《回忆苏格拉底》,吴永泉译,商务印书馆 1984 年版,第 4 页。

性的知识不仅是我们关于各种具体德性(如什么是勇敢)的知识的前提,而且是我们关于一切对象事物的知识的前提。因为只有当灵魂觉悟到德性而有了德性之知识时,才能避免因感性之影响而对事物作出不同的甚至是相互矛盾的判断,也即才能摆脱关于物的各种"意见"。因此,我们可以说,在苏格拉底这里,存在性知识是对象性知识的前提,"伦理学"是"物理学"的前提。这里,正如黑格尔也洞见到的那样,人也是尺度。①但是,这里的人并不是普罗塔哥拉斯意义上那种相对的人,即不是作为感性的和主观意识的人,而是克服了感性以及一切主观(偶然的和个别的)意识的人,用我们前面的话说,就是达到了自我意识而独立自主的人。用黑格尔的话说,就是作为自在自为的客观意识的人,或说,是作为客观思想的人。因此,以人为尺度,也就是以独立存在或客观的存在为尺度,这里没有给任何主观相对性留下余地。以这样的"伦理学"为前提或基础的"物理学"所面对的"自然(物理学)"才不是"自然哲学家"所面对的那种演变的感性自然,而是一个客观的、普遍的"对象"世界;"物理学"(宇宙学)所提供的也不再是"意见",而是普通的概念(理念)。当然,这已是柏拉图从苏格拉底这里进一步发挥出来的思想了。

3. 既然这里的"知识"是一种存在性知识,那么我们也就不能像获取对象性知识那样去获取存在性知识,也不能像传授对象性知识那样去传授存在性知识。当苏格拉底确信德性即知识,因而德性是可教的,人是可拯救的时候,他显然不会认为他可以像教给一个人制作锐利兵器的知识那样,手把手地把德性传授给这个人。真知识的获得与传授必须有自己的方法,于是,方法意识在这里第一次得到了明确表达:对于人而言,获得知识或真理必须要有方法。真理总是与方法相联系,有方法,才能获得真理或真知识。在苏格拉底这里,正如我们前面指出,获得真理的方法就是他的"辩证法"。从根本上说,苏格拉底的辩证法就是要把人从

---

① 参见黑格尔《哲学史讲演录》第二卷,贺麟、王太庆译,商务印书馆1960年版,第62页。

个别的事物引向普遍的原则,使灵魂醒悟起普遍本质。从另一个角度说,这种辩证法就是要在对话中使人们习以为常的、看似确切无疑的观念或意见陷入矛盾而瓦解,从而推动并唤起人们用自己的灵魂或理性去寻求、认识普遍答案。因此,在诸多对话中,苏格拉底并没有直接给出问题的答案,他甚至声称自己对所讨论的问题也是无知的。他的主要目的只在于通过这种有意设计或者自然展开的对话来引导人们远离感性与意见,以便使理性(灵魂)不受束缚而能独立自主地进行思想。因此,苏格拉底也把自己的辩证法称为“助产术”——帮助隐藏在每个人灵魂(理性)中的独立思想出世。灵魂或理性这种独立思想就是自我意识,就是知识,就是善本身。就独立的思想只在摆脱了感性世界以后才出世而言,苏格拉底的辩证法既是获取知识的方法,同时也就是传授知识的方法。也就是说,我们不仅只有通过辩证法才能获得真知识(真理),也只有通过辩证法才能“教授”这种真知识。人要获得拯救而过真实的、高尚的生活,他就必须拥有真理(知识),因而他必须掌握“辩证法”这种艺术。设若没有“辩证法”这种艺术的保证,人们也就不可能获得真理(真知识),因而不可能获得拯救。在苏格拉底这里,辩证法作为方法与他所理解的“知识”(真理)相对应,真理与方法有着自觉和密切的联系。由于真理必须借助于方法才会出世,因此,真理一开始也就被定位在思想领域。因为任何方法都首先是在思维(想)中可操作的一种艺术或技巧,否则,它就不成其为方法。思维的操作(运用)必须借助于纯粹概念。因此,借助方法而出世的真理也必定是思想-概念领域里的真理,真理只与思想的概念运动相关,即只与认识活动相关,借助方法达到真理,也就是借助纯粹思想的概念运动去获得真理,而从根本上说,就是从认识的角度去理解真理。最高的真理也就是最高的认识,即自我认识或自我意识。因此,真理直接就是一种知识,求真就是求知。这样,苏格拉底实际上通过对方法的意识与强调,不仅展示了希腊哲学“求真即求知”的基本精神,而且在自觉的层面上进一步强化和造就这种基本精神。求真而过真实的生活是每个民族、每个人的追求。但如何求真,即如何获得真理而与真理同一,则有不同的道路。不同的求真之路,也就是真理(真实生活)的不同尝试。人并不在真理之中,或者至少不是总在真理之中,因此,人才总要进行真理的尝试。当苏格拉底把辩证法当做求真的方法时,他就把求真道路锁定为"求知"。

§ 5

在"求知"的道路上,我们所能达到的最可靠的真理就是"自我认识"或"自我意识"。作为自我意识,真理就是一种独立自主的存在。因此,作为求知,求真就是追求独立自主的存在。在苏格拉底这里,这就是善,就是智慧。这种独立自主的存在也就是以自身为原则,以自身为中心的存在。因为作为这种以自身为原则的存在,真理或者成为没有对象的主体本身,或者成为包容了一切对象于自身的绝对主体(黑格尔)。换一个角度说,真理或者是纯粹的自我意识,或者是认识一切必然的绝对主体。因此,以方法为前提的真理,作为独立自主的存在,虽然也是自由的,但是,这是一种认识了必然而克服了一切对象的自由,因而是一种没有他者的自由,它把一切他者消灭或包容在自身当中。有方法的真理是这样与自由同一:真理把一切他者纳入方法之中而把一切他者消灭或包容在绝对的自我意识当中,用黑格尔的话说,就是在绝对的自我意识中扬弃一切他者的存在。所以,有方法的真理的自由是一种完全以自我为中心的自由。

但这种没有他者而完全以自我为中心的自由并不是人的自由。人不可能获得这种自由。因为人本身是有限的,他的存在是被抛的,他不得不面对他者,面对他的世界。他总在一个世界中存在。他在其中的世界虽然是在他的生存(存在)活动中展开出来的,但是,这并不等于说他可以存在于这个世界,也可以不存在于这个世界;只要存在,人就无可回避地存在于世界中，就要展开出一个世界而与他者相遇。因此，人的自由使人的存在是独立自主的存在，能自己作出决断的存在。但他的这种自我决断并不是去为所欲为，而是下决断承担起自身；他的独立自主的存在也并不是颁布自我中心原则。相反，这种独立自主的存在只是意味着他作为他自身存在，而从根本上说，只有当他超越或摆脱与对象的一切关系（感性和知性的关系），他才能作为其自身存在。摆脱或超越与对象的关系，并不是消灭对象或把对象包容在自身里，而恰恰是在这种超越中让对象作为事物自身存在，即让对象作为另一个自身的他者来相遇。在这个意义上，人的自由既使人作为自身存在，也使他者作为自身存在。人的自由是有他者维度的自由，是向他者敞开自身的自由。

于是，我们发现，有方法的真理实际上是没有人的自由的真理。人的自由问题并没有在这种真理（知识）中得到意识。因此，苏格拉底的知识（真理）虽是一种伦理学知识，但是，这种没有自由的伦理学在根本上只是一种"幸福生活指南"：指导人们怎样去获得知识而过幸福生活。它与人的权利、尊严、罪责等问题无关，它的任务或使命并不在使人下决断承担起自身而配享幸福。这一点在后来的伊壁鸠鲁等人的伦理学那里可以看得更清楚。也就是说，在苏格拉底这里，真理与人的幸福相关，而与人的自由无关。

第二节　柏拉图的真理学说

§ 6

苏格拉底真理观的这些规定同样也是柏拉图真理观的基本内容。我们可以在被学者们确定为属柏拉图成熟时期的作品《国家篇》和《费多篇》中看到真理问题的这些基本内容；当然，从中我们也可以看到柏拉图在这个问题上加以强调和突出的其他方面。

《费多篇》的中心内容是证明灵魂不朽和绝对（理念）世界的存在。

柏拉图在这里不仅以逻辑推论的方式,而且有意借助于直观的实践事实来完成这一证明。

《费多篇》提出了"哲学就是练习死亡"这一著名命题。所谓哲学就是"爱智",就是追求智慧。追求智慧如何成了练习死亡? 在柏拉图(苏格拉底)这里,追求智慧并不是关于感性与之打交道的可见事物的知识,而是只有思想才可领会的不可见事物的知识。这种不可见事物也就是柏拉图所说的永恒的、绝对的、纯粹的事物。它们构成了一个纯粹的世界,即理念世界。爱智(哲学活动)就是力求进入这个世界,只与这类绝对的事物打交道。当哲学帮助人们达到这个纯粹世界时,也就意味着它帮助人们摆脱了可见的感性世界,而使他们的灵魂只与绝对的、永恒的纯粹事物打交道。但是,"灵魂一旦不再误入歧途,而只与有相同本质的各类存在打交道,逗留于绝对、永恒而不变的事物领域,它也就具有了和这类事物相同的本质;灵魂的这种状态我们称为智慧"①。

与绝对而永恒的事物具有相同本质,意味着灵魂摆脱了可见世界,从而摆脱了肉体的一切影响而获得独立。因此,如果说灵魂具有与绝对事物相同的本质这种状态就是智慧,那么我们也可以说,灵魂的独立状态就是智慧。在这个意义上,对于智慧,人类并非只能心向往之,而且能得到它,其唯一的途径就是哲学。在柏拉图看来,如果说哲学有什么用的话,这就是它的唯一至关重要的用处。如果哲学不能净化人的灵魂,不能使灵魂获得独立而处于智慧状态,那么它就不配被称为爱智——真正的哲学。

就哲学的真正使命在于净化人的灵魂,使灵魂获得独立而言,那么哲学的确就是在"练习死亡",甚至可以说,就是"提前进入死亡"。因为在柏拉图看来,死亡不是别的,就是灵魂脱离了肉体而获得独立的存在,当然,也可以说是肉体脱离了灵魂而独立存在。"练习死亡"也就是练习

---

① 《柏拉图全集——诞辰二千四百周年纪念》第 3 卷,德译本,瑞士 Artermis 出版社 1974 年版,第 41 页。

使灵魂脱离肉体,学会净化灵魂而使之独立。这正是哲学的使命。哲学的重要性,或更确切地说,哲学之不同于一切其他学科而为其他任何学科无法替代,在于它在人的肉体尚未死亡时就能帮助人们净化自己的灵魂,使自己的灵魂能独立于那活生生的肉体而进入永恒的事物领域。在这里,练习死亡与获得智慧是一回事。

在"哲学就是练习死亡"这一命题中,真正要强调的是灵魂的独立不朽和永恒事物的绝对存在。没有这两点,这一命题在柏拉图那里就毫无意义。哲学之所以得到强调,完全在它是实现前者和认识后者的唯一途径。

因此,哲学这种爱智活动所要追求的知识不是能用定义来说明的知识,因为在把某物定义为该物之前,我们必须拥有把此物判定为该物的根据,也是使此物成为该物的原因。具体的事物是可变的,但使一事物成为该事物的这种绝对标准却永远是它自身,因而是不变的。因此,这种绝对标准也就是那永恒的、绝对的存在物。哲学追求的知识就是关于这类绝对事物的知识。也就是说,哲学追求的是使定义式知识成为可能的那类事物的知识。但是,显而易见的是,作为"练习死亡",哲学追求的知识并不是要告诉人们绝对存在物是什么,而是使人的灵魂摆脱肉体与感性而获得独立,从而进入绝对存在物领域。换句话说,是使人获得纯粹意识而意识到绝对存在物的存在。从根本上说,哲学追求的知识是灵魂的一种独立状态,或者说,是人的一种纯粹意识状态:作为自身存在同时意识到绝对事物的存在。在柏拉图这里,灵魂的独立存在一定是存在于永恒的绝对事物领域,一定是也只能是与绝对事物打交道的存在;同样,纯粹意识状态一定是意识到绝对事物的意识,简单地说,就是与绝对事物领域共在的意识。

绝对事物领域的存在以及灵魂不朽是柏拉图在这篇对话中着重要加以证明和强调的。这篇对话的不同凡响之处是,柏拉图在这里不仅借助于逻辑推论,而且借助了直观的实践活动来完成他的证明。对于柏拉图笔下的苏格拉底来说,绝对事物的存在与灵魂不朽不只是一种理论上的认识,而且是支撑其他全部生活的基本信念;正是这两个基本信念使苏格拉底从容赴死、视死如归。然而,苏格拉底的这种从容就刑恰恰又反过来以强大的震撼力直观地证明了绝对事物世界的存在和灵魂不朽这两个基本信念的可靠性和正确性,就如耶稣基督的献身显示和证明了其教义的真理性一样。实际上,我们可以说,柏拉图在这篇对话里,以最无奈也最直观、最有力的方式证明灵魂不朽和绝对事物世界的存在。

因此,哲学作为"练习死亡",如果它追求的知识(灵魂的独立状态或纯粹意识)就是真理,那么,绝对事物世界的存在则可以看做是柏拉图在真理问题上加以突出的一个方面。也就是说,在柏拉图看来,真理并不只是灵魂的独立自主或纯粹的自我意识,同时也是一个绝对的存在世界,或者更确切地说,真理是独立的灵魂或纯粹的自我意识与绝对世界的共在、统一、一致。只有对于与绝对事物具有共同本质的灵魂或纯粹意识来说,才有真理,真理才存在;而人的感性存在则被毫不犹豫地排除在真理之外。这一基本思想在《国家篇》里有更为明确和细致的表达。

§ 7

《国家篇》第七卷的"洞喻说"讨论的中心论题是教育问题,即如何培养造就出国家的领导者。但是,实际上它首先涉及真理问题与人的存在问题。

在"洞喻说"里,人的日常世界,也即由我们的感性视觉显现的可见世界被视为洞穴囚室。人平时就生活在这种没有真正阳光的洞穴里。在洞穴里,人们只能看见洞外在太阳光照亮下显现出来的事物所投射进来的阴影,但被禁锢在里面的人并不认为他们所看见的事物只是洞外的影子,而是认为他们看见的就是真实事物,就是事物本身,甚至以为它们就是唯一真实的。对于洞穴里的人来说,可见的、可共在的在场者就是影子(Die Schatten)。

从洞穴里走到上面的光明世界,并在那里"看见"事物的过程,就是人的灵魂从日常的感性世界上升到理智直观的世界,也可以说,是灵魂的一种"转向":从影子转向真实事物,从感性世界转向理智世界。教育的使命就在于实现灵魂的这种转向。

不过,在柏拉图看来,当人们从地穴里走到光明的世界时,并不是马上就能看见事物。柏拉图说:

Und wenn er ans Licht käme, hätte er doch die Augen voll Glanz und vermöchte auch rein gar nichts von dem zu sehen, was man ihm nun als das Wahre bezeichnet.

Er müßte sich also daran gewöhnen , denke ich, wenn er die Dinge dort oben sehen wollte. Zuerst wüßtrde er wohl am gleichtesten die Schatten erkennen, dann die Spiegelbilder der Menschen und der andern Gegenstände im Wasser und dann erst sie selbst. Und daraufhin könnte er dann das betrachten, was am Himmel ist, und den Himmelselbst, und war leichter bei Nacht , als am Tag zur Sonne und zum Licht der Sonne.

Zuletzt aber, denke lch, würde er die Sonne, nicht ihre Spiegelbilder im Wasser oder anders, sondern sie selbst ,an sich , zu ihrem eigenen Platz ansehen und sie so betrachten können , wie sie wirklich ist.

（当他到达阳光下时,他将会眼前金星四溅,而无法看见任何被人们称为真实的东西……因此,我认为他要在上界看见事物,必须要有一个习惯过程。最容易看见的首先大概是影子,其次大概是人和其他事物在水中的倒影,然后才是事物本身。在此之后,他可能会发现,在夜里观察天象和天空本身要比在白天看太阳和太阳光容易……于是,我认为,他看见的将不再是太阳在水中的倒影,或者在其他媒介中显现出来的影像,而是看见太阳本身,看见在其自己位置上的、自在的太阳,也即如太阳真实存在那样观看太阳。)①

来到洞外的光明世界之后,人们必须在强烈的阳光下逐渐形成一种特殊的视觉能力,才能直接面对太阳而视见太阳本身,即在太阳自己的位置上视见太阳,而在太阳光下显现出来的一切事物也才能被人们真切地视见。也就是说,在洞外,人们不能用在洞穴里的感性视见活动去看见事物,而必须在获得了一种适应、符合太阳光的视见能力,才能看见事物本身。

在柏拉图看来,这个我们在洞外花了很大努力才能看见的太阳就是最高理念,即善这一理念。当人们一旦获得了新的视见能力而看见了这一理念,就会发现,这一理念是一切事物中一切正确的东西(Richtigen)和美的东西(Schönen)的原因(Urheberin)。因为它产生了可见世界(Sichtbar)的光,并且是光的主宰,而在可洞见的世界(In Einsehbaren)中,作为主宰,它本身就是真理和显现。②

在这里,所谓"正确的东西"(Richtigen)和美的东西,就是纯粹的、真正的、正义的东西。简单说,就是物自身,是在自己位置上的自在物,也就是前面所说的绝对标准物。但是,一事物之所以是它自身,之所以"自在",显然是因为它这样存在,或说,它作为这一物存在对它来说是最好(善)的,最有利的。换句话说,是最好的、最有利的这一性质使一物归到它自己位置上,使它自在而成为这一物本身。只有当事物获得绝对的好(而不是关联中相对的好)这一性质时,它才能成为一自在的自身物,成为标准物,也即与自己的位置相符合的正确物。而所谓的"绝对的好"就是善这一理念。因此,柏拉图认为,善这一理念就如太阳照亮了一切可见事物一样,它是使一切正确事物显现为正确事物的原因。—正确

---

① 《柏拉图全集——诞辰二千四百周年纪念》第4卷,《国家篇》,德译本,瑞士 Artermis 出版社 1974 年版,第 355 页;参见《理想国》,郭斌和、张竹明译,商务印书馆 1986 年版,第 274 页。

② 参见《柏拉图全集——诞辰二千四百周年纪念》第4卷,《国家篇》,德译本,瑞士 Artermis 出版社 1974 年版,第 357 页;参见《理想国》,郭斌和、张竹明译,商务印书馆 1986 年版,第 376 页。

物分有善这一理念就是它获得绝对好这一种性质,这是一正确物之所以为一正确物或标准物之全部理由。如果说,正确物或标准物是影子物或影像物的理念和原因,那么,善当然就是一切理念的理念,一切原因的原因。善是绝对的正确物,是绝对的标准物,或者说,它什么也不是,它只是绝对的自身。根据前面的分析,我们知道,对于善这一理念,我们必须在经过努力获得了一种新的视见能力后才能看见它,从而才能真正地看见其他理念。这种新的视见能力实际上就是摆脱了感性事物之后的理性或独立灵魂。

在这个洞喻中,显然包含着对人的存在作这样的理解:人有两种可能的生活,他既可能生活于感性世界,即没有阳光的地穴里,也可能生活于超感性世界,即光明的洞外世界。对于这两个不同生活世界中的人来说,真实、可靠的存在物是不同的。但是,从根本上来说,感性世界显然被视为不真实的世界。因为它实际上只是一个影子世界,而这也就决定了感性生活是一种虚假的生活。因为在这种生活中,人只能与相对的、暂时的影子打交道。教育的目的,立法者的使命,就在于使人从这种虚假的感性生活转向超感性生活。而超感性生活之所以值得人们去追求和实践,就在于超感性世界是一个唯一光明的、真实的世界。因为它是由自在物即正确物组成的一个永恒的标准世界。而作为标准世界,它同时也就是一个真理世界。在这里,真实的存在就是真理,真理就是真在,就是标准的存在,或自在的存在。柏拉图之所以认为善这一理念本身就是真理,就在于它是使一切标准物成为标准物(自在物)的原因,因而它是一个最高的绝对标准。于是,人追求超感性生活也就是为真理而生活。人应当为真理而生活,也有能力为真理生活。这种能力就是巴门尼德的"思想",在柏拉图这里,则是在洞外花了很大努力才获得的新的视见能力,也就是摆脱了感性纠缠的理性或灵魂。教育的职能就在于恢复、转化人们的这种先天固有的能力。有了这种能力,人们才能洞见真理而生活在真理中。

从上面的分析中,可以发现,在柏拉图这里,真理问题并不只是"伦理学"的问题,同时也是"宇宙论"的问题。因此,真理不仅是理性的自我意识或灵魂的独立自主,同时,也是对标准物世界或自在世界的认识(直观)。特别需要加以突出的是:(1)在柏拉图这里,作为标准存在者或自在存在者,真理是有光的、明亮的,也即是完全敞开和无遮蔽的。因为作为最高的标准物,善这一理念本身就是光和光源,而一切标准物(自在物)只是具有善这一光源,才成为标准物,因此,整个标准物世界是一个光明的、无遮蔽的世界。也即说,真理是常显不隐的,因而是永恒的。(2)作为自在物领域,真理是一个现成的既定世界,它就在洞外,在地穴上面,只要人们走出洞穴,就能发现它早在那儿了,就像哥伦布跨过大西洋就发现了美洲大陆一样,它在被发现之前早已存在。真理是一个现成的自在世界,这是柏拉图真理观乃至他的整个哲学中的一个核心思想。

由于前面这两点,因此,在柏拉图的真理观里,人与真理是可以分离的。不管人的灵魂在哪里,是纠缠于阴暗的地穴里,还是上升到光明界,真理都作为自在物而存在着,显现着。也就是说,不管有没有人,不管人的存在是否与真理同一,真理都作为其自身而存在着。实际上,人通常就处在与真理的分离状态中,因为人们首先和通常就生活于没有真理的世界。在有生之年,大多数人是难以抵达真理所在的地方,只有哲学家才能勉强到达。因此,他们才有资格成为国家的立法者和统治者。也就是说,对于大多数人来说,光靠自己是难以摆脱虚假的日常生活,只有靠先行与真理同一的领导者、教育者所确立和颁布的具有真理根据的法律(社会)制度来引导和规范,才能保证人类生活尽可能缩小与真理的距离,从而具有真理性,具有价值,而不至于使生活成为一场只与虚假的影子物打交道的梦幻。国家制度必须建立在先验的普遍真理之上,而不能以任何群体的利益为立国之本,这是我们从柏拉图的真理观中可以解读出来的一个非常重要的、也是对后世哲学(特别是近代法哲学)有深刻影响的思想。当然,这已属另一个非常值得专门加以讨论的话题,这里我们仍要专注于柏拉图真理观的讨论。

§ 8

上面的分析，实际上已透露出真理观在柏拉图这里发生了一个根本性转折。既然真理是一个现成的、唯一的自在物世界或标准世界，那么，我们如何与真理同一的问题，就成为如何与之相一致、相符合（übereinstimmen）或相和谐的问题。人们通常是远离这个自在物世界的，并不与这个自在世界共在于同一状态。只有当借助于哲学这个爱智活动来摆脱没有真实性（真理）的感性生活，并且逐渐形成一种新的能适应自在物世界的视见能力，人们才能直观到真理而与之共在。也就是说，人们是否视见真理而与真理共在，关键就在于他的特殊的视见能力（理性）是否与自在物相适应、相符合，是否更和谐地对准（richtigen）自在物。因此真理不仅仅是一个向我们涌现出来而我们与之相遇、共在的领域，而且更重要的是一个有待我们去对准、去适应、去与之符合的领域。对准状态就是一种正确性（Richtigkeit），一种相互符合。于是，符合或正确性被理解为真理的一个根本标志，或者更准确地说，符合被理解为人获得真理的前提。这样，真理观在柏拉图这里，便出现了"符合论"的转变。正是在这种符合论中，人实际上开始作为纯粹的认识主体（视见能力）被塑造，而自在物世界或真理世界则被塑造为一个对象性世界。这显然是柏拉图把真理问题视为既是伦理学问题、也是宇宙论问题这一思想的必然结果。换一个角度说，这与他强调和突出一个无遮蔽世界的永恒在场这一思想密切相关。

由于符合论在柏拉图之后，经过亚里士多德得到了强有力的巩固，它几乎延伸到了康德哲学。因此，在这种符合论中，主体这一被指派给人的角色也一直被人们坚定地扮演下去。在天地之间，主体似乎就是人作为人的真正身份，也就是说，作为主体去认识自在物，对准自在物，是人之为人的根本标志。作为主体存在，人才作为人自身存在，才有真理。人的主体角色的确立,意味着人的真理性存在只与"求知"相关,即只与对理念(自在物)世界的认识、直观相关。同时,这个理念世界作为主体要来相适应、相符合的世界,一方面表明它是一个现在的、唯一的标准世界;另一方面也意味着,主体一旦适应了它,符合了它,那么,主体也就完全处在真理中,也就与真理完全同一。换句话说,作为主体的人终究能完全认识(视见)真理,他将没有"距离"地与真理世界共在。这是柏拉图(苏格拉底)真理观给出的一个基本信念,它迄今仍鼓舞和支配着在"求知道路"上的求真者。

以主体为人在天地间的角色这一思想在"人是理性动物"这一拉丁翻译的人的定义中,首次得到经典性表述,而在近代笛卡尔的"我思故我在"这一命题中和在康德的超验哲学(transzendentale Philosophie)中得到了自觉。不过,必须马上指出的是,在康德的超验哲学中,人的主体角色得到了自觉,同时也得到了限制。也就是说,在康德哲学中,主体并不是人的唯一角色,甚至不是人的根本角色,这是康德哲学变革的一个重要方面。这在本书的后面将详细讨论。这里要进一步指出的是,由于作为主体这一角色,人所要去追求、适应的,所要去符合、一致的真理领域,是一个永恒的、完成了的,因而是没有时间、没有历史的自在世界。因此,既然主体是人作为人的真正身份,那么,历史性和时间性也就不可避免地被排除在人的存在之外。人作为自在的存在者,他的存在如一切自在物(理念)的存在一样,是没有时间性和历史性的。一切时间性的存在都被当做虚假物而被排除在真理性存在之外。所以,与主体被派定为人的绝对角色相应,人的时间性存在一直被排除在哲学的视野之外,直到康德哲学,这一状况才发生了根本性的变化。人的时间性存在成了康德哲学的出发点和基础,并由此引发了黑格尔的强大历史感:逻辑的历史化。这一切都与真理观的变化密切相关,因此,我们在这里讨论柏拉图的真理观,并非只是出于对柏拉图哲学的兴趣,而是为了理解和揭示康德哲学的历史性意义。

柏拉图的这种真理观使以诗人为代表的艺术遭到了否定。诗人和艺术被逐出了他的"理想国"。[①] 因为在柏拉图看来,艺术只是一种模仿术,而与真实事物无关。只不过艺术模仿的是人的行动及其结果:交好运或厄运,以及由此产生快乐或痛苦的情感,甚至更为严重的是这些情感也不是真实的:只是为了模仿得逼真以打动人们才设想出来的。也就是说,诗人或艺术家之所以没有资格进入柏拉图的城邦,原因有二:(1)诗人只是模仿(反映)日常生活世界的事物,而与真理无关;(2)诗人的目的在于煽动、纵容人的情感。但是,情感乃是人类心灵中低级的部分,人类不应任凭情感泛滥而受其支配。相反,假使人们要使自己的生活具有真理性,具有哪怕一丁点价值,那么,不管他生活中遇到好事或坏事,都必须节制自己的情感而听从理性的指导。因为相对于理性(灵魂)所认识的真理世界而言,人类在日常生活世界中所遇到、所发生的一切都微不足道,它们的好坏最后都必须根据这个真理世界来衡量。而诗人纵容人的情感,无异于促使人疏远理性、远离真理。因此,诗人和艺术家不仅无益于立法治国,甚至有瓦解立国大本之害。

从根本上说,这里的关键仍然是真理被理解为在现象界(日常生活世界)背后的一个现成的且是唯一的自在世界。现象界的万事万物只是作为真理存在的自在物的折射或影子,人们在现象界的一切行动只是与折射物或虚假物打交道。这意味着,人在现象界的一切行动,甚至整个生活都是不真实的,都与真理相隔千里。因此,诗人所模仿的行动的不真实并不仅在于它们是艺术家设想出来的,而且即使这些行动不是幻想的,它们本身也不是真实的。真理一旦成了一个现成的且唯一的自在世界,它也就被罩上了一层坚硬的外壳,只有独立的灵魂或纯粹的理性,也即前面所说的"主体"才能穿透外壳进入其中。因此,不仅与人的情感相联系的诗人(艺术)进不了"理想国",而且以感性自然为对象的"自然学"(广义的"物理学")也与真理(真知识)无缘。因为艺术和自然学都不是

---

① 参见柏拉图《国家篇》(中译本名为《理想国》)b 卷的对话。

纯主体的行动,也无助于人成为主体。

"自然学"的真理性问题很快在亚里士多德那里得到了纠正。但是,诗人遭放逐而提出的另一个问题"艺术乃至整个人文科学是否具有真理性"则一直被搁置到了近代,在康德哲学中,这一问题才得到了意识而在某种程度上得到了考察。

第三节　亚里士多德的本体学说及其真理观

§ 9

"我爱我师,我尤爱真理。"这是亚里士多德的一句名言。它其实表达了这样一个基本意思:真理超越于私人情感,比私人之间的情感更重要。学生与老师朝夕相处,老师对学生谆谆教诲,学生油然而生敬爱之心,这是古今皆然,是人之常情。中国古人甚至用"一日为师,终身为父"来强烈表达这种敬爱之心(虽然这未免有些夸张)。但是,敬爱归敬爱,学生不能因敬爱老师而掩盖或盲从老师的错误,不对老师所说的一切进行独立的辨析。相反,如果要在敬爱与真理之间作出选择,那么人们必须毫不犹豫地选择真理。这看起来很不近"人情",其实不然。因为老师之所以特别引起人们的敬爱,恰恰在于老师是以引导人们走上讲道理、求真理的道路为自己的使命。因此,对老师的任何敬爱之心都不能妨碍人们去探求真理。人们常说,学术乃天下之公器。学术之所以能够成为公器,就在于学术所追求的真理是超越于一切私人利益、私人情感的。因此,真理对于众人来说是一个中间者,一个自在者。真理的这种超越性质就是亚里士多德这句名言所要传达的基本精神。

就亚里士多德这句话所要传达和强调的真理的超越性而言,他在真理问题上显然与苏格拉底、柏拉图一脉相承。我们甚至在《费多篇》中就能读到类似亚里士多德这句名言的对话。在那里,苏格拉底对西米阿斯和克伯斯说:"如果你们愿听从我的忠告,那么你们就应当尽少想苏格拉底,而尽可能多地关心真理。"①真理的超越性、公共性其实从巴门尼德始,继而在苏格拉底和柏拉图那里就一直得到强调和阐述,它不构成亚里士多德真理观的特殊内容。这里,我只是想借他的这句名言说明真理的超越性问题在希腊哲学中得到的普遍自觉并以此作为讨论亚里士多德真理观的一个导引。

§ 10

要澄清亚里士多德这位逻辑学之父的真理观,有必要首先讨论他的一个核心学说,即本体学说(Substanzlehre)。因为不阐明他的本体学说,我们就无法真正理解他的真理观的一个基本思想:真理只存在于陈述(判断)中。

亚里士多德在《范畴篇》里用一章的篇幅专门讨论本体问题。他区分了两种本体:

Substanz im eigentlichsten ursprünglichsten und vorzüglichsten Sinne ist die,die weder von eiem Subjekt ausgesagt wird,noch in einem Subjekt,wie z. B. ein bestimmter Mensch oder ein bestimmtes Pferd.

[就最本真、最本原和最优先的意义而言,本体就是既不能用来述说(陈述)一个主体(主位者),也不存在于一个主体里面的东西,比如一个特定的人或一匹特定的马。]

Zweite Substanzen heißen die Arten,zu denen die Substanzen im ersten Sinne gehören, sie und ihre Gattungen.

(第二本体就是那包含着第一意义的本体的诸属,那包含着属

---

① 《柏拉图全集——诞辰二千四百周年纪念》第 3 卷,《费多篇》第 40 章,德译本,瑞士 Artermis 出版社 1974 年版,第 59 页。

的种也是第二本体。)①

所谓最本真、最本原、最优先的本体也就是第一本体,或者反过来说,第一本体也就是最真实、最原初的存在,它在逻辑和时间上都是最优先的,因此,它不述说任何主体,不依赖于任何其他主体而独立存在。

实际上,当一个本体被视做最出自本性、最原始因而最真实的本体时,它当然也就是第一本体,它当然在逻辑上是在先的。但是,当说第一本体不述说其他任何主体时,那么这里有两种可能:第一本体是逻辑推演的起点,它本身处在逻辑-关联空间中;或者,第一本体是逻辑的界限,它处在逻辑-关联空间之外。我把这两种可能的差别看做是存在论的差别。亚里士多德并没有意识到有这种差别,因此,他对这个问题——第一本体究竟是在逻辑关联之中还是在逻辑关联之外——并没有直接给出说明。不过,结合后面的论述,特别是从《形而上学》里对本体的进一步规定来看,第一本体或最真实的本体显然是在逻辑关联之中的。指出这一点对于理解亚里士多德的本体论学说是至关重要的。我们将通过命名之名与属名之名的区分来阐明这一点。不过现在仍然要先进一步澄清第一本体与第二本体的基本含义及其关系。

关于第一本体,亚里士多德还做了这样的论述:“除了第一本体外,一切其他东西或者是用来述说作为主体的第一本体,或者是存在于作为主体的第一本体里……因此,如果第一本体不存在,那么就不可能有其他东西存在。”②这里,第一本体被解释为其他一切存在物的基础,其他一切存在物,不管是偶性,还是本质属性(属与种),都是从第一本体那里派生、推演出来的。也就是说,它们之所以存在,都是依附于第一本体的。除了第一本体可以永远处在第一(逻辑)主位外,其他一切存在物都处在

---

① 亚里士多德:《范畴篇》,E. Rolfes 德译本,Felix Meiner 出版社 1920 年版,第 38 页;参见方书春中译本,商务印书馆 1959 年版,第 12 页。

② 亚里士多德:《范畴篇》,E. Rolfes 德译本,Felix Meiner 出版社 1920 年版,第 39 页;参见方书春中译本,商务印书馆 1959 年版,第 12—13 页。

宾位上,它们没有第一主位。

因此,从逻辑角度说,第一本体是第一主体,它处在第一主位上,相对于这个第一主体,其他一切主体都不是主体,都处在宾位上;从存在角度说,第一本体是最高、最根本的存在者,因为其他一切存在物都是用来说明第一本体的,因此,一切其他存在物实际上都是第一本体展开的各种属性存在。

从亚里士多德举的例子来看,各特定的个体事物都是第一本体,但是否可以反过来说,第一本体就是特定的个体事物呢? 亚里士多德似乎并没有明确这么肯定过。特别要问的是:在亚里士多德这里,如何理解个体事物? 除了第一本体是本体外,亚里士多德认为属和种是唯一也能够被称为本体的存在物。因为在亚里士多德看来,在众多宾词中,属和种是唯一能说明第一本体之意义的宾词。[①] 也就是说,并非所有宾词所表达的东西都是本体,实际上,大多数宾词表达的只是本体的某种次要性质,而不表达本体的本质存在。比如,他是白色的,这里"白色"只是表达他这个人的一种偶然性质(Akzidens),不表达他存在的意义。只有当种、属作为宾词时才能表示第一本体的存在意义,即才说明第一本体是什么。换句话说,种和属是第一本体能够显现其存在本性(意义)的存在形态。种或属使第一本体的存在显明为与其他一些第一本体的存在具有相同意义,因而是同属一种存在形态,而与另一些第一本体的存在具有不同的意义,因而是不同种存在形态。

因此,我们也可以这样来理解亚里士多德有关属与种的思想:属和种是第一本体进入"主-宾"关联世界的角色性存在。只要本体进入"主-宾"关联世界,它就以属或种这种角色(存在形态)存在。只要本体以属或种的角色存在,它就进入了一个无穷的关联世界。也可以说,属与种使本体进入了关联世界。在这个意义上,与其说种或属是概念,不如说

[①] 参见亚里士多德《范畴篇》,E. Rolfes 德译本,Felix Meiner 出版社 1920 年版,第 40 页;参见方书春中译本,商务印书馆 1959 年版,第 14 页。

它们是关联性存在更确切。种与属并非仅仅存在于我们思想中的主观性概念,而是概念化的关联存在。它一方面有普遍性,另一方面又有实在性,因此,亚里士多德才认为有理由也称之为本体。

举例来说,在"人是理性动物"这一关联中,人就是作为"有理性的动物"这种角色存在,其他一切属性都被掩盖或略去。而在"胡适是人"这一关联中,胡适这一存在者就是作为与牛、羊、草、木等不同的"人"这一角色存在。因此,当我告诉一个对"胡适"一无所知的人说:"胡适是一个人"时,他首先和唯一想到的就是,胡适是与自己同类的,而与牛、羊、草、木不同类的一种存在者。在这里,"人"显明的只是胡适这个存在者在成千上万种类物中所充当、所归属的角色,而并不是胡适这个存在者本身。简单地说,"人"不是胡适这个存在者的自身存在,而只是他这个存在者的一个角色,一个身份,就如说"胡适是北大校长",这里的"校长"并不是胡适这个存在者本身,而只是他在人群中充当的一个特定的角色。不同的是,"北大校长"这个"角色"并不是非胡适这个存在者承担不可,但"人"这个角色却是胡适这个存在者在关联世界一定要充当的。相对于"北大校长"、"中国驻美大使"这些角色而言,"人"这个角色性存在对于胡适这个存在者来说更具有根本性意义。因为只有当胡适这个存在者作为不同于牛、羊、草、木而又与牛、羊、草、木共同处在逻辑-关联空间里的"人"这个角色存在,他才有可能进一步是校长、大使、哲学家等等角色。"人"这个角色性存在是胡适这个第一本体在进入了种、属关联,也即进入了与他物(牛、羊、草、木等等周遭万物)的关联中首先呈现出来的一种最根本性的存在形态。因此,"人"这种角色性存在便有了本体的地位。

这里,我认为也可以从两个方面来说明亚里士多德的第二本体:从逻辑角度说,种或属是述说第一本体的概念,而从存在的角度说,属或种则是第一本体的一种角色,是第一本体在关联中的存在形态。而任何关联性存在都是概念化的存在,都是在概念限定中显现出来的存在形态。因此,种与属是概念化的存在,但又不仅仅是概念。

§ 11

现在需要进一步追问的是：我们如何获得种、属概念？或者换一个存在论问法：第一本体如何进入关联性存在？我认为，这里只有澄清这一问题，才能真正阐明亚里士多德的本体学说。我们可以通过讨论亚里士多德有关名称（属名）与概念的论述来澄清这一问题。于是，我们便进入前面提到的有关命名与属名的区分问题。

亚里士多德说："被用来述说一个主体的宾词，它的名称（Name）和概念（Begriff）（定义）必定同样述说该主体。比如人被用来述说作为主体的一个特定的人，因此，'人'这个宾词的名称也陈述（präzisiert）这一主体。因为人们必定把宾词'人'归给那个特定的人。同时，人的概念（定义）也必定陈述一特定的人。因为这个特定的人同时是人和动物。因此，名称和概念必定同时陈述主体。"①他的意思是：事物的名称与它的概念一样，必定也述说这一事物；没有不述说事物的名称，因此，没有不是宾词的名称。

这里，亚里士多德显然混淆了命名之名与属名之名，这种混淆在很大程度上左右了他对本体的理解。为了澄清这种混淆，我们必须严格区分命名之名（Benennung）与属名之名（Name der Art）。命名之名并不是对存在者的陈述或述说，而只是表示这个存在者在其自己位置上（an sich）呈现出来，表示它自在地来相遇（Begegnung），因而也即表示一个存在者在它自己的位置上自在（an sich）地存在，而不说明它是什么。因此，命名之名并不是概念，不是定义，而只是回应存在者的自在存在的语词或话语。用句式来说明，命名的句式是：X 在或 X 是（X ist）。比如，树在或树是。在这里，"树"只是我们作为人自身或自在之人（而不是作为某种日常角色）遇见另一个自在存在者本身而作出的回应（entsprechen），我

---

① 亚里士多德：《范畴篇》，E. Rolfes 德译本，Felix Meiner 出版社 1920 年版，第 38 页；参见方书春中译本，商务印书馆 1959 年版，第 12 页。

们在"树"这个语词的回应活动中——不管我们说出还是没说出"树"这个语词——既是自在存在者（树）本身作为唯一者的显现，也是回应者（人）本身归属与听从这种显现而与这个唯一的自在存在者共在。在这种回应活动中，永远只有一个自在存在者来相遇，它是唯一的，别无他物。因此，在这里，"树"这个回应语词（命名语词）并不对自在存在者有任何说明或陈述，它首先是自在存在者本身存在的一种"突破"：自在存在者本身向回应者显现而迫使回应者"脱口而出"。正是在这种脱口而出中，自在存在者与回应者显现自己而共在，而归于同一性状态（Identität）中。在这个意义上，我们甚至可以说，脱口而出的语词回应活动是自在存在者与自在回应者的共在方式，它们共在、同一于这种"脱口而出"的语言活动中。因此，命名活动绝不是一种陈述活动，而是一种本原的存在活动；命名之名也首先不是陈述一存在者的宾词，而是自在存在者本身存在的显现。

相反，属名则一定是对存在者的陈述，尽管可能是最原初的陈述。所谓最原初的陈述，也就是把存在者带进最初的有"主-宾"结构的逻辑关联空间，从而在这个关联空间里作出最初的规定或限定。在相遇的命名活动中，作为自在自身显现的存在者只是无关联的纯粹可能性存在，或说，是具体的、唯一的无限存在者。属名的规定，实际上就是从这个现实的无限可能性中抽取、突现其中的某些可能性，以充当这个存在者本身，把存在者的存在限定为某一种可能角色（存在形态），使它成为某种"什么"，成为关联物或限定物。在属名作为宾词的陈述中，存在者其实已不再在自己的位置上作为自在自身存在，而是进入了关联中成为关联物，成为属名所述说的东西。亚里士多德把属名与定义（概念）分开来说，实际上，属名本身就是最初的定义，种名（Name der Gattun）则是扩大了的定义。定义的句式是：X 是 Y。而"这是 Y"（Dieses ist Y）则是第一定义的句式，如"这是树"。作为第一定义，"这是树"直接就是"树是树"。"这是树"与"树在"这两个句式里的"树"是完全不同的。"树在"的

"树"是对唯一的自在存在者(树)显现或存在的回应,是在惊赞中脱口而出的命名,而"这是树"的"树"则是对自在存在者存在的抽象限定,使树这一自在存在者离开自己的位置进入关联界。

但是,命名之"树"与属名之"树"显然不能没有关系。一事物必须首先在命名活动中显现出来,它才有可能被带入关联中。在这个意义上,命名在先,属名以命名为前提。我要把眼前的"这个东西"(Dieses)定义为"树",以"树"作为宾词来述说眼前"这个东西",必须在定义之前有"树"这一名称,否则,我无法把眼前"这个东西"归在它名下。这个名称最初就是我在命名活动(回应活动,Entsprechen)中给出的。也就是说,我有了一个现成的"名称",我才能进行定义。

这意味着,我在对眼前这个东西进行定义时,我一开始就不是在对它进行纯粹的、没有前提的理智直观,不是与它相遇,而是把它与我思想–记忆中的诸表象进行比较、联系。问题是,思想–记忆中的诸表象来自什么地方?来自最初的命名活动,来自相遇。我在与唯一者(某一自在存在者)相遇中进行命名,给相遇者以一名称。但当我退出相遇时,相遇者并没有从我的意识中消失,而是通过记忆作为某种表象(经验概念)存在于我们的思想中。也就是说,当我们退出相遇时,唯一者(自在者)已不再在当下存在,已不再在场存在,它从我们的纯粹理智直观中消失了,但由于我们的记忆思维,它并没有从我们的理智中消失,而是作为某种表象继续存在于我们的思想意识中。在这里,思想–意识把自在存在者直接等同于它在纯粹直观中显现的那个样子,并把"那个样子"作为那个自在存在者自身维持在意识(记忆)中。如果说在相遇中,存在者既存在于思想(理智直观)中,也存在于自己的位置上,因而是自在(an sich)的存在,那么一旦退出相遇而退出纯粹直观,存在者也就离开自己的位置而只存在于思想中,因而不再是直接性的存在,不再是存在于整体中的一个无限定的存在者,而且是作为脱离了整体的某种状态表象存在着。这种状态表象构成了存在者的限定性存在,因为存在者一旦脱离它在其中的整体(Im Ganz),它也就成为可限定的存在者。被记忆思维所维持的这种限定性存在构成了一种"标准物",与这个"标准物"相联系,命名语词也就转变为概念语词,即属名。一个语词之所以是属名,它一定与某种"标准物"相联系。有了这种"标准物"与属名,我们才能进行定义。我们一旦把存在者归在一属名下而等同于被维护在思想意识中的标准物,我们也就对这一存在者作出了定义。这里特别要指出的是,以属名为前提的定义活动并非单纯是形式化的逻辑活动或认识活动,而是一种存在活动——让存在者以"标准物"这种存在形态或存在角色存在。因此,凡以属名为宾词的存在者一定是,也只能是一种"标准物"或表象物,因而它处在逻辑关联空间之内。

当亚里士多德认为,名称与概念必定同时述说主体,没有不述说主体的名称时,他显然没有意识到命名之名与属名之名的区别,而把命名之名等同于属名之名。这在根本上意味着亚里士多德没有意识到,最本原的存在者(本体),也即自在存在者是也只是在相遇中、在命名活动中显现出来,因此,最本原的存在者既不述说任何主体,也不被任何宾词所述说,它不存在于有"主-宾"结构的述说活动中。从另一个角度说,这表明亚里士多德只承认这样的存在者存在:它不是被属名(第一概念)所述说,就是被其他概念所述说。只要有存在者存在,它就一定存在于有"主-宾"这种关联结构的述说中。而那最本原的第一本体也就是被第一概念即属名所述说的存在者,因此,第一本体实际上也一定是一种"标准物",也即被从整体中抽拔出来而能被思想所概观、限定的表象物。所以,在亚里士多德这里,第一本体本身处在逻辑关联空间里,作为标准物,它是逻辑关联的起点。

亚里士多德在讨论本体时,他显然想寻找、确定那最本原的本体,即能派生、分化出其他存在者的第一存在者,也就是我们前面所说的在命名活动中显现出来的自在存在者。但是,由于他没有意识到命名与属名的区分,而把命名归为属名,使他所理解的第一本体实际上只是表象物,只是最初的关联物。就此而言,亚里士多德的第一本体既是具体事物,又是普遍事物。

这里需要进一步阐释的是,所谓"表象物"并不是只存在于意识中的主观物,它同时是一种客观存在物。我这里只是在这个意义上称之为表象物:这个存在物被从一个我们的超验意识永远无法显现的整体中抽离出来,把它作为我们的思想可以完全概观、显明的存在者置于我们的意识之前,这也就是平常所谓的对象物。因此,表象物既存在于思想-意识中,又处于意识的对立位置上,就它为思想所概观而存在于其中而言,第一本体是普遍存在物;而就它是意识的最初对立物而言,它是具体存在物。

第一本体的这种双重性可以表述为:第一本体就是第一定义物,是在第一定义中显现出来的存在物。第一定义的句式是"这是 Y"(Diese ist Y)。在这里,"这个"(Das Diese)是作为 Y 这种存在物(存在形态或存在角色)存在、出现的,也只作为 Y 存在,因此,也可以说,Y 与"这个"是直接等同的。在这个意义上,第一定义的句式也可以表述为:A 是 A,或 Diese ist Diese. 但是,我们一旦把眼前的"这个"归在 Y 之下,那么,"这个"也就成为一种普遍存在物,因为我们之所以能把"这个"归在 Y 下,只能是因为 Y 是一个"标准物"。

因此,当亚里士多德认为只有第一本体表示"这个",而第二实体并不表示"这个"时[1],并不是因为第一本体是具体事物,而第二本体是一般事物,而是因为第一本体是第一定义物。作为第一定义物,第一本体是直接与标准物同一的,而所谓标准物,也就是被从整体中抽离出来而在思想意识中显现为单一的孤立存在者,由于它被从它存在于其中的整体抽离出来,因而它没有来源,没有历史,它在思想意识里显现为什么样子,它就是什么样子。因此,标准物也就是能在思想-意识中完全呈现出来的存在者自身,或者说,是在思想-意识中被把握、概观为孤立的、飘浮

---

[1] 参见亚里士多德《范畴篇》,E. Rolfes 德译本,Felix Meiner 出版社 1920 年版,第 42 页;参见方书春中译本,商务印书馆 1959 年版,第 16 页。

着的存在者自身的存在者。正因为标准物是一脱离了整体而能在思想-意识中被完全呈现出来的存在者自己,它才是标准物。因此,与标准物同一,也就是与存在者自身同一,或者说,第一本体也就是孤立的自身同一物。它虽然脱离了整体,因而可以在思想意识中完全被呈现出来,但它只是作为孤立的存在者自身而存在;它是一切逻辑关联的起点,但它只存在于与自己的关联中。

因此,亚里士多德说:"就第一本体来说,它们不是相关相对的(relativ),这是真的。"①也即说,第一本体只是作为它自己存在,它只存在于与它自己的关联中,它的存在不以与他物的关系为条件。

§ 12

如果从上面的理解出发,那么我们可以发现,亚里士多德的本体思想在《范畴》篇与在《形而上学》中并没有人们通常认为的那样大的差别。只不过在《范畴》篇里,左右其本体学说的是他对名称的理解,而在《形而上学》里则是他的"存在学说"。这里我们将主要根据《形而上学》第 5(△)卷第七章、第 7(z)卷第一、第四章等内容来简要地讨论亚里士多德的"存在学说"。在谈到"存在者"的意义时,亚里士多德说:

το ον(das Seinde)wird teils per accidens oder mitfolgend ausgesagt,teils an sich.(人们所说的存在者或者是属性的存在者,或者是自在的存在者。)②

An sich sein aber sagt man von alledem,was durch die Formen der Kategorie bezeichnet wird. Denn diese Formen bezeichnen in so

---

① 亚里士多德:《范畴篇》,E. Rolfes 德译本,Felix Meiner 出版社 1920 年版,第 55 页;参见方书春中译本,商务印书馆 1959 年版,第 29 页。

② 亚里士多德:《形而上学》,1017a24,E. Rolfes 德译本,Felix Meiner 出版社 1920 年版,第 98 页;参见吴寿彭中译本,商务印书馆 1997 年版,第 96 页。

vielfacher Weise,als sie ausgesagt werden,das Sein.［但是，人们所说的自在的存在则是由范畴形式所表示的一切东西。范畴有多少种形式（类型），它们就以多少种方式来表示（自在的）存在。］①

在这里，"存在（者）"被分为两大类：一种是附属性的存在，也即并不是自己所固有的，而是在与其他事物的关系、比较中才出现或具有的；解除关系或退出比较，这种属性就不再存在。比如，"他是高个儿的人"。这里，高个子这一属性只是在与矮个子相比较中才显出来的。另一种存在是"自在的存在"或"自己的存在"，即只要作为自身存在，就必定存在的东西。因此，"自己的存在"不依赖于他物。

在亚里士多德看来，一切"自己的存在"都可以由范畴形式来表示，也可以说，范畴形式所表示的一切也就是"自己的存在"的全部。有多少种范畴形式，也就有多少种"自在的存在"。那么，什么是范畴？

在古希腊语中，κατηγορια 就是宾（谓）词的意思，即用来述说主体的语词或概念。亚里士多德在《范畴篇》里所归纳出来的"十范畴"实际上应叫范畴（宾词）的十种类型或十种形式。也就是说，一切宾词可以归结为十种类型，这就是通常所谓的"十范畴"。宾词可以有无数多，但其类型或形式只有十个。而我们知道，一切宾词都是用来述说主体之性质的。由此可以推知，一切存在着的性质都可以归结为由十种宾词形式即"十范畴"所说明的性质，或者是以"十范畴"所说明的性质为基础。"十范畴"作为宾词的基本形式，它们当然也就是概念的基本类型，或者说，它们就是基本概念。

因此，当亚里士多德说，一切"自在（己）的存在"都可以由"十范畴"来说明时，也就意味着一切"自在的存在"都是概念性的存在，都可存在于概念中，因而都是普遍的存在。所谓"概念性的存在"，也就是可在思

---

① 亚里士多德：《形而上学》，1017a24，E. Rolfes 德译本，Felix Meiner 出版社 1920 年版，第 98 页；参见吴寿彭中译本，商务印书馆 1997 年版，第 96 页。

想-意识中完全显现出来的存在,更确切地说,是可以被思想-意识所概观、把持(be - greifen)或表象的存在。简单地说,"自在的存在"直接就是可完全显现于思想-意识之前的对象(Gegenstand)。因此,"自在的存在"虽然不依赖于他物,不存在于与他物的关联中,但它一定存在于与思想-意识的关联中,存在于思想-意识的逻辑关联中。作为概念性存在,"自在的存在"一定存在于由思想-意识构造出来的"主-宾"关联中。

所以,在亚里士多德这里,"自在的存在"其实并不是真正的自在存在,它已不自在:它已不在整体中,而是被从中抽取出来而置于思想-意识的概观、把持中。只有在整体中存在的存在者才保持为自在的存在,才保持为自在自身(an sich Selbst)。这种自在的存在者虽然可在纯粹的思想-意识中显现出来,但它的显现同时也表明它的来源,即它在其中的那个整体是不可显现、不可把持、不可概观的。在这个意义上,自在存在者虽可在纯粹思想-意识中显现其存在,但这种显现恰恰显明了这个存在者自身是不可完全显现的,它不可被概观、把持,它要比它的显现多,或者说,它并不仅仅是它显现的那样。因此,只要让存在者保持在整体中,即保持在自己的位置上而保持其为自在自身,我们就不能使它进入"主-宾"关联中,它永远在这种逻辑关联之外,只有能被思想-意识所概观、把持的存在物,才能被带进"主-宾"关联中。在这种可不断推演下去的逻辑关联空间里,亚里士多德的"自在的存在(者)"最本原也只能是作为"第一主体"的存在者。根据前面对名称的分析,这种存在者也就是在思想-意识中作为这一存在者自己存在的存在者,因而也就是与在思想-意识中的这一存在者自己的标准物同一的存在者。而(在思想-意识中)与自己的标准物同一的存在者也就是第一定义物。它存在于"A 是 A"或"这是 A"这种最初始的或原级的逻辑关联中。

作为第一定义物,我们总可以对亚里士多德最本原的"自在的存在(者)"问:这是什么(Was ist Diese)?换句话说,在亚里士多德这里,"自在的存在者"总是作为"什么"出现。亚里士多德明确指出:

Denn ein Seindes bezeichnet das Was eines Dinges und bezeichnet etwas als ein Dinges，ein anderes die Qualität，die Quantität oder sonst eine von den Kategorien. Da aber das Seinde so vielfach ausgesagt wird，so ist doch offenbar seine erste Bedeutung das Was，welches die Substanz bezeichnet.［存在（者）表示一物的"什么"，把某物表示为"这个"，此外，存在（者）表示质、量或其他某一范畴。虽然存在者有诸多意思，但显而易见，它的第一意义就是"什么"，这个"什么"表示本体。]①

前面把一切由范畴表示的存在（者）都归为"自在的存在（者）"，这里则进一步把这种"自在的存在（者）"划分为第一意义的存在（者）与次一级的存在（者），第一意义的存在者也就是最初的"什么"。这等于说，最本原、最核心、最真实的存在者，因而也就是本质存在者，一开始就是一种"这是什么"中的"什么"，是逻辑上、定义上在先但又在逻辑、定义中的存在物。

因此，对亚里士多德的"存在（者）"可以作出这样的阐释：（1）存在（者）一定是能用定义来说明的"什么"，"Das wesentliche Sein ist ja doch das，was ein Ding ist."（本质存在就是一物所是的"什么"。）②作为第一意义的存在（者），本质存在（者）也就是第一定义中的"什么"，是我们前面所说的第一定义物或标准物。（2）既然第一意义的存在（者）即本质存在（者）是定义中的"什么"，那么，一切以这本质存在（者）为基础的存在（者）也必定在定义中，在以"主-宾"关联为结构的逻辑关联中，因而，它们也一定是某种"什么"。如果说，第一意义（本质）的存在（者）是逻辑关联的起点，是第一关联物（与自身关联，与自身同一），那么，其他存在者则是这种可以不断推演下去的逻辑关联的环节，因而，它们实际上是逻

---

① 亚里士多德：《形而上学》，1028a11，E. Rolfes 德译本，Felix Meiner 出版社 1920 年版，第 130 页；参见吴寿彭中译本，商务印书馆 1997 年版，第 128 页。

② 同上书，1030a4，第 135 页；参见吴寿彭中译本，商务印书馆 1997 年版，第 133 页。

辑关联空间里的关联物,它们只是在相应的逻辑关联中才作为它们存在。(3)因此,一切存在(者)都是一种"什么",都存在于有"主-宾"关系结构的定义中,所以,一切存在(者)既是关联(系)存在物,也是概念性存在物。这里,只有"什么"与"什么"的区别,而不存在"什么"与什么也不是的"无"的区别。在亚里士多德的存在世界里,没有无的位置,没有无的向度,在这个世界里,从根本上说,区别的只是:第一关联物与环节关联物的区别,也即作为第一定义物(标准物)的第一概念物与种属物之间的区别。

亚里士多德的这种存在学说(Seinslehre)直接规定着他的本体学说(Substanzlehre)。因为这里他正是从本质的存在(者)去理解本体,把最真实、最重要的本体直接视为本质的存在(者)。"人们所说的本体,如果没有更多的意思的话,那么首先有四种意义。事物的本体就是:本质的存在、共相(普遍性)和种,此外,第四种意义就是主体(基质)。而主体(基质)就是这种东西,其他一切事物都是述说它的,而它自己则不述说任何东西。"①

这里的"共相与种"可以视为《范畴篇》里所说的第二本体。根据前面的分析,它们不同于第一概念(定义)物,但又以第一概念物为基础,也即以本质的存在(者)为基础。于是,在这里,本质的存在(者)成为第一本体。就本质的存在(者)也就是第一定义物,是就标准物而言,这里的第一本体与《范畴篇》的第一本体没有不同。因为根据我们的分析,《范畴篇》里的第一本体也是第一定义物(标准物)。与《范畴篇》不同的是,这里的第一本体不再是只被其他事物所述说而自己不述说任何其他东西的第一主体(基质),而在《范畴篇》里,第一本体同时也就是这种第一主体。

为什么亚里士多德在这里把第一本体与第一主体(基质)区分开来呢?因为他在这里发现,第一主体或最后主体实际上是一种质料

---

① 亚里士多德:《形而上学》,1028b33—36,E. Rolfes 德译本,Felix Meiner 出版社 1920 年版,第132 页;参见吴寿彭中译本,商务印书馆 1997 年版,第 130 页。

(Materie)。而质料是这样一种东西:"它本身既不是一什么,也不是一量,也不是其他某种可规定存在者的东西……so ist denn das letzte Subjekt an sich weder ein was noch ein Quantum noch sonst was(因此,那最后的主体本身既不是一什么,也不是一量或其他什么东西)。"①也就是说,质料是一种没有任何规定性的东西。那么,为什么第一主体或最后主体是这样一种质料? 亚里士多德对质料的"发现"有什么根据?

我们发现,亚里士多德把最后的主体视为质料,只有"逻辑上"的根据:既然最后的主体只被其他事物所述说,而它本身并不述说任何其他事物,那么,一旦抽掉一切述说它的事物,它就什么也不是,它失去了一切规定性而成为没有任何规定的纯质料。在逻辑上,我们的确能够对最后的主体进行这样的推演,但也只是在逻辑上才能这样做,甚至可以说,我们也只是在逻辑演算中才会"发现"质料这种本体。换句话说,质料以及作为质料的最后主体只存在于逻辑演算当中。因为任何存在物,只要它不仅仅存在于概念中,而且也存在于直观中,那么,它就不可能是没有任何规定的质料,对于这种存在物,我们不可能抽掉它的一切规定性,否则,它就不是它给予我们时的它自己。能在我们的理智直观中给予我们的一切存在物都有它自己的规定性,有它自己的质与量,否则它就无法给予我们。因为我们超验的(transzendentale)理智直观本身就包含着超验的质量意识,一切被给予物都只能在这种超验的质量意识中显现其自身。这里需要指出的是,事物在纯粹理智直观中显现出来的规定是绝对的超验规定,其质量是超验的绝对质量。这种绝对质量是事物的一切经验规定的基础,但它们本身只是它们自己,而没有任何经验意义。比如说,在纯粹理智直观中,竹竿有绝对的量的规定,但它没有长短——它不长,也不短,它只是它自己那样子。事物的一切长短、高矮、大小都只是经验关联里的量的规定,而不是绝对的量的规定。我们可以抽掉事物的

---

① 亚里士多德:《形而上学》,1029a20—25,第 133 页;参见吴寿彭中译本,商务印书馆 1997 年版,第 131 页。

一切经验关联里的规定,但不能抽掉其绝对的超验规定。在缺乏存在论差别意识的情况下,人们很容易误以为抽掉了事物的一切关联规定,也就抽掉了事物的一切规定,事物因而成为没有规定的质料。这是一个人们很容易落入的陷阱,亚里士多德也没有幸免。

实际上,不仅保持在整体中的自在物无法抽掉其超验的绝对质量,就是这里的第一主体也不可能是赤裸裸的质料。因为第一主体虽然不述说任何其他东西,但它却述说它自己,它总是以 A 是 A 这种形式述说自己,否则它就不会成为真正的第一主体,不会成为逻辑的真正起点。因此,我们虽然可以从第一主体或最后主体那里抽掉述说它的其他一切事物,但是我们却不能将它自己从它自己那里抽掉。这个它自己也就是在理智直观中给予的一自在物的超验规定。自在物的这种超验规定并不构成自在物的全部,因为自在物自身在其中的那个"整体"是无法在直观中给出的。人们一旦把自在物的这种超验规定当做一自在物自身的全部规定,也即把自在物直接等同于它在理智直观中的显现,那么自在物也就不再是自在物,而是自身同一物,即是在思想-意识中能够完全与自己同一(A 是 A)的标准物、第一定义物,实际上也即第一主体。

但是,由于亚里士多德完全陷入了无节制的逻辑抽离(象)活动中,以至于把第一主体抽离成连自己也不是的无规定者,从而"发现"了质料,这使他不得不改变第一主体同时也就是第一本体的思想,而这一思想是他在《范畴》篇里所主张的。现在他说:"Aber es ist unmöglich. Denn sowohl getrennt für sich als ein Dieses zu sein, scheint am meisten der Substanz zuzukommen. Daher möcht wohl die Form und das Kompositum eher als die Materie Substanz zu sein scheinen."[但是,这是不可能的。因为本体最重要的必须是独立可分离的,是"这个"。因此,不如说形式以及(形式与质料的)组合物先于质料而是本体。]①

————————

① 亚里士多德:《形而上学》,1029a30,E. Rolfes 德译本,Felix Meiner 出版社 1920 年版,第 131 页;参见吴寿彭中译本,商务印书馆 1997 年版,第 128 页。

　　这里,在先的、最重要的本体仍然是第一定义物,仍是"这个东西"(Dieses),即在思想-意识中与自己同一(Dieses ist Dieses)的标准物。但是由于第一主体被抽掉了包括与自己同一的一切规定,它当然也就不再是标准物。因此,与其说《形而上学》里第一本体的思想发生了变化,不如说是由于"发现"了质料而对第一主体的理解发生了变化。第一主体一旦成了质料而不再是与自己同一的标准物,它实际上也就不再是真正的第一主体,不再是真正的逻辑起点,因而不再是第一本体。因为第一本体或本体的第一意义必定在逻辑上、时间上、定义上都是在先的。① 作为质料的第一主体只是逻辑演算活动给出的第一主体(它是无节制的逻辑抽象活动的剩余者),而不是作为这种逻辑演算活动本身得以进行的起点的第一主体,简单地说,不是"A 是 A"中的 A。"A 是 A"是一切逻辑演算的起点,其中的 A 则是演算的第一主体。因此,作为质料的第一主体在逻辑上恰恰是在后的,而不是在先的。

　　更为重要的是,一旦在逻辑上认定存在纯粹的质料,那么,在逻辑上也必定认定存在纯粹的形式。因为,一切呈现给予我们的存在者,都不是无规定的质料,它们或者是与自己("标准物")同一的各个具体物(这个东西),或者是种属物。但是,一物之所以成为"这个"(Dieses)物,只能是这样:赋予质料以"这种"形式。有了"这种"形式,才会有与"这种"形式同一的"这个"物,否则就只有没有任何规定,因而没有任何差别的质料。使一物成为"这个"物的"这种"形式不是别的,就是(也只能是)那个普遍的"标准物"或"第一定义物"。只有当质料与一标准物相符合,与这一标准物同一,从而获得这一标准物的规定,才会有一事物给予我们。这里,作为标准物,形式在逻辑上(定义上)时间上都是在先的,它理所当然也就成了最先的本体。我们从这里可以看到,实际上,正是《范畴》篇里的第一主体成了单纯的质料,标准物或第一定义物才成为纯粹的形

---

① 参见亚里士多德:《形而上学》,1028a33,第 131 页;参见吴寿彭中译本,商务印书馆 1997 年版,第 128 页。

式。在这个意义上,形式与质料的截然区分也是无节制的逻辑抽象运动的结果。本来,标准物或第一定义物也就是这样的存在者:它在纯粹思想-意识中达到与自己同一,也即说,它脱离了它在其中的整体而作为孤立的单个事物显现于纯粹思想-意识中,把自己在纯粹思想-意识中作为孤立存在物的显现就当做它自己的全部存在。简单地说,它允许这样理解它:它在纯粹思想-意识中是什么样的,它就是什么样的,就是它自己。这种标准物既存在于我们的思想-意识中,也存在于它自身当中,既是意识的显现,也是意识的对象;作为在思想-意识中的自身同一物,标准物同时既是第一主体,也是逻辑关联的起点。但是,一旦对这里的标准物强行进行逻辑分解,那么标准物就会被分离为作为第一主体的质料与作为自身同一物的形式。于是,作为自身同一物,标准物成为纯粹的形式。这是柏拉图(苏格拉底)与亚里士多德共有的一个基本思想,只不过在亚里士多德这里,纯形式与感性事物具有更密切的关系,纯形式只是在逻辑上具有优先性,而在现实存在上,形式甚至并不与具体事物相分离。在亚里士多德这里,纯形式并不像在柏拉图那里那样具有完全的独立性。

因此,当亚里士多德说形式是在先的本体时,他真正说出来的仍是:标准物是在先的本体,本质存在即第一定义物是第一本体。实际上,我们可以用同一句话来概括亚里士多德的本体学说:本质就是在思想-意识中达到与自身同一的自身同一物。简单地说,本体就是"A 是 A"中的A。这里,"在思想-意识中达到与自身同一"所说的是:把在思想-意识中的显现就当做自在物自身的全部存在,而不管自在物在其中的那个不显现的整体。在这里,自在物在其中的整体完全被这种在思想-意识中的自身同一物所掩盖、忽略,否则就不会有这种自身同一物,而只有保持在整体中的自在物。因此,亚里士多德的"本体",即自身同一物实际上是从整体中脱离出来的孤立物,它不在自己的位置上,而是飘浮在逻辑关联空间里。所谓本体恰恰是一种无根无本的飘浮物。所以,我们可以说，亚里士多德的本体世界是一个由自身同一物组成的飘浮的世界。

§ 13

由于在亚里士多德这里，形式并不构成一个独立世界，形式只是在逻辑上具有优先性，而在现实存在上，形式则存在于每个给予我们的自身同一物里。因此，根据亚里士多德的本体学说，自身同一物的世界也就是最真实、最可靠的真理世界。自身同一物本身就是真理。因此，在自身同一物的世界里，只要存在，也即只要在思想-意识中与自身同一地显现出来，就是真理。这里，只有真理，而没有假象或欺骗；只有显现，而没有掩盖或遮蔽。也即说，自身同一物的世界是一个无遮蔽的、纯显现的世界。只有进入自身同一物之间的联结之后，才会有真理与假象、显现与遮蔽的对立。这里，我们要引用亚里士多德一段有代表性的论述来说明：

Was ist aber nun bei dem Nichtzusammengesetzten das Sein oder Nichtsein, das Wahre und Falsche? Es ist ja nicht zusammengesetzt, so dass es wäre, wenn es verbunden, und nicht wäre, wenn es getrennt ist, wie das weisse Holz oder die inkommensurable Diagonale; es wird also auch das Wahre und das Falsche nicht mehr in gleicher Weise statthaben wie bei jenen Dingen. Es ist eben hier, wie die Wahrheit, so auch das Sein, nicht dasselbe, sondern mit Wahrheit und Falschheit steht es so, dass das Berühren und aussprechen Wahrheit ist——denn das bejahende Urteil und das Aussprechen eines Begriffes ist nicht dasselbe——, das Nichtberühren aber ist vollständiges Nichtwissen. Denn eine Täuschung gibt es über das Was eines Dinges nur in akzidenteller Weise. Und ebenso ist es mit den nicht zusammengesetzten Substanzen; auch über sie kann man sich nicht täuschen. Und sie sind alle aktuell, nicht potenziell, sonst würden sie werden und vergehen. Denn es müßte aus etwas werden. Was also ein Sein an sich und aktuell, über das kann man sich nicht täuschen, sornden nur es erkennen oder nicht. . . .

Das an sich Eine aber ist, da es ja aktuell seiend ist, in eben dieser Weise da, und existiert es nicht so, so besteht es überhaupt nicht. Hier liegt die Wahrheit darin, dass man es denkend erkennt. Irrtum aber oder Täuschung gibt es hier nicht der Blindheit entspricht.

〔但是,就非联结的东西来说,存在与非存在,真(理)与假(象)是什么呢?由于它是非联结的,所以,并不是有联结,它才存在,不联结,它就不存在,就如白色的木材或不可测量的对角线那样。所以,这里并不存在像白色的木材这类事物那里存在的那种真与假。同样,正如真理不同一样,这里的存在也不同于那类(联结)物的存在;在这里,存在与真理、假象处在这种关系里:接触和说出就是真理(给出进行肯定的判断与说出一概念是不同的),而不接触就是完全的不知。因为关于一物是什么(这一问题)只有在偶性层次上才会有假象(或欺骗)。非联结的本体也一样:关于它,人们不会发生自我欺骗。(非联结的)本体完全是现实的,而不是潜在的,否则它们就会变易和消逝。但存在者本身不可能变易和消逝。因为如果存在者本身会变易,它就必须从某种东西变易而来。所以,自在和现实的存在(者)是什么,人们不会自我欺骗(不会造成假象),而只有认识它或不认识它。……

自在的单一者存在着,因为它向来现实地存在着,同样,如果它不这样存在,它根本不存在。这里,真理就在于人们在思想上认识自在的单一者。这里没有错误或欺骗,只有无知,不过这种无知并不是视盲。〕[1]

---

[1] 亚里士多德:《形而上学》,1051b18—1052a3,E. Rolfes 德译本,Felix Meiner 出版社 1920 年版,第 240 页;参见吴寿彭中译本,商务印书馆 1997 年版,第 191 页。

　　在这里,存在物或本体像在《范畴篇》里一样被划分为两个层次:非联结物与联结物。用《范畴篇》的术语说,就是第一本体与第二本体。首先要指出的是,这里的非联结物作为自身同一物虽然是非联结的,即它的存在与他物没有联系,没有关联,但它的存在却一定与自身相关联,它与自身处于"A 是 A"这种关联中。在这个意义上,它是无关联的关联物,是第一关联物。

　　在不同的本体层次,存在与不存在、真理与假象具有不同的意义。对于非联结物来说,它存在,只是因为它作为它自己而现实地存在着,也即它在思想-意识中显现为与自身同一而存在着;如果它不如此这般地存在,它就根本不存在。在这个层次上,一物存在,意味着有物在思想-意识中以"A 是 A"这种方式显现着,不存在则意味着无物以这种方式显现。因此,非联结物的存在与真理处在一种直接的同一性关系当中。因为非联结物的存在直接就意味着它在我们的思想-意识中以"A 是 A"这种方式显现着。从物的角度说,这种显现就是物的存在,从"我们"的角度说,这种显现则是"接触"物和"说出"物,也即在思想-意识中认识物。一非联结物存在,意味着我们在思想-意识中以"A 是 A"方式显现它、"接触"它或"说出"它,也可以说,当我们在思想-意识中显现它、"接触"它,也就意味着我们让它作为它自身存在。只要我们"接触"它,说出它,我们就知道它是什么,就让它在思想-意识中作为其自身显现出来。因此"接触"就是真理,就是存在的显现。这里,真理与存在或显现是直接同一的。

　　显而易见,这里只有真理而没有假象,没有欺骗。因为一非联结物的存在,同时也就是我们"接触"着它——让它作为它自身在意识中显现着,因此,只要它存在,我们同时也就知道它是什么:它就是它自己,它就是它显现的那个样子,或说,它显现的那个样子就是它自身。这里的真理并不与假象或欺骗相对立,而是与"无知"或"不知"相对应。"不知"并不是没有能力去知,而是有能力却没有去知,没有去"接触",即没有在意识里把某物显现为该物。只要去"接触"第一本体,只要去知非联结物,我们就会让它在思想-意识里作为其自身显现出来,因而就知道它是什么——它就是它自己那样。因此,在"非联结物是什么"这一问题上,我们不会犯错误,这里没有欺骗,没有掩盖或歪曲:只要非联结物存在,只要它出现,它就作为其自身显现于思想-意识中;否则,它就不是自身同一物,不是非联结物,也就是说,一非联结物如果不能在思想-意识里作为其自身显现出来,那么它根本就不存在,只要它存在,就必定是如此这般地显现。

所以,在非联结物层面上说,真理(作为自身显现)就是存在,存在就是真理。追求真理也就是努力去"发现"存在,"接触"存在,而只要去"接触"存在,就能发现真理,获得真理。这里隐含的一个思想是:在非联结物层面上,认识与对象(存在)是天然和谐一致的,或者说,是天然符合的。这里不存在真理与假象,去蔽与遮蔽,发现与隐藏之间的对立与斗争,追求真理的唯一障碍就是懒惰。克服这种懒惰,人们就可以尽可能多地认识对象(非联结物),尽可能多地获得真理。随着知识的积累,人们甚至终有一天可以认识所有对象,获得所有的真理,就如物种学家有一天能识别地球上的所有物种一样。这一信念无疑维护和贯彻了柏拉图真理观的一个基本精神。

由于非联结物的存在本身直接就是真理,因此,亚里士多德有时甚至说:"真与假(Das Wahre und Falsche)不存在于事物之中(像善为真、坏为假那样存在于事物之中),而是存在于思想之中。不过,当思想涉及的是单一(非联结)的东西时,即涉及'这是什么'时,真假也不在思想中。"[1]这并不是说,在非联结物领域没有真理,而是说没有与假象相对立的那种真理。因为只要它被我们的思想所接触、涉及,它就作为它自身显现出来,就按它自己那个样子出现。而从另一个方面说,这意味着没

_____

① 亚里士多德:《形而上学》,1027b30, E. Rolfes 德译本, Felix Meiner 出版社 1920 年版,第 128 页;参见吴寿彭中译本,商务印书馆 1997 年版,第 127 页。

有对立的纯粹真理既存在于事物中,也存在于思想中,但那种真假对立的真理则只存在于思想中。这里所谓"只存在于思想中",并不是说这种真理没有对象性的根据,而是指这种真理与假象只是在思想的关联演绎活动中才给出来的。这种真理也就是联结物领域的真理。

根据前面的分析,所谓联结物也就是种属物,因而也就是以自身同一物即第一关联物为基础的环节关联物,它的存在依赖于与他物的关联、比较。一联结物是什么,取决于它处在什么样的关联中,取决于它与什么样的事物处在关联中。联结领域是一个以"A 是 X"这种方式存在的世界,"A 是 X"要以"A 是 A"为前提。但"A"一旦是"A",它也就一定能够是某种关联角色"X"。(这个)人是人,他也就一定可能是一个白人或黑人,一个工人、农民或学者;而当他进入更广泛的关联时,他甚至就是一种动物(而不是植物)。这种联结物或环节关联物既是对象性的存在,也是概念性的存在,综合地说,就是能在理智直观中给出的存在。不过,这里不是纯粹的理智直观,而是经验的理智直观。一切联结物都是在经验概念的关联演绎中展开、显现(直观)出来的。我们的思想在进行这种关联演绎时,显然会发生错乱和掩盖,因为我们的思想在对经验(关联物)概念(自身同一物概念是最初的经验概念)进行关联演绎时,完全可以撇开它在直观中的对象性存在,把它置于单纯的概念关联中,因此,我们很可能使它与不适当的概念(事物)发生不适当的关联,因而使它获得了不适当的关联意义,充当不适当的关联角色。在对地球与其他星体的直观关联所知甚少的情况下,人们很容易用"地心说"来演绎它们之间的关联,在这种关联中地球充当太阳的中心这种不恰当的关联角色。只有随着对天体的观察(经验直观)的扩大和深入——这在很大程度上取决于望远技术的进步——才能纠正这一错误。而在更广阔的直观关联视野里,太阳也不能被视为地球的绝对中心。这里显然存在着一个经验直观的关联视界(Horizont)。这种直观视界规定着事物能够以什么样的关联角色出现。事物的关联角色或关联存在是否真实,是否适当,首先取决于这一角色在给出该角色的关联(概念)系统里是否具有逻辑一贯性,而最后则需要在直观视界里得到说明:在直观中找到它能与之符合一致的对象性存在。换句话说,我们在对一物进行关联演绎时给出的关于此物的陈述(判断)是否为真,一方面取决于这一陈述在给出这一陈述的演绎系统(如物理学或化学等等)里与其他陈述是否不相矛盾,另一方面取决于它能否在直观视界里得到证明:陈述对事物所作的那种联系,或者说,陈述让事物充当的那种角色性存在是否可以在经验直观中展现出来。也就是说,陈述必须在直观中找到它能与之符合的事物,陈述才是真的。这里,逻辑上的一贯性,与事物的符合,是陈述的真理性的前提,也是其标准。

由于最本源的存在就是自身同一物,只要睁开我们的眼睛,启动我们的思想,事物就作为事物自身给予我们,为我们所完全概观、把握,即以"A 是 A"的方式显现出来,因而,关于自身同一物,我们不会发生错误,这里只有真理——只要睁开眼睛,我们就会获得真理;只有当我们用我们的经验概念对自身同一物进行联结时,才可能发生错误。因此,只是在关于联结物也即环节关联物的陈述中,才有与假象相对立的真理;而关于自身同一物即最初关联物,则只有真理,没有假象。不过这里最为重要的是,不管是哪种情况,真理都只存在于陈述中。如果说自身同一物就是最本源的存在,那么第一陈述"A 是 A",就是真理的最本源处所,或说,真理最本源地存在于"A 是 A"这第一陈述中。因为所谓自身同一物是,也只能是以"A 是 A"这种方式显现于我们的思想-意识中,因此,即使我们并没有以有声语言把它说出来,但只要它存在或显现,我们就已经在意识中把它陈述出来。自身同一物的存在与真理就在这一陈述中达到同一。所以,在亚里士多德这里,由于自身同一物(不同于自在物)是最本质的存在,因而是最本源的本体,因此,陈述成了真理的本源处所,真理只存在于陈述中。如果说自身同一物的真理存在于第一陈述中,那么,联结物的真理则存在于一般判断中。这是亚里士多德真理观中最为核心的思想。

§ 14

于是,追求真理的努力也就成了追求正确陈述的认识活动。而所谓正确的陈述必须符合两个前提,即在逻辑上前后一致,并且在直观中能找到对象性根据。这样,苏格拉底(柏拉图)确立的求真(理)就是求知(识)的真理道路在亚里士多德这里不仅得到了新存在论的强有力支持,而且在此新存在论(本体学说)的基础上,与逻辑学联系起来了,逻辑学不仅作为方法(工具),而且作为基础构成了一切真理的前提。真理存在于陈述中,因而存在于逻辑学中。逻辑学作为我们获得包括自身同一物真理在内的一切真理的方法(工具),它同时也是一切存在的显现方式,因而它具有存在论或本体论的意义。这一点在近代德国哲学中得到了最充分的展现。我们可以说,亚里士多德的真理观在存在论基础上奠定了逻辑学在西方思想史上的根本性地位。不管是在中世纪,还是在近代,逻辑学都构成了人们理解存在与探求真理的基础。

我们知道,在苏格拉底-柏拉图那里,真理与思想的超越性(超感性)是通过"辩证法"来保证的:人们只有掌握了辩证法这种艺术(方法),才能摆脱感性而获得超越性的真知识。而在亚里士多德这里,保证真理与思想之超越性的则是逻辑学。第一本体(标准物)正是以同一性(A 是 A)这一逻辑学的基本原理作为自己存在与显现的方式,或者说,它在我们的意识中正是以"A 是 A"的方式显现出来,因而第一本体的存在或显现(真理)才既是具体的,又是普遍的;既是直观的,又是概念的,从而保证了第一本体或标准物的存在与真理的超越性。作为自身同一物和联结物的存在方式或显现方式,陈述有陈述的 Logos。

在亚里士多德的真理观里,"符合"仍然构成真理的前提和标志。不同的是,在柏拉图那里,我们的"知识"要去符合、对准的是一个现成的对象世界,而在亚里士多德这里则要复杂一些。就自身同一物(标准物)而言,只要睁开我们的眼睛,启动我们的思想,它就作为其自身出现,它在我们这里的显现与它的存在天然地符合一致,因而,我们似乎可以把它视为一个现成领域。但是,联结物则明显不是现成存在者。联结物首先恰恰是在思想的逻辑关联演绎活动中给出来的,也即说,联结物首先存在于陈述中。一陈述是否正确或是否为真的问题,也就是陈述指派给一物的关联角色是否恰当的问题,或者说,就是陈述给出的关联物是否真实存在的问题。这是从不同角度对同一个问题的不同表述,而这一问题(陈述是否为真)一方面取决于陈述在逻辑上是否成立,另一方面则取决于它能否在直观中展现出来,也即能否在直观中给出它能与之共在、符合的对象性存在。陈述可以在思想的关联演绎中给出某一联结物,但并不一定也能在直观中把这一关联物展现出来。显然,陈述要与之共在、符合的对象存在物,并不现成地存在于直观中,而恰恰是要在陈述活动中给出来的。陈述不仅要能在概念的关联演绎中给出联结物,而且必须能在直观中给出同样的关联物,从而在直观中得到证明,它才能是真的。因此,就联结物而言,关于它的陈述所要符合与其共在的,恰恰是陈述本身在直观中给出来的。但这也并不是说,陈述活动可以在直观中独自创造出关联物(对象存在者),它必须以直观中的自身同一物为基础,才能构造出它要与之同一符合的关联物。因此,陈述活动能否在直观中给出相应的关联物,实际上也就是陈述活动能否把直观中的自身同一物带入陈述给出的逻辑(概念)关联中。或说,能否把陈述的逻辑联结物赋予直观中的自身同一物,使之呈现为这一逻辑结构中的关联物。这实际上也就是陈述作为一种逻辑(概念)关联活动的客观性与有效性的问题。因此,在亚里士多德这里,作为真理的前提与标志,符合与知识(概念的逻辑关联或演绎)的客观性、有效性联结在一起。随着"符合论"真理得到进一步的规定,"主体"这一被指派给人的角色也可以得到更具体的刻画。在柏拉图(苏格拉底)那里,主体就是人在克服感性存在之后剩下的那部分存在,它被理解为灵魂和灵魂的视见能力。作为灵魂，主体这一角色在哲学上的面貌还相当模糊，它还不足以与人在宗教生活里的存在身份区别开来。但是，在亚里士多德这里，由于要去认识、对准、符合对象的主体实际上就是陈述者，正如一切本体都存在于陈述中一样，主体也只是陈述中的主体，或者更确切地说，主体就是进行陈述活动的主体。而这在根本上意味着，主体在本质上就是一种有逻辑关联结构的存在者。正如逻辑结构是一切本体的显现（存在）方式，逻辑结构在这里构成了主体的本质存在。主体由此获得了前所未有的清晰面貌，主体不再是模棱两可的灵魂，而是有自己绝对可靠的规律的逻辑演绎者。简单地说，主体（人）就是逻辑思维者，就是遵循逻辑学规律的思想者。我们只有遵循逻辑学规律，才能达到巴门尼德的"思想"，或者干脆说，才能进行真正的思想。因此，在此之后，思想甚至直接就被理解为以逻辑学为基础的理智活动。这种以逻辑学为基础的思想实质上就是一种表象思维（想）——把一切存在物都当做能够在思想-意识中达到与自身同一的自身同一物，因而可以把一切存在者都当做表象或概念进行逻辑关联演绎。因此，说主体是逻辑思维者，也等于说，主体是表象者（Das Vorstellende）。而在人被理解为"理性的动物"之后，理性与人的主体存在则被直接等同起来，因而与逻辑思维等同起来，至少逻辑思维或推理性思维被当做理性的核心，理性因而成了所谓的"工具理性"。思想成为表象思维，理性成为工具理性，这是同一回事的不同表达。当然，主体的这种更具体的面貌是在近代哲学中才逐渐清晰起来，但其源头却是由亚里士多德的真理观奠定的。我们完全可以说，正是亚里士多德的本体论和真理观更为明确地确立了人的主体身份。

作为陈述者这种主体，人与他物的关系首先是陈述与被陈述、规范与被规范的关系。追求真理也就是寻找与他者建立一种合乎（逻辑）规则的关系，或者说，就是努力把他者纳入规则关系里。只要人充当陈述者或逻辑思维者这种角色，他就是规则的颁布者；只有根据这一主体所颁布的规则,他者才是可理解的,甚至那最高的他者也只有根据主体的这种规则才是可接受的(托马斯对上帝的证明)。人的这种主体角色所展现的姿态被后来的奥古斯丁批评为理智的独断与骄狂,它体现了信仰的缺失。因为这里没有绝对他者的地位;作为主体,人不可能与绝对的他者相遇。从我们这里的角度说,这表明了人的自由的缺失。因为在这种情况下,人与一切他者都陷入了必然规则的关系中,因而没有自由意志存在的余地;然而,主体与他者的一切关系恰恰必须以人的自由意志为前提。所谓自由意志即是自在-自为的意志,它以意志为意志而不以任何他者为意志,它指向自己而不指向任何他者,否则它就不是自由意志,就受制于他者。人的这种自由意志也就是人的自由存在:他只从自己的纯粹意志作出决断,而与他者没有任何关联。然而,正因为他的自由存在与他者没有关联,他才能真正让他者与人处在一种无关联的关联中:让他者不在陈述中,而是在自己的位置上(an sich),不仅仅在思想意识中,同时保持在一个不显现的整体中。这也就是自在的他者或自在的存在者。自在存在者在人的自由存在(纯粹意志-意识)中显现它的存在,但它的这种显现同时表明,它在其中的那个整体是不可显现的,它来源于这个整体,但这个整体隐而不显,因而这个自在存在者并不仅仅是它在纯粹意识中显现的那个样子,它比显现出来的要多。所以,它不是自身同一物,因为它不把在意识中的显现当做它自身;它是自在同一物,它在意识中始终保持为在整体中的这一存在者,即始终保持为在自己位置上的这个存在者。这种自在同一物也就是我们前面所说的命名物或相遇物。我们正是在自由存在中与他物相遇而呼唤它,命名它。命名物却是属名物即概念物或自身同一物存在的前提,就如命名是定义的前提一样,在这个意义上,人的超越性的自由存在是人与他者的一切规则性关系的前提,是人作为主体身份存在的前提。因此,正是自由的缺失,主体才成为人的本源的唯一合法的身份,而自身同一物才成为本源本体,它的存在(显现)才成为本源真理。从整个希腊哲学来说,正是自由的缺失,"求真(理)"才成为"求知(识)",在亚里士多德这里,追求真理最后则落实为追求正确的陈述,真理论更明确地说就是知识论。

如果说真理的道路就是真实人生的道路,那么这条道路就是追求真知识、追求正确陈述的道路。因此,遵循以逻辑思维能力为核心的理智而生活,成为亚里士多德伦理学的一条基本原则。如何过真实而有意义的生活?这是一切伦理学的基本问题。但关键是,什么是真实的生活?这一问题显然又与如何理解人这一存在者的存在直接相关。人的真实生活只能遵循人的本性并发挥这种本性的生活。这种生活也就是有德性(arete)的生活,或说是人的一种德性存在。在亚里士多德(柏拉图)伦理学里,德性并不仅仅为人所具有,斧子、桌子及世间万物都有自己的德性,它首先是指事物得以按自己的本性而充分发挥其功能的一种存在状态。人的德性就是人的这样一种存在状态:充分发挥自己的本性而成为出色的、有用的人。① 伦理学的基本问题"如何使人成为有德性的人",也就成为"如何使人充分发挥其本性而成为出色的人"这一问题。而在自由缺失的思想背景下,人的本性就是人的主体性存在,在亚里士多德这里,就是陈述者,就是逻辑思维者。因此,亚里士多德伦理学有理由把自己的任务简化为:如何使人们在生活中遵循自己的理智并充分发挥其作用?过理智的生活一定就是一种有德性的生活,而有德性的生活也一定是遵循理智的生活。一个人在自己的生活中得以遵循自己的本性并充分发挥作用,就是他的幸福、幸运(eudaimonia)。也就是说,过有德性的生活就是一个人的幸福。亚里士多德说,幸福就是"灵魂的一种合乎德性的活动"②。因此,在亚里士多德伦理学里,如何使人有德性、如何使人过理智的生活与如何使人幸福,是同一个问题。

因此,我们有理由说,在自由缺失的背景下,伦理学最后就是一种幸

① 参见齐纳逊·伯内斯《亚里士多德》,余继元译,中国社会科学出版社1989年版,第156页。
② 亚里士多德:《尼多马可伦理学》,1098a16;参见乔纳逊·伯内斯《亚里士多德》,余继元译,中国社会科学出版社1989年版,第157页。

福生活指南,而与人的绝对尊严、绝对权利无关。这是希腊伦理学与近代伦理学的根本性区别,而这种区别的全部根据就在于自由的缺失与觉醒。

第四节　培根的新工具:真理的力量化

§ 15

在追求真理的道路上,自由的缺失一直延续到近代哲学。虽然自由意志问题在奥古斯丁的基督教哲学中已被激发出来,使自由成了哲学要讨论的一个问题,但是,在奥古斯丁这里,自由意志问题的提出首先是为了人的罪责存在:上帝赋予了人类自由意志,因此,他的行动才有罪恶与责任的问题,因而他才必须接受审判与惩罚,而不得以任何外在诱惑为借口拒绝承担责任;亚当与夏娃偷吃禁果的行为之所以构成了人类的原罪,人类因而必须接受审判与惩罚,其全部根据就在于,他们是自由的。也就是说,人的自由存在在奥古斯丁这里得到觉悟与思考,是源于对被基督教信仰强烈突现出来的人的罪责存在的反思。

这一方面表明,在西方哲学史上对自由的觉悟与反思来源于哲学对基督教信仰的理解。自由问题是哲学与宗教、理性与信仰结合并沟通而开辟出来的一个新维度。在这个意义上,我们甚至有理由说,正是基督教信仰提升和丰富了哲学本身,首先提升和丰富了哲学对人这一特殊存在物的理解。但另一方面,在奥古斯丁那里,乃至在整个中世纪基督教哲学里,自由问题还被局限于理解人与上帝的关系问题上,而自由与人的理性存在,因而与人的尊严、权利,以及人的自由存在与自然的真理性存在等构成康德哲学基本主题的问题尚未得到全面意识和系统讨论。因此,在近代哲学开始之初,弗兰西斯·培根与笛卡尔这两个开辟了近代两种不同哲学传统的哲学家在追求真理的道路上,仍然在不知不觉中从不同角度维护着亚里士多德的路线。在他们那里,真理仍缺乏自由的维度。

培根在他的著作里经常以亚里士多德为批评对象,亚里士多德几乎成了他哲学上最重要的对手。但是,他批评亚里士多德并不是反对他把真理建立在方法(工具)基础上,而是认为亚里士多德的方法不适合于获得真理,甚至有碍于人们追求真理的事业。因而他把提供新工具当做自己最重要的哲学工作。

人类在追求真理的努力中,为什么需要新工具?培根给出了两个基本理由。首先是人的理解力(understanding)需要工具的帮助。在培根看来,"自然的精微要比感官的理解力的精微高出许多倍"①。相对于自然界的精微奥妙,我们的理解力处于劣势,需要有恰当的工具来弥补,才能使我们的理解力与自然相匹配而获得对自然的认识。在这个意义上,理解力需要工具,就如我们在机械力方面需要工具一样。"在机械力的事物方面,如果人们赤手从事而不借助工具的力量;同样,在智力(理智)的事物方面,如果人们也一无凭借而仅靠赤裸裸的理解力去进行工作,那么,纵使他们联合起来尽其最大的努力,他们所能力试和所能成就的东西恐怕总是很有限的。"②

需要新工具的另一个理由是,亚里士多德确立的逻辑学无助于真理事业。"现在所使用的逻辑,与其说是帮助追求真理,毋宁说是帮助把建筑在流行概念上面的许多错误固定下来并巩固起来,所以它是害多于益。"③亚里士多德及其追随者强调逻辑在认识中的作用表明,他们意识到人类理解力的缺陷,需要为理解力寻求帮助。这一点,培根是完全赞同的。问题是,逻辑本身就是人的理智(intellect)的产物。因此,用逻辑来加强理解力"只不过是始终用着赤裸裸的智力(理智)罢了"④。因此,

---

① 培根:《新工具》,Ⅹ,许宝骙译,商务印书馆1984年版,第9页。
② 培根:《新工具》,"序言",许宝骙译,商务印书馆1984年版,第2—3页。
③ 同上书,Ⅺ,第10页。
④ 同上书,"序言",第3页。

以逻辑帮助、引导理解力,无异于让理解力自流,它就会采取与逻辑秩序相一致的进程:从感官的具体事物飞跃到最普遍的原理。"因为心灵总是渴望跳到具有较高普遍性的地位,以便在那里停歇下来;而且这样之后,不久就倦于实验。但这个毛病却又为逻辑所加重,因为逻辑的论辩有其秩序性和严正性(solemnity)。"①也就是说,理解力以逻辑为工具,等于没有工具。理解力本身就自然遵循着逻辑规则而习惯于从具体事物跳跃到普遍原理。在这种情况下,如果还像亚里士多德那样强调逻辑对理解的重要性,那么,只会有一个结果,那就是使理解力固守在原理与概念及其毫无意义的抽象演绎上,而对具体事物本身毫无兴趣。一切原理、概念一旦脱离或远离了感性经验,就会成为偏见而阻碍人正确面对自然。就逻辑有助于理解力固守在普遍原理上而倦于实验来说,逻辑不仅无益而且有碍于追求真理。

培根对亚里士多德逻辑学的批评,有一个直接的背景,这就是传统逻辑在中世纪经院哲学中的滥用。这种滥用促进了人们的全部理智力都集中在一系列教条学说的论辩上,而忘记了我们面对的感性自然。在这里,逻辑的目的"是要迫人同意于命题,而不是要掌握事物"②。培根作为近代哲学的一个开创性人物,其意义和贡献就在于他力促人们的理智从各种教条论辩中解放出来,使之直接面对事物,恢复人类理智对感性自然的兴趣与好奇。他所要确立的"新工具"就是要帮助人们摆脱一切偏见和"假象"(Idol),使人们的理解力直接面对感性事物。"至于我的方法,它是这样的:我提议建立一种通达准确性的循序渐进的阶梯。感官的证据,在严格的校正过程的帮助与防护下,我要一直保留使用。至于那继感官活动而起的心灵操作,大部分我要加以排斥;我要直接以简单

---

① 培根:《新工具》,XX,第 12 页。
② 同上书,XIII,XXIX,许宝骙译,商务印书馆 1984 年版,第 10 页。

的感觉知觉为起点,另外开辟一条新的、严格的道路,让心灵循序渐进。"①根据这种方法,在追求真理的过程中,理解力不仅必须以直接的感性事物为起点,而不能以某种原理或概念为起点,而且理解力本身的演绎操作活动还必须受到严格限制,以免在传统逻辑的帮助下流于毫无经验性根据的空泛论辩。

在培根心目中,他的这种方法不同于传统的"归纳法"。"探索与揭示真理只有两条道路。一条是从感官和特殊的东西飞跃到最普遍的原理(这些原理的真理性被视为确定无疑和不可动摇的),并由这些原理出发进一步去判定与揭示中级原理。这是现在流行的方法。另一条道路是从感官和特殊的东西引出原理,经由逐步而无间断的上升,直至最后才达到最普遍的原理。这是正确的方法,但迄今还未试行过。"②如果人们把前一种方法,也即传统归纳法称为枚举归纳法,那么培根所倡导的归纳法则可以视为一种"无间断归纳法"。在这里,理解力的每一步抽象、概括都有可靠的感性经验作为根据。

人们一般都把培根的"新工具"归结为他的"无间断归纳法"。但这只是从积极的角度去理解"新工具"的内涵:作为一种新归纳法,它的功能就在于它有助于理解力去正确认识世界。但"新工具"的另一半内涵还在于它的防范功能,这就是它对人类四种"假象"的揭示。这些"假象"或者基于人类的天性,或者基于个人的特殊际遇,或者基于脱离感性经验的概念活动,还有就是基于包括语言在内的交往活动。这些假象都是与人的生活密切相关,因而它们往往不为人们所自觉。因此,揭示出这些假象可以使人们意识到这些假象的存在,从而使人们预先得到危险预告而增强自己,以防止假象的困扰。③

---

① 《培根文集》第4卷,Friedrich Fromman 出版社,第40页;参见《新工具》,许宝骙译,"序言",
　商务印书馆1984年版,第2页。

② 《培根文集》第4卷,Friedrich Fromman 出版社,第50页;参见《新工具》,许宝骙译,商务印
　书馆1984年版,第12页。

③ 参见《新工具》,许宝骙译,商务印书馆1984年版,第18、19页。

不过,新工具的这两方面内涵始终都是要强调一点,即理解力的任何运用都不能离开感性事物。这里需要指出的是,培根对感性事物的重视并不意味着他认为感官是绝对可靠的,要把科学建立在单纯朴素的感官感觉上。实际上,他对自然的感官同样不放心。他甚至说:"人类理解力的最大障碍和扰乱都是来自感官的迟钝性、不称职以及欺骗性……感官本身就是一种虚弱而多误的东西,那些放大或加锐感官的工具也不能为所欲为;对自然的任何一种真实性解释只有靠恰当而适用的实例与实验(instances and experiments)才能做到,因为在那里,感官的裁断只触及实验,而实验则触及自然的要点(Point)和事物本身。"①因此,在培根的"新工具"里,处于根本性地位的,与其说是感官知觉,不如说是实验。不仅事物只有在实验中才能作为这一事物本身得到认识,而且也只有在实验中,人的感官知觉才是可靠的。在实验之外,人的感官知觉就如放任自流的理解力,并不可靠,它在大多数情况下只涉及事物的表面,而不能触及事物的关键(Point)。所以,严格地说,作为"无间断归纳法",起点是实验中的感官知觉,只有在实验中,感官知觉才有资格成为"新工具"的起点。

§ 16

从前面的分析,我们可以看出,培根的新工具实际上隐含着一个存在论承诺:有一个现成的、绝对可靠的世界存在,这就是感性自然界,只有以这种感性自然为对象并与之同一的知识才真正具有真理性。而自然界只有在实验中才展露出它的"关键"与奥秘,或者说,只有在实验中,自然事物才可能展露出其真相。因此,当培根说"……我的程序和方法……是要从操作和实验中引出原因和原理,然后再从原因和原理引出

---

① 《培根文集》第4卷,Friedrich Fromman 出版社,第58页;参见《新工具》,许宝骙译,商务印书馆1984年版,第26页。

新的操作和实验"①时,他真正说出的意思是,任何真理也即任何真实的知识或概念、原理,都是对自然事物在实验中展现的存在-关系的把握(认识)。既然自然是在实验中展现出它的奥秘——自然在干什么,因而自然事物是什么,那么,由实验得出来的一切知识无非就是以概念、原理的方式把"自然在干什么"以及相关"自然事物是什么"确立下来。由此,我们在概念上不仅可以知道"自然在干什么,自然事物是什么",而且还可以知道,"我们能让自然干什么,自然事物能够是什么"。因此,如果说实验是对自然进行"拆卸与组装",以便让自然展露出其奥秘,那么,知识就是"拆卸与组装"自然的原理。知识的真理性就在于以它为根据的实验能否展露出自然的关键-奥秘,从而使人类能够驾驭自然;因而,知识的增长意味着人类能够在更全面更深入的层面上"拆卸与组装"自然,从而更多地暴露出自然的关键或奥秘。

因此,如果说感性自然是一个现成的世界,那么,随着知识的积累与实验的深入,人类终将完全认识自然,也即终将给出一个与自然的奥秘或"关键"完全对应的真理(知识)世界。因为如果自然是一个现成的、固定的领域,那么知识对自然的每一个奥秘的揭示,都意味着减少了未知的自然奥秘。因此,作为知识史,自然的展现历程也就是奥秘的消失史,而从根本上说,则是一个实验史。实验史既是知识史的体现,也是知识史的基础。这也就是为什么培根对实验史给予前所未有的重视的缘由。② 实验史的终结使人类得以把与整个自然的奥秘完全对应的真理世界提供出来。如果说在柏拉图(苏格拉底)和亚里士多德那里,借以达到真理世界的是人的理智力,那么,在培根这里,则是理智与感性相结合的实验。不过,在下面这一点上,培根与他们却是一致的,即相信人类能达到纯粹的真理世界而消除或摆脱一切隐秘和遮蔽。对实验来说,世界终将不再有神秘。

---

① 《培根文集》第 4 卷,Friedrich Fromman 出版社,第 104 页;参见《新工具》,许宝騤译,商务印书馆 1984 年版,第 90 页。
② 参见《新工具》,许宝騤译,商务印书馆 1984 年版,第 117 页。

在这个意义上,培根在实验上恢复了古希腊"理智主义"的乐观精神。

另一方面,就真理或知识是以实验为基础又是"拆卸与组装"自然的原理而言,知识(真理)就是人对自然的一种权能或力量(power)。"Human knowledge and human power meet in one"(人类的知识与人类的力量是一个东西)①。实际上,凡是"新工具"获得的知识必定同时就是人的一种力量;知识的真理性就在于它能够使人获得操纵自然的力量。"凡是在操作(operation)方面最有用的,在知识方面就是最具真理性的"②,于是,追求真理(知识)也就是追求人对自然的权能或力量。真理(知识)的力量是"新工具"的必然结果,也是培根"知识论"的基本精神。如果说在亚里士多德那里,人与"自然"之间是陈述者与被陈述者的关系,因而还是一种纯粹理论性的"主体"与"客体"(对象)的关系,那么,在培根这里,人与自然则是一种实验的关系,因而是操纵与被操纵、征服与被征服的关系。人在天地万物中充当的主体角色在培根开辟的经验主义哲学传统中是以操纵者与征服者的面貌出场的。在"知识(真理)就是力量"这一划时代的命题下,人不仅向自然,而且也向人本身毫无节制地摆出了操纵者与征服者的姿态。只要拥有真理从而拥有力量,那么对他人或自然的操控-征服都可以在真理的名义下进行,是理所当然的事情。以真理的名义直接就是以力量的名义。在这里,谁声称拥有真理,谁就有充分的理由把他人和世界置于某种力量的操控下。真理不仅与人的绝对自由、绝对尊严无关,而且把人带入了一个"力量链"之中,人生活在这个"力量链"犹如生物生存于生物链一样。在这个意义上,"新工具"给出的真理使人的生活世界与动物的生存世界没有本质性的区别。要说有什么区别,那就是动物对弱小者不管是同类还是异类的吞食不借助任何名义,而人对弱小者

---

① 《培根文集》第 4 卷,Friedrich Fromman 出版社,第 47 页;参见《新工具》,许宝骙译,商务印书馆 1984 年版,第 8 页。
② 《培根文集》第 4 卷,Friedrich Fromman 出版社,第 122 页;参见《新工具》,许宝骙译,商务印书馆 1984 年版,第 109 页。

的侵凌欺压则往往以真理的名义进行。这是缺失自由维度的真理最后沉沦的方向。

时至今日,培根的这一命题在没有任何修正的情况下,仍回响在世界的许多地方,尤其是在尚未被自由理性照亮的专制角落,更是把这一命题奉为金科玉律。因为专制集团在力量化真理名义下可以征用一切强力来无限扩张自己的权力与利益,因而它对社会的全体个人的基本权利和利益的侵害直至剥夺都成为合法的。只要它声称掌握着关于自然与历史的真理,因而代表着强大的力量,它就有理由用一切手段迫使全社会的个人就范,即使牺牲全体个人的自由与权利也在所不惜。在这个意义上,力量化的真理不可避免地最适合于专制集团维护其无限制的权力与利益。任何专制集团都害怕一切其他真理,唯独欢迎力量化的真理。这从一个极端方面要求我们对缺失自由的真理道路进行反思。

第五节　笛卡尔的表象主体:真理就在于限制自由
——思维(真理)原则的自我确立

§ 17

"我思故我在"这一命题之所以使笛卡尔成为近代哲学的开创者,就在于这一命题不仅仅属于它的提出者,就它确立了近代哲学的基本原则来说,它实际上是整个近代哲学的一个共同命题。近代其他伟大哲学家与笛卡尔的区别,从根本上说,并不在于对这一命题的态度,而在于对"我思"的理解。

因为一个哲学家要成为近代哲学家,他必须能够与哲学一起随着笛卡尔这一命题的提出而找到一个全新的基础——哲学的出发点不是任何意义上的权威或教条,而是人本身的思维,在这里,人借助于哲学而发生了一次最为彻底的自我觉醒、自我发现。在这个意义上,近代哲学的原则也就是近代人类的原则。换句话说,近代是一个以人本身的思维原则为原则的时代。"我思故我在"这一命题不仅确立了哲学的全新起点，同时也开辟了人类的一个全新时代。

不过，这并不是说，单凭笛卡尔哲学就能完全开辟出一个新的时代。实际上，只有当思维原则与自由原则统一了起来，才能奠定近代的完整基础，从而结束任何形式的"真理（教条）专制"。这种统一的工作经由法国其他启蒙哲学的努力，最后由康德完成。在笛卡尔那里，思维包括意志、理智和想象。①意志虽然被视为思维的一种活动，但是，意志却必须受思维的理智（intellectus，Verstand）活动的制约，否则，意志就只有消极的意义。这与笛卡尔对"我思"的理解相关：他实际上把理智当做思维的核心。

笛卡尔是从"怀疑一切"出发确立起"我思"的。怀疑一切被笛卡尔视为哲学的第一要义。但是，这并不意味着他要把哲学保持在没有尽头的怀疑中；笛卡尔只是试图通过普遍怀疑来排除一切成见，以便"为我们铺平一条最适当的道路，为我们的精神摆脱感官，并最后使我们对后来认为是真的（wahr）东西绝不能再怀疑"。② 这里，普遍怀疑并不是目的，而是达到不可再怀疑的事物的一条道路或方法。笛卡尔由此达到并确立的就是"我思"。从他对普遍怀疑的规定可以看出，"我思"首先是一种摆脱了一切感性事物的思维活动或精神存在。因此，想象（Einbildung）显然被从笛卡尔的绝对"我思"中排除出去。因为想象虽然也是一种思维活动，但它并不取决于我的精神本质，而是取决于与这种精神本质不同的东西，也即说，它与感性事物相联系。这是想象与纯粹理智的一个根本区别。③

---

① 参见笛卡尔《第一哲学沉思集》，A. Buchenau 德译本，Felix Meiner 出版社 1972 年版，第 145 页；参见庞景仁中译本，商务印书馆 1986 年版，第 160 页。
② 参见笛卡尔《第一哲学沉思集》，A. Buchenau 德译本，Felix Meiner 出版社 1972 年版，第 7 页；参见庞景仁中译本，商务印书馆 1986 年版，第 10 页。
③ 参见笛卡尔《第一哲学沉思集》，A. Buchenau 德译本，Felix Meiner 出版社 1972 年版，第 62 页；参见庞景仁中译本，商务印书馆 1986 年版，第 77 页。

于是,在思维中就剩下意志与理智。意志和理智都可以摆脱感性事物,因而,它们共同构成了普遍怀疑的剩余物,即绝对的"我思"。也就是说,在笛卡尔这里,普遍怀疑最后确立起来的就是理智活动与意志选择(决断)。

§ 18

但是,这并不是说,理智和意志给出或涉及的一切事物都是真实可靠的。就理智来说,由于它是我们从上帝那里获得的一种超感性的能力,因此,它是不会欺骗我们的,不会使我们犯错或迷误(irren),除非上帝是一个骗子。所以,只要在理智中被认识、领会得清楚明晰的事物,都是真实可靠的。"我曾详细证明过,一切我认识(erkennen)得清楚明晰的东西都是真的(wahr),即使我没有证明过,只要是被思考、领会得清楚明晰的东西,我就不能不承认它们是真的,这是我的精神本性。"①由理智本身的绝对真实可靠可推知,在理智中被清晰明了地呈现、把握的事物必定是真实的。

实际上,笛卡尔甚至认为,也只有在理智中被清晰明了地认识的事物才是绝对真实可靠的;换一个角度也就是说,凡是理智认识不了或者理智虽然涉及但认识得不清晰明了的事物,其存在都是可疑的,我们无法确认它们的真实性。因为在笛卡尔看来,意志虽然与理智一样,它本身是绝对可靠的,因此,就它本身来说,是不会欺骗我们的。但是,如果我们不把意志自由限制在理智及其所清晰认识的事物上,那么,我们马上就会误用我们的自由意志而陷于迷乱。在讨论错误或迷乱(Irrtum)的来源时,笛卡尔说:"我的种种错误、迷乱是从哪里产生的呢?是从这里产生的:由于意志比理智宽广得多(它可触及任何事物),而我并没有把意志限制在理智的界限内,而是让它伸及我不理解的东西上。于是,意志在这时(对这些我所不理解的东西)采用无决断、无所谓(unentschieden)的态度,所以,它很容易离开真(的东西)和善(的东西),

---

① 笛尔卡:《第一哲学沉思集》,A. Buchenau 德译本,Felix Meiner 出版社 1972 年版,第 54—55 页;参见庞景仁中译本,商务印书馆 1986 年版,第 69 页。

从而使我迷误和犯罪（irren und sündigen）。"①意志本身虽是绝对可靠的，但我们并不能单凭意志去确定事物存在的真实性与可靠性。虽然意志与理智共同构成了绝对的"我思"，但是，只有理智能确定事物存在的真实性与可靠性。在这个意义上，理智是"我思"的核心与基础。这是笛卡尔的"我思"的一个最为重要的存在论特征。在这里，就其是"我思"的构成部分而言，意志与"我思"联系了起来，也即与人的本质存在联系了起来。但是，就其没有自己独立的领域而言，意志不能独立地行动，它必须服从于理智。笛卡尔在第四个沉思里十分明确地表达过这一点："我对事物身上'什么是真的'这一问题把握得不够清楚、明晰的情况下，如果我（在意志上）放弃对它作出判断，那么我就做得恰当，并且不犯错误。但是，如果我对它作出某种肯定或否定，那么，我就是在不恰当地使用我的自由。（在这种不恰当地使用自由的情况下，）如果我肯定了虚假的一面，那么，我显然是出错了；即使我肯定了真实的一面，那也只是偶然碰对了，我并不由此而避免过错。因为自然的洞见告诉我，理智的认识必定总是先于意志的决定。"②在笛卡尔看来，某物是否是真的，也即某物是否真实存在，首先是理智要认识、把握的事情，而与意志无关。只有当理智对事物的真假有了清晰明了的认识，意志才能进一步对事物作出选择性的决断。这意味着理智在先，意志在后，理智的认识是意志决断的基础或前提。任何试图摆脱理智限制而让意志去对理智认识不到或者尚没有清晰认识的事物作出决断的努力，都是对自由意志的误用或滥用。

对自由意志的这种误用或滥用是我们的一切错误与过失的原因。意志本身并不欺骗我们，是对意志的不恰当使用才导致错误与欺骗。对此，笛卡尔的解释是，对于理智有清晰明了的认识的事物，意志会有一种

---

① 笛卡尔：《第一哲学沉思集》，A. Buchenau 德译本，Felix Meiner 出版社 1972 年版，第 49 页；参见庞景仁中译本，商务印书馆 1986 年版，第 61 页。

② 笛卡尔：《第一哲学沉思集》，A. Buchenau 德译本，Felix Meiner 出版社 1972 年版，第 50 页；参见庞景仁中译本，商务印书馆 1986 年版，第 62—63 页。

强烈的倾向去否定它或肯定它,也即对事物的好坏、善恶会作出明确的选择性决断;而对于超出理智的认识之外或者理智认识得不够清晰明了的事物,意志对它则无所谓、无动于衷,也即对它的好坏、善恶无所决断、不加分析。如果这时非要让意志作出决断,就难免要出错。因此,要避免错误,就必须防止滥用自由。用笛卡尔自己的话说:"如果我把意志限制在认识之内,让意志只对理智清晰明了地表象(vorstellen)给它的事物下判断,那么,显然我就不会犯错误。"①从另一角度看,这等于说,为了获得真理,必须限制自由意志。真理就在于对自由的限制。

于是,我们在西方哲学史上第一次看到把自由(意志)与真理联系起来思考。只不过我们在这里看到的还只是从消极的方面,也即解释错误的来源问题去思考自由意志与真理的联系。由于这种联系,真理并不仅仅是理智认识的事情,同时也是意志的自由选择。但是,由于意志对理智的服从,自由与真理的联系仍带有强烈的"认识论"色彩,至于它们在存在论上的本质关联,这里仍未真正触及。在这个意义上,自由原则与思维原则并未真正统一起来。因为,如果自由与真理仍处在认识论层次上的关系,那么,这只能表明自由与思维仍是分离的,或者说"思维"在根本上仍还仅仅是不自由的理智存在。在笛卡尔这里,自由意志实际上只是理智的补充,与其说他自觉地把真理与自由联系起来思考,不如说他是为了解答"错误是如何可能的"这一问题才引入自由问题。因此,维护思维的绝对性以及真理的法则性,与维护人的绝对自由,从而维护人的神圣尊严与绝对权利,在哲学上似乎仍是两项各不相关的事情。

实际上,当笛卡尔把理智(Verstande)当做"我思"的基础与核心时,他也就把"我思"确立为一种"表象主体"。因为所谓"理智",就其不与感性相关而言,就是一种给出概念并运用概念的能力。因此,以理智为核心的"我思"首先就是一种获得概念与创造概念的存在者。作为没有感

---

① 笛卡尔:《第一哲学沉思集》,A. Buchenau 德译本,Felix Meiner 出版社 1972 年版,第 52 页;参见庞景仁中译本,商务印书馆 1986 年版,第 65 页。

性的理智存在者,"我思"必定把一切所思的事物仅仅当做由概念所把握的那个样子,它必定是、也只能是把事物呈现为概念中的事物。把事物呈现为概念中的事物这种思维活动就是"我思"的表象活动(vorstellen)。当笛卡尔说,只有被理智清晰明了地认识的事物才是真实存在的时候,也就意味着只有能被"我思"所表象的事物才是真实存在的。因此,凡是真实存在的事物必定是表象物,那最高的表象物就是上帝的观念。

因此,由普遍怀疑而最后确定的"我思"实际上是一个表象者(Vorstellende)或表象主体,而任何真实可靠的世界必定是一个表象的世界,可在概念中得到清晰规定与把握的世界,因此,实质上也就是一个对象世界。人充当的主体角色在这里以"表象者"的面貌出现,他不仅是陈述者(人在亚里士多德哲学中的主体面貌),而且是一切存在者真实存在的维护者。因为,任何存在者,包括上帝在内,必须能够与"我思"这一表象者共同在场而得到维护,才能显明其存在的真实性。

就"我思"是由普遍怀疑确立起来的而言,"我思"是人首次以最彻底的自觉方式承担起来的角色;就"我思"是以理智为核心而言,人真正承担起来的角色是世界的表象者。人与他者的关系,甚至包括人与上帝的关系,就是表象与被表象的关系。因此,首先是一种以理智为原则的关系。我们前面曾说,笛卡尔的"我思故我在"这一命题开辟了一个以思维为原则的新时代,现在我们要补充说,仅就笛卡尔这方面而言,这个思维原则首先还仅仅是理智的原则。根据前面对亚里士多德本体学说的分析可以发现,笛卡尔的这一原则实际上也是亚里士多德的世界原则,不同的是,笛卡尔的原则是完全自觉的。也就是说,笛卡尔在自觉的层次上贯彻和维护了亚里士多德的世界原则。笛卡尔对于哲学和整个近代的重要性在于他使一直在梦游中的哲学与人类突然觉醒过来。由于梦游太久,"我"虽然醒来了,但"我"仍习惯于按梦游中的原则行事,并把梦游中的原则当做"我"的唯一原则。笛卡尔虽然结束了"我"的梦游,但他仍让"我"充当"我"在梦游中充当的角色——表象者。在这个意义上,笛卡尔一方面第一次发现了人本身,另一方面却又对人本身没有什么新发现。

　　不过,在笛卡尔发现了人本身之后,整个近代哲学都在致力于对人本身的新发现。对人的这种新发现最后在康德哲学中得到定格:人并不仅仅是现象世界的表象主体,同时是自在世界的自由行动者;他与他者的关系并不仅仅以理智(或知性,Verstand)为原则,而且以理性(自由)为原则。因此,对人来说,他者(物)并非只是他要去认识的对象,而首先是在自由中相遇的合目的者。通过整体理性,思维原则与自由原则在康德哲学中得到形式上的统一。真理与自由在哲学上不再是分离的,而是共同构成了哲学的核心问题。由此,伦理学不再是一种幸福生活指南,而是一门确立与维护人的绝对尊严,以使人配享幸福的科学;政治学也不再是一种统治术或宫廷权谋,而是一门讨论如何在现实中维护与实现个人的绝对权利的实践科学。在这个意义上,我们可以说,康德哲学是近代哲学的归宿与总结。但是,康德哲学的这种历史性意义却一直没有得到充分的阐释,这与人们总是习惯于把康德哲学首先当做一种"认识论"哲学的理解密切相关。长期以来,人们把所谓"哥白尼式的革命"当做康德哲学的最伟大贡献,却又把这种"革命"仅仅理解为认识论意义上的主客体关系的调整,而《实践理性批判》与《判断力批判》则仅仅被理解为在这种认识论变革基础上引申出来的另外两种认识方式。这种理解一开始就错失了康德哲学的基本精神。实际上,就如我们前面所做的那样,必须从"存在论"角度出发才能充分理解康德哲学的根本内涵及其在整个近代哲学中的意义。

第二章　形而上学的任务与存在论问题

第一节　《纯粹理性批判》与基础形而上学

§ 19

　　这里我们将根据康德本人创作的时间顺序来展开对康德批判哲学的阐释,因此,《纯粹理性批判》是这里首先要加以分析的。当然,这样做也有学理上的理由,因为康德正是在《纯粹理性批判》中完成了时间感性论的变革而为存在论上的"哥白尼式革命"奠定了基础;只有从这种"革命"了的存在论出发,才能理解康德在《实践理性批判》与《判断力批判》中所做的工作的真正意义。康德的批判哲学开始于他从形而上学的独断论中醒悟过来,因此,这里首先涉及的一个问题就是"纯粹理性批判"与形而上学的关系:它对传统形而上学的批判是对形而上学本身的否定,还是为了使形而上学成为一门真正的科学扫清道路,因此,"纯粹理性批判"的课题是否同时也就是形而上学的任务?这一问题实际上关系到我们在什么层面上去理解康德的批判哲学。

　　康德对传统形而上学的强有力批判使一些研究者信心十足地把批

判哲学理解为哲学彻底摆脱形而上学本身的一种努力,在此基础上,批判哲学被视为实现了西方哲学由存在(本体)论向认识论的划时代的转变。于是,哲学真正要关心的似乎不再是有关存在的问题,而是有关认识的问题。为认识辩护、为一切知识提供基础是批判哲学的根本任务。因此,整个批判哲学被理解为一种认识论哲学也就是顺理成章的事情。作为这种认识论哲学,康德哲学的最伟大贡献就是他颠倒了认识活动中的主-客体的关系,从而强调了人在认识活动中的能动性或主动性,突出了人在万物中的特殊地位。这是我们从一系列有关康德哲学的研究作品(包括一些有关西方哲学史的教科书)中经常能遇到的一种解读。

实际上,康德对传统形而上学的批判恰恰是为了把形而上学作为一门真正的科学来建立,而绝不是要放弃形而上学。在康德心目中,形而上学是不可放弃、不可否定的,因为它出自人的理性本身。"形而上学虽然迄今还处于尝试当中,但是出于人类的理性本性,它仍是不可缺少的一门科学;在形而上学里也包含着先验综合知识(synthetische Erkenntnisse a priori)。"[①]形而上学走过了千年历程,虽然一直处于暗中摸索,而没能像数学、自然科学(广义物理学,Physik)那样取得长足进展,以它们能提供出确实可靠的知识这一事实本身向人们表明,它们是一门有能力处理自身领域问题的科学;但我们并不能否定形而上学的实际存在及其必然(要)性(Notwendigkeit)。因为有另外一种事实表明了形而上学的这种实际存在,这就是:人类理性受自身的推动而总是不可阻挡地热衷于诸如自由、不朽、上帝等不是理性的经验运用所能解决的一系列问题。因此,"在某种意义上说,(形而上学)这种知识却也必须被视为被给予的;即使不是作为科学实际存在着,它作为天性(形而上学天性),形而上学也实际存在着。"[②]作为理性存在者,人是形而上学动物。只要他活着,他就会去思想经验之外的问题,并且给出相应的"知识"。

---

① 康德:《纯粹理性批判》,B18。
② 同上书,B21。

不仅形而上学家如此,其实每个人或多或少都要给自己提供这种"知识",在这个意义上,每个人身上都有某种形而上学。尽管传统形而上学给出的这类"知识"体系总是陷入相互对立当中,但是,对于接受它们的人们来说,这种"知识"与自然科学知识一样,在他们的生活世界中也具有现实的效力。

不过,如果形而上学要真正获得它所追求的普遍性,它就必须摆脱"个人的色彩",摆脱仅仅作为人类的一种本性而存在,而必须作为一门真正的科学存在。形而上学无休止的争讼几乎使自己成了人类理性的角斗场,这表明,形而上学尚没有成为一门科学,还缺乏普遍性,因而不能像数学或自然科学那样,对任何人(不管接受还是不接受它)都是有现实效力的。

这里需要澄清什么是形而上学? 又是什么原因导致形而上学陷于毫无结果的长期论争,以致形而上学不得不一再走回头路? 康德的回答是:"纯粹理性本身所不可避免的问题(Aufgabe)是上帝、自由和不朽。为解决(Auflösung)这类问题所做的一切准备以及以解决这类问题为最终目的的科学,就是形而上学,它最初的方法程序(Verfahren)是独断式(dogmatisch)的,也即说,在没有对理性是否有能力承担起此伟大任务进行预先审察之前,就贸然行事。"[1]在这里,形而上学实际上被分为两部分:一部分是构成形而上学最终目的的超越(Transzendenz)部分,这部分要对上帝、自由、不朽这类超越性事物作出思考和理解;另一部分是构成形而上学之准备性知识的超验(transzendental)部分,它将为切实可靠地思考超越性事物提供前提。超越经验界限是形而上学的根本事务,它是人的理性之本性所在。

§ 20

但是,形而上学却一直以独断的方法程序处理这一事务。在康德看

---

[1] 康德:《纯粹理性批判》,B7。

来,这正是形而上学一直未能有所前进的根本原因。传统形而上学的独断方式就独断在它的方法程序(Verfahren):它在没有对理性本身是否有能力去认识经验之外的事物进行分析、审查之前,就贸然去构造这类事物的知识体系。由于缺乏这种先行的批判考察,传统形而上学未能区分出理性本身的两种不同运用,这就是康德所说的理性的"经验(理论)运用"与"实践运用"。

理性的这两种不同运用实质上也就是理性的两种不同存在方式,或说是理性(人)的两种不同身份。如果说在理性的经验运用中,是理性(人)存在于与对象的关系中,因而它是以"主体"的角色出现,那么,在理性的实践运用中,理性则存在于与自己自身以及他者自身的关系中,也即存在于与自在存在者(Seiende an sich)的关系中。在这里,理性是以自由自在(an sich)的存在者身份出现。在"经验运用"中,理性通过它的超验概念与原理建立起一个经验——现象(对象)世界,因此,它使人是这个世界的规定者、立法者,一句话是这个世界的主体;而在"实践运用"中,理性只对人本身下命令,让人只按自己的理性的决断行动、生活。因此,在理性的实践运用中,人是一个自由而自在的"生(存)活者"。这个生活者也有一个世界,不过,这不是一个合规律性的现象世界,而是一个合目的性的自在世界,因此,他不是这个"生活世界"的立法者,而是这个世界的发现者、欣赏者。

理性的两种不同运用使人承担着不同角色并开显出不同世界。传统形而上学最大的失误就在于混淆了这两种不同运用,从而混淆了两个不同世界,具体说,就是把理性用以构造经验世界的那些超验概念与原理也运用于自在的"生活世界",试图给出关于自在世界的知识。当形而上学这样做时,它一方面实际上把人仅仅当做进行认识活动的主体这种角色来塑造,另一方面则把自在世界或世界本身变成了经验(现象)世界来认识,把自在世界也当做知识的对象。这导致了两个相互联系的结果。一个就是表面看似扩大了思辨理性或知性(Verstand,也即笛卡尔和培根意义上的 intellect)的认识领域,而实际上却缩小了整个理性的运用领域,因为它以理性的经验运用排挤掉了理性的实践运用,用我们上面的话说,也就是取消了理性作为自在存在者存在的存在方式。但是,只有当理性自在地存在,也即守护在自己的位置上存在,它才是自由的,才是自由理性(意志)。只有作为这种自由理性的存在者,人才是自由的,才保持为人。人是否保持为人,也即是否守护在人自己的位置上,取决于是否维护理性的自在存在方式。因此,当传统形而上学因混淆理性的两种运用而取消了理性的自在存在方式时,也就意味着形而上学的历史是一部人类失位的历史:人在哲学里失去了自由存在者的身份,因此,人的自由存在从未作为根本问题进入哲学的视野。在康德所批判的传统形而上学中,人唯一合法的身份就是拥有一个对象世界的主体,而人的超越的天命性的身份,即自由存在者、合目的性的世界的发现者,则完全被掩盖和忽视。实际上,这是以人的舞台角色取代了人在"生活世界"里的本相性身份。①

形而上学误用理性带来的另一个结果就是使形而上学在解决自己的基本问题时陷入了自相矛盾当中,从而耽误了自己成为一门真正科学的可能性。"如果我们在使用知性法则时,不只是把我们的理性运用于

---

① 因此,当有研究者从主体的能动性角度去解读康德哲学,并试图在"生产实践"的基础上建立所谓"主体哲学"时,实际上一开始就完全错失了康德哲学的基本精神,并且退回到了传统形而上学的旨趣中。这种"主体(实践)哲学"努力从康德哲学中寻求支持,以证明自己对主体能动性的强调的合理性,而最终目的则要使人的尊严与价值因这种能动性而得到确立。显然,这也正是一切旧形而上学的基本路向。康德哲学的变革性及其意义恰恰就在于使人的尊严、权利与人的主体角色脱钩,而只与人的自由存在相关,自由理性确保了人的存在的绝对尊严与绝对权利。我们这里之所以特别提及"主体哲学"对康德哲学的解读,不仅因为这种解读错失了康德哲学的精神,而且因为这种解读虽然试图在一种特殊哲学形态中确立起人的尊严与价值,但是,由于它退回到前康德哲学中,以至于它实际上恰恰阻碍了现代中国人对人本身的绝对尊严与绝对权利的意识。在西方近代启蒙运动中,对人的绝对尊严与绝对权利的意识是以对自由的意识为前提的。正是启蒙哲学使人的自由存在得到普遍觉醒,人的个体尊严与个人权利才成为不可让渡的,而具有神圣不可侵犯的绝对性。在这个意义上,以"生产实践"为基础的"主体哲学"不仅是非启蒙的,而且是反启蒙的。因为它千方百计瓦解康德哲学(也是一切真正的启蒙哲学)努力要确立起来的人的本相身份,即人的自由存在。

经验的对象，而是冒险地把这些知性法则扩张到经验的界限之外，那么就会产生假合理的命题。这些假合理的命题既不能希望得到经验的证实，也不害怕经验的反驳。其中每一个命题不仅本身不矛盾，而且在理性本性中有其必然性条件；但不幸的是，反命题也同样是有效的，而且就它本身这一方面的主张来说，它也有其必然性根据。"①

关于绝对总体(die absolute Totalität)的四个宇宙论理念以及神、自由、灵魂不朽这些理念(die Idee)是理性分别在(知性法则的)经验运用和实践运用中必然要给出的结果，否则理性的这两种运用就是不可理解的。也就是说，这些理念是理性能够理解自己的两种运用的前提。比如，当我们把因果性这一知性范畴运用于一现象，从而把这一现象纳入一因果关系时，对于理性来说，这之所以是可能的，必有一个前提，即存在一个不再以其他原因为其原因的第一因，即自由因。"没有这种超验的自由，在自然流程中，现象的原因系列永远是不完整的。"②现象的原因系列如果是不完整的，那么也就意味着现象之间的因果性关系不是绝对必然的。但是，我们之所以能够把任何一个现象纳入因果关系中来认识，恰恰预设了现象之间有必然的因果性关系。现象之间的必然性因果关系必须以现象的原因系列是一个完整的系列为前提，即必须以绝对从自身出发的第一因为开始的原因关系为前提。在这里，自由因构成了理性有理由把知性法则运用于现象(经验)的前提。

显而易见，这些理念虽然是在理性的运用中要求给出的，但绝对不是这种运用的产物，它们恰是超出了这种运用才能构成这种运用的前提。实际上，我们毋宁说，它们是理性在这种运用过程中(不管是经验运用还是实践运用)越出这种运用而直接领会、把握到的超验对象。因此，它们都是经验之外的存在。在这个意义上，它们都是自在之物，即在自己位置上(an sich)的存在者。它们不在感性经验中，因而不是

① 康德：《纯粹理性批判》，A421，B449。
② 同上书，A446，B474。

现实（wirklich）的存在，但它们却必然存在于理性里，存在于理性越出经验的领会里。

这种（宇宙论）理念虽然构成了理性把知性法则运用于经验的前提，但是它们恰恰是不可用知性法则去认识、把握的。因为知性法则只适应于经验现象，而这些理念却在经验之外，它们不是经验中的对象。如果理性为了扩展知识而把知性法则用于这些理念，那么，理性不可避免地要陷入康德所谓的"二律背反"这种矛盾冲突中。《纯粹理性批判》给出的四个宇宙论理念的四组二律背反就是具体展示了理性把知性范畴运用于这些理念而导致的矛盾冲突。比如，当我们把"世界"当做现象系列的绝对综合时，世界就是一个在经验（现象）之外的理念。如果我们用时空、质量等概念去把握这个"世界"，试图给出关于这个世界的知识，那么，就马上陷入"世界在时间上既是有开始的，又是没有开始的，在空间上既是有界限的，又是没有界限的"正-反对立中。

形而上学的根本任务是超出经验之外，追问上帝（神）、自由和不朽这些根本问题。但是，如何超出经验之外？又如何去追问上帝、自由这些根本问题？上面的分析表明，显然不能通过把知性法则扩展到经验之外的领域来完成形而上学的任务。这种扩展使形而上学陷入的矛盾冲突表明，理性对知性法则的运用是有界限的，或者说，理性的经验运用是有界限的。因此，为了使形而上学摆脱长期陷入其中的那种自相矛盾，以使形而上学成为一门可靠的科学，必须首先澄清理性的经验运用的界限。而这也就是说，必须首先对理性本身进行批判考察。因此，在康德这里，纯粹理性批判是形而上学本身的一项任务，它构成了形而上学的准备性知识部分。也就是说，纯粹理性批判实际上是要作为一门科学出现的形而上学的基础。任何形而上学，只要它要成为一门科学，它就必须以纯粹理性批判为基础。

因此，在康德心目中，《纯粹理性批判》是形而上学的"导论"（Prolegomena）。不过，我们并不能在著作的导论这种意义上去理解《纯粹理性批判》在形而上学中的导论地位。一本书的导论可以不是书的正文的组成部分，甚至可以在全书写完之后再回过头来写。但是，作为形而上学的导论，《纯粹理性批判》本身就是形而上学的一个部分，而且是形而上学要作为科学出现必须首先完成的部分。所以，《纯粹理性批判》虽然是形而上学的准备性部分，但正是这个准备性部分保证了形而上学能够作为一门科学出现。在这个意义上，形而上学的准备性部分也就是它的基础部分。因此，当康德把《纯粹理性批判》当做一门科学进行系统的严格论述时①，也就意味着他已把形而上学的基础当做一门科学来建立。

于是，《纯粹理性批判》最终要解决的根本问题实际上就是：作为科学的形而上学是如何可能的？《纯粹理性批判》虽然对传统形而上学进行了最为彻底的批判，但这种批判恰恰是为了使形而上学成为一门科学奠定基础。在这个意义上，我们甚至可以把《纯粹理性批判》当做"基础形而上学"——任何可能的形而上学都必须建立在这种理性批判之上。

第二节 一个存在论问题：先验综合判断如何可能？

§ 21

如果我们可以把《纯粹理性批判》当做"基础形而上学"，那么，基础形而上学真正面临的根本任务就是回答："先验综合判断是如何可能的（wie sind synthetische Urteile a priori möglich）？"因为"作为科学的形而上学是如何可能的"（这正是纯粹理性批判要解决的）这一问题就如"纯粹数学是如何可能的"和"纯粹自然科学是如何可能的"这两个问题一样，它们的解决取决于"先验综合判断是如何可能的"这一问题的解

---

① 参见康德《任何一种能够作为科学出现的未来形而上学导论》，K. Vorland 编，Felix Meiner 出版社 1920 年版，第 9 页；参见庞景仁中译本，商务印书馆 1978 年版，第 11 页。

决。换句话说,这一问题的解决包含着对这三个问题的彻底解决。①

　　因此,"形而上学的成败,因而它的存在便完全取决于对这一问题的解决。"②形而上学能不能成功地作为一门科学出现,从而有没有权利存在,关键就在于它能不能解决"先验综合判断是如何可能的"这一问题。

　　不过,对这一问题的解决,对于形而上学来说,与对于自然科学和数学来说,具有不同层次的意义。数学和自然科学并不存在可能不可能的问题,它们以它们的长足进展直接表明了它们的事实存在。因此,问"它们是如何可能的"并不包含追问"它们是否可能",恰恰是它们已事实存在,我们才去问"它们是如何可能的"。它们存在,这是一个经验事实。对于这种事实的存在,追问其如何可能,在根本上只是追问它们的起源(Ursprung)或根据(Grund)。它们的起源保证了它们是它们所是的科学。但是,一门科学之所以是科学,首先在于它提供的知识具有普遍必然性。这种普遍必然性显然不可能来自经验,因为经验本身并不具有普遍必然性,它必须在获得这种普遍必然性之后才能构成"知识",否则,它就只是不值得信赖的"常识"或主观习惯。因此,科学的普遍必然性只能来自先验的原理或验前(a priori)的原理。这先验原理(先验判断)必须是综合的,而不是分析的。因为分析原理是从先验概念中直接分析出来的,并不涉及经验,它对经验事物无所作为(Verhalten),因此,不可能依靠分析原理来构成新知识。任何一门想要不断提出新的具有普遍必然性的知识的科学,只能依赖于先验的综合原理(判断)。也就是说,数学或自然科学之所以是一门能够不断提供出可靠知识的科学,其全部根据就在于它们把先验综合判断作为它们的原理。先验综合判断因其是"先验的"而超越了一切主观性限制,从而保证了普遍必然性;另一方面,它

―――――――――――――

① 参见康德《纯粹理性批判》,B20。

② 康德:《任何一种能够作为科学出现的未来形而上学导论》,K. Vorland 编,Felix Meiner 出版社 1920 年版,第 27 页;参见庞景仁中译本,商务印书馆 1978 年版,第 33 页。康德:《纯粹理性批判》,B19。

虽然是"先验的",却又是对经验事物有所规定,使经验事物按这种规定被经验(erfahren)到,因此,它又是综合的,能对经验事物有所作为。正是这种能够对经验事物有所作为的先验综合判断(知识)使科学能够不断提供出新的、具有普遍必然性的知识,也即使一门科学能够是一门科学。在这个意义上,先验综合判断是一切科学的基础,只有建立在这种先验综合判断基础上,科学才是可能的。因此,对于数学和自然科学来说,追问"先验综合判断是如何可能的"也就是追问它们的基础,对这一问题的解决就是奠定它们的基础,或者更确切地说,是在超验(transzendental)概念基础上把它们的基础展现出来。

不过,这一问题是否解决,并不影响数学或自然科学的存在与进步。在康德之前,形而上学甚至没有意识到这一问题,但数学与自然科学在每个世纪都有自己新的成就。而在康德提出并解决了这一问题之后,我们也看不出这与数学或自然科学的加速进步有什么直接关系。该问题的解决对于它们的意义仅仅在于:由于它们的普遍必然性的基础得到了认识与觉悟,科学的绝对可信任性和可寄托性也就随之得到了确立。因此,人们对于科学的维护与推动就不仅仅出于兴趣或理性的本性,而是出于自觉的精神。如果说,科学是存在者(事物)存在(显现)的方式,那么,对科学的基础的认识,即对"先验综合判断是如何可能的"这一问题的解决,也就意味着科学是存在者(万物)的一种必然存在方式,虽然并非唯一的存在方式。因此,我们可以给科学这种存在方式以绝对的信任。就此而言,解决"先验综合判断是如何可能的"这个问题与其说是为知识辩护,不如说是为存在者之存在方式辩护。这一点从这一问题的解决对于形而上学之意义可以看得更清楚。

§ 22

对于形而上学来说,"先验综合判断是如何可能的"这一问题的解决并非仅仅具有奠定其基础的意义,而且关系到形而上学本身能不能存在。数学与自然科学都是事实上已存在的科学,它们没有能不能存在的问题。但形而上学则不同,虽然人类迄今没有停止过建立一门作为科学的形而上学的努力,但它总是陷入自相矛盾当中这一现状表明,它能不能成为一门科学,有没有这样一门科学,尚是一个问题。

"形而上学"(Metaphysik)最初是后人用来标明亚里士多德的一部文集的名称。这部文集讨论的都是一些"自然"(physis 即广义的"物理现象")背后的问题,或者更确切地说,都是与"自然"有关系却又都超出(Meta)"自然"的问题。比如,存在者作为(这个)存在者存在的根据问题、原因问题、形式与质料问题等等。因此,从一开始,形而上学的"对象"就是超出"自然"之外的东西,所以,形而上学也就是"超物理(自然)学"。用康德的哲学语言说,形而上学的任务就是要超出经验界限之外。可见,康德理解的形而上学与形而上学的本义是一脉相承的。现在的问题是,这种超出经验之外的科学是否是可能的? 而这个问题也就是康德认为不能随便搪塞的一个问题:"是否有一种独立不依于经验,甚至独立不依于一切感官印象的知识? 我们可以把这种知识称为先验知识(Erkenntnisse a priori),以区别于经验知识(Die empirische Erkenntnisse)——这种经验知识有其后验(a posteriori)的根据,即其根据在经验(Erfahrung)中"①。

也就是说,形而上学是否可能,是否有权利作为一门科学取决于是否必然存在一种绝对独立于一切经验的先验知识。根据康德的划分,一切知识或判断可分为分析的和综合的。显然,一切分析的知识都是先验的,这种分析的知识的存在是无可怀疑的,它们构成了逻辑学的对象。如果先验知识只是分析的知识,那么,也就无需形而上学这门学问。于是,从根本上说,"形而上学是否可能"最终取决于"先验综合知识(判断)是否可能以及如何可能"。数学和自然科学能够不断提供出新的具有普

---

① 康德:《纯粹理性批判》,B2。

遍性与必然性的知识这一经验事实表明,的确存在着一种先验综合知识。因为正是这种先验知识一方面是独立于一切经验,因而具有必然性和普遍性;一方面又对经验事物有所规定,因而是综合的。它能被运用于经验,才能使以这种知识为原理的数学或自然科学能够获得新的具有普遍必然性的知识。数学或自然科学的存在及其发展这一经验事实虽然表明了存在这样的先验综合知识,但是,这并没有告诉我们这种先验综合知识的存在是必然的。也就是说,在这里,先验综合知识本身是必然的,但是,是否存在这种知识却并非必然。因为经验无法给出根据以说明事物只能这样而不可能别样①,它同样也无法说明先验综合知识只能这样存在而不能有别样存在的理由。因此,如果我们停留在经验事实上去确认先验综合知识的存在,那么,我们也就没有必然的理由去建立形而上学。因为既然先验综合知识的存在不是必然的,那么以之为对象的形而上学当然也就没有存在的必然性。

要确定先验综合知识存在的必然性,显然只有通过追问"先验综合知识(判断)是如何可能的"这一问题才能实现。这一问题的解答不仅将确认先验综合知识的存在,而且将给出这种存在的必然性根据。因此,对于形而上学来说,"先验综合判断是如何可能的"这一问题的解决不只是具有奠定其基础的意义,而且更重要的是将确立形而上学存在的必然性根据。或者更确切说,这一问题的解决既奠定形而上学的基础,同时,也是确立其存在的必然性根据。

数学与自然科学不断取得进步这一经验事实足以表明它们是可能的,它们能够作为一门科学存在。但形而上学没有这样的事实来证明它是可能的,即使有这样的事实,它也不能依赖经验来解决自己是否可能的问题。因为形而上学本身要求超出经验之外,而对于超出一切经验之外的东西来说,只有找到其存在的必然性,我们才能说它是可能的,它能

---

① 参见康德《纯粹理性批判》,A2,B3。

够存在。也即说,形而上学是否可能的问题最终必须落实到它如何可能的问题。在"如何可能"(wie ist es möglich)这种追问(Fragen)中,所问的(Gefragte)才涉及存在的根据。我们只有给出形而上学存在的必然性根据,才能确定它是可能的,它能够作为一门科学存在。因此,"先验综合判断是如何可能的"这一问题的解决首先关系到形而上学的存在问题。如果说这一问题对于数学与自然科学来说,只涉及它们的基础,那么,对于形而上学来说则既涉及其基础又涉及其存在。我们也可以说,对于形而上学这种超出一切经验之外的学问来说,它的基础问题同时也就是其(有无必然性根据的)存在的问题。

"纯粹理性批判"之所以是基础形而上学,从消极角度说,是因为这种批判澄清了理性能力的两种运用及其界限,从而使形而上学避免重蹈陷于自相矛盾的覆辙,我们上节对此已做了论述;从积极角度说,则是因为这种批判将提供出作为一切科学的基础的先验综合知识(判断),并对这种知识的范围作出规定,从而为形而上学作为一门科学存在提供必然性根据。当纯粹理性批判澄清出先验综合知识并规定了其范围时,它本身也就构成了作为科学的形而上学的一部分。不过,把形而上学作为一门科学确立下来,是否意味着从此我们可以获得一种新的知识呢?换一个问法就是,"先验综合知识(判断)是如何可能的"仅仅是一个知(认)识论(Erkenntnistheorie)的问题吗?

追问数学或自然科学如何可能,我们发现了它们的基础:先验综合知识;追问先验综合知识如何可能,我们发现了它们的超验(transzendental)根源,它们能够涉及、关联到时空中的经验事物,但它们本身却不来源于经验,而是来源于超验理性,它们绝对独立于一切经验而存在于超验领域。也就是说,先验综合知识是人这个存在者的一种超验存在。因此,人之有这种知识,并不仅仅意味着人对经验中的他物有所知(wissen),而且首先意味着人的一种存在(状态);这种知(Wissen)是一种纯粹先验的"预知"(vor-wissen)或"先知"——先于经验而知,借用海德格尔的存在论解释学术语说，就是一种"前理解"（Vor-verstandes)或前领会，人向来是且不得不是置身于这种先知或前领会当中，人的存在是"有"先知的存在。这种"有"并不是在"人有物理学知识"意义上的有："人有物理学知识"并不具有必然性（虽然物理学知识本身具有必然性)，迄今还有许多人连起码的物理学常识都不具备，这并不影响他们的存在；但是，不管意识到还是没意识到，人不可能没有先验综合知识这种"先知"，只要他作为人这种存在者存在，他就被赋予这种先知，被抛入这种先知。因此，人"有"先知是纯粹先验的，是绝对必然的。在这个意义上，我们甚至不能说"人拥有先知"，而只能说"先知拥（据）有人"，人存在于先知当中，而不是"先知"构成人的存在的一个部分，或者只作为一个部分而附着于人的存在上。

更进一步说，"先知"也并不仅仅是人这种存在者的存在方式，而且同时也是经验事物存在的方式。我们首先只有在时间与空间这两种超验的感性形式中，才能与现实（wirklilh)他物相遇，才能与现实他物打交道或关联到现实事物。但是，在康德这里，我们在时空中只显明有物存在，有物按时空形式被给予，但并不显明是什么东西（was ist das?)被给予。如果我们停留于时空，那么，我们就只有直观（Anschauung)，而没有先知，事物则只是时空关系物，只以时空形式存在。要把按时空形式存在的印象材料做成经验对象，或者说，事物要在时空中显现其本质，就必须让这些印象材料与我们不得不置身其中的先知（诸超验范畴及其运用原理)发生关联，让它们按这种先知形式展开出来。否则，我们只有感性（直观)的印象材料，而没有经验事物（对象)。经验事物必须有自己的本质规定，才是一经验事物，才是某种什么（etwas)。但是如果没有质、量、关系、实体等这些超验范畴（意识)的规定活动或展现活动（aus-sagen)，感性的印象材料就不可能获得质量等方面的规定，不可能被展现、陈述为有质量规定的自身同一物，因而不可能是有本质的存在，也即不可能是经验事物。

因此，时-空中的任何存在物，只有当它按先知方式显现出来，它才能作为经验对象或经验事物存在。这也就是说，先验综合知识不仅是人这种存在者的存在方式，而且是一切经验事物的存在方式。这意味着，先验综合知识并不是众多知识中的一种知识，而首先是一种有超验根据的存在方式。因此，"先验综合知识(判断)是如何可能的"首先就不是一个认识论(Erkenntnistheorie)的问题，而是一个有关存在者如何存在的存在论(Ontologie)问题。在这个意义上，纯粹理性批判首先不是一种认识论哲学。海德格尔在阐释《纯粹理性批判》时断然说："纯粹理性批判与'认识论'毫无关系。"①整个纯粹理性批判被视为是为存在论确立内在可能性。这是海德格尔在确立其基础存在论时，对康德哲学作出的一种阐释。就这种阐释提供了一种能够更深入地理解和揭示康德哲学之历史性意义的视野而言，这种阐释无疑具有学理上的根据。本书所做的研究就是在海德格尔这种阐释的启发下进行的，不同的是，本书力图在对康德哲学进行存在论阐释的基础上，使真理问题与自由问题在存在论上统一起来，并从这种统一的角度去重新理解西方哲学史上的一些基本问题。

第三节　存在论知识与存在者学知识的区分

§ 23

康德在《纯粹理性批判》第二版"导论"中的第 1 节，专门提出并确立了"纯粹知识"(die reine Erkenntnis)与"经验知识"(die empirische Erkenntnis)的区分。对于他的整个批判哲学来说，这一区分与他有关分析判断和综合判断之间的区分一样，有着根本性的意义。在《纯粹理性批判》第一版中，区分先验知识(Erkenntnis a priori)与经验知识的思想也是十分明确的，但并没有专门作为一节来讨论，第二版分专节讨论，显示康德对这种区分的重视，也许表明了他在写完全书之后更自觉地意识到这种区分对于他的重要性。

---

① 海德格尔：《康德与形而上学问题》，载《海德格尔全集》第 3 卷，法兰克福，1993，第 17 页。

　　这里要特别指出的是,在做这种区分时,在第一版是"先验知识"与"经验知识"的对应,在第二版则是"纯粹知识"与"经验知识"的对应。做这种变更并不是为了用"纯粹知识"这个概念来替代"先验知识"这个概念,毋宁说是为了确切地阐明康德自己所理解的先验知识。a priori(先验)一词的本义就是在先的、验前的,因此,"先验知识"往往被用来指间接从经验得来的知识。比如,人们根据一些普遍规则得出一些知识,就把这些知识视为先验的,但这些普遍规则却是从经验中来的。这种"先验知识"虽然独立于这个经验或那个经验,但并不独立于一切经验。但是,康德要与经验知识区分开来的那种先验知识却必须是绝对地独立于一切经验(Erfahrung)而发生、存在的。也就是说,不管有没有经验活动(erfahren),康德所理解的先验知识都能够发生、存在,它有超出经验之外的超验的根据。因此,它是一种没有任何经验的东西混杂进入的知识,康德称为"纯粹知识"。因此,"纯粹知识"这一概念所要强调和明确的是"先验知识"对经验的独立性和绝对性。

　　但是,康德不是说"一切知识都开始于经验"吗,又如何有绝对独立于经验的纯粹(先验)知识? 如何理解这种纯粹知识的独立性? 这里必须首先澄清对康德文本的一些似是而非的误解。康德明确地说:"我们的一切知识都开始于经验,这是无可怀疑的(daß alle unsere Erkenntnis mit der Erfahrung anfange,daran ist gar kein Zweifel);因为,如果没有触动我们感官的对象一方面从自身促成表象,一方面引起我们的知性活动起来去比较这些表象,联结或分离这些表象,从而把感性印象的粗略材料做成被称为经验(Erfahrung)的对象知识,那么(我们的)知识能力(Erkenntnisvermögen)就不可能被唤醒去执行任务。所以,就时间而言,我们没有先于经验发生(vorgehen)的知识,一切知识都开始于经验。"①这是一段经常被引用的著名论述,却也是最常被误解的论述。这

---

① 康德:《纯粹理性批判》,B1。

段论述的引用者的用意都是要借以表明经验在康德哲学中的根本性地位,以至于似乎离开了经验就不可能存在任何知识。于是,先验知识似乎也只是存在于经验知识之中——它只是"逻辑上"先于经验,而不是"时间上"先于经验。因此,不可能有独立于经验的知识发生、存在。

我们的确可以说,先验知识也存在于经验中,但却不能由此断言,在经验之外不会有知识发生(stattfinden)。这里的关键在于如何理解"一切知识都开始于经验"中的"开始"(anfangen)这个在康德哲学中有特别含义的概念。就如在"辩证"篇里讨论四个背反时一样,这里的"开始"首先是指在时间中开始现实的(wirklich)存在、实际性的存在。任何知识都必须对感性时空中的事物发生作用,这种知识才开始其现实的或实际的存在。因为在康德看来,只有能在感性时空中存在的事物才是现实(真实)的,或者说,只有能对时空感性产生影响、发生作用(wirken)的事物才是现实的事物。"开始"永远是时空中的现实存在的开始,也只有时空中的现实事物才有开始。因此,"一切知识都开始于经验"真正说的是:一切知识都是在时空经验中开始其现实性的存在,都是在时空中开始对感性事物发生影响或作用。所以,只就时间里存在的知识而言,或者说,只就现实存在的知识而言,没有先于时间,也没有先于经验发生的知识。

但是,也只是从时间的角度来看才是如此。一切知识只有在时间中才开始其现实性存在,并不意味着一切知识只能存在于时间中。作为纯粹知识,先验知识虽然也只有在时空经验中才开始其现实性存在,但它却可以完全独立于一切经验,因为它可以作为一种可能性(Möglichkeit)而存在于超验的认(知)识能力中。作为一种"可能性而存在"并不是说它是一种可能有也可能没有的存在;就其根(来)源于超验领域而言,它恰恰是一种必然的存在,一种必定有而不可能没有的存在。在这个意义上,先验知识这种"可能性存在"恰恰是最现实、最不可或缺的。我们用"可能性"这个概念标明的是先验知识的这样一种存在状态,即它尚未进

入时空,因而尚未发挥出它对时空中感性印象物应有的效应(Wirkung),
尚未实现它作为一切经验对象物之条件的作用。简单地说,先验知识尚
未完成它的事务,尚未有其时间效应,这就是其可能性存在的意义。就
先验知识作为一种可能性存在而言,它与理念(Idee)一样,只存在于我们
的思想中,具体地说,它只存在于认(知)识能力中,与理念不同的是,先
验知识在时空中有其"开始",即它在时空中能够构造出其对象,而理念
则不能。所以,理念只能叫超验的理念(die transzendentale Idee),因为
它来源于超验领域(纯粹理性)且只存在于超验领域里;对于时空感性和
知性来说,经验印象与经验对象并不需要这种理念作为条件,我们在经
验中也给不出理念,因此,虽然对于超验的理性来说,理念是经验世界的
绝对条件,但也只是对理性来说是这样,并不改变理念只存在于超验领
域这一事实。纯粹知识虽然也根源于超验领域,但康德却称之为"先验
知识",而不叫"超验知识",其原因就在于纯粹知识同时也能够存在于经
验中而构成经验的条件。纯粹知识是对一切经验对象的一种预先规定,
预先把握,因而,它构成了一切经验事物存在的条件:只有当这种预先规
定在感性时空中构造出相应的对象,才会有经验对象(事物)的存在:当
然,也可以说,只有当纯粹知识在感性时空中构造出其对象,它才开始其
有效性(wirklich)或现实性存在。因此,如果说"纯粹知识"这个概念要
突出的是这种知识的来源的超验性及其存在的绝对独立性,那么"先验
知识"这个术语则要突出表明这同一种知识与经验的密切关联:它既是
先于经验又是存在于经验中构成事物的条件。

§ 24

　　上面的分析澄清了先验知识对经验的绝对独立性及其与经验的密
切关联。康德对先验知识(纯粹知识)与经验知识的区分,其实也可以理
解为一种排除行动:把一切经验因素从知识中排除出去,最后剩下独立
于经验的先验知识。不过,这种区分并不是为了确立知识之间不可逾越

的界限,恰恰是为了从根本上澄清它们之间的必然性关联:正是先验知识对一切经验的绝对独立性,它才能构成一切经验事物的前提。

但是,正如我们在第二章第二节中指出的那样,先验知识首先是包括经验事物在内的一切存在者的存在方式,因此,康德对先验知识与经验知识的区分首先并不是对不同学科知识的区分,而是对存在方式的区分。所以,这种区分是存在论的区分,而不是知识论的区分。如果借用海德格尔的概念来说明,那么,康德有关先验知识(纯粹知识)与经验知识的区分可以看做是"存在论知识"(ontologische Erkenntnis)与"存在者学知识"(ontische Erkenntnis)的区分。先验知识不仅是我们人自己向来所是的存在者的存在方式,而且也是一切现实(时空中)的存在者的存在方式。也即说,是一切经验事物(存在者)的存在方式:一切现实的存在者都是时空中的经验对象或经验事物。只有按这种存在方式存在,感性时空中的印象材料才能被构造成一现实的存在者。因为如果没有先验知识这种存在方式构成存在者的存在相法(Seinsverfassung,存在相法或存在相态),使存在者获得自身本质而成为一存在者,那么也就不会有任何存在者显现出来,只会有一些感性印象存在。一个存在者必须按质、量、关系等存在相法存在或显现,它才能是一存在者,而不会仅仅是感性印象。因此,先验知识是使存在者能够是一存在者本身的存在相法,先验知识使他者或他物不仅仅是一些不断流逝的印象,而是有自身同一性的存在者。他者只有在先验知识中显现、公开出来,它才能获得自己的绝对规定(如绝对质量)而作为具有自身同一性的存在者存在。任何一个他者(物)要成为他自己,就必须有自己的绝对规定,也即必须有自己的存在相法,从而是一个以"A 是 A"这种方式存在的存在者。先验知识使一切存在者存在成为可能的,也即使自身同一物存在成为可能的。没有先验知识,任何事物的绝对规定都是不可思议的,因而我们也就不可想象任何自身同一物的存在。在这个意义上,先验知识就是存在论知识:使存在者存在——使存在者是存在者(A 是 A)——成为可能的知识。我们"拥有"先验知识，意味着我们"拥有"对存在者之存在的先行领会(das vorgängige Seinsverständniss)。我们是也只能是按这种先行领会或"先知"来让他者作为他者来相遇、显现。这并非意味着我们完全是按"人的尺度"来规定或"看待"他者的存在，因为这种存在论知识并非来自我们的主观意志，而完全是来自超验领域。因此，与其说我们"拥有"这种知识，不如说我们置身于这种知识。与其说我们用"人的尺度"，不如更确切地说，我们是用"客观的尺度"。实际上，正是因为先验知识是来自超验领域，是"客观的"，在其中显现出来的存在者才获得自己的绝对规定，才有绝对的自身同一性。只有当存在者有了绝对的自身同一性，我们才能进一步去追问，它相对于其他存在者来说它是什么，比如，是同类还是不同类。这也就是对它进行经验的研究与经验的规定，因为只有在感性经验中，才有不同存在者之间的关系问题。我们平时问的问题"这个存在者是什么"(Was ist das Seinde?)实际上真正问的是：这个存在者相对于他者来说，它是什么东西？或者说，在某种特定的关系中，它是什么东西？这也是一切经验科学的基本问题。在这个意义上，经验知识也就是关于存在者之间的关系的知识，所以，我们可以把康德的经验知识视为存在者学知识。

如果我们从存在论知识与存在者学知识的区分来理解康德有关先验知识(纯粹知识)与经验知识的区分，那么，显而易见，这种区分实质上是关于存在者存在方式的区分：自身同一的存在与关系中的存在；用形式表达式来表示就是，是以"A 是 A"方式存在，还是以"R＝f(x, r)"方式存在。[①] 存在论知识使在这种知识中显现出来的他者成为它在其中显现出来的"这个样子"，而成了"这个样子"，也就是成为一个有自身同一性的存在者，有自己的绝对规定的存在者。因为让他者显现为"这个样子"，就是把他者看做是也仅仅是"这个样子"，它就是"这个样子"，"这个

---

① 这里我借用了罗嘉昌教授给出的关系实在论公式。参见其主要著作《从物质实体到关系实在》，中国社会科学出版社 1998 年版。

样子"就是它。所以,在存在论知识中,显现出来的"这个样子"就是存在者的绝对规定,是这个存在者的绝对标准或绝对自身。有绝对规定的存在者,才可能有存在者之间的关系,或者说,存在者才能进入与其他存在者的关系,简单地说,才能以经验知识这种方式存在。在没有具有绝对规定或自身同一性的存在者的地方,我们甚至无法想象会有"关系",对于没有自身同一性的东西,我们只能确定它不是什么,而永远不能确定它是什么。所以,就如经验知识以先验知识为前提一样,存在者学知识这种存在方式(关系存在方式)是以存在论知识这种存在方式(自身同一性存在方式)为前提的。存在论知识是存在者学知识的基础与标准。

§ 25

于是,康德实现的"哥白尼式革命"就绝不是"认识论"意义上的主客体关系的颠倒,而是存在论意义上的存在方式之间关系的转换:不是理性存在者的存在方式围绕着经验存在者的存在方式转,而是经验存在者的存在方式必须以理性存在者的先验存在方式为基础和标准。康德写道:"迄今人们仍假定,我们的一切认(知)识,必须适合(richten,符合)对象。但是,在这一前提下,一切通过概念先验地(a priori)构成关于对象的某种东西以扩大我们的知识的努力,都归于失败。所以,人们应当再尝试一下,如果我们假定,对象必须适合(符合)我们的认(知)识,那么,我们是否会更好地解决形而上学的任务。这一假设与所要求的一种先验的对象知识的可能性更加一致,这种先验的对象知识在对象给予我们之前就对对象有所规定。"①这一尝试在哲学中的变革性意义被康德自己视为有如哥白尼在天文学中的革命性尝试。哥白尼颠倒了地日关系,那么康德颠倒了什么呢?是颠倒认识论意义上的主客关系吗?

这里必须首先澄清何为认识论意义上的主-客体?在康德哲学里,

---

① 康德:《纯粹理性批判》,"第二版序言"XVI。

作为主体我们所能认识的就是经验中的对象,也即上面所说的已获得自身同一性(绝对规定)的经验事物或经验存在者。简单地说,认识论意义上的客体就是有自身的绝对规定的存在者。对于这种存在者,主体对它的一切认识都必须以它为标准,也即必须适合(符合)它,而不可能相反。对于进行认识活动的主体来说,它所要认识的对象都是现实的、已被给予的,更确切地说,是已被构造出来的,而这种构造活动却不是在主体的认识活动中进行的,而是在理性存在者的先验存在中完成的。因此,主体必须尽可能地适应、符合它的客体,此外别无其他可能。这意味着,在认识论意义上,主-客体的关系是不可颠倒的。虽然主体可以把客体(对象)带入不同关系中,使客体呈现出不同的性质,但人们并不能借助于"关系实在论"而把康德的"哥白尼式革命"解读为主客关系的颠倒。因为客体(有自己之绝对规定的存在者)虽然在不同关系中呈现为不同性质,但决定关系的关系因素并不由主体决定,所以,我们不能将客体在不同关系中的不同性质归因于主体。

因此,我们不能笼统地说,康德的哲学变革就是颠倒了主-客体的关系。这种传统解释至少无法理解康德的变革与解决形而上学任务之间的关系,而解决形而上学的任务恰恰是康德的目的所在。实际上,在康德这里,对象(有自身同一性规定的存在者)要去适合(符合)的知(认)识并不是认识主体在认识对象时给出的知识,也即说,不是一种需要传授便可以传授的知识,而是人在认识对象(客体)之前就已置身其中的先验知识,也就是说,是人作为与客体相对应的主体这种角色出现之前就已存在于其中的那种知识。正如我们上面所说,这种知识是人作为理性存在者的一种存在方式。作为存在者,对象必须去适合的就是人的这种先验存在方式,而不是别的。因为只有在先验知识这种存在方式中,对象才能作为对象被公开出来,存在者才能作为存在者出现:凡是不能在这种存在方式中被公开、显现出来的东西,都不能成为我们的现实的对象。用康德的一个术语来说明这一层意思就是,一切现实的对象都是通过先验知识"构造"(konstituieren)出来的。就先验知识是人的一种存在方式而言,我们可以说,人为"自然"(对象世界)立法,却不能笼统地说"主体"为客体立法。因为人并非一开始就是以进行认识活动的主体角色存在,主体不是人的唯一角色,更不是人的本相身份。只是在他者被作为对象构造出来之后,人才能够作为认识的主体这种角色出现。对象必须作为有自身同一性的存在者被构造出来,我们才能对它进行关联演算和逻辑演算,也才有这种演算的需要和问题。

这里要特别强调的是,在康德这里,他者必须是在先验知识中被呈现出来,并且把它在先验知识中呈现出来的"那个样子"就当做它本身,即把"那个样子"当做它的绝对的自身同一性规定,它才能成为(认识的)对象(Gegenstande),才成为可对之进行关联演算与逻辑演算的对象。在这里,先验知识构成了一切对象的存在相法,更准确地说,构成了一切有同一性规定的存在者的存在相法。存在者在先验知识中呈现出来,就是公开它的存在相法,公开它的同一性存在状态。存在者的这种被公开(揭示)出来的同一性存在就是存在者的存在论真理:这一存在者就其自身而言,它只能如此这般地存在着,且一直如此这般地存在着,而不可能是别样的。存在者的存在论真理有两个基本规定:(1)它是存在者的一种被显现、被揭示状态;(2)这种被揭示状态构成了存在者的绝对规定(但不是全部规定),即构成就存在者自身而言的规定,而不是就存在者与他者关系而言的规定。这里的"绝对"不是在完全无遗、全部完成意义的绝对,而是在仅出自自身而没有他者为参照的无对意义上的绝对。因此,任何存在者的同一性存在就是存在者的存在论真理。于是,正如存在者学知识以存在论知识为基础一样,存在者的存在者学真理必须以它的存在论真理为基准(richten nach...):既要以存在论真理为基础,又要向它看齐,以它为标准。存在者在存在者学层面上的一切可规定性都是在存在者的被显现(揭示)出来的同一性存在基础上,即在其存在论真理基础上才是可能的。存在者必须首先是它自身,才能确(规)定它在特定场景(关系)中的角色,而且它的这种场景角色最终都必须以它的自身存在或同一性存在为根据,与这种同一性存在相适合。在这个意义上,存在者学的真理必须围绕着存在论真理转。我们拥有再多存在者学的真理,也离不开存在论真理,而必须永远从存在论真理获取根据与标准,存在者学的真理永远需要存在论的真理之光照亮。这是康德的"哥白尼式革命"的根本意义所在。如果我们抛开传统的认识论解释模式,而从存在论来理解康德的批判哲学,那么,它实现的变革所具有的意义就绝不局限于确立人在认识活动中的能动性、主动性,更重要的在于,这种变革使在哲学上确立和捍卫人的自由不仅成为可能的,而且成为必然的。而这也就意味着,批判哲学确立起了人的一种比主体角色更根本、更本真的本相存在——自由存在。自由的确立,使人在这个世界上不仅仅是一个有能动性的认识主体,而且首先是一个有绝对尊严与绝对权利的目的存在者。人首先是自由的,他才能认识必然,而不是认识了必然才是自由的。在这里,不是必然构成自由的前提,恰恰是自由构成了必然的前提。这在实质上意味着真理与自由的统一,真理以自由为前提。

§ 26

所谓"必然"(Notwendigkeit),就是说有某某什么(etwas)不仅这样存在,而且它只能这样存在而不可能是别样存在,也就是说,一物非如此不可的存在,才是此物的必然性。显然,这种必然性是经验无法给予的,康德说:"经验虽然告诉我们,某某什么是这样或那样(etwas ist so oder so beschaffen),但并不告诉我们,这一什么不可能是别样(anders)。"[1]在感性经验里,没有任何存在物的存在是非如此不可的存在。"所以,首先如果有一命题被视为必然的,那么它就是一个先验判断。"[2]必然性只能是先验的,而不能是经验的。必然性只能以先验知识或先验概念为根

---

① 康德:《纯粹理性批判》,B3,A1。
② 同上书,B3。

据。正如必然性判断一定以先验知识为基础一样，任何必然性事物的存在一定是在先验知识中显现出来，从而获得了绝对规定的存在。先验知识使一切在其中显现出来的存在者获得了绝对规定，从而以非如此不可的存在相法存在。当我们把存在者的这种绝对规定当做它的自身同一性规定，它的存在相法就成为它的自身同一性存在。存在者在任何关系场境中的存在角色所具有的必然性都必须以它的绝对的自身同一性规定为基础。先验知识在使存在者获得绝对规定的基础上，也使这个存在者在不断扩大的关系场境中展开出来的关系系列或规定系列具有必然性。我们在自然界发现的任何具有必然性的关系系列，比如因果关系系列，都必须以人的先验存在方式——他向来不得不置身其中的先验知识——为前提。

然而，正因为存在者的一切必然系列是以存在者的自身同一性规定为基础，从而以先验知识为基础，才一方面使这种必然性不可被人的主观愿望随意更改，保证了其应有的普遍性；另一方面则使作为超验的存在者的人成为一切必然性系列的最后根据。因为一切先验知识都来源于人的超验性存在（超验理性与超验时-空）。那么，人是存在者的一切必然性系列的最后根据，这意味着什么呢？意味着人既可以摆脱必然性，独立于必然性，又可以开创（开始）必然性。也就是说，人是自由的。为什么？

存在者作为现实的存在者，也即作为现象界的存在者而言，它总是存在于关系系列之中，而最根本的一种关系系列就是因果关系系列。就其在现象（时-空）世界里的存在而言，存在者永远是必然系列里的一个环节，甚至作为感性（现象）存在者的人，也只是这种系列里的一个环节。在现象系列里，任何一个存在者都可以返进（regressieren）或返溯到一个在先的存在者作为它的关系条件。因此，如果仅就现象世界来说，没有自由，只有必然性；即使认识了这种必然性关系，因而能自如地运用这种必然，也不能说人获得了自由、有了自由，因为无论人怎样自如地运用必然性，他仍然置身于他律当中。任何认识只能产生自如的行为，而不能带来自律的行动。在现象领域，存在者所在的条件关系系列既不能被视为有绝对界限的,也不能被视为无界限的。也即说,这个系列作为整体看,既不能有开端,也不能无开端。① 因此,它是不可中断的。现象系列的这种特征掩盖了系列中的存在者必须首先获得绝对的先验规定才能进入关系系列中这一基本前提。存在者必须首先获得绝对规定,并且把此绝对规定当做这个存在者本身的规定,即当做存在者的自身同一性规定,存在者进入关系系列才是有意义的:它才能作为关系系列中在先存在者的后件(结果)和在后存在者的前件(原因)。对于没有自身同一性的存在者,我们不能确定它是什么,即使它进入了关系,也毫无意义,不会构成关系中的关系环节或关系因素。但是,只有作为理性存在者的人才能给出自身同一性的存在者。因此,如果不局限于现象界,而是超出现象界,从理性存在者的角度看,那么,任何现象系列实际上都可以被视为从自身同一性的存在者开始,于是,任何必然的条件关系系列都可以被人这一理性存在者所中断。因为,人一旦"收回"自己的先验知识,让先验知识仅仅作为超验的可能性能力存在于人自身当中,那么,也就不会有自身同一物,一切必然性关系系列也随之瓦解。这意味着人摆脱了一切必然性而守护在自在-自律的存在中,即守护着自己的自由存在。从消极角度说,人的自由就在于他能摆脱现象界的必然,中止这种必然。但人的自由并不仅仅在于他能抽身或摆脱,更在于他能从自己开始,构造自身同一物,从而给出必然性的关系系列。从理性存在者角度看,人构造自身同一物这一行动完全是自由的,是出自人的理性本身的行动。正因为人完全是从超验的理性自身出发去构造事物,让事物呈现出来,事物由此获得的规定才是绝对的规定,而不是相对(于他者)的,才能成为其自身同一性的规定,而不是关系中的规定。因此,自由是必然的条件,自由是一切事物能获得真正的自身规定与具有必然性规定的条件。换句话说,自由是真理的前提。

① 参见康德《纯粹理性批判》,A522,B550。

第三章　作为存在论的超验感性论

第一节　康德对感性论的变革：感性的超验化

§ 27

康德把自己讨论感性（die Sinnlichkeit）的那部分学说称为 Die transzendentale Ästhetik（超验感性论）。德文中的 Ästhetik 在沃尔夫学派中原指"美学"，即有关鉴赏或趣味（Geschmack）评判的科学；构成黑格尔哲学体系之一部分的艺术哲学，其学科名称也叫 Ästhetik（朱光潜先生译为"美学"）。那么，为什么在康德哲学里的 Ästhetik 是"感性论"，而不是美学呢？也即说，在康德这里，为什么 Ästhetik 虽是关于感性的学说，却不是关于美（Schön）的学说呢？这涉及康德对真（wahr-wirklich）与假（sheinbar）、美与善的理解。

A. G. 鲍姆嘉登（Alexander G. Baumgarten）曾试图从感性出发去建立一门关于鉴赏评判的学说，也即关于美的评判规则的学说，并用 Ästhetik 去命名这种学说。康德批评说这种努力是徒劳的。因为由此确立的评判规则只能是经验的，"所以，（它们）绝不可能被用作我们的鉴赏判断必须遵循的某种先验法则,倒不如说,我们的鉴赏(审美)判断(Geschmacksurteil)是那些评判规则之正确性的真正试金石"[1]。也就是说,我们不可能从感性经验中引申出评判美(Schön)的规则;从感性经验中引申的任何规则都不可能指导我们去作出审美判断。一个东西美不美,我们不可能单从感性经验去作出评判。一些经验规则也许的确有助于我们对美作出判断,但这绝不意味着单凭经验规则就能作出审美判断;这些规则是否的确有助于我们对美做出评判,也即是否正确,是否值得我们参考与遵循,最终取决于它们是否与我们的判断力做出的审美判断相一致。因此,感性的、经验的"美学"是不可能的,或者说,关于"美"的感性科学(Ästhetik)是不可能的。

实际上,这也就是说,美(Das Schön)并不仅仅是感性的。而在康德这里,这也就是等于说,美并不仅仅是真实的或现实的(wahr-wirklich),它同时也必须是合目的性(Zweckmäßigkeit)的,美固然是感性(Sinnlichkeit)的,因而是现实的、真的,同时也是合目的性的,因而是善的(Gut)、好的。在康德这里,美是真善的合一。这并不是说,先有真和善,然后才有真善合一的美——虽然康德的三大批判在写作顺序上是先讨论真与善的问题,再讨论美,但在学理上,美恰恰构成了我们理解真与善的基础。因为如果没有合目的性这一概念作为我们理解自然的超验原理,我们甚至无法理解自然会是有秩序的。人首先是审美者、相遇者,而后才是认识者、行动者。这是《判断力批判》里一个很核心的思想。

因此,在康德这里,关于感性之学问的 Ästhetik(感性论)只是构成关于美的学问的必要条件,而不能成为这个学问本身。美并不仅仅是真实(真的和现实的)的,而感性论恰恰就只是关于事物如何现(真)实地给予我们的学问。

简单地说,康德的 Ästhetik 之所以不是"美学",而是感性论,是因为

---

[1] 康德:《纯粹理性批判》,A21,B36。

它讨论的是事物如何在感性中现实地（wirklich）被给予我们，或说讨论的是，一切真（现）实事物如何在我们的感性中真（现）实地存在。这里，显然隐含着康德对感性的一种不同于传统的理解。

从巴门尼德有关思想与存在同一的存在论开始，感性不仅与真实存在无关，甚至被当做非真实存在的尺度——凡是感性的东西，或更确切地说，在感性中呈现的东西都是不真实的。因此，感性是巴门尼德以来的西方哲学所极力要摆脱的东西。那么，为什么在康德哲学中感性倒与真实存在相关，甚至成了真实存在的基础和尺度呢？这与康德在感性论上实现了一个重大的（却常不为人们所重视的）变革相联系。这个变革体现在两个方面：① 感性的超验化和形式化；② 时间与空间的"观念化"（Idealisierung）。

在康德之前，人们通常是以感觉（Empfindung）来说明人的感性存在，似乎人的感性存在是以人的感觉为前提的。但感觉是不确定的。同一阵风吹来，有人感觉（empfindet）热，有人感觉凉；同一座北海白塔，远看与近观（视觉）大小是不一样的。在不同时-空里，人们对同一个事物的感觉常常是大相异趣。因此，在通过感觉给出的感性世界里，没有自身同一物，一切都是相对的、不可靠的，因而是不真实的。任何追求绝对的、真实的事物的努力，必须首先排除感性世界。我们甚至可以把康德前的西方哲学史视为一部排斥、挤压或掩盖人的感性存在的历史。

但是，问题是，人的感觉是如何可能的呢？这一问题使我们发现，人的感觉是直接性的，但它也是有条件的。这个条件就是感性（die Sinnlichkeit）。在康德这里，关系发生了倒转：不是用感觉来说明感性，而是用感性来说明感觉，是人的感性使人的感觉成为可以可能的。我们看看康德自己是怎么说的。

康德说："以接受对象刺激的方式获取表象的能力就是感性。所以，借助于感性，对象才被给予我们，而感性只给我们提供直观（的东西）（Anschauungen）；直观（的东西），则是通过知性（Verstand）得到思考，并且由知性产生概念。……当我们受对象刺激时,对象作用于表象能力的结果(Die Wirkung)就是感觉。由感觉而关联(bezieht)到对象的直观就叫经验(empirisch)的直观。经验直观的未被规定的对象就是现象(Erscheinung)。"①

康德在这里提出了感性、直观、感觉和现象这四个相互联系的概念,它们与时空一起构成了感性论中最重要的概念。感性首先是一种表象能力,不过,是一种接受性的表象能力,也即说,感性是在接受了他者刺激之后才给出表象的。感性本身不能独自给出表象,在没有他者②刺激的情况下,感性这种表象能力不会给出任何表象。感性给出的任何表象都是他者刺激我们、作用于感性这种表象能力的结果,这也就是感觉。简单地说,感性受到刺激而提供出来的结果就是直观的东西,就是感觉,感觉就是感性活动的结果,就是直观的东西,因而也就是现象。我有某种感觉,意味着我的感性这种表象能力受到了他者的刺激影响:或者受外在于我的他物的刺激,或者受我自己内在的心灵的影响。

因此,不是感觉构成了我们的感性存在,而是我们的感性使我们的感觉成为可能,使我们的一切感觉是一种人的感觉,而不是动物的感觉。动物的感觉是一种本能的反应,而人的本能反应也必须经过感性能力(形式)才能成为人的感觉,才为人所表象(vorstellen)、所意识。没有或不能为感性这种表象能力所表象、所意识或所察觉的本能,只能被视为一种不显现的、自我隐藏着的自在存在。人的本能冲动或本能反应必定是在感性表象中得到意识了的一种感觉。因此,人没有像动物那样的本能直接性,从一开始,人的感觉就不同于动物的感觉:他的感觉是感性感觉,而不是本能感觉或机体感觉。所以,人与动物的不同,并非始于人的知性或理性,人从感性存在就与动物区别开来。在这个意义上,我把人的存在称为"有境界的存在"。人向来就存在于自己的境界中,在自己的

---

① 康德:《纯粹理性批判》,A19—20,B33—34。
② 我这里用"他者"来代替康德原文中的"对象",以避免康德在"对象"一词用法上的一些混乱。

境界中展开和理解自己的存在。

这种境界性的存在,在康德这里也就是超验性(transzendental)的存在。感性是超验的感性,所以,康德把自己讨论感性的那部分称为超验感性论(Die transzendentale Ästhetik)。也就是说,在康德这里,是感性的超验性使人的感觉成为人的感觉——使人的感觉是一种有时-空或说是时-空中的感觉。由于感性的超验性,人的任何感觉都是在时-空意识中给出来的,也即说,人的任何感觉都具有方位意识和定时意识。空间的到位与时间的到时,感觉才会产生。这一点我们将根据康德对感性的超验性的阐明来进一步加以阐释。

§ 28

那么,如何理解感性的超验性? 感性是人的最直接性的存在。一切他者("对象")都是首先通过感性这种表象能力才给予我们。或者更确切地说,我们只有通过我们的感性,才能让他者作为对象出现。我们的感性存在或感性活动就是让他者作为对象出现,让他者作为对象存在。感性存在的直接性就在于它的存在(活动)本身同时也就是让他者作为对象出现。简单地说,感性的活动与其结果是同时发生、直接共在的。换句话说,感性存在总是展现为感觉或经验直观。因此,为了澄清感性的超验性,必须把感性从其结果中分离出来。这是超验感性论的一个基本任务。康德说:"在超验感性论中,我们首先是这样把感性分离(isolieren)出来:即把知性通过其概念所思考的一切东西排除掉,从而只剩下经验直观,接着是从经验直观中分离出一切感觉的东西,从而只剩下纯粹直观和单纯的形式,也即感性能先验(a priori)地提供的唯一的东西。在这个研究中将发现,只存在作为先验认识原理的两种纯粹的感性直观形式,即空间和时间。"[①]

———————————

① 康德:《纯粹理性批判》,A22,B36。

经验直观就是作为感性活动之结果看的感觉。从经验直观中排除属于感觉的东西,也就是把感觉中来自他者刺激而给出的感觉材料排除掉。用现象学的话语说,实际上,这也就是对经验直观或感觉经验进行还原,最后剩下的东西就是纯粹感性形式或纯粹直观形式。因此,在康德这里,感性首先是一种形式化的存在。从其功能角度说,感性是一种接受性的表象能力,而就其本性说,感性则是一种形式性的存在,这就是时间和空间。

因此,感性的超验性问题,也就是时间与空间的超验性问题。那么,感性为什么就只有空间和时间这两种形式？空间和时间又为什么是超验的？康德通过分别对时-空进行形而上学阐明(Die metaphysische Erörterung)和超验阐明(Die transzendentale Erörterung)来回答这两个问题。康德对时间和空间的这两种阐明在步骤上是基本一样的,因此,这里只限于对关于时间的阐明作出分析。我们这样做的理由是时间在整个康德哲学中具有更根本、更优越的地位。所谓"阐明",也就是使概念有一个清晰(虽不是详细)的表象,而所谓"形而上学阐明"则是把概念揭示为是先验(a priori)被给予的。① 因此,对时间的形而上学阐明,就是要把时间展示为先验被给予的。康德分五个步骤来完成这一任务。

① "时间不是从某种经验活动(Erfahrung)中引申出来的经验概念。因为如果没有时间表象(Die Vorstellung der Zeit)作为先验的基础的话,那么同时(在)或相续(在)甚至都不能进入知觉。只有以时间表象为前提,人们才能表象(vorstellen)在同一时间里(同时)存在着的事物或者是在不同时间里(相续)存在着的事物。"

② "时间是一切直观的东西(Anschauungen)以为基础的必然表象。就现象一般来说,人们不能(从现象中)排除掉时间,虽然人们可以从时间中排除现象。所以,时间是先验被给予的,现象的一切现实性(alle

---

① 参见康德《纯粹理性批判》,A23,B38。

Wirklichkeit der Erscheinungen)只有在时间中才是可能的……"

③ 一切有关时间及其关系的必然的基本法则,其可能性都是以时间的先验必然性为基础的。"时间只有一维:不同的时间不是同时的,而是前后相续的(就如不同的空间不是前后相续的,而是同时的)。这些基本法则都不能从经验(Erfahrung)中引申出来,因为经验既不能给出严格的普遍性,也不能给出必然的确定性。我们只能说,共同的经验告诉我们'事情是这样的',却不能说,经验告诉我们'事情必定是这样的'。这些基本法则是有效的规则,它们使经验一般成为可能,这些基本法则是在涉及经验时教导我们的,而不是通过经验教导我们的。"

④ "时间不是论证性或者普遍性的概念,而只是一种纯粹感性的形式。不同的时间只是同一个时间的部分。而那只有通过一个唯一的对象才能被给予的表象就是直观。进一步说,'不同的时间不可能同时存在'这一命题不能从某一普遍概念中推演出来。这个命题是综合的,但不可能只从概念中产生出来。所以,它直接被包含在时间的直观和表象中。"

⑤ "时间的无限(终)性(Unendlichkeit)只是指:所有确定的时间量度(Die Grösse der Zeit)只有通过对作为其他一些时间之基础的那一个时间的限制才是可能的。因此,那本源的表象即时间必定是作为'无限的'被给予。但是,如果部分或对象的每一量度只有通过那样的限定才能得到确定的表象,那么,那个整体表象(Die ganze Vorstellung)就必定不是由概念给出,因为概念只包含'部分表象'(Teilvorstellung),而必定是以直接的直观为其基础。"①

第①至第②条款是论证时间的先验性。时间不可能是从任何经验活动中引申出来的结果(概念),相反,它是一切经验活动的前提,是在一切经验活动之前就被给予的,因为如果我们的心灵本身没有时间表象作

---

① 康德:《纯粹理性批判》,A30—32,B46—48。

为先验的基础,我们就无法知觉或经验到同时存在或相续存在。只有以我们心灵中的时间表象为前提,我们才能去表象、感知在同一时间里或不同时间里的事物。简单地说,我们自己必须有时间表象,才能去表象事物的同时性存在或非同时性存在。而一切感性事物不是同时存在,就是相续存在。因此,一切感性物也即现象必须以时间表象为前提。我们可以想象从时间表象中排除掉一切现象事物,却不能想象没有时间的现象。在这个意义上,时间是构成一切现象事物存在之基础的必要(然)的先验表象。康德还从时间的一维性这一性质来论证时间存在的先验性(第③条款)。

先验表象可能是先验概念,也可能是先验直观形式。在康德看来,时间只能是一种先验的感性直观形式。这是他在第④、第⑤条款中要加以证明的。作为先验表象,时间是一个"整体表象"(Die ganze Vorstellung),不同的时间只是这个整体表象的部分或划分(Teile)。换句话说,所有时间量度都只能被视为作为整体表象的那个本源时间的部分,是对那个本源时间的限定。一切时间量度或一切不同的时间,都必须以整体的时间表象为基础。但是,这个整体的时间表象,也即本身没有限定的因而是无限性的时间表象只能是直观表象,而不可能是概念表象。因为概念不可能给出无限定的整体表象,任何概念都是一种限定,因而概念给出的表象永远只能是一种部分表象或分割表象(Teilvorstellung),是从整体那里分割出来、限定出来的表象。

从康德对时间和空间的形而上学阐明可以看出,感性之所以只有时空这两种先验形式,是因为从感性事物即从现象中排除掉一切东西之后,就只剩下时间和空间这两种表象。正是时间和空间这两种表象,也只有这两种表象构成了一切感性事物(也即一切现象或直观的东西)成为感性事物的前提。如果没有时空这两种表象作为前提,我们的感官(Sinn)就不可能与他者发生关联,不会有任何事物给予我们感官而呈现为感性事物。给予我们的任何感性事物都是在时-空中的事物,这意味着一切感性事物必定要以时-空表象为前提。因此,时空先于一切感性事物,先于我们的感官对感性事物的感知(wahrnehmen)或经验(erfahren)。就是在这个意义上,时空是在先的,是验前的或先验的(a priori)。

康德之所以把揭示时空的先验性称为"形而上学阐明",是因为,在康德这里,时空的先验性就在于它们先于一切现象事物而构成了现象界的前提或基础,也即构成了"自然"(physis)的基础。而所谓"形而上学"(Meta-physik),就其传统的基本意思来说,就是要超出(Meta-)"自然"(-physis),去为自然寻找根据或基础。因此,当康德把时空阐释为现象界的先验条件时,他也就是在形而上学的层面去理解时空问题。所以,他把自己的这种阐释称为形而上学阐释。这里也体现了康德在时空观上的变革:在传统哲学视野里,时空问题一直是"物理学"(自然学)的问题,而不是形而上学的问题。

§ 29

不过,在康德这里,时(空)不仅是先验的,而且是超验的。因此,他还要对时(空)间做出超验的阐明(Die transzendentale Erörterung)。那么,何谓超验的阐明?

"所谓超验阐明,我理解为把一个概念解释为这样一种原理:其他先验综合知识(Die synthetische Erkenntnisse a priori)的可能性能够从这一原理得到理解。"[1]因此,对时空的超验阐明就是要把时空阐释为先验综合知识之所以可能的必要条件。康德通过说明是空间使先验综合的几何学判断成为可能的,来完成对空间的超验阐明。他对时间的超验阐明则要复杂一些。

实际上,在时间的形而上学阐明中的第③条款是属于对时间的超验

---

[1] 康德:《纯粹理性批判》,B40。

阐明,康德说,只是为了简明方便才把它放在形而上学阐明名下。不过,光有这第③条款还不够,所以,康德说:"这里我要补充的是,变化(Veränderung)概念以及与此概念相联系的运动(位置变化)概念只有通过时间表象,并且也只有在时间表象中,才是可能的,也就是说,如果这种表象(时间)不是先验的内在直观,那么,就没有概念(不管它是什么概念)能使变化的可能性成为可理解的,也即,使相反的矛盾宾词(Prädikate)联系于同一个客体身上的可能性(比如在同一位置上的同一事物在一个地方存在与不存在的结合的可能性)成为可理解的。这样,我们的时间概念也就解释了可由普遍运动学说加以展示的那类先验综合知识的可能性(这类先验综合知识是富有成效的)。"①

就如我们有关于空间的先验综合知识——几何学一样,我们也有关于时间关系的先验综合知识,比如,"不同时间是相续存在的,而不是同时存在"。但是,这类必然的知识既不可能来自经验,也不来自任何概念分析,而只能以时间表象为基础,或者干脆说,是被包含在时间表象中,是直接来自时间表象。也就是说,是时间这种感性直观形式使有关时间关系的先验综合知识成为可能的。因此,时间是超验的,这是康德在第③条款所要阐明的基本意思。不过,在这一条款中,作为先验感性直观的时间只涉及有关时间关系的先验综合知识,而没有涉及有关对象(现象)的先验综合知识。康德在上面引述的"补充"里就是要阐明时间如何也是这类涉及对象的先验综合知识的前提。这就是有关运动、变化的先验综合知识。这类知识在运动事物给予我们之前就对它们有所规定,但这种知识都必须以"运动"(Bewegung)概念和变化概念为前提。而如果没有先验的时间表象(或纯粹的时间意识),也就不可能有变化概念和运动概念。时间意识是变化意识和运动意识的先验前提,而不是相反。

这里更为具体地体现了康德时间观上的变革所在:时间是运动变化

---

① 康德:《纯粹理性批判》,B48。

的前提,而不是古希腊人以为的那样,时间以运动变化为前提。这是时间"主体化"、超验化之后一个最重要的结果,它在康德哲学中发挥着根本性作用。

不过,至此,时(空)间的超验性仍是不清楚的。康德的超验阐明论证了时空这两种感性表象(直观形式)是先验综合知识之所以可能的必要条件。那么,我们要问:对时空本身来说,这意味着什么呢?先验综合知识是独立的(不依赖于对象)和普遍必然的,因此,作为它们之可能性的前提,时空这两种直观形式也必定是独立的和普遍必然的。也就是说,时(空)间的超验性就在于它(们)的独立性和普遍必然性。因为本身没有独立性和普遍必然性的东西又如何能够成为独立的和普遍必然的知识的可能性条件呢?把时空阐明为先验综合知识的可能性条件,也就意味着时空的超验性存在就在于它们的普遍必然性和它们对于对象的独立性。对时空的形而上学阐明主要在于显示时空的先验必然性,但就传统的意义上说,先验的东西并不一定具有普遍必然性,也不一定具有对经验对象的独立性。因此,康德要进一步用"超验的阐明"来突显时空的超验性。康德在要不要有专门的"超验阐明"问题上是犹豫的,因为在他的"形而上学阐明"中在展示时空的先验存在时,实际上已包含着对时空的超验性揭示,这与他对先验(a priori)的理解不同于传统的理解有关。在他这里,a priori 不仅仅是一般意义上的在先的、验前的,而且是纯粹的,也即是独立于经验而为经验的前提,是为"先验的"。也就是说,在康德这里,a priori 往往与 tranzendental 具有交叉的意义。所以,在《纯粹理性批判》第一版里没有有关时空的超验阐明,而是把这种阐明包含在揭示时空之先验性的形而上学阐明中。在第二版里,康德才专门加上了一节"超验的阐明",他显然意识到了需要突出时(空)间的超验性存在。

这样,康德便通过对时空的超验阐明来完成对感性的超验化理解,从而实现他对感性论的变革。不过,我们还可以、也有必要从另一个角度,即从感性时空的观念化来理解康德在感性论上的变革。至于这种变革如何使感性形式(时-空)成了一切存在者真实存在的根据或基础,从而使感性论成了基础存在论,我们将在第三节加以讨论。

第二节　时-空的观念化

§ 30

在康德这里,时间和空间是超验的,同时也是观念的,康德把时间和空间的这种观念性存在称为"超验的观念性"(Die transzendentale ldealität)。因此,他有时也把他的感性论学说称为"超验观念论"(Der transzendentale ldealismus)。① 那么,如何理解时空的这种观念性存在?它们是观念的、"思想的",但又不是主观随意的,不是臆想或梦幻。这里的关键仍然在于它们是一种超验的观念性,而不是经验的观念性。为了理解时空的这种超验观念性,这里将分两个步骤进行讨论:首先澄清时间的优先性,以便通过澄清时间的观念性来理解空间的观念性;其次澄清康德前的时间观以便展示康德有关时间的观念性存在的思想及变革性意义。在第一节里,我们讨论了康德这样一个基本思想:空间和时间是我们直观事物的两种超验形式。空间是直观外在事物的形式,而时间则是直观心灵之内在状况的形式,二者共同构成了现象世界的先验条件。但是,对于现象世界来说,空间和时间并不是平行的。在康德看来,时间具有更优越、更根本的地位。空间只是一切外在现象(Die äußere Erscheinungen)的条件,而不是内在现象的条件。但是,时间则不同,它是一切现象的先验条件。

康德说:"时间是一切现象一般的先验形式条件……因为一切表象,不管它们是否有外在事物(Die äußere Dinge)作为其对象,它们本身作为

① 参见康德《纯粹理性批判》,A491,B519。

105

心灵（Gemüt）的规定状态（Bestimmungen），都属于内在状态（Der innere Zustand），而这种内在状态总是处在内在直观的形式条件下，因而是属于时间的，所以，时间是一切现象一般的一个先验条件：它是内在现象（我们的心灵）的直接条件，因而也是外在现象的间接条件。"①

从来源的角度说，现象有外在现象与内在现象之别。内在现象来源于我们自己的心灵，是内在心灵状态的显现，这些心灵状态的显现方式就是时间。外在现象则来源于外在事物刺激我们的表象力而产生的结果。因此，外在现象是外在事物的显现，其显现方式就是空间。这里需要指出的是，所谓"外在现象"（Die äußere Erscheinungen）的"外在"与"外在事物"（Die äußere Dinge）的"外在"是不一样的。"外在事物"的"外在"是指事物不存在于我们的心灵当中，而是在我们的心灵之外，它是自在（an sich）的，即它是在自己位置上的。而"外在现象"的"外在"则仅仅指这种现象是由外在事物引起的，没有外在物的刺激，就不会有这种现象给予我们。因此，"外在现象"并不是说这种现象外在于我们的心灵，是在我们的直观表象之外。实际上，就现象都是我们的表象而言，一切现象都是内在的：都在我们的直观之内。一切表象，不管它的来源是内在的，还是外在的，都是心灵的某种状态或某种规定，因而一切表象（现象）都处在时间中，都以时间为条件。任何表象，如果它不能成为心灵的某种规定状态，也即说，它与心灵状态无关，那么，它就不会是"我"（心灵）的表象。空间和时间虽然都是心灵的表象能力或叫直观形式，但是，心灵的状态（变化）只能通过时间来显现或表象。心灵（Gemüt）与时间这种表象能力处于这样一种直接的关系中：心灵的状态直接显现于时间中，而时间中的显现同时也就是心灵的状态。我们可以简单地说，时间的到时（Zeitigen）就是心灵的状态的显现。因此，只有显现于时间中，或者只有通过时间显现的现象才能够是心灵的某种规定状态。外在现象，

① 康德：《纯粹理性批判》，A34，B50。

也即首先通过空间这种表象能力给予的表象,也必须通过时间这种表象能力才能为心灵所意识而成为心灵的某种状态,从而才成为心灵中的表象或现象,我们也才能去理解、处理空间里的现象。在这个意义上,外在现象不仅要通过空间,而且必须通过时间,才能真正给予我们(的心灵),才能成为我们的对象。任何外在现象都不可能仅仅只有空间关系,而没有时间关系。虽然我们可以有没有空间关系的纯粹时间表象,却不能想象有没有时间规定的空间表象。

因此,"如果我能先验地说,一切外在现象都存在于空间中,而且都按空间关系得到先验规定,那么根据内在感官的原则,我也能够说,一切现象,也即一切感性对象,都存在于时间中,而且必然地处于时间关系中"①。这就是时间的优先性与根本性所在。时间的观念性将决定整个现象世界的观念性。因此,下面我们将着重讨论时间的观念性。

§ 31

不过,这里我们要首先讨论传统的时间观。在西方的传统思想里,从古希腊始,时间和空间就一直被视为具有绝对实在性(Die absolute Realität)的两种东西。所谓"绝对的实在性",一方面它们独立于我们的意识,独立于我们的超验存在;另一方面它们或者构成了物自身的条件,或者构成了事物的属性而归附于事物。因此,具体而言,作为具有绝对实在性的时间和空间,它们在传统思想中,有两种存在形态:在古希腊人直至近代的自然研究者那里,时间(和空间)是一种自在的自存者(Das Subsistierende)。牛顿的绝对时空观就是对这种自存时空的近代表述。时空是众多存在者中的两个存在者,它们独立于现实的其他存在者,却又是一切现实的其他存在者的条件;另一种存在形态是形而上学者的时空:时空是一种依存者(Das Inhärierende)。也就是说,时空虽然独立于

---

① 康德:《纯粹理性批判》,B51。

我们的超验存在,却依附于给予我们的一切现实(现象)的存在物,是现实存在物的属性或性质。因此,就像现实存在物的一切独立于我们的超验存在(绝对的纯粹意识)的其他属性只能是经验的一样,时空这种性质也只能是经验的,是从经验中抽取出来的现象关系(相续或并行)。这种依存性的时空虽然独立于我们的经验,但它们只是在我们经验中给出的那个样子。如果说自存的时空是一种超验的自在时空,那么,依存的时空则是一种经验的属性时空。

就西方思想史而言,自存时空观占据着更为核心的地位。不过,在康德看来,"那些主张时间和空间具有绝对实在性的人们,不管是把它们视为自存在,还是依存在,他们必定与经验原则本身相冲突"①。简单地说,自存时空观与依存时空观都会导致一系列矛盾。

如果取自存时空观,那么,就等于承认存在两个永恒和无限的自存的非物(Die ewige und unendlichtige für sich bestehende Undinge),即时间和空间。这两个非物存在在那里,但并不是现实的东西(Das Wirkliches)。因为现实的东西,或真实的东西都能够且必须在经验活动(Erfahren)中给出来,而作为无限或永恒的自存者,时空是无法在经验中给予我们的。但是,这种本身不是现(真)实的存在者又都包含着一切现(真)实的东西,并且构成了一切现实东西的条件。那么,不是现实的东西又如何能够成为现实的东西的条件呢?现实的东西又如何能够存在于不是现实的东西中呢?这是自存时空观的一个矛盾。

对于自存时空观来说,还存在另一种困难。这就是:非现象界的存在者,也即不能在经验中给予我们的自在存在者是否存在于时间中?这一问题对于绝对的一神教信仰来说显得尤其迫切和严重。因为如果时空是自在存在者,并且是自在存在者的形式,那么也就意味着即使排除了一切存在者,时空也仍然存在。如此一来,我们又有什么理由把时间

---

① 康德:《纯粹理性批判》,A39,B56。

从上帝那里排除出去呢？"因为作为一切存在（Dasein）的条件,时间和空间也必定是上帝之存在的条件。"①也就是说,如果把时间视为自存（在）的存在而具有客观实在性,因而成了万物存在的客观形式,那么就必定动摇了上帝的存在：上帝也必定在时间中,于是,上帝的存在也就不是绝对的和无限的。

自在时间观给基督教信仰,首先是给上帝存在这一信念带来的冲击是极为严重和深刻的。这迫使奥古斯丁在康德1400多年前就对时间问题作出反思。② 康德对自在时间的否定而只把时间（和空间）视为感性直观,无疑是在哲学上回应了奥古斯丁在信仰基础上所作的反思。康德把时空定位为感性直观形式,一方面否定了时空的自在存在和绝对实在性,另一方面则"合理"地从上帝的直观中排除掉时间和空间,因为上帝的直观是理智直观。这样,他也就与奥古斯丁一起,通过对时间的重新理解挽救了绝对一神教信仰的核心信念。

但是,为什么时间就不能是一种理智直观而只能是一种感性直观呢？这样规定时间难道不也是一种独断吗？康德之所以把时间限制在感性直观,是因为在他看来,时间这种直观形式不是起（本）源性（ursprüngliche）的直观,因为以时间为形式的直观不能自己给出自己的对象,它的对象是来源于他者的刺激。在这个意义上,时间直观是依赖于"客体"的存在,也即只有在表象能力受到"客体"刺激时,才可能发生直观。而起源性直观则要能自己给出自己的客体。在康德看来,这只有创始者或起源者（Urwesen）才有这种起源性直观。相对于这种起源性直观,时间直观只是一种派生性的直观。问题是如果没有时间,又如何有起源？有时间才有起源问题,才有历史。我们只是在时间中,才能理解、领会起源——起始者的存在,因而才能领会历史而有历史。我们因能领

① 康德：《纯粹理性批判》,B71。
② 有关这一问题,作者在《时间与永恒——论海德格尔哲学中的时间问题》（社会科学文献出版社1997年版）一书第一章中有较为详细的分析。

会历史,才有历史,而不是相反。把时间直观限定为一种感性的、派生性的直观,使时间与起源从而与历史之间仍然处于一种断裂状态。这是康德时间观留下的问题。

§ 32

不过,这里我们还是要回到对传统时间观的讨论。上面我们讨论了"自存(在)时间观"的困境,"依存时间观"同样也面临自身无法克服的问题。因为依存性的时间和空间作为现实事物的属性虽然独立于经验,但是,它们却只能像在经验中给予我们的那样,即只能是在经验中展现出来的现象(实)事物之间的各种相续关系和并行关系。因此,现实的时空都是经验的关系。这里,一个不可避免的结果就是:不得不否认数学命题和有关时间的命题在涉及现实事物时的有效性,至少要否定它们的必然的可靠性(Die apodiktische Gewißheit)。因为既然时空是只能在经验中给予我们的现实事物的属性,那么,我们有关时空的一切命题、概念在根本上也只能是经验的,而在经验中我们找不到必然的可靠性。

但是,这显然与我们拥有普遍有效和必然可靠的数学命题(如几何学命题)和时间命题这一事实相矛盾。也就是说,如果肯定依存时空说,那么就必定取消一切数学命题的可靠性和普遍性;相反,如果数学命题是必然可靠的和普遍有效的,那么,依存时空观就是成问题的。

既然自存说与依存说都是成问题的,那么时间又能是什么样的存在呢?奥古斯丁在怀疑自存说的同时,其实已给出了方向性的回答:时间是思想的伸延,因而是一种"思想性的存在"。不过,又是一种什么样的思想性存在呢?是一种概念性的存在吗?这一问题在康德这里才得到明确的意识和回答:时间是一种"思想"性、观念性的存在,但它却只是一种直观形式,而我们的直观只能是感性的直观,因此,时间是一种感性直观形式,是一种感性的存在,而不是概念性的存在。

在奥古斯丁那里,时间是一种思想性的存在,因此,只有"人"这种存在者才有时间问题,才会在时间中去思想问题。康德"进一步"把时间的这种思想性存在限定为"感性直观形式"。如果说自存的时间或依存的时间具有绝对的实在性,即它不仅独立于经验,而且独立于它被给予我们的超验方式而存在,那么,我们又如何理解思想性的时间的实在性呢?也就是说,如果时间既不是自存的自在存在者,也不是依存的客观属性,而只是一种思想性的存在,那么,时间显然不会具有绝对的实在性,但是,既然它存在着,它就一定具有实在性,那么它具有什么样的实在性?它的实在性体现在什么地方呢? 没有实在性,作为思想性存在,时间就可能只是臆想或梦幻。所以,把时间还原为思想,就面临着重新阐释时间之实在性的问题。这也正是康德在哲学上比奥古斯丁深入的地方。

在康德看来,作为感性直观形式,时间只具有经验实在性,这种实在性体现为时间对一切能给予我们的对象具有客观有效性。他说:"我们的主张因此要说明的是时间的经验实在性(empirische Realität),也即时间在涉及(观察)所有能被给予我们感官的对象时的客观有效性(Die objektive Gültigkeit)。由于我们的直观总是感性的,因此,没有一个不在时间条件下给予的对象能在经验(Erfahrung)中被给予。相比之下,我们要反对时间对绝对实在性(Die absolute Realität)的一切要求,也即反对时间脱离我们的感性直观的形式而作为物的条件或属性完全附属于物;属于自在物的那些属性从来就不能由感官给予我们。这就是时间的超验观念性(Die transzendentale ldealität),根据这种超验观念性,如果人们脱离了感性直观的主观条件(Die subjektive Bedingungen der sinnlichen Anschauung),那么,时间就是无(nichts),它既不能以自存的方式,也不能以依存的方式被归属给与我们的直观没有关系的自在对象自身。"①作为感性直观形式,时间(和空间)只存在于我们的心灵(Gemüt)中,存在于我们的"思想"里,在我们的"心灵或思想"之外,没有

---

① 康德:《纯粹理性批判》,A36,B52。

时间（和空间）。也就是说，时间是纯粹"主观"的东西，这就是时间的观念性存在。但是，时间的这种观念性存在同时是超验的，它并不是这个或那个来自经验的观念，而是超越于在后（后验）给予的一切个别观念，并且构成了一切个别观念的先验前提。因此，时间对于一切给予我们的观念或表象来说，具有普遍必然性。

具体地说，时间是一切能被给予我们而为我们所表象的现象（表象）事物的先验条件（在先的条件）：它既是一切"外在现象"给予我们的先验条件，也是一切"内在现象"给予我们的先验条件。时间作为心灵的内在直观形式，心灵本身也必须在时间中才能给予我们，也即说，我们的内在状态——我们权且理解为一种精神活动或精神存在——只有作用于时间这一感性形式而在时间中显示出来，我们心灵的内在状态才能给予我们，才能为我们所表象而成为我们的表象；凡不能在时间中给予我们的内在状态，只能是自在的自我（纯粹理性）。因此，时间虽然不是人的存在的先验（在先）条件，却是人自己的表象存在的先验条件，也即说，是人的能被表象的存在的先验条件。如果说我们自己的"能被表象的存在"具有实在性——这一点显然是无可置疑的，那么，时间的实在性就在于它是这种"能被表象的存在"的先验前提，因而也就是我们自己的经验存在的前提。时间的这种经验实在性同样可以从它构成一切外在现象的条件来加以说明。换句话说，时间这种超验的观念性存在的实在性就体现在它对一切被给予我们的经验事物都是必然有效的。对经验事物的普遍有效性确证着时间的实在性：只有通过时间，我们才能经验（erfahren）到一切可被经验的事物。

从时间的超验的观念性存在看，甚至只有经验事物才具有现（真）实的实在性（Realität），即才具有我们能直接与之打交道并把握住它们的实在性。因此只有对时间这种心灵的接受形式或感受形式发生作用，从而进入时间中的事物，才能为我们所经验而成为我们的经验对象，我们才能进一步用概念去规定和把握它们。也即说，只有时间中的经验事物，我们才能既在直观中"看到"它们，也能用概念去把握它们。一切不在时间中给予我们的存在者，我们虽然能思想它，却不能把握它，即不能用任何概念去表象它，简单地说，就是不能把它当前化而当做对象与之打交道。在这个意义上，时间以及时间中的经验事物的实在性就是最现实的实在性。

这里想指出的是，就时间的实在性就是它对一切感性对象（现象）的普遍而必然的有效性而言，我们也可以把时间的实在性理解为显现出来的现象之时间规定性，即现象的相续关系或同时性关系。

时间的这种实在性既可以看做是主观的实在性（Die subjektive Realität），也可以看做是客观的实在性（Die objektivc Realität）。因为一方面，时间只是心灵的直观形式，只存在于心灵中，存在于"主体（观）"里；另一方面，心灵即"我"也可以被看做一个"客体"——当我们说，时间是"我"的表象模式或直观形式时，我们实际上就已把"我"当做一客体来对待，但这个客体不是经验客体，而是一个超验客体，它构成了一切经验客体的前提，又独立于一切经验客体。因此，时间也就成了作为客体的"我"的直观形式，它的实在性就是"我"这个超验客体的直观形式的实在性，因而是"客观的"，而不是主观臆想的。这里要马上指出的是，时间的实在性可以是"客观的实在性"，这只是就时间是可以视做超验客体的心灵的直观形式而言的，或者简单地说，只是就时间是心灵中的一种超验存在而言的；我们并不能说时间作为客体而具有实在性，时间本身并不能成为一个独立的客体，它只是作为客体的"我"（心灵）的直观形式。同样，说时间具有"主观的实在性"，并不是说时间的实在性是可有可无的，是凭主观的一种偶然感受或随意判断来确定的，而只是就时间是存在于心灵中说的。就时间是心灵的一种超验的直观形式而言，时间的主观性是一种超验的主观性，在这个意义上，时间的主观性恰恰是普遍必然的，是超越于一切主观随意和主观经验，因而，也可以说是一种客观的主观性。

从时间的超验的观念性存在看,传统意义上的那种脱离了我们的心灵,脱离了我们的感性的自在时间,就是一个无。因为如果我们的心灵没有时间这种感性直观形式,或者说,没有纯粹的时间意识,那么,我们又如何能直观到或意识到时间关系?对于没有纯粹时间意识的心灵来说,自在的时间关系就是无,它等于不存在,它对我们来说没有任何现实意义。脱离心灵而把时间当做一种自存的东西,是对观念性时间的一种误解。

第三节 时间:存在论的出发点

§ 33

实际上,康德的整个感性学说就在于说明时间(和空间)的超验观念性。因此,他把自己的感性论称为超验感性论,并且是整个超验哲学的基础部分。这一点,他自己说得非常清楚:"关于一切先验的感性原理的科学我称为超验的感性论。必须有这样一种科学来构成超验基础论(Die transzendentale Elementarlehre)的第一部分,与此对应的则是讨论纯粹思想(Das reine Denken)的原理的超验逻辑学"①。

在康德心目中,他的《纯粹理性批判》是一个超验基础论。任何可能的哲学都必定是超验哲学,而超验哲学都必须有一个超验基础论。这个超验基础论有两部分,即超验感性论和超验逻辑学。也就是说,超验感性论是超验基础论的基础。

但是,在康德看来,他的这个超验基础论实际上也就是基础形而上学或基础存在论。他在建议雅可布(Ludwig Heinrich Jakob)写一部形而上学体系的信里这样写道:

Ich wünschte, dass Sie ein kurzes System der Metaphysik

---

① 康德:《纯粹理性批判》,A21,B35—36。

vorläufig abzufassen versuchten, wozu ich vorjetzt einen Plan vorzuschlagen durch den Mangel der Zeit behindert werde. Die Ontologie würde, ohne alle kritische Einleitung, mit den Begriffen von Raum und Zeit, nur sofern Sie allen Erfahrungen (als reine Anschauungen) zugrunde liegen, anfangen. Nachher folgen vier Hauptstücke, welche die Verstandesbegriffe enthalten, nach den 4 Klassen der Kategorien, deren jede ihren Abschnitt ausmacht: alle bloß analytisch nach Baumgarten behandelt, samt den Prädikabilien, ja den Verbindungen derselben mit Zeit und Raum, ingleichen, so wie sie fortgehen, untereinander, wie man sie im Baumgarten aufsuchen kann. Zu jeder Kategorie wird der synthetische Grundsatz (wie ihn die Kritik zte Edition vorträgt) nur so vorgetragen, wie die Erfahrung ihm immer gemäß sein muß, und so die ganze Ontologie durchgeführt. Nun kommt allererst die kritische Betrachtung von Raum und Zeit als Form der Sinnlichkeit und Kategorien, nach ihrer Deduktion; denn diese sowohl als jene kann nun allererst ganz wohl verstanden und die einzig mögliche Art, die Grundsätze, wie schon geschehen, zu beweisen, begriffen werden. Nun kommen die transz. Ideen, welche die Einteilung in Kosmologie, Psychol. od. Theol. An die Hand geben usw. [我希望，您能尝试写一个简明的形而上学体系，目前，由于没有时间，我无法为此给您提供一个详细的方案。只要空间和时间（作为纯粹直观）构成一切经验（活动）的基础，那么，存在论就可以从空间和时间的概念开始，而无需任何批判性的导言。紧接着是四个主要部分，它们包括按四组范畴划分的知性概念，这四组范畴的每一组范畴构成各自的章节：按照鲍姆嘉登的做法，单纯分析地讨论所有范畴和宾词，它们与时间、空间的联系，以及像人们在鲍姆嘉登那里看到的那样，按照这

些范畴的进程讨论它们的相互关系。对于每个范畴,应当像《纯粹理性批判》第二版里的阐述一样,把综合的原理阐述为经验永远必须与之符合一致的原理,整个存在论也必须这样得到阐述。于是,首先是按演绎方式对作为感性形式的空间和时间以及范畴进行批判性的考察。因为,只有这样,它们才能得到更好的理解,如实地证明基本原理的唯一可能的方式,也才能更好地被把握。然后,是超验理念,它们将划分为宇宙论、心理学或神学。]①

这里,我之所以要直接引用这一大段德文原话,是要表明,我把康德的整个批判哲学当做一种存在论来阐释,并非只是后人对它的一种一厢情愿的理解,相反,这种存在论阐释才真正与康德的本意相一致。康德在这封信里建议雅可布撰写的"形而上学体系"同时也就是"存在论",而这个"存在论"必须像《纯粹理性批判》那样,阐述一切经验都必须与其符合一致的那些综合原理。简单地说,形而上学体系或存在论就是关于一切先验综合原理(知识)的学说,因为所有先验综合原理实质上就是一切存在者真实存在的可能方式,或者说,先验综合原理涉及的是存在者如何存在的问题。

于是,如果像前面所说的那样,《纯粹理性批判》就是超验基础论,那么,这个超验基础论就是这里所说的"存在论"或"形而上学体系"。而这个存在论必须从超验感性论出发,也即必须从时间和空间开始。

不过,要马上强调的是,这种存在论必须从这样的时间(和空间)开始,即构成一切经验之基础的时间(和空间)开始。这样的时间只能是作为纯粹感性直观形式的时间,也就是说,是一种超验的观念性存在的时间。因为正是在这种超验时间意识条件下,我们才能进行一切经验活动。我们要进一步追问的是:为什么时间能够成为存在论或形而上学的

---

① 《康德书信往来》,Ott,Schoendoerffer 选编,Felix Meiner 出版社 1986 年版,第 325 页。这里的译文参考了李秋零编译的《康德书信百封》,上海人民出版社 1992 年版,第 107 页。

出发点？为什么存在论必须从观念性的时间出发？

我们前面曾指出，从古希腊直至近代的牛顿力学，时间和空间一直是"物理（自然）学"问题，而不是"形而上学（存在论）"的问题。这在亚里士多德那里就已是十分明确的了。对时间问题的这种定位实际上是以对时间的理解为前提的。当时间被视为一种脱离我们的感性而存在的自存者或依附者时，时间只能或者是运动变化的体现，因而在亚里士多德那里，时间成了计算运动变化的所计之数；或者是侵蚀、磨损万物的自在之流，因而成了运动变化的原因。所以，时间只能是"物理（自然）学"的对象。撇开这种自存时空在哲学审视中出现的悖谬不说，"物理学"本身的发展也已对自存时空的经典表述——牛顿的绝对时空提出了质疑和挑战：爱因斯坦的狭义相对论揭示了时空存在与计算时空的存在者的存在状态之间的密切关系，从而否定了自存的绝对时空关系。

不过，时间观的变革首先是发生在哲学领域。当康德在哲学上揭示了传统时间观的内在困境时，也就表明了时间首先不应是"物理学"的问题，而当他通过形而上学阐明和超验阐明把时间和空间规定为超验的感性直观形式，因而时间和空间首先只是一种超验的观念性存在时，那么，时间和空间问题首先也就成了存在论问题，并且是存在论的基础问题。也就是说，是时间观的变革——时间由自存的东西"变成"观念性的存在，使时间（和空间）成了存在论问题，并且承担起基础存在论的使命。为什么这么说呢？

§ 34

存在论的核心问题是一切存在者或存在的东西的存在问题，但不是"存在者的存在是什么"的问题，而是"存在者如何存在"的问题。"存在者的存在是什么"的问题，实质上追问的是"存在者是什么"的问题，而这一问题是一切具体科学的问题。"存在者如何存在"是就存在者问它的存在：追问它如何出现，如何到来。存在者（存在的东西）的存在首先就在于它的到来,它的出(显)现。有物到来或显现出来,即为此物之存在。但一切到来或显现都首先是向我们到来,向我们显现;在我们之外,离开我们,无所谓到来,也无所谓显现,因而也无所谓存在与不存在。因此,"存在者如何存在"的问题,在根本上问的是"存在者如何向我们到来、显现"的问题,换成康德的语言说,就是"存在者如何给予我们"的问题。而这正是超验感性论与超验逻辑学所要解决的根本问题。

具体说来,任何东西要到来、要显现,也即要被给予我们,必须要有在先或先验(a priori)的前提,也就是我们能够让它到来,让它显现出来的先验条件,或者说就是接受它给予我们的先验条件。在任何东西给予我们之前,这种在先的条件就已存在于我们心灵中。在康德看来,这种先验条件首先就是纯粹的感性直观形式,即时间和空间。任何东西都首先是在我们的感性直观中给予我们的,而从我们的感性直观中排除去一切被给予的内容、材料之后,我们发现,只剩下不可排除的时间和空间,就是它们构成了一切东西给予我们的先验要件。

所谓"给予我们"是什么意思呢?给予我们,就是给予我们的意识,或者更确切地说,是被我们意识到,被我们所觉识到。在感性直观中被给予我们,就是在感性直观中被觉识或被意识。直观(Anschauung)即是一种直接的觉识,直接的觉悟。"观"并不是水中映月式的无知无识的"映","观"即是觉,即有识有知。就这一层意义来说,牟宗三先生坚持把Anschauung译为"直觉",是非常有见地的。① 而我这里之所以仍坚持为"直观",则是因为汉语中"观"除了首先是一种"觉识"之外,同时也是一种显现、一种现身,而这恰是Anschauung在康德乃至整个近现代德国哲学中的基本意思。

因此,有东西被"给予我们"就是这一东西被我们所直观,因而既是它被我们所意识,也是它的显现。意识总是有所显现的意识,而显现也

---

① 参见《康德纯理性之批判》上册,牟宗三译注,台北:台湾学生书局1983年版。

总是意识的显现。没有意识,也就无所谓显现或不显现,无所谓到来或不到来,因而也无所谓被给予或不被给予;而如果不显现,那么,意识也就不成其为意识,意识不在。因此,"存在者如何被给予我们"的问题也就是"存在者如何被直观、被意识"的问题。当康德说,时间和空间是感性直观形式时,那么也就是说,存在者是在时间和空间中被给予我们的,而就时间的优先性而言,一切存在者只有在时间中才能真正被给予我们。我们首先是在时间中,也只有在时间中,才能意(觉)识、直观到存在者。

作为纯粹直观形式,时间就是纯粹直观,实际上就是纯粹的直接意(觉)识。说存在者在时间中才给予我们,等于说存在者只有在纯粹时间意识中才给予我们。一切感性意识,即感觉——作为结果看的感觉即是现象,即是存在者的显现——都必须以纯粹的时间意识为前提。正因为如此,人的任何感觉才是时间性的感觉,是能够与过去、现在相联系而向未来开放的感觉。换个角度说,任何给予我们的存在者才都处在"承前启后"的位置上。

由于时间的观念化使时间成了存在者到来、显现的在先(先验)条件,不仅如此,由于时间的观念性是一种超验的观念性,因此,时间成了一切现实性的(wirklich)存在者的尺度。因为正如在上节我们阐释的那样,我们首先能确切无疑地确认的是我们自己的"能被表象的存在",或者说是我们自己的能被给予我们自己、为我们自己所意识(直觉)的存在。但是,我们只有在时间这一直观形式中,我们才能表象我们自己的存在,才能直觉或意识我们自己的存在。实际上,我们甚至可以说,纯粹时间意识的到来、显现就是"我的表象的存在",就是"我"对我自己的意识或表象,因而就是"我"首先能够无可置疑地加以确认的现(真)实存在。确证一切真实存在的"我思",在这里首先就是"我直观",就是纯粹时间意识的到来、显现 。于是,只有在"我思"境域中才能确证真实存在这一"思维原则",在康德这里则展现为"时间原则":只有在纯粹时间意识这一超验的时间境域中,才能确证一切现(真)实的存在者。换言之,一切存在者必须在时间中才是现(真)实的,因此,一切现(真)实的存在者恰恰都是有时间性的。

所谓"现(真)实的东西"(Das Wirkliches),也就是有效应或有效果(Wirkung)的东西,是能起作用的东西,起作用、有效果才是现实的。对什么有"效果"呢?对时间这一我们能够首先确认其真实性的超验境界有效果。所谓对时间有"效果"也就是能对时间这一纯粹直观形式起作用而被直观,从而在时间意识中显现出来。简单地说,对时间有效果,就是能为时间意识所显现。任何在时间中显现的东西,同时也是起定时作用的东西:此时是此物显现出来之际,在此之前和在此之后也随之被显现出来,因而,此物(任何在时间显现的东西)总处在一个"承前启后"的时位上,它有过去、有起源,也有未来、有结局。在时间中的存在者不是一种点式的存在,而是历时的,有事件有故事的历史性存在;因此,对于时间中的东西,因而对于现(真)实的东西,我们可以追问和确定它的起源和时位。

凡是非现实的东西也就是不能对时间起作用的东西,也可以反过来说,不能对时间起作用的东西就不是现实的东西。不能对时间起作用,就是不能在时间中显现出来,时间不能通过这种东西来定时,因而这种东西没有时位、没有起源。对于非现实的东西,非时间性的东西,我们不能追问和确定它的来源、它的历史。如果我们非要去追问那些不能在时间中给予我们的东西的起源,比如追问神的起源,那么,我们将不可避免地要陷入康德所说的二律背反当中。

有些存在者虽然不能在时间中给予我们,但却能在概念表象中给予我们,或者更确切地说,能在概念中为我们所意识和理解。这有两种情形。一种情形是,这种存在者并不必然地为我们所意识,并不必然地给予我们。它只是通过概念的自由联想给出来的却在时间中找不到相应对象的概念存在物,比如会飞的马。另一种情形是作为理性理念(Idee)

存在的概念存在者,比如自在物、自由、上帝、灵魂不朽。对于我们这种理性存在者来说,这种概念存在者虽只是一种理念,但它们却都是必然的,它们必然为我们的理性所意识和觉悟。也即说,对于我们的理性,它们的存在是必然的。就这种理性的概念存在者不在时间中而言,它们都不是现实的,都没有起源和历时性。但是,不是现(真)实的并不就是假的或虚构的,相反,就它们是理性必然要求的存在者而言,它们的存在恰恰是必然的,并且对理性来说,恰恰是这些必然的存在者的存在构成了现实世界即现象世界的基础与前提。没有这种必然的存在者,现象世界对于理性来说甚至是不可理解的。因此,对于感性来说,理性理念这类"概念存在者"不是现实的,是"看不见"的,不到时(来)的;但是,对于理性来说,它们必然要被"看见",并且是一切现象事物的前提,因而它们恰恰是"本质",是"本体"。

这样,在康德这里,实际上有两种真实的存在者:一种是现实意义上的真实(Wahrliches),即能在时间中显现出来的存在者,另一种是必然意义上的真实,即理性所必然要求的本质存在者。显然,时间只是一切现实意义上的真实存在者的存在(显现)条件,却不是本质或本体意义上的真实存在者的存在条件。因此,康德的时间观的变革使一切现实的存在者的存在与时间联系了起来,现实的存在者都是在时间中到来、显现的,因而在康德这里,不存在非时间或无时间的现实存在者。但是,在康德哲学里,仍给非时间的存在者留下了位置,这就是作为理性之必然"对象"的本体或本质存在者。这是因为时间在这里只是感性的直观形式,作为这种感性形式,时间只是一种感性意识,一种纯粹感觉。

这里我们既可以看到康德哲学革新的地方,也可以看到这种革新的不彻底性。由于时间的观念化和超验化,使一切现实意义上的那种真实存在者的存在与时间联系了起来,因而一切现实的存在者都是时间性的存在,而不是传统形而上学坚持认为的那样,真实的东西一定是非时间性的东西。从另一个角度来说,正是时间的超验化和观念化,使一切在时间中显现出来的现象事物成为现实的和真实的,而不再是传统形而上学所要克服和排斥的虚假世界。在这个意义上,我们可以说,时间观的变革"拯救"了"现象世界"的真实性和现实性。这是康德时间观变革的一个意义所在。这里的问题是,时间虽是超验的(因而不是主观、相对的),但它只是感性的。因此,虽然一切现实的存在者都是时间的,但是,对于理性来说是必然的存在者却仍是非时间的,因为它们只为理性所理解,而不为感性所意识。这意味着在哲学中,仍有非时间的存在者存在,而这也是一切传统形而上学要维护的存在者。

不过,就康德的整个批判哲学来说,理性必然要以之为"对象"的那种本体存在者虽然是非时间的,但也并非与时间没有任何关系。实际上,要使这种本体(本质)存在者保持为本体存在者,时间的观念化乃是至关重要的。时间的观念化不仅使人的存在一分为二为"感性存在"与"理性存在",而且使"现实存在"与"必然存在"的分离成为可能,从而足以避免本体这种必然存在者一旦成为现实存在者而陷入的悖谬中。因此,在康德看来,时空的超验观念论是解决宇宙论背反的关键。① 也就是说,观念化的时间虽然不是本体存在者存在的条件,但却是防止对本体存在者的误解,使本体存在者保持为其自身的关键。因此,时间被康德当做存在论的出发点也就不奇怪了。

虽然康德一开始,也即在超验感性论中,就赋予了时间以普遍的存在论功能,但是,我们必须深入到他的超验逻辑学里才能进一步看到,时间是如何发挥这种存在论功能的,它如何构成了存在论知识的本质要素。②

---

① 参见康德《纯粹理性批判》,A491,B519。
② 特别是本书第七章的讨论。

第四章　逻辑学与存在论

我们在讨论亚里士多德的时候曾经指出,亚里士多德的逻辑学是以把自身同一物当做最本源的存在者(本体)这一存在论为基础的,但是,逻辑学与存在论的这种关系在亚里士多德那里并没有得到明确的意识,以至于逻辑学只是被视为一种"工具"(Organon);只是在康德这里,逻辑学与存在论的统一才得到了自觉和阐明。① 那么,在康德这里,逻辑学如何与存在论统一起来? 逻辑学如何成了存在论? 或者更确切地问:存在论为什么需要逻辑学来构成? 构成存在论的这种逻辑学是一种什么样的逻辑学,它如何与作为工具的逻辑学区分开来? 这是本书要加以详细讨论的问题。

第一节　直观的有限性与思想的必要(然)性

§ 35

康德把讨论"先验综合判断(知识)是如何可能的"的"超验基础论"

---

① 参见本书第一章第三节。

（Die transzendentale Elementarlehre，或"超验要素论"）划分为"超验感性论"和"超验逻辑学"。这种超验基础论就是超验存在论，因为它所讨论的"先验综合知识"是一种存在论知识，而不是存在者学知识。①

那么，为什么存在论有了超验感性论，还要超验逻辑学呢？因为不管是仅有超验感性论，还是仅有超验逻辑学，都不能单独构成存在论知识。它们的结合才是存在论知识——先验综合判断（知识）的充分条件。换一个角度说，超验感性论或纯粹直观是有限的（endlich），超验逻辑学，即纯粹知性也是有限的。作为人类，作为被抛的存在者，我们能够"有"的存在论知识只能是一种有限的存在论知识：我们不得不存在于这种存在论知识中，且只能以这种知识让他者存在，让他者显现（给我们）。存在论知识的这种有限性的全部根由就在于纯粹直观与纯粹知性都是有限的。对于直观与知性的有限性，康德有一个经典性论述：

> 我们的天性就是这样构造的，以致直观只能是感性的，也即直观只包含着我们被对象刺激的方式（Die Art）；而思考（Denken）感性直观的对象的能力则是知性。这两种本性（能力）中并没有谁优先于谁。（因为）没有感性，则没有对象能被给予我们；而没有知性，则对象不能得到思考（gedacht）。思想（Gedanken）没有内容（der Inhalt）是空的（leer），而直观没有概念则是盲目的（blind）。因此，使概念成为感性的（seine Begriffe sinnlich zumachen），也即把直观中的对象归附给（beizufügen）概念，与使直观成为可理解的（verständlich），也即把直观置于概念之下，是同等必要的。②

人的直观只能是感性的，也就是说，人的直观不可能是知性的直观或理智的直观，而人的知性（理智）则只是没有内容的概念。简单地说，在人这里，直观不能思想（Denken），思想（知性）不能直观。在康德看来，

---

① 参见本书第二章的分析。
② 康德：《纯粹理性批判》，A51，B75。

这是人的直观不同于神的直观,也是人的"存在论知识"区别于神的"存在论知识"的地方。只有神的直观才能够是理智的直观:他的直观活动直接就是理智(思想)活动,同样也可以说,他的理智活动直接就是一种直观活动。而最为关键的是,作为创始者(Urwesen),神的这种直观是一种起源性的(ursprünglich)直观,即这种直观本身能够给出直观的对象。① 上帝的直观活动同时就是创造直观对象,使对象发生、起源的活动。因此,上帝的直观不只是其对象的存在方式,而且首先是其对象的起源。这意味着,在上帝的直观中,对象作为自在物(Ding an sich)存在,同时也就是作为这一对象或这类对象(das und das)存在,即作为一被限定或被确定的东西存在。因为对象既然是在上帝的直观中创造出来的,那么,上帝的直观活动就是对象的本源处所,对象在直观中就是对象在自己的位置上(an sich),就是自在对象本身;同时,这种被创造出来的对象总是被作为确定的某一对象被创造出来——任何被创造出来的被造物既是一类(概念)存在物,又是一个体存在物。

因此,就上帝(神)这种存在者来说,他的"存在论知识"直接就是他的直观,也可以说,他的直观直接就是他的存在论知识。因为上帝在他的直观中就能使一对象作为这一对象存在,而无须借助于与直观相分离的概念。因此,上帝的存在论知识不需要有一个逻辑学。当然,我们也可以说,由于上帝的直观是一种理智直观,他的直观活动本身也就是一种理智活动,因此,他的直观直接就是一种"逻辑行动":给出概念与规则的行动。但这绝不意味着上帝在直观之外还需要一个逻辑学。为了给出对象,上帝只需直观。

人的直观的有限性决定了他的一切知识的有限性,首先,是决定其存在论知识的有限性。而人的直观的有限性就在于人的直观是感性直观。因其是感性的,因而是被动的,是接受性(Rezeptivität)的。这种接

---

① 参见康德《纯粹理性批判》,B72。

受性表明相对于"我"这一直观者来说,有他者在,"我"的直观对象是被给予的,而不是"我"创造的。因此,人的直观对象只能在被接受的方式中显现给予我们,而不可能在自己位置(an sich)上给予我们。这是康德哲学中人的直观不同于神的直观的一个最隐秘也是最根本的方面。于是,既然我们的直观只能以接受的方式而不可能以创造的方式获得对象,那么,我们能对之有"知识"而让其到来、显现从而能与之打交道的一切现实对象只能是在我们的接受方式中(而不是在自己位置上)的存在者(现象)。而且由于我们的接受方式,也即纯粹直观形式只是时间和空间,因此,我们的直观对象只具有时间规定性和空间规定性(时空关系)。在这个意义上,在直观中,对象并没有成为一个非如此不可的对象;成为一个非如此不可的对象是对象获得自身同一性的必要条件,但时-空并不能使对象必然成为某一对象。也就是说,在直观(时空)中,对象是偶然的,没有必然的自身同一性。

没有自身同一性的对象实际上并不能真正成为我们的"认识"的对象,它首先只是一个"相遇者"(Begegnende),一个显现者,我们在(时空)意识里只知(觉)它存在,但并不能确定它如何存在。用上面引用的康德的话说,单纯的直观是盲目的,而之所以是盲目的,就因为在直观中我们无法确定被给予者的自身同一性。

使被给予我们的东西获得自身同一性,也就是使被给予我们的东西(存在者)成为我们的真正对象 Gegen-stand——与我们相对而持立。因为一对象必须能在我们的意识中被意识为这一对象本身,它才获得自身同一性,才显现为具有自身同一性的对象,因而它才能在我们的意识中持立而与意识相关联、相对应。在这个意义上,意识使对象获得自身同一性也就是使对象成为真正的对象,因此,也可以说是使对象成真(的对象)(Gegenstand - wahr - machen)。

但是,把某被给予物意识为这一物(对象)本身,即把该物显现为一自身同一物,实质上也就是把该被给予物"统一"、归置为某类东西(das und das）。没有综合统一活动，就不可能给出（显现）自身同一物。这种综合统一显现只有借助于知性的思想活动才是可能的。

这也就是说，由于人的直观的有限性，使得这种直观既给不出自在物（因为它不是起源性的），也给不出自身同一物（因为它不是知性-理智的），因此，作为只拥有这种直观的存在者，人必须借助于"思想"（Denken）才能获得真正的对象，才能使对象成真。换句话说，人必须借助于思想，才能使对象获得真理性的存在，才能以真的方式存在。所以，人的直观的有限性使他的存在论需要有一个使"思想"成为可能的逻辑学。这个逻辑学通过使"思想"成为可能而使对象以真理的方式存在。

我们的存在论知识不仅是关于存在者如何现实地存在的知识，而且是关于存在者如何必然地存在的知识，综合起来说，就是关于存在者如何以真理的方式存在的知识。如果说神的存在论知识使存在者自在——在自己位置上存在（sein an sich），那么，人的存在论知识则使存在者真在——以真理的方式存在。也就是说，人的存在论不仅要使存在者现实地（wirklich）存在，而且要使存在者必然地（notwendig）存在。否则，存在者既不能作为自在物给予我们，也不能作为自身同一物给予我们。只有在上帝的直观（存在论知识）中，自在物与自身同一物是一回事，是一个东西。因为，自在物就是在这种直观中被作为这一物创造出来的。人的直观的接受性（也就是它的有限性），使自在物与自身同一物"分裂"开来——这并不是说使一个东西分化成两个东西，而是使同一个东西显出了两个格位，两种"性格"。但这并非意味着是我们的感性直观把存在者显示为自身同一物，在感性直观中，存在者只具有直接的时-空关系，而没有质量方面的必然规定，还谈不上有自身同一性。在我们人的直观中尚没有自身同一物给予我们。在这个意义上，如果要使存在者作为一存在者本身给予我们，或说使存在者作为一存在者本身存在，我们就必须借助于"思想"，也就是说，我们的存在论需要逻辑学。

§ 36

　　这里要同时指出的是,我们的存在论知识因为感性直观的有限性而必须借助于思想,但我们的存在论知识并不因有思想的参与而改变了有限性。实际上,在康德哲学中,我们的感性直观是有限的,我们的思想也是有限的。思想的有限性同样在于它不能创造作为对象给予它的他者,思想只能构造(konstituieren)现实对象,而不能创造这种现实对象。因为思想给出的任何对象只要是真实的,也就是说,这种对象既是必然的,又是现实的,那么,这一对象必须在直观中有其来源,所以,思想不可能单独给出任何真实的对象。而思想对对象的构造既是对对象的展开,又是对对象的限制。在这个意义上,思想在任何时候都意味着界限,意味着有限性。神的思想呢?就神的思想(理智)直接就是直观本身而言,神只有直观而没有(需要逻辑学的)思想。或者说,如果神有思想,那么这种思想也一定是一种不受逻辑学限制的思想,因而是我们人的思想所无法思议的一种"思想"。因为既然神的思想直接就是直观,而直观同时就是一种创造对象的起源性直观,那么,也就是说,神的思想是绝对自由的,他想什么就看(直观)到什么,就创造出什么。逻辑学的概念和原则只是神的思想偶然创造出来的一种可能性事物:神的思想与我们的逻辑学是不对称的,前者永远比后者"大"和"多",或更确切地说,前者永远在后者之外。因此,与神相比较,我们的思想本身恰恰就是有限性的标志。

　　正如有限性的直观需要思想一样,思想的有限性使思想需要直观。也就是说,直观与思想的需要是相互的,而不是单向的。在康德这里,思想如果要保持为健康的、有现实性力量的思想,它就必须"面对"直观。从另一个角度说,思想要避免"发疯",避免陷入悖谬,它必须坚守在直观,只为直观"服务"。康德说,没有直观(内容),思想就是空的。为什么是空的呢?因为思想虽是主动的,但它本身不能创造出对象。因此,思想的主动性只能运用在已有的对象上，这就是直观表象。主动性或者能创造对象，这是神的主动性；或者能作用于对象，这是思想的主动性。既然思想只具有作用于对象的主动性，那么，它就需要有对象供它作用，否则它就是空的，就是无。也就是说，思想（知性）为了展开、展现它的主动性存在，显明它的"有"，它需要对象，需要直观。思想的主动性存在总是与直观相联系。只有与直观相联系，思想才能展现出其主动性存在是有意义的，是实的，是有，而不是无。在这个意义上，我们甚至可以说，我们的思想（知性）只是为了直观而存在，只以直观为目的；离开直观，思想将陷入荒谬和假象。在康德的批判哲学中，直观实际上处于比思想更根本的地位上，它构成了存在论知识的真正本质，因而也是一切知识的真正本质。由康德开始，直观问题实际上构成了整个近现代德国哲学的一个若隐若现的轴心问题，它甚至贯延到现代法国哲学当中。

　　虽然在《纯粹理性批判》中，讨论直观的"超验感性论"只占全书很小的部分，而讨论思想如何可能的"超验逻辑学"却占了大部分篇幅。但是，直观与思想相互需要，对于任何一方来说，另一方都是必不可少的，这一思想却是十分明确的。我们就存在于直观与思想的这种相互需要中，用康德的话说，"我们的天性就是这样构造的"。作为分析的对象，我们可以把直观与思想（知性）分开讨论，但就它们作为我们的"天性"（Natur）的构造，因而作为存在者显现给予我们的方式，它们却是不可分离的：当我们进行直观活动时，我们不可能不同时进行思想，而我们的思想在思想现实事物时，必须有直观表象。存在者要作为真实的对象——不仅是实的（wirklich），而且是真的（wahr）——给予我们，也即作为一存在者本身（自身同一物）给予我们，它就不可能仅仅在直观中，它同时也要在思想里。也就是说，存在者是在直观与思想的"综合统一"中才作为这一存在者本身给予我们的。换句话说，我们的存在论知识是直观与思想的"综合统一"。"只有把它们（直观与思想）联合统一（Vereinigen）起来，知识才能产生。"①海德格尔把这种综合统一称为"直观着的思想"（ein anschauendes Denken）或"思想着的直观"（ein denkendes Anschauen）。②用康德的话说，"直观着的思想"就是使直观置于思想（概念）之下，而"思想着的直观"则是使思想（概念）感性化，这只是从不同角度说明同一件事情。人的存在论知识因是直观与思想的综合统一，因而需要逻辑学。那么，这又是一种什么样的逻辑学呢？这种逻辑学又如何构成存在论知识？这是我们要进一步加以讨论的问题。

第二节　超验逻辑学:逻辑学的区分

§ 37

如果说感性学（Aesthetik）是关于一般感性规则的科学（Die Wissenschaft der Regeln der Sinnlichkeit überhaupt），那么，逻辑学就是关于一般知性规则的科学（Die Wissenschaft der Verstandesregeln überhaupt）。③

但是，与感性学一起构成存在论的逻辑学并不是被作为科学之工具的普遍逻辑学（Die allgemeine Logik），而是作为科学之基础的超验逻辑学（Die transzendentale Logik）。要使康德在超验逻辑学与普通逻辑学之间的区分清晰明了，必须首先澄清他对超验知识与先验（在先）知识的区分。

"这里我必须作一个说明（这个说明将影响后面的一系列考察，人们必须留心这个说明），并非每一种先验的知识（Erkenntnis a priori）都必定是超验的（transzendental）知识，而且只有这样的先验知识才必定是超验的，即通过这种知识，我们可以知道，某种表象（直观或概念）如何能被

---

① 康德:《纯粹理性批判》，A51，B76。
② 参见海德格尔《康德与形而上学问题》，载《海德格尔全集》第 3 卷，法兰克福，1993，第 23 页。
③ 参见康德《纯粹理性批判》，A51，A52，B76。

单纯先验地使用,或者这种表象是如何单纯先验地可能的。也就是说,超验知识是关于先验知识的可能性及其使用(法)的知识。"①我们且把 a priori 作一般理解,即作"在先"的理解。于是,Erkenntnis a priori 就是在先的知识。这种知识在另一种知识之先,是另一种知识的前提,那么,相对于"另一种知识",这种知识就是在先的知识。一切科学都是要建立起一个有"先后"的知识体系,因此,一切科学都有在后的知识和在先的知识。显而易见,这种在先的知识既可能是非经验的,即不来自于经验,也可能是经验的,即来源于经验。经验的在先知识不是超验知识,这是没有疑问的,因为任何经验的知识并不能说明自身的必然性。那么,非经验的在先知识是否就是超验知识呢?所谓非经验的在先知识,也就是前面所说的"纯粹知识",或者说,就是康德自己意义上的先验知识(Erkenntnis a priori)。在康德心目中,先验的知识并非就是超验的知识。他试图借此区分来把超验逻辑学与普通(遍)逻辑学区分开来。那么,先验知识与超验知识究竟区别在什么地方呢?它们都在经验之先,都不来源于经验,在这一点上,它们是一致的。但是,先验知识既然不来自经验,而是经验的前提,那么,先验知识本身又来自什么地方呢?它又是如何先验地可能的呢?我们又如何能先验地使用这些知识呢?这些问题是单纯的先验知识本身所无法回答也不回答的问题。就如各种科学知识体系一样,每一种体系都有"在先"知识和"在后"知识,否则它就不能成为一种知识体系,但是,在这个知识体系内,所有"在先"知识本身都不能说明自己为什么是在先的。所有知识体系的"在先"知识最后都必须以纯粹的知识,也即康德意义上的先验知识为前提,而先验知识的来源以及它如何能构成一切知识体系的"在先"知识,先验知识本身并不知道,也不过问。对这类问题的追问与解答就是超验知识的任务。简单说,超验知识是关于先验知识之起源及其可能性的知识。因此,超验知

---

① 康德:《纯粹理性批判》,A56,B80。

识不仅知道一种知识或表象是没有经验起源的,而且知道这种没有经验起源的知识如何能够先验地关联(Beziehen)到对象。也就是说,超验知识虽然并不一定直接关联到感性对象或具体对象,但它却一定具有对象的维度,包含着对对象的意识:它是有对象的意识,却不是对某一具体对象的意识。也许我们可以把超验知识的这种对象维度视为它的一种意向性结构,而把它的"一般对象"视为一种意向性对象。于是,在超验知识看来,先验知识之所以能先验地关联到对象,就在于它具有意向性结构。

先验知识与超验知识的区别也就是普遍逻辑学与超验逻辑学的区别所在。

§ 38

普通逻辑学(allgemeine Logik)就是一般逻辑学或普遍逻辑学。而它之所以是普通的,是无往而不通的,就因为它是关于知性规则的学说,它包含着思想(维)的绝对必然的规则。如果没有这些规则,知性的任何运用(思想活动)都是不可能发生的。在这一点上,普通逻辑学类似于普通语法学。人们可以在还没有语法学时说话、书写,也就是说,人们可以不知道语法为何物,这并不妨碍他说话、写东西,但是,人们却不能没有语法地说话、书写。如果说语法学是对语法——语言活动所遵循的规则的意识与反思的话,那么,普通逻辑学则是对知性规则的自觉。并非每个民族的文化里都有成熟的逻辑学,但所有民族都有共同的逻辑规则。在这一点上,普通逻辑学不同于普通语法学:对西洋语系普遍有效的"普通语法"未必对汉语也同样有效,但逻辑学则不然,它一定是普遍有效的。之所以如此,其全部根据在于普通逻辑学只涉及知性的纯粹形式,而不涉及对象的差别。也就是说,普通逻辑学可以在知性不涉及任何经验对象或感性对象的情况下考察知性运用的一切规则。那么,普通逻辑学为什么能够独立地考察知性形式而不涉及任何具体对象呢?

如果我们现在把必须只从对象中引导出来的一切知识放在一边，而只思考知性的一般使用，那么，我们将发现这种知性使用的那些规则(Regeln)，它们在一切意图中，在不考虑思维(Denken)的一切特殊对象的情况下，都是绝对必然的，因为没有它们，我们甚至就不能思维。所以，这些规则也能先验地、即独立于一切经验(Erfahrung)地被考察，因为它们不区别诸对象，而只包含知性使用(这种使用既可以是纯粹的，也可以是经验的)的一般条件。由此得出的结论是：思维的普遍的和必然的规则完全只能与思维的形式相关，而与思维的质料(Materie)全然无关。①

普通逻辑学之所以是普遍必然的，不是像人们经常笼统说的那样，是因为它所讨论的逻辑规则与对象无关或不涉及对象，准确地说是因为这些逻辑规则(知性规则)与思想的材料或质料无关，而不是与对象无关。逻辑学所讨论的一切知性规则也就是知性使用(应用)的规则。既然是一种使用规则，那么总是应用于……的规则，因而知性规则总是涉及对象的规则，是适用于对象的规则。但是，关键的地方是，这些规则并不来自对象，而完全来自知性本身。当知性在运用和形成这些规则时，并不考虑对象的任何差别，因此，对象的千差万别的实质性存在并不影响知性规则的形成与运用。在知性的所有这些运用规则里，对象实际上被排除了一切感性的和经验的实质内容，它被完全"形式化"为"这个"。也就是说，在这里，对象是一个空位，一个括号，可以填上任何东西，因而它可以用任何一个字母或符号来代替。在逻辑学里，世间万物都获得了一个共同的角色——"这个"，即一般对象。因此，我们可以说，逻辑规则不涉及思想的质料(Materie)或思想的具体对象，但绝不能说逻辑规则不涉及对象，不涉及对象的逻辑规则是无意义的规则。

---

① 《康德文集》第 8 卷，Ernst Cassirer 编，柏林，1923，第 333 页；参见《逻辑学讲义》，许景行译，商务印书馆 1991 年版，第 2 页。

知性在活动中给出的任何规则都包含着对象的向度,正因为如此,它们才能被运用于所有的具体对象。

就知性的一般使用规则虽有对象却不来自对象、不受对象影响而言,普通逻辑学只是关于知性(思想)之形式的科学。普通逻辑学只考察、研究知性形式,而不考虑形式所涉及的内容。知性的所有一般使用规则都只是形式规则,这些形式规则是知性思考(想)一切对象的前提,是一切对象作为对象给予我们的前提,因此,它们是先验的。在这个意义上,纯粹的普通逻辑学是一门关于先验形式规则的学问。没有这些规则,知性的任何使用(思想对象的思维活动)都是不可能的,就此而言,普通逻辑学是知性的准则或标准(Kanon)。因此,知性的一切活动,因而一切知识都必须以普通逻辑学为准则来校准和评判。

所以,就普通逻辑学而言,康德说,逻辑学家必须遵循两条原则:

(1)作为普通逻辑学,逻辑学抽掉了知性知识的一切内容(Inhalt),抽掉了知性知识对象的差别(Verschiedenheit),它只与思维(思想)的纯粹形式打交道。(2)作为纯粹逻辑学,逻辑学没有经验原则,所以,它并不从心理学那里吸取任何东西,心理学对知性的准则或标准(Kanon)没有任何影响。逻辑学是一种论证的学说,其中一切东西都必须是先验地确定(确知,gewiβ)。[①]

这两条原则从不同角度强调普通逻辑学只是关于思想形式的学说,而与思想的内容无关。普通逻辑学的对象只限于思想形式,而不考察思想的对象,虽然思想形式一定能够涉及对象,而且也一定涉及对象。

§ 39

但是,这些思想形式或知性规则又如何能够涉及或适用于对象呢?它们不来自对象,又来源于什么地方呢? 它们是普遍的,但这种普遍有

---

① 康德:《纯粹理性批判》,A54,B78。

效性是否是有界限的？

这些问题是普通逻辑学所不关心的、不追究的。也就是说，普通逻辑学是一种先验知识，但是，这种先验知识来源于什么地方，它们又如何能先验地被运用于对象？普通逻辑学从来不加追问。这也就是人们常说的：传统逻辑学不涉及思想的对象。正是在这些问题上，普通逻辑学与超验逻辑学区分开来。超验逻辑学并不是要提供出不同于普通逻辑学所给出的逻辑规则，而在于追问这些先验的逻辑规则的起源及其被运用于对象的根据。在这个意义上，超验逻辑学是普通逻辑学的基础：只是在超验逻辑学提供出的纯粹概念（比如质量等）基础上，普通逻辑学的规则及其先验运用才是可能的。

> 所以，我们可以期待存在这样一类概念，它们能先验地关联到对象（sich a priori auf Gegenstande beziehen），但它们不是纯粹的直观或感性的直观，而单纯是纯粹思想的行动（Handlungen），因此，这类概念既没有经验的来源，也没有感性的来源。为此，我们首先要构成关于一门纯粹知性与纯粹理性知识（由于这些知识，我们能够完全先验地思想对象）之科学的观念（die Idee）。这样一种规定此类知识之来源、范围和客观有效性（die objektive Gültigkeit）的科学必定要被称为超验逻辑学。因为它只与知性和理性的法则（Gesetze）打交道，而且只是当这些法则先验地关联到对象时，它才与这些法则打交道；它与普通逻辑学不同，后者既要涉及经验的知识，也要涉及纯粹理性知识。①

超验逻辑学并不是提供出比普通逻辑学更多的逻辑规则，它甚至根本就不过问各种具体的逻辑规则，而只是要为所有逻辑规则提供基础；超验逻辑学也并没有拥有比普通逻辑学所包含的概念更多的概念，它只是试图找出所有最基本的纯粹概念，并阐释这些概念的先验性来源及其

---

① 康德：《纯粹理性批判》，A57，B81。

有效性范围。

这里特别需要指出的是,超验逻辑学所揭示、提供的纯粹概念就是一种纯粹的思想行动,或者说,就是一种纯粹意识(活动)。它们也就是康德这里所说的纯粹的知性知识和理性知识。当康德所说的知识是一种纯粹知识时,那么,这种"知识"就不是可以传授、可以独立成"第三世界"的那种知识,而是活生生的一种纯粹意识,一种纯粹的思想行动。一种思想行动或意识活动之所以是纯粹的,就在于它既不来源于经验,也不来自感性,而只来自知性本身。这种纯粹的思想行动(意识)在普通逻辑学里作为基本概念而构成普通逻辑学的基础。没有这些基础概念作为前提,普通逻辑学的任何演算推理都是不可能的。正如前面指出的那样,普通逻辑学的所有纯粹规则虽然本身并不来自任何对象,但它们却都有对象的意向维度,都是被运用于对象的先验规则。也就是说,所有纯粹的逻辑规则都是涉及、关联到对象的规则。但是,逻辑学规则涉及、关联到的对象首先是一个无差别的对象,这个无差别的对象实际上就是"这个",就是"自身同一物"。在逻辑演算里,不管使用 A、X、Y 还是其他什么符号来替代对象,A 一定是 A 本身,X 一定是"X 是 X"中的 X,否则,任何逻辑演算都是不可能的。也就是说,任何逻辑演算及其规则都是以自身同一物为前提的,或者说是以处于自身同一性中的对象为前提。① 无差别的自身同一物是知性的一切纯粹运用的唯一对象,没有这一同一性对象,知性也就无用武之地,就无所谓知性规则或逻辑规则,因为一切逻辑规则就是知性的运用规则。但是,由于这一同一性对象的无差别性,它作为知性运用的必要对象并不影响知性的运用规则的纯粹性,即不影响这些规则只来源于知性本身。

实际上,正因为所有逻辑规则首先是运用于同一性对象的规则,它们才能被运用于所有的对象事物,因为任何事物必须首先是一自身同一

---

① 在涉及亚里士多德的本体学说时,我们也曾讨论过这个问题,参见本书 1.3 节。

物,它才能进一步展现为关联物和经验物。也就是说,自身同一物是关联物与经验物的基础。任何一事物必须首先是它自身,它才能进入关联中而展开、呈现为关联物,才能在各种主观心理条件下被我们所经验。但是,问题是,自身同一物是如何给出来的? 这实际上是超验逻辑学要面临的一个根本问题。

自身同一物与自在物的根本区别就在于自身同一物是被规定、限制出来的,用康德的话说,就是被构造(konstituieren)出来的。[①] "月亮"并不仅仅是我们所认识、所理解的月亮,"月亮在"(Der Mond existiert)要比"月亮"所是的东西多,或者说,"月亮在"中的那个"月亮"不是"月亮是月亮"(Mond ist Mond)中的这个月亮所能穷尽的。我们必须对"月亮在"的那个"月亮"进行抢夺、统一、限定,才能构造出一个"月亮是月亮"中的这个月亮,即才能构造出作为同一物的月亮。我们必须把月亮仅仅当做它在我们的表象中的那个样子,我们才能给出"这是月亮"或"月亮是月亮"中的月亮。但是,我们要能够把在眼前在的东西或来相遇(Begegnen)的东西当做它在我们表象中的那个样子,必定要有一个前提,这就是:表象中的表象物(那个样子)必定是确定、确知和统一的。一方面,这个表象物必须是始终如一的,它不会随月亮的阴晴圆缺而陷入不确定状态,同时这个始终如一的表象物必须是被确知着、意识着,简单地说就是,我知道我表象着某物,我意识到我表象着某物。否则,我就不会把我表象中的表象物直接等同于给予我们表象的存在物,因而也就不会有自身同一物。镜子能给出存在物的影像,但镜子既给不出统一的影像,也不知道镜中的影像;动物亦如此。故它们都给不出自身同一物。这种能意识着而给出统一表象的表象活动只能是一种纯粹的意识活动或纯粹的思想行动。

[①] 有关自在物与自身同一物的区分,可参见本书第一章第三节有关亚里士多德本体学说的讨论,也可参见作者的《一种飘浮的存在论:关系实在论的困境》一文,载北大哲学系《哲学门》2000年第2卷。

所谓纯粹意识活动，完全是知性本身的一种有所意识、有所思想的自觉活动。在知性的一般使用中，这种有所意识的自觉活动展现为诸如质、量、关系、本（实）体等诸基本概念。也可以说，纯粹意识总是质的意识、量的意识或关系的意识、本体的意识等类型意识。就是在质、量这些类型意识中，事物才得到确知和统一的表象，因此才有自身同一物。换句话说，我们因为有质量这类纯粹意识，才能构造出自身同一物。"月亮是月亮"或"这是月亮"，只能就质、量、关系方面来说"这"是"月亮"或"月亮"是"月亮"。我们有纯粹的质量意识，因而能让事物在这种意识中呈现出来，从而有统一的质量诸方面的规定和统一。自身同一物是也只能是首先在质、量方面获得绝对规定的存在物。自身同一物首先不是有具体质量规定的存在物，而是有绝对的一般质量规定的事物。

如果说"自身同一物"是普通逻辑学的前提，那么，普通逻辑学就是建立在超验逻辑学这种存在论基础之上，因为正是超验逻辑学要给出和讨论的那些纯粹概念使事物得以以自身同一物的方式存在。超验感性论虽然能够使事物作为现实的（wirklich）对象出现，但是，由于我们的感性直观的有限性，它并不能使一对象成为一对象本身，为此，需要借助纯粹的思想，因而需要超验逻辑学。通过超验逻辑学，现实对象才能成为一对象本身，现实对象才能成为真实的对象：既是现实的，又是有自身同一性的，因而是真的。超验感性论与超验逻辑学构成的存在论知识才能使事物作为真实的对象存在（出现），才能使……成为真实的对象。

因此，在这里，构成存在论知识的逻辑学是一种超验逻辑学，而不是普通逻辑学。不过，不管是超验逻辑学，还是普通逻辑学，它们都不是一种科学的工具（Organon），而首先是科学的基础。

作为关于一切一般思维（Denken überhaupt）的一门科学，逻辑学不顾及作为思维（思想）之质料（Materie）的客体（Objekt）。于是，（1）逻辑学是一切其他科学的基础（Grundlage），是一切知性使用的入门知识（die Propädeutik），而之所以如此，就因为逻辑学完全从一切客体中抽离出来。（2）逻辑学不是科学的工具。所谓工具（Organon），就是一种能够产生某种知识的指南。①

逻辑学的一个古老梦想就是试图使自己成为能带来新知识的工具。康德这里所说的"某种知识"（eine gewisse Erkenntnis）当然不是纯粹的或先验的知识（因为纯粹知识本身都可以成为逻辑学知识），而是有关某种真实对象的知识。逻辑学不能成为科学的工具，在根本上说的是，逻辑学不能成为扩充有关真实对象的新知识的指南。以为根据逻辑学或者通过改进逻辑学就能扩充对真实对象的知识，这是对逻辑学本身的误解；而凡是通过逻辑学去扩充有关对象的知识的努力，都是对逻辑学的误用。因为逻辑学只涉及思维一般，而不考虑作为"思维之质料的客体（对象）"，也就是说，逻辑学不顾及思维（想）客体的差别（质料）。在超验逻辑学里，思维客体是以无差别的"一般对象"或"自身同一物"出现。这种无差别的自身同一物是与知性的纯粹意识不可分离地共在于一体。因此，超验逻辑学首先是一种给出自身同一物的知识，即是使……成为一自身物（真实对象）的存在论知识，而不是扩充有关真实对象的知识的工具。一物必须首先是一自身同一物，它才能进一步成为一切科学的对象。在这个意义上，超验逻辑学是一切科学的基础或"入门"。事物必须首先进入超验逻辑学这个"门"，它们才能成为真实的存在物，从而才能成为科学的对象。

于是，超验逻辑学便与真理性存在的问题联系在一起。

第三节　真理的逻辑学与幻象的逻辑学

§ 40

如果说普通逻辑学有分析论（Analytik）与辩证论（Dialektik）之分，

---

① 《康德文集》第 8 卷，Ernst Cassirerr 编，柏林，1923，第 333 页；参见《逻辑学讲义》，许景行译，商务印书馆 1991 年版，第 3 页。

那么,超验逻辑学也可分为分析论与辩证论。所不同的是,普通逻辑学的辩证论是逻辑学本身被误用为工具的结果:"在人们把普通逻辑学当做一种技巧……来利用的情况下,存在着一种诱惑,即把本来只是评判(Beurteilung)之标准(Kanon)的普通逻辑学当做似乎可现实地产生客观断言的工具(Organon)来使用,实际上,普通逻辑学因此就被误(滥)用(miβbrauchen)了。这样被误解为一种工具的普通逻辑学就叫辩证论。"①而超验逻辑学的辩证论部分则并非纯粹知性知识被误用的结果,而是对由此误用导致的辩证幻象的批判分析。由于纯粹知性有被误用为普遍的和无限制的工具的危险,"所以,超验逻辑学的第二部分必定就是对辩证幻象的批判分析(eine Kritik dieses dialektischen Scheines),从而叫超验辩证论。这种超验辩证论不是一种独断地产生幻象的技巧(Kunst),而是对知性与理性就其超验使用的批判,以便揭示它的无理要求的虚假幻象"②。

也就是说,超验逻辑学的辩证论是要为幻象的出现或"存在"作出存在论说明:幻象事物是如何存在、如何到来的。在这个意义上,我们可以把超验辩证论视为一种幻象的逻辑学,或者说是关于幻象事物的存在论知识。所以,在康德那里,超验辩证论揭示了幻象,并不能消除幻象。③ 在这一点上,普通逻辑学的辩证论则是可消除或可避免的:只要澄清知性法则(普通逻辑法则)的运用范围,就可避免这种辩证论(幻象)的出现。

如果说超验逻辑学里的超验辩证论是关于幻象事物的存在论知识,那么,超验分析论则是关于真理事物的存在论知识,或叫真理事物的逻辑学。那么,它是一种什么样的真理的逻辑学呢? 或者更确切地问:它是关于一种什么样的真理的逻辑学呢?

---

① 康德:《纯粹理性批判》,A61,B85。
② 同上书,A63,B88。
③ 参见同上书,A297,B354。

§ 41

真理(事物)的逻辑学并不是一种能产生出真理知识的逻辑学,而是使……成为真实事物的存在论。在超验逻辑学里,真理(Wahrheit)就是真实的存在物,它与幻象(Schein)相对应,而不是与错误(Falsch)相对应。超验逻辑学里的这种幻象并非认识意义上的假象,它是不可能通过纠正"错误"就可以消除的。幻象是事物的一种存在方式或存在角色。相应,我们在超验逻辑里探讨的真理,也不是认识论意义上的真理,这种真理并不表明任何有关对象的认识的对错,只是在此真理基础上,才有对错的认识。因为只有当存在者通过超验逻辑学而成为具有同一性和确定性的存在者,即成为真理性存在之后,任何知识或认识才能与客体发生关联。如果没有超验逻辑学或违背了超验逻辑学,那么,甚至就不会有任何东西能够作为具有自身同一性的存在者给予我们,因而也不会有真实的对象出现。康德在谈到超验逻辑学时说:

> 超验逻辑学把知性孤立出来(正如上面在超验感性论里把感性孤立出来分析一样),把只在知性中有其根源(Ursprung)的那部分思想(Denken,思维)从我们的知识中分离出来(这部分只有在知性中有其根源的纯粹思想就是纯粹知识)。但是,这种纯粹知识的运用却必须以这样的条件为基础,即这种纯粹知识所能运用其上的对象(Gegenstande)必须能在直观中被给予。因为如果没有直观,我们的一切知识就都会缺失客体(Objekt),因而仍完全是空洞的。所以,超验逻辑学中专门讨论纯粹知性知识(Die reine Verstandeserkenntnis)的基本要素及其原则(没有这些原则,就不可能思想任何对象)的那一部分就是超验分析论,也就是真理的逻辑学。因为没有一种知识违背这种逻辑学而不立即丧失一切内容(Inhalt),也即失去与一切客体的关联,因而丧失一切真理。[1]

---

[1]　康德:《纯粹理性批判》,A62—63,B87。

超验逻辑学要给出的是一种纯粹的知性知识(Die reine Verstandes-erkenntnis),即只在知性中才有其根源的纯粹知识。这种纯粹知识一方面只能运用于能在直观中给予我们的对象,离开直观对象,这种知识就不能显示其现实性存在;另一方面这种纯粹知识又是一切直观对象能够作为具有同一性这种确定性的真实客体出现(存在)的条件。任何直观(感性)对象必须首先在超验逻辑中被构造为具有自身同一性的存在者,才能进一步成为一切认识(知识)的对象。一切知识都只能是关于具有自身同一性这种确定性的对象的知识。纯粹知性知识与一切其他知识的区别在于,纯粹知性知识虽然也是与具有同一性的对象相关联的知识,但是,它与同一性对象的关联活动(Beziehen)同时也就是它给出这种对象的构造活动。也就是说,纯粹知性知识是一种给出具有同一性的对象的知识。具有同一性的对象就是存在者的一种真理性存在。在这个意义上,超验逻辑学分析论就是真理的逻辑学:事物如何达到自身同一性的逻辑学。

因此,超验逻辑学实际上是一种涉及内容、涉及对象的逻辑学,任何违背这种逻辑的知识之所以会马上丧失一切内容,丧失一切真理,就在于一旦违背或放弃超验逻辑,也就不会有任何具有同一性的真实对象能够给予我们。而一切知识,如果它要能称得上是知识,它就必定是有关具有自身同一性的对象的知识。

从另一个角度说,任何知识都必定是由概念来实现和完成的知识。但是,一切概念都必须以超验逻辑学给出的基本概念及其运用原则为前提。倘若没有诸如先验的质、量、关系等纯粹知性概念,我们也就不可能形成任何具有确定意义的概念。这从概念本身的角度表明了超验逻辑学对于其他一切知识的基础性地位。任何知识的对象都必定首先成为超验逻辑学知识的对象。在康德这里,没有质、量、关系等先验规定性的事物或者是自在物(Ding an sich)或者只是感性存在物。感性存在物,也即单纯的直观对象,要成为科学知识的对象,必须借助于纯粹思想而成为具有自身同一性的存在者,即必须首先成为超验逻辑学知识的对象。

§ 42

这里涉及我们全书讨论的一个主题:什么是真理? 如何理解真理? "真理就是知识与其对象的符合一致(Übereinstimmung)。"这是一个有关真理的经典性定义。在康德前,甚至直至今天,它一直为人们自觉地或人云亦云地接受和认可。这个定义里,符合被预设为真理的前提和标准。但是,究竟是知识与对象的什么相符合呢? 在一般意义上,或者说,在认识论意义上,知识是我们作为主体的精神活动的结果,而对象则是外在于我们这一结果的事物。那么,精神性的东西如何与外在事物符合一致呢? 我说:"馒头是圆的,且是面粉做的。"这一陈述是正确的,因为它与所陈述的馒头这一对象相符合。馒头可以充饥,可是我的这一正确陈述在我饥肠辘辘时却毫无用处,那么,它究竟在什么方面与餐桌上的馒头相符合呢? 对一切认识论哲学来说,这是一个极为严峻的问题。

康德分析道:"如果真理就在于知识与其对象相符合,那么,这一对象就必须与其他对象区别开来。因为某种知识如果与它所关联(涉及)到的对象不相符合,那么,即使它包含着对其他对象有效的内容,它也是假的(falsch)。"①

也就是说,如果真理的前提或标准就是知识与其对象相符合,那么这一知识必须能把这一对象与其他对象区分开来,知识必须把自己的对象从其他对象中区分出来,从而表明自己是关于这个对象的知识,而不是关于其他对象的知识。否则,我们就无法判断这个知识是真的还是假的。因为完全可能出现这种情况,即某一知识不符合其对象,却符合其他对象。在这种情况下,如果知识不能将自己所关联的对象与其他对象区分开来,它的真假就无法判定。因此,任何具有真理性的知识都必须

---

① 康德:《纯粹理性批判》,A58,B83。

包含着对自己的对象与其他对象的区分。也即说,不同的知识各有自己不同的对象。但是,如果说存在一种普遍的真理标准,那么,它必须是对所有知识都是有效的,因而它不可能与知识的对象的不同相关。"真理的普遍标准将是这样一种东西,它对于所有知识都是有效的,而不管这些知识的对象之间的区别。但显而易见的是,由于人们在这种标准中舍弃了知识的所有内容(知识与其客体的关联),而真理(知识)恰恰又涉及这些内容,因此,追问此类知识内容的真理标志(Merkmale)是不可能的和悖谬的,也即说,不可能给出一个充分的,同时又是普遍的真理标准(Kennzeichnen)。"[①]于是,如果说知识与其对象相符合一致是一切知识之真理标准或真理所在,那么,这一标准就一定不涉及一切知识的对象之间的区别,即不涉及知识的内容的不同。换句话说,知识与其对象的符合,仅仅是与对象在形式方面的符合,而与对象的质料方面无关。至于知识是否与对象的质料方面符合一致,我们不得而知,也不可能给出一个判定的标准。因为对象的质料方面本身是没有规定的,因此,给质料提供一个普遍的标准本身就是自相矛盾的。

这里,传统的真理符合论一方面要求知识区分对象,另一方面符合作为真理知识的一种普遍标准又与这种区分不相干,因为这种区分涉及对象的质料方面,而普遍性的标准恰恰不可能与质料相关。这意味着,符合论的真理观本身存在内在矛盾。退一步说,即使我们接受这一真理观,符合论提供的真理标准也只能是一种不充分的标准,充其量也只是必要的标准。因此,我们不可能有充分的真理。因为即使我们的知识与对象的形式方面多么符合一致,我们也不能说,这一知识就是真理。凡是与对象的形式不符合的知识一定不是真理,但却不能说,只要与对象形式相符合的知识就一定是真理。

由于这里的真理标准只能涉及形式方面,因此,也可以说,真理标准

---

① 康德:《纯粹理性批判》,A59,B83。

就是一种逻辑学。就传统符合论而言,真理标准首先就是一种普通逻辑学,否则,符合论就是无法理解的。我们只能根据逻辑学去判定一知识是否可能是真理。这一点,康德并不反对。与其说他在这里否定符合说,不如更确切地说是否定了在传统逻辑学内的充分符合说。如果停留在传统的普通逻辑学内,那么,真理就只有必要的标准,而不可能有充分的标准。

实际上,也正是停留在普通逻辑学的视野里,人们才会对知识或对象作形式与质料(内容)的截然区分,也才会把知识与对象都视为两个现成的东西,它们之间的关系才成为现成事物之间的关系。超验逻辑学隐含的一个根本努力就是试图把质料与形式"统一"或消融为一个东西,从而使自己成为一种充分的真理逻辑学。这一点在费希特的知识学里是十分明确的,而在康德这里,这种努力仍然是摇摆不定、模糊不清的。不过,一旦把超验逻辑学作为一种存在论来阐释,那么他的这种努力就能得到应有的突现。为此,我们来追问一个在传统逻辑学和认识论中无法解决的问题:为什么会有不同的对象?是因为有不同的对象,才有不同的概念,从而有不同的知识,还是因为有不同的概念,才有不同的对象?

一个存在物要成为知识的对象,正如我们上面阐明的那样,它必须首先成为具有自身同一性的对象,因而必须具有量、质、关系等方面的规定性,否则,它就不能成为知识的对象;知识只能是关于有量或质、关系诸方面的规定性的事物的知识。在这个意义上,超验概念是一切对象成为知识之对象的前提条件,没有这些超验概念,也就不会有真实的对象,因而不会有知识的对象。但是,这些超验概念是一些只在知性中有其根源的纯粹形式,它们对于所有对象都是有效的,也就是说,它们对于所有对象都具有同等的意义。因此,它们不可能是构成对象之不同(差别)的因素。这表明,对象之不同,只能来自"内容"方面,而不可能来自形式方面。对象之不同是因为存在着不同的存在物。问题是,对象不管是作为直观对象,还是思想对象,都是在感性或知性的先验条件下显现出来的。

因此,决定对象之区别的这种"存在物"本身,不能也是一对象。那么,这种"存在物"只有一种可能,即这种存在物是自在物或来自自在物(Ding an sich)。但是,在康德这里,自在物就是在自己位置上(an sich)的东西,而不在我们的先验意识里,因此,对我们来说,它存在着,仅此而已,又如何有不同呢?既然自在物不在先验意识里显现给我们,我们就无法意识到它的不同。这是康德没有明确意识到并加以深究的一个难题。在《纯粹理性批判》里,康德在提到"自在物"时,经常使用复数形式 Dinge an sich selbst。这表明,在他心目中,自在之物有许多,自在物各不相同,它们之间有差别。

这里只有引入"存在论差别"(Die ontologische Differenz)才能澄清这一难题,并且才能突现超验逻辑学在解决真理问题上开辟出来的积极意义。

§ 43

实际上,自在物存在着(existiert),总是意味着它有所出来、有所显现,否则,我们就无从"知道"有自在物本身(Es gibt Ding an sich selbst)在。因此,自在物必是这样存在:它既保持在自己的位置上,又在思想(纯粹意识)中有所显现,也就是说,自在物在思想中,又不仅仅在思想中,它不仅仅是思想中显现的那样。自在物之所以为自在物,就在于它始终持守在自己赋得的位置上,既不越位,也没失位。人的纯粹思想或纯粹意识的神圣性与功德,就在于它能够在让他者在思想中存在的同时,又让他者保持在自己位置(an sich)上,从而显示他者并不仅仅是思想中的存在(显现),从而显明他者的绝对不可替代性和不可归我性。但是,思想的复杂性,或说人的命运,恰恰就在于思想也能够放下它的神圣性功德,而去从事另一番功业,即把自在物在思想中的显现规定为这一"自在物"本身,或说把自在物仅仅视为它在思想中显示的那个样子。当思想这样行动时,它实际上已经把自在物从其自身位置上抽离出来,让他者只存在于思想中,只在思想中有位置,从而显示他者的可归我性和可演算性。

在思想的这种规定行动中,自在物实际上已完全被纳入了思想中而丧失了自己赋得的位置。因此,自在物实际上已不再是在自己位置上(an sich)的自在物,而是在思想中被当做某一物本身的自身同一物。在这里,自在物已被掩盖、遗忘在自身同一物的"背面"。在自己位置上的自在物在思想(纯粹意识)中仅仅表明它在着,它比它在思想中所显现的要"多"、要"大",因此,我们只能说它在着(Es ist, Es existiert),仅此而已。它没有宾词,或说它不可宾化,它不为宾名。任何宾化都意味着失位:失去自在之位而进入宾名之位,从而可被归约、演算。自身同一物就是失位之物的一种最初的宾化存在,或者说,最初的宾位存在物就是自身同一物(Es ist Es)。如果说,自在物什么也不是(Es ist nicht etwas),那么,自身同一物则一定是某种什么(Es ist etwas),首先就是它自己(Es ist Es)。自在物与自身同一物的这种差别就是存在论差别。一切差别首先是一种存在论的差别,就是自在物与自身同一物的差别。借用海德格尔的话说:Die ontologische Differenz ist das Nicht zwischen Seindem und Sein("存在论差别就是存在者与存在之间的否定")。[1] 也就是说,存在(Sein)是对存在者(Seinde)的否定,自在物"不是"自身同一物,这就是存在论差别。

就自在物而言,它守护在自己位置上,它仅仅存在着而已,它无所谓差别或无差别,无所谓同还是不同。就像斑鸠与鲲鹏,椿树与朝菌,如果就其守于自性、守于自己赋得的位置而言,它们各得其所、各自自在,无所谓大小之分、夭寿之别;它们各自就是一,就是绝对。但是当它们被从自在位置上抽离出来,它们马上就有大小、强弱之区别。这意味着事物先不自在(不在自己位置上,因而不再是自在之物),才有差别,才有关

---

[1] 参见海德格尔《论根据的本质》,法兰克福,1965,第5页。

联、比较。

这里，我们可以从两个不同的角度来理解存在论差别：从自在物（或Sein）角度说，存在论差别就是对自身同一物（或 Seinde）的否定："常道"乃非可道之道①；而从自身同一物（或 Seinde）角度说，存在论差别则是对自在物（Sein）的判定（定义）、夺取。自在物本是不可定义的，不可判定的，一旦对它进行定义，就是对自在物的掩盖，实际上是从自在物中定义出自身同一物，抽取同一物。任何存在物首先是与其自在存在物有差别，也即它不是自在存在物，而是自身同一物，它才与其他存在物有差别，才与其他存在者有关联、有比较，因而才有不同。

也就是说，只有当从自在物中定义、规定、抽取出自身同一物，才有不同存在物（存在者）之间的差别，自身同一物是从自在物那里抽取、定义出来的，因此，自在物实际上构成了自身同一物的本源。自身同一物是各不相同的，这表明它们有不同的来源，是从不同的源头中定义、抽取出来的。也就是说，我们只是从自身同一物的层面上去理解，才会有不同的物自身。换句话说，只是从非自在物去理解自在物，自在物才是"多数"，才有"不同"，而就自在物本身来说，它并没有不同，它就是一。这是康德不明确、不清楚的地方。这一点当然也妨碍了康德的超验逻辑学要成为充分的真理逻辑学的努力。

不过，一旦澄清了自在物与自身同一物的存在论差别，从而明确只是从非自在物去理解自在物，自在物才有"不同"，那么也就表明，一切不同或差别都是自身同一物层面上的问题，而自身同一物是由知性在使……成真，使……成为其自身的活动中构造出来的。没有知性（思想）的这种构造行动，也不可能有自身同一物，不可能有"这是这"或"A 是

---

① 这里我想附带地指出：老子对我们这里所说的"存在论差别"问题有十分明确的意识，他对问题的理解和探讨都是建立在对存在论差别的这种明确意识上，因此，他的思想具有本源性的存在论基础。老庄对宾名的拒斥，对自在守性的强调，都与这种明确的存在论差别意识密切相关。

A"这种最初对象物。在这个意义上,我们也可以把差别归因于知性或思想,而不仅仅归因于"质料"。实际上,在康德的超验逻辑学里,自身同一物是"质料"与"形式"的合一,或者更确切地说,自身同一物不再有质料与形式的区分。自身同一物既是思想,又是物;它既是思想的显现,也是物的显现。在这里,思想的显现与物的显现是同一件事,同一回事。无思想,自身同一物不显现,它为不在,为缺席者;而无物,思想(意识)也不显现,它为空,为无,为虚。真实的思想或真实的物就是自身同一物。简单地说,这里没有单纯的形式,也没有单纯的质料,它们消融、统一为一个东西——自身同一物。这是康德超验逻辑学开辟出来的一条哲学原则。在康德之后,直至胡塞尔现象学,内容与形式合一为一个东西,实际上成为哲学的一个最高原理。

作为质料与形式的合一,自身同一物当然也就不仅仅是真理的形式标准,它同时也是内容方面的标准。在康德的超验逻辑学里,同一物同时也是综合物。超验逻辑学使综合物成为同一物,或说,使同一物与综合物成为一个东西,其他一切知识的真理性都必须在这个自身同一物那里找到根据和标准,物必须首先作为自身同一物,它才能进一步展开为在具体关联中的其他可能的存在性质与存在状态。作为综合的同一物,自身同一物既可视为在知性的使……成真的构造活动中的构造物,也可视为物的自我同一性的陈述。对自身同一物的任何陈述(认识)都是以物的自我同一性的陈述为基础和前提。这些陈述既是陈述者向自身同一物的存在、敞开,也是自身同一物向陈述者的存在、开显。在这个意义上,陈述(认识)活动本身也就是一种"存在对接"。① 一个陈述(认识)是否与其对象符合一致,在根本上说的是,陈述者在陈述活动中是否与自身同一物的开显"对接"上。自身同一物本身就在陈述中,它的任何开显都是它在陈述中的一种可能性存在。也就是说,任何知识与之符合一致

---

① 有关这一点的详细讨论,可参见作者的《真理的本质与本质的真理——论海德格尔的真理观》一文,载《中国社会科学》1999 年第 2 期。

的对象必定是自身同一物的一种可能性存在,它在自身同一物那里有其根据和源头。因此,在康德的超验逻辑学里,自身同一物实际上构成了一切知识之真理性的最后的充分根据。当然,这里必须再次指出的是,正如超验感性学需要超验逻辑学一样,超验逻辑学也是一种不能离开超验感性学的逻辑学。也就是说,它要成为一种充分的真理逻辑,就不能离开或脱离感性学。

第五章　作为存在论宾词的先验范畴

现在的问题是,既然超验逻辑学是通过先验概念来构造自身同一物,从而给出一切真理的充分根据,那么,这些概念是些什么概念呢?我们从什么地方能发现它们?或者说,我们有没有什么线索知道它们,以便把它们确定起来?又为什么恰恰是这些概念,而再没有其他概念?这些概念是如何构造作为自身同一物的对象的?范畴演绎实际上就是要回答这些问题,而这种演绎从根本上表明,先验范畴并非仅仅是一般的存在宾词,它们是构成一切存在宾词的基础的存在论宾词,或说是基础宾词。

第一节　判断与范畴

§ 44

范畴(Kategorie)这个概念来自亚里士多德。在古希腊语中,χατηγορία 就是宾词(谓词)的意思。亚里士多德在《范畴》篇里揭示出来的"十范畴",确切地说,应叫宾词的十个种类或十种形式。任何概念都可以成为宾词,宾词可以无穷尽,这意味着存在物的存在可以有无限多的可能性角色。但是，宾词的种类，也即一般所说的范畴，则是有限的，在亚里士多德和康德看来，是确定的。亚里士多德认为有十个范畴（也即有十种类型的宾词），而康德认为有十二个范畴。亚里士多德并没有清楚地阐明为什么有这些个范畴，是从什么地方或说是根据什么给出这些范畴的。这是康德的超验逻辑学比亚里士多德进步的一个地方。

超验逻辑学的分析论的一个基本任务就是对先验概念进行分析。不过，康德这里所说的概念分析并不是对概念之内容进行分析，从而澄清概念的意义，而是"对知性能力（Verstandesvermögen）本身的分析（Zergliederung），以便这样研究先验概念的可能性：只在知性中去寻找先验概念，把知性当做先验概念的诞生地，并且分析知性的纯粹的一般使用……所以，我们将在人类知性中追寻纯粹概念的最初种子和倾向（这些纯粹概念已备存在知性中），直至这些概念在经验机缘（Gelegenheit）中的展开，并且由同一个知性把它们从依附于它们的经验条件中脱离出来，在它们的纯粹性中展示它们"[①]。也就是说，把知性阐明为纯粹概念或先验范畴的唯一来源。

我们知道，在康德前，讨论概念起源的一个主流观点就是以洛克和休谟为代表的经验主义立场。他们把普遍概念和复杂概念视为从个别知觉上升、演绎而来的。因此，一切概念都来自经验，可以从个别知觉找到最初的根源。康德把洛克、休谟对概念由来的这种看法视为"生理学由来论"。

问题是，我们为什么会（能够）从个别上升到普遍？又为什么要从个别上升到普遍？就像经验归纳论本身无法回答这样的问题：从个别如何能够归纳出一般？因为从个别到普遍总有"鸿沟"要飞越。虽然培根强调要增加中间步骤，以使归纳一步步进行，但是，这只能有助于清除归纳错误，却仍无法解决"步与步"之间的跨越问题。经验主义陷入困境的地方正是超验哲学开始和容身的地方。把天赋知性当做一切先验（纯粹）

---

① 康德：《纯粹理性批判》，A66，B90—91。

概念的源泉,意味着我们首先具有一些普遍的基本概念,我们才能从个别上升到普遍,也才有必要从个别上升到普遍,因为先验概念要求进行综合统一。从个别到普遍,实际上只不过是普遍概念的一种综合统一活动。

既然纯粹概念是从知性中产生出来的,那么究竟有哪些纯粹的先验概念,我们又从何处着手去追寻这些概念? 或者更确切地问:我们是否有什么线索来寻找和确定这些概念?

这个具体的线索就是判断。知性与感性是人类的两种认识方式。感性知识是一种直观知识,而知性则没有直观能力,因此,知性知识一定是一种概念知识,或说是一种通过概念获得的知识。而所谓概念知识必定就是一种判断,因为任何以概念形式出现的知识本身就包含着判断,它之所以是概念知识,就在于它包含着对主词物的规定或述说。如果说知性活动就是给出概念知识,那么,"我们可以把知性的一切活动都归结为判断,因此,一般知性可以被表象为一种进行判断的能力"①。概念是判断的基础,判断只不过是概念的展开。知性活动作为概念的展开、展现或运用,是为判断活动。因为任何判断无非就是对主词物的述说,这种述说既是主词物的可能性存在的展开,也是概念本身的意义的展开、显现。这是同一回事。因此,我们也可以说,判断需要能作为宾词的概念,只有概念才能成为宾词,才能把主词物的可能意义展现出来;而任何概念,包括纯粹先验概念,如果要展现其意义,它也必须成为宾词(Prädikat),必须置身于宾词位置中。

在这里,概念与判断显出了某种对应关系。这表明,如果能找出最基本的对应关系,就能根据这种最基本的对应关系去寻找最基本的先验概念。这种最基本的对应关系就是统一功能。"在每一种判断中都有一个对许多表象都是有效的概念,它包含着这诸多表象中的一个被给定的

---

① 康德:《纯粹理性批判》,A69,B94。

表象,这个给定的表象作为最初的表象而直接关联到对象……因此,一切判断都是一种在我们的诸表象间进行统一的功能(活动)(Alle Urteile sind demnach Funktion der Einheit unter unseren Vorstellungen);由于不是直接的表象,而是一个包含着这种直接表象以及更多的种种表象于自身的更高表象被使用于认识对象,所以,许多可能的知识才因此被集中于一个知识中。"①任何判断活动都是一种统一活动,即把诸多表象统一在一个表象下的活动,使诸多表象能在一个共同的表象下显示一个共同的意义(规定性)。比如说,"人是一种动物",在这一判断中,"动物"这一概念作为一个表象对于各个人的表象都是有效的(当然对牛、羊、马以及飞禽走兽的表象也都是有效的),各个具体的人的表象都被统一在"动物"这个概念(表象)下,使人这一存在者显示出在物种分类中的位置和意义。

这意味着判断必定要有一个具有统一功能的概念,或者说,要有一个能作为宾词的概念。一个概念之所以能作为宾词,就在于它不仅仅与一个表象相对应,不仅仅只包含着一个表象,相反,它包含着许多其他表象,或说,它对这些表象都是有效的,借助于这些表象,它可以关联到不同对象,使这些对象汇集到这一概念下,为这一概念所判断。②

所以,使用概念进行的判断活动必定是一种统一活动:把诸表象统一到一个概念(表象)下。每一种判断就是一种统一活动,有多少种概念就会有多少种判断,从而就有多少种统一模式或统一类型。判断的种类在根本上是由概念的种类决定的。因此,我们可以反过来推论说,有多少种判断类型,就意味着有多少种类的概念。因此,要找出和确定

---

① 康德:《纯粹理性批判》,A68—69,B93—94。
② 实际上,每个概念都必定能成为宾词,它才是一个概念,否则,它就只是一个名称或符号。也可以说,凡能作为宾词的,一定是概念。即使在"树是树"这一同一判断中,宾词位置上的"树"也已是一个概念,而完全不同于主位上的"树"。主位上的"树"完全可以用"这"或"那"来代替,它所表达的是一个自在的存在现象,无规定的存在现象。而在宾位上的"树"则已是从这个自在存在中抽取出来的一个表象,它对于所有树的表象都是有效的。

知性的纯粹概念——正是它们决定了判断的类型，也就完全可以以判断（的类型）为线索。于是，超验逻辑学便面临着对判断进行分类的任务。

§ 45

但是，要对判断进行分类，显然只能从形式着手。康德说："如果我们抽去一般判断的一切内容，而只注意判断中的纯粹知性形式，那么，我们发现，思想（知性）在判断中的功能可以归在四个标题下，每个标题又包含着三个要素类型。"[1]如果单从判断的形式来对判断进行分类，那么，判断可以分为四大类型，每一种类型又包含着三种判断形式：

① 判断的量（Quantität），或者说从量的角度区分判断，可得出三种形式的判断：a. 全称判断；b. 特称判断；c. 单称判断。

② 判断的质（Qualität），即从质的角度区分判断，则判断有：a. 肯定的判断；b. 否定的判断；c. 无限（定）的判断。

③ 判断的关系（Relation），也即从关系角度区分判断，则判断有：a. 定言判断；b. 假言判断；c. 选言判断。

④ 判断的模态（Modalität），或说从模态角度区分，判断可分为：a. 或然判断；b. 实然判断；c. 必然判断。

也就是说，我们可以从量、质、关系、模态四个方面或说四个角度去区分判断，从而得出十二种形式的判断。但，我们要问的是，凭什么允许我们从这四个角度或四个方面去区分判断？为什么恰恰是从这四个方面而不是从更多或更少的方面去区分判断呢？一句话，这种区分的根据是什么？

在康德这里，这一依据是这样来的：如果我们对某一判断进行分析，抽掉它的所有内容，单从形式上去考察这一判断，那么，我们就会发现，

---

① 康德：《纯粹理性批判》，A70，B95。

每个判断都包含着量、质、关系和模（样）态，都是从量、质、关系和模态的角度（方面）出发进行统一活动。判断可以有无限多，但不管什么判断，它们都一定是从这四个方面去进行统一的活动，因而可以从这些方面来区分和规定判断的类型与形式。

这等于说，只要有判断，它就必定包含着量、质、关系和模态这些类型概念。正因为量、质、关系、模态是由知性给出来的概念类型（形式），因而事物能够在这四个方面获得统一性的规定而成为自身同一物，判断才是可能的。也就是说，实际上是量、质、关系和模态这些先验概念类型（形式），使判断的统一活动成为可能的，所以，我们有理由从这些概念类型方面来区分判断。康德在这里实际上是采取倒溯或还原的办法来获取知性的概念类型的：量、质、关系、模态是由知性单独给出的概念类型，它们构成了一切判断的基础，但我们却是从判断那里分析出这些概念类型的。当我们抽去判断的一切内容之后，我们可以发现，一切判断都是从这四个方面去规定事物的。

这里必须特别加以讨论的是，在传统逻辑学和哲学里，模态（或样态）并不被作为一种独立的概念类型，因而并不从模态角度去划分判断，或说，并不把模态当做判断的一种类型。那么，康德为什么把模态当做判断的一种基本类型呢？康德解释说："判断的模态是判断的一种十分特殊的功能。它的显著特征就是，它不增加判断的任何内容，因为除了量（Grösse）、质、关系以外，再无其他东西能够成为判断的内容：它（判断模态）只涉及系词（Copula）在与思维一般的关系中的评价（Wert）。"①传统逻辑学（哲学）之所以只讨论量、质、关系，是因为只有量、质、关系决定判断涉及内容的方式，而判断的模态则不增加判断涉及内容的方式。只要有量、质、关系这些概念形式或超验意义，事物就能成为自身同一物，成为判断的对象，判断也因此能关联到对象。如果没有量、质、关系这些

① 康德：《纯粹理性批判》，A74，B100。

概念形式,就不会有具有自身同一的对象给予我们,就不会有逻辑。判断只能涉及事物的量、质、关系方面的规定性,除此之外,判断不会有更多方面的内容,就因为事物只在量、质、关系这些概念形式中给予我们,而与模态无关。

虽然如此,判断的模态仍是至关重要的。判断的模态虽然不增加判断的内容,却涉及系词的评价,即系词在与思想(维)发生关系时的评价。所谓系词的评价,也就是事物通过系词与思想发生的关系类型。这种关系类型就是判断的模态(样态)。事物与思想的关系有三种类型,这就是:可能性、真实性和必然性。也就是说,思想与事物总是处在这种关系模态中,判断因此有相应的三种模态:或然(problematische)判断、实然(assertorische)判断、必然(apodiktische)判断。在或然判断中,人们把肯定或否定视为可能的(可取舍的);而在实然判断中,肯定或否定则被视为真的(wahr);在必然判断中,肯定或否定则被视为必然的(notwendig)。肯定或否定是思想与对象的关系,这种关系或是可能的,或是真实的,或是必然的,除此之外,再无其他关系类型。它们在判断中就体现为判断的模态。

这也就是说,判断模态虽"不增加判断(思想)的内容"——不增加判断(思想)涉及内容的方式:不管思想与对象处于可能性这种关系类型,还是处在真实的或必然的关系类型中,对象都只呈现出量、质和关系这些方面的内容,而不可能在其他任何概念形式中呈现出来,但是,判断的模态却体现着思想与对象的关系类型。显而易见,这些关系类型必定在我们的知性中有其先验根据,这就是模态概念形式。因此,判断的模态与量、质和关系有同样的理由成为超验逻辑学的对象。

以上我们讨论了如何从分析判断的(统一功能的)类型来获取概念类型,那么,又如何从这些概念类型获取先验概念(范畴)呢?

第二节 范畴及其完整性

§ 46

所谓概念类型,也就是纯粹的概念形式,而不是纯粹概念本身;它们是知性(思想)进行统一活动的基本方式。纯粹概念并不是现成地储存在知性当中,而是在知性的纯粹综合活动中给出来的。在这里,纯粹概念的纯粹性并不在于它们的纯形式性,而在于它们的非经验性,或说在于它们的先验性。纯粹概念是有内容的,只不过是一种先验内容,而不是经验内容。知性的综合活动首先就是对先验材料的综合。因此,为了澄清如何从概念形式(类型)获得先验(纯粹)概念,必须首先讨论"综合"问题。

> 我在最一般的意义上把综合(Synthesis)理解为把不同的表象归置在一起,并把它们的杂多材料(Mannigfaltigkeit)统括(begreifen)在一个知识里的行动。如果杂多材料不是经验地被给予的,而是先验地被给予的,就像是在时间和空间里被给予,那么,这样的综合就是纯粹的(Eine solche Synthesis ist rein, wenn das Mannigfaltige nicht empirisch, sondern a priori gegeben ist〔wie das im Raum und in der Zeit〕)。[①]

这里,康德有一个很"特殊的说法",就是"先验被给予的杂多"。什么叫"先验被给予的杂多"?先验被给予也就是在先被给予。在什么之先呢?在经验之先,在对象作为具有自身同一性意义上的对象给予我们之先。对象必须首先作为具有自身同一性的对象给予我们,我们才能经验这一对象,才有关于这一对象的经验。在这个意义上,作为纯粹直观的时间和空间所包含的杂多就是先验杂多,或者说,纯粹直观中的杂多

---

① 康德:《纯粹理性批判》,A77,B103。

是先验被给予的。这里特别值得指出的是，在一般理解当中，杂多总是后验的，怎么会是先验的呢？因此，对康德《纯粹理性批判》中两个很关键的地方常出现理解和翻译上的歧义。

一个地方是 A77＝B102 的一段：Raum und Zeit enthalten nun ein Mannigfaltiges der reinen Anschauung a priori，gehören aber gleichwohl zu den Bedingungen der Rezeptivität unseres Gemüts，unter denen es allein Vorstellungen von Gegenständen empfangen kann，die mithin auch den Begriff derselben jederzeit affizieren müssen. 蓝公武的中文译本把第一句译为："空间与时间包含纯粹先天的直观杂多……"①牟宗三的中译本译为："空间与时间含有一种纯粹先验直觉的杂多……"②他们都把 a priori 理解为修饰纯粹直观。但纯粹直观本身就是先验的，并无需要再用 a priori 来说明。实际上，这里的 a priori 与前面一段引文中的那句"Wenn das Mannigfaltige nicht empirisch，sondern a priori gegeben ist"一样，都是要说明这里的杂多是先验的杂多。因此，这段应译为："空间和时间包含着纯粹直观的先验杂多，但它们（时-空）同时又是我们心灵的感受性条件——只是在这种条件下，心灵才能接受关于对象的表象，因此，这种条件必定影响对象的概念。"这里，"对象的概念"就是使……成为对象的概念。正因为时空包含着纯粹直观的杂多是先验的杂多，时空才能对给出先验概念，也就是使……成为具有自身同一性之对象的概念产生影响。

另一个引起误解的地方是 A79＝B104 一段：Das erste，was uns zum Behuf der Erkenntnis aller Gegenstände a priori gegeben sein muβ，ist das Mannigfaltige der reinen Anschauung. 蓝公武译本为："以一切对象之先天的知识而言，其所必须首先授与者，第一为纯粹直观之杂多。"③

---

① 康德：《纯粹理性批判》，蓝公武译，商务印书馆 1960 年版，第 85 页。
② 康德：《纯粹理性批判》，牟宗三译，台北：台湾学生书局 1983 年版，第 206 页。
③ 康德：《纯粹理性批判》，蓝公武译，商务印书馆 1960 年版，第 86 页。

牟宗三译本为："那为了一切对象的先验知识而必须首先被给予者乃是纯粹直觉的杂多。"①他们都把 a priori 归给了"对象的知识"，实际上，这里的 a priori 与前引那句"Wenn das Mannigfaltige... sondern a priori gegeben ist"一样，都是说明 gegeben 的，因此，这句话应译为："对于一切对象的知识来说，第一要素是纯粹直观的杂多，它必须先验地被给予我们。"这里强调的仍然是纯粹直观的杂多的先验被给予性。人们之所以不情愿把 a priori 归给杂多，就在于人们总把杂多视为经验的。然而，"先验杂多"或"先验被给予的杂多"恰恰是理解康德有关纯粹知性概念起源问题的关键。对于这种先验杂多的综合就是一种先验综合或叫纯粹的综合，知性就在这种纯粹综合活动中给出知性概念。"我把这种综合理解为以一种先验的综合统一性(die synthetische Einheit a priori)的根据为基础的综合。"②

也就是说，纯粹综合产生纯粹的知性概念，而这种纯粹综合则是以先验的综合统一为基础。综合要有综合的动力和根据，这种根据就是先验的综合统一或先验的一致化。那么，这种先验的综合统一又是什么呢？它来自什么地方？来自知性的概念类型或概念形式，即量、质、关系和模态。它们实际上就是一种"超验意识"。由于它们被引入对直观中的先验杂多的综合统一，因此才产生出知性的纯粹概念：

> Derselbe Verstand also，... bringt auch，vermittels der synthetischen Einheit des Mannigfaltigen in der Anschauung überhaupt，in seine Vorstellungen einen transzendentalen Inhalt，weswegen sie reine Verstandesbegriffe heißen，die a priori auf Objekte gehen，welches die allgemeine Logik nicht Leisten kann.
>
> ［这同一个知性……借助于对一般直观中的杂多材料的综合统一而把

① 康德:《纯粹理性批判》，牟宗三译，台北:台湾学生书局 1983 年版，第 207 页。
② 康德:《纯粹理性批判》，A78，B104。

超验内容引入它的诸表象中，因此，这些表象可视为纯粹的知性概念，并可先验地涉及（关联）到客体。这是普通逻辑学所做不到的。]①

知性首先是在一般直观中发挥统一性功能。它通过想象力（Einbildungskraft）对一般直观中的先验杂多进行综合统一，形成各种统一性的表象，也即使这些表象成为"质的表象"、"量的表象"、"关系的表象"或"模态的表象"。知性赋予直观中的不同表象以统一性，就是使直观中的诸表象有所属：或为质的表象，或为量的表象，或为关系或模态的表象。

知性把一般直观中的先验杂多综合统一为质的或量的表象，也就是把超验的内容或超验的意义引入直观表象中，使直观中的表象获得超验的意义，或说使直观表象统一于超验意义（概念类型），从而形成质的表象、量的表象或关系、模态的表象。这种获得了超验意义因而具有统一性而具有统一功能的表象就是纯粹知性概念：质方面的概念、量方面的概念及其他。

具体地说，当知性用量这种超验意义去统一直观中的表象时，直观中的诸表象就被统一在三种可能的概念下：单一性（Einheit）、多样性（Vielheit）、全体性（Allheit）（一、多、全体）；或者说，当知性用量这种超验意识去综合统一纯粹直观的先验材料时，就必定给出单一性或者多样性、全体性这三个纯粹概念。当用质这种超验意义去统一直观表象时，那么这种表象就被统一在这些概念之下，或说便形成这些概念：实在（Realität）、虚无（Negation）和限制（Limitation）。而当以关系（Relation）这种超验意义（识）去统一表象时，则形成这样一些概念：依存与实体的关系（Inhärenz und Subsistenz）、原因与结果的关系（Kausalität und Dependenz）、主动与被动的交互关系（Wechselwirkung zwischen dem Handelnden und Leidenden）。当以模态的超验意义去统一直观表象时，则会给出可能性与不可能（Möglichkeit und Unmöglichkeit）、存在与不存在（Dasein und Nichtsein）、必然性与偶然性（Notwendigkeit und

---

① 康德：《纯粹理性批判》，A79，B105。

Zufälligkeit)这些概念。

也就是说,这些纯粹知性概念是知性通过把超验意识引入直观表象之后产生的。如果没有超验意识(量的意识、质的意识、关系的意识和模态的意识),也就不可能对直观表象进行纯粹的综合统一,因而不会有纯粹知性概念。对直观的先验材料的任何纯粹综合,都必须以知性的超验意识的综合统一性功能为前提,我们正是在这种纯粹的综合活动中给出纯粹知性概念。

这里,最显而易见的是,这些纯粹知性概念是有内容的概念:在量、质或关系、模态这些超验意识的前提下对纯粹直观中的先验杂多的综合统一,也就意味着把"超验内容"引入了知性表象,这种引入了"超验内容"的知性表象就是纯粹知性概念。只有借助于量、质这些超验意识对纯粹直观中的先验杂多的综合统一,直观中的先验杂多才能成为"超验内容"而构成了纯粹知性概念的要素。纯粹概念的纯粹性不在于它的纯形式性,而在于它的非经验性或先验性。

知性或者在判断中进行其统一功能,或者在直观中完成这一功能。但如果没有纯粹的知性概念,也就不可能进行任何判断。在这个意义上,知性在判断中进行的统一功能是以它在直观中进行了统一功能为基础的。事物必须首先获得量、质、关系等方面的规定性,在量上或者为一,或者为多,或者为全体;在质上或者为实在,或者为虚无,或者为限制,等等。也就是说,事物必须首先得到这些纯粹概念的规定,我们才能对这一事物作出判断。知性只能以分析的方式完成它在判断中的统一性功能。因为知性只有对不同的概念表象进行分析,才能确定它们之间的(形式)关系,从而把这些不同概念表象统一在一些逻辑概念下,比如"如果……则……"、"一切"或"肯定"等等逻辑的形式概念。

如果说知性在判断中的统一是通过逻辑的形式概念来进行的,那么知性在直观中的统一活动则是通过超验的概念形式或概念类型,也即所谓"超验意义"(质、量等)去完成的。因此,知性在直观中的统一功能不是普通逻辑学所能说明的,只有超验逻辑学才能说明。普通逻辑学是分析的,而超验逻辑学则是综合的。它要说明,知性如何在纯粹的综合统一中产生出自己的先验纯粹概念。

我们发现,在康德这里,所谓 Begriff(概念)似乎有三个等级:经验概念,纯粹概念(诸如一、多、全体、实在、虚无、依存与实体等等),概念类型或类型概念(诸如量、质、关系和模态)。前两者都是"综合的",它们都以第三者为最后基础。

康德认为,知性的纯粹概念的数目与一切可能判断的逻辑功能(类型)一样多。为什么呢? 康德说,是因为知性正好被这些判断功能所穷尽。[①] 这个回答有些勉强,因为我们要问:为什么知性就正好被这些判断功能所穷尽呢? 根据什么来判定知性正好被这些判断功能所穷尽? 不过根据康德前后的论述,我们也许可以作出这样的回答:判断是以纯粹的知性概念(先验宾词)为基础的,恰是它们决定了一切可能判断的功能类型,所以,从判断的功能(类型)可以反过来知道有多少个纯粹的知性概念。

这样,康德也就给出了十二个纯粹知性概念,也就是所谓"范畴表"。"这个范畴表就是知性先验地包含着的所有本源(ursprünglich)的纯粹综合概念之清单。知性因有这些概念,它才是纯粹的知性。因为只有通过这些概念,知性才能理解(verstehen)直观杂多中的某物,也即才能思考一直观客体。"[②]在康德看来,这十二个范畴就是全部最本源的概念,它们构成了知性的完整性功能。除此之外,知性再无其他概念。问题是,即使知性的确再无其他概念,这些概念为什么就构成了知性的完整性(Vollständigkeit)? 知性之区别于感性就在于它是概念性的存在,它的存在活动就是一种独立的概念活动。"纯粹知性不仅独立于一切经验的东西,而且完全不同于(sondert von)一切感性。所以,它是一个自为自足的持存

---

① 参见康德《纯粹理性批判》,A79,B105。
② 康德:《纯粹理性批判》,A80,B106。

统一体,无需任何外来的附加物来增补它。"①纯粹知性虽然需要引入超验的感性内容才能给出纯粹的综合概念,但是,能给出多少种类的这种纯粹概念则完全是由知性独立决定的。因此,概念的完整性也就是知性的完整性。

那么,我们何以知道由十二个纯粹综合概念组成的范畴表就是一个完整的概念体系?或者说,我们何以知道除了这十二个概念以外,知性就再无其他本源概念?我们是这样知道的:知性的一切判断活动都是以纯粹知性概念为基础。我们从判断就形式而言具有四大类十二种形式可以确切知道,知性只有四大概念类型十二种纯粹概念,即十二个范畴。

§ 47

作为一个完整的知性概念表,十二个范畴完全覆盖、囊括了纯粹知性的整体领域。因此,这个概念表也是一切科学的完整性的前提和基础。任何一门科学的完整性都不可能通过试验所产生的某种组合事件来获得;一门科学是否完整,通过试验是无法得到澄清的。每门科学都有自己的领域,有自己的功能和目标,它的完整性就在于它的活动能囊括自己的全部领域而没有遗漏。科学的这种完整性显然不可能通过自己的试验性活动来揭示,只有通过知性的完整性概念系统来保证。

康德这里强调纯粹知性的概念表的完整体,是为了奠定各门科学的完整性的基础。各门科学必须在这个完整的概念系统基础上活动,才能保证它们各自的完整性,保证它们在各自的领域完成自己的任务。

在康德时代,(数理)科学知识成了最可靠的知识,科学揭示出的数理世界成了最可靠、最强有力的世界。因此,作为一切科学之基础的知性被视为人的基本生存内容,人的存在主要是一种知性存在。在天地间,人的主要角色就是一个认识者,也即说,认知者是人的一个被抛的主

---

① 康德:《纯粹理性批判》,A65,B90。

要角色。相应而言,科学是我们人类最主要的一种生存方式,或者从另一个角度说,科学是万物显示和存在的最主要的、最可靠的方式。纯粹知性的范畴表就是万物的真理性存在(显示)的本源方式。因此,超验逻辑学作为科学之基础,也就是一种存在论——关于万物的真理性存在的方式的学问,也即万物的本源性存在方式的学问。

这里我们可以发现,现代哲学,特别是以海德格尔为代表的存在哲学不同于近代哲学的一个重要方面就是,海德格尔这些现代哲学家不认为知性或笛卡尔意义上的理智是人的基本生存,知性不构成人的生存基础。相反,人的生存基础恰恰是非知性的,非认识性的,而是直接的纯粹意识或觉识。这种直接的纯粹觉识(如海德格尔所说的 Sorge:忧)的完整性保证了人的存在是活生生的存在,是自由的、超越性的生命。不过,康德与海德格尔都强调基础存在的完整性。海德格尔强调基础之完整性,是为了保证这种基础存在的本源性、生命性,因为唯有整体性的生存才是生生不息的生命;而康德强调基础之完整性则是为了保证这种基础的可靠性和绝对性。

既然知性构成了人类的基本生存(当然不是唯一的生存),或者更确切地说,构成人类基本生存的一个主要方面,那么,知性范畴也就是我们与他者共在的基本方式。这种共在方式就是"主-客"关系。当我们置身于知性这种生存方式时,那么,我们就是以认识者,以认知主体的角色出现,而他者(他物)则是以客体的角色出场。因此,如果说知性或理智是我们人类的本质生存或唯一的基本生存,就像前康德的"理性主义"哲学家所主张的那样,那么也就意味着,主体是人的本相身份或唯一正当的身份,而他者的真实存在就是它的客体性存在。这当然是康德所要反对和克服的。康德的超验逻辑学对知性的分析在根本上揭示了主-客体关系的本质,而对知性的限制则在根本上否定了主体的本相地位。那么,主-客体关系究竟是一种什么关系呢?或者说,当我置身于知性这种生存方式时,对我和对他者来说,究竟意味着什么呢?

主-客体关系就是一种判断关系。我置身于知性这种生存方式中，在根本上意味着我置身于判断活动中。因为作为一种生存（Existenz）方式，知性活动就是给出概念的活动，就如超验感性活动是给出直观的活动一样。而任何给出概念的活动同时也就是一种判断活动：让他者在某一表象（比如量的表象）中显现出来，或者说，让他者显现为某一种统一的表象，从而作为某物存在。这就是平时所谓的规定活动或判断活动。知性总是也只能是用质、量、关系和模态这些超验意识去表象（意识）和统一他者，使他者被当做（被意识为）仅仅是被统一了的直观-表象中那个样子，也即使他者获得了质、量、关系、模态方面的绝对属性，并仅仅以这种属性出现，仅仅作为这种属性存在。具体而言，当知性用量这种概念类型去意识、表象他者时，或者更确切地说去意识他者在直观中的表象时，他者不是呈现为单一性的东西，就是呈现为多样性的东西，或者是一全体；而当知性以质这种概念类型去表象他者在直观中的表象时，他者或者呈现为实在，或者呈现为虚无，或者为限制性的东西。在关系意识和模态意识的表象中，他者也分别有三种可能性规定。任何事物都必须首先获得这些超验的类型意识（量、质、关系和模态）的绝对规定，这一事物才能是（被意识为）这一事物，也即才会有"A 是 A"这样的自身同一物。在这里，A 是 A，实际上是说：A 被意识为 A，"A 是（在）"仅仅被规定、被当做或被把握为我的超验意识所呈现、所表象的那个样子。举例来说，月亮在，表明的是有一自在物来相遇，它在（existiert），它出现了，它到来了，仅此而已。它让我"看见了"，但它不仅仅是我所"看见"的那个样子，它不仅仅是它向我显现的那样子，它恰恰在这种显现中表明它要比它之显现多；而一旦我启用量、质这些超验的类型意识去表象来相遇的月亮，那么，月亮也就被意识（确定）为"这个月亮"：月亮仅仅被意识为它在表象中的那个样子。于是，在知性的这种超验意识活动中，月亮不再是"月亮在"这种相遇中的月亮，而是"这是月亮"或"月亮是月亮"这种定义中的月亮。换句话说，在这里，月亮不再是自在物的月亮，而是自身同一物的月亮。

　　自身同一物即是第一定义物或第一判断物。任何事物必须首先成为第一定义物,才能进一步成为其他判断物,即成为其他判断的对象;也可以说,任何事物一旦被构造为自身同一物,也就意味着它成了判断的对象,它也就存在于判断中,并以判断的方式展开自己的存在。因此,如果说是知性的超验的类型意识(概念)才使事物获得了自身同一性,才使事物成为自身同一物,那么,也就是说,正是知性使事物成为客体或对象,使我们与事物处于主-客体关系中。当我们置身于知性这种生存方式时,也就意味着我们与他者处在一种判断的关系中:我们既把自己置于判断中,也让他者进入判断中,在判断中共在或对接(richtigen)。① 判断并不仅仅是对对象的可能性存在的展开与呈现,而且也是对陈述者的可能性存在的领会与开显。

　　对于一事物的判断可以不断进行下去,但是,不管判断进行到什么地方,都是以知性的四种超验的概念类型(量、质等)为基础的。因为构成一切判断之出发点的自身同一物只有在知性的这种超验的概念类型中才能被构造出来。而知性的概念类型具体展现为十二个范畴,因而知性是通过这些范畴来给出自身同一物的。在这个意义上,十二范畴是使一切事物能够成为自身同一物的先验根据,或者说,是使一切事物能够成为宾词物的先验根据,所谓宾词物,也就是客体物,它丧失了主位,不再在自己位置上(an sich),而是在宾位上展现其存在。自身同一物(A是 A)作为第一定义物,也就是第一宾词物。如果说知性是我的一种生存方式,那么,宾词物就是事物的一种存在方式,因此,十二范畴也就是一种存在论宾词:它们是使一切事物成为可能的宾词物,或说,使一切事物以宾词物角色存在成为可能。任何事物只要以宾词物方式存在,它就必须借助于知性范畴,就必须通过这些范畴来呈现自己。

---

① 关于判断者(陈述者)如何在判断中与对象"对接"(richtigen)的讨论,可参见作者的《真理的本质与本质的真理——论海德格尔的真理观》一文,载《中国社会科学》1999 年第 2 期。

因此,知性范畴不仅仅是一般的认识活动的前提,而首先是一种存在论宾词,是事物以宾词角色存在的先验根据,或者说,是事物保持在宾位上这种存在方式的先验前提。这里,知性范畴首先是使一种存在方式成为可能。从知性角度说,范畴是使事物成为对象成为可能,从他者角度说,只有通过范畴,事物才能以宾词物或对象物的方式展现其存在。

第三节　存在论宾词演绎的必要性及其原理

§ 48

纯粹知性范畴作为存在论宾词,是我们不得不使用的概念。只要我们要与对象打交道,就必须使用这些概念,因为只有通过这些概念,我们才能思想对象,才能与对象发生思想性的关联(Beziehen)。问题是,作为存在论宾词,这些纯粹概念是对象事物向我们显现、存在的方式,它们先于对象,因而不可能来自对象,那么,它们又如何能关联到对象呢? 或者说我们如何能把它们运用于对象? 这也就是我们合法(正当)地使用先验概念的权力问题:我们使用这些概念是否是在我们的权限-权力(Befugnisse)范围内? 我们从什么地方可以获得使用这些概念的合法性根据?

我们可以很自然很清晰地使用诸如"动物""白马""物体"这类概念,因为它们在经验里都可以找到自己相应的实在性对象。如果有人怀疑我对"动物"这个概念的使用的合法性或正当性(die Rechtmäβigkeit),那么,我只需向他指出这个概念的经验实在性,就可以打消他的疑虑。一切经验概念的使用的合法(正当)性根据就在于概念的经验实在性。也就是说,只要援引经验事实就可以说明一个经验概念使用的合法(正当)性。

但是,对于先验(在先)概念的使用却不可能在经验中取得这种使用的合法性根据,因为在经验中找不到先验概念的客体(对象)。比如,单一性这一先验概念在经验中没有纯粹的单一事物来与它对应：在经验中只有具有单一性规定（性质）的事物，而某物之所以有单一性这种规定，恰恰是以单一性这一先验范畴为前提。那么，我们凭什么理由可以把先验概念使用于对象呢？我们有什么"权力"（Befugnisse）去这样那样使用先验概念？阐明先验概念的使用的合法性根据，就是康德所谓的先验概念的演绎。

康德自己说："在构成人类知识的复杂网络的众多概念中，有一些概念完全独立于所有经验，对它们的使用是一种先验（a priori）的纯粹使用。这种先验使用的权力需要演绎。因为根据经验去证明这样一种使用的合法性（正当性）是不充分的；人们必须知道：这类概念是如何能关联（涉及）到它们无法从经验中取得的客体呢？我把对概念所以能先验（a priori）地关联到对象的方式（die Art）的阐明称为概念的超验演绎（die transzendentale Deduktion），并将它与经验演绎（die empirische Deduktion）区分开来。所谓经验演绎就是阐明一个概念如何通过经验和对经验的反思而被获得的方式，因此，（经验演绎）与合法性（正当性）无关，而只与概念产生的事实相关。"①

康德在这里表达了两层意思：① 对先验概念的使用的合法（正当）性问题也就是先验概念如何能够关联或涉及它们的客体的问题。也就是说，说明了先验概念关联其客体的方式，也就阐明了我们使用这类概念的合法性理由。② 对先验概念的这种阐明就是先验概念的演绎，但这种演绎不是经验演绎，而是一种超验演绎。经验演绎（阐明）不能完成合法性说明，或说不能为合法性提供理由。因为合法性的理由最终必定追溯到先验（在先）的条件。如果我们参照康德使用演绎（Deduktion）这一概念的法学背景，那么，这一层意思就会更清楚。康德实际上是从法学中借用"演绎"这一概念的。他在讨论纯粹知性概念的演绎时一开始就说：

---

① 康德：《纯粹理性批判》，A85，B117。

"当法学者论及权限(Befugnisse)与过分要求(Anmassung)时,总是区分法律行为(Rechtshandel)中的两个问题,即法律方面的问题和关于事实方面的问题,并且当要求对两者进行证明时,他们就把对前者的证明,即应当对权限作出说明,也即对合理要求(Rechtsanspruch)作出说明的那种证明称为演绎。"①一种行动是否属于自己的权限范围内,是否属于一种合理要求,其证明不能靠经验事实来支持,而必须靠法律条文本身,最终则是靠基本大法的原理,即必须从最高的在先原理那里获得根据。这种阐明一个行动是否合法的证明在法学上就叫演绎。康德在讨论纯粹知性概念的演绎时就是在"阐明使用纯粹知性概念之合法性"这个意义上使用演绎这一概念。纯粹知性是先验的,因此,作为对使用这种先验概念之合法性的阐明,先验概念的演绎必定是一种超验演绎。

简单地说,演绎就是一种合法性证明。纯粹知性概念的演绎就是对这类概念之存在及其使用的合法性的证明。从根本上说,也就是要阐明:这类概念是如何给出来的? 我们之所以能够(合法地)使用这类概念,我们使用这些概念之所以是属于我们的"权限"范围内的事,是因为我们作为"主体"能够给出它们。从另一个角度说,"如何给出纯粹知性概念"这个问题同时也就是"这些概念如何关联到其客体"的问题。因为在这里,"主体"要给出的虽然在经验中没有相应客体,却涉及使经验客体得以成为经验客体的条件的那类概念,而不是诸如飞马、方的圆这类既在经验中找不到相应的客体,也不涉及经验对象给予我们的方式的幻象性概念。也就是说,"主体"要给出的是那些具有客观有效性(die objitive Gültigkeit)的概念;它们先于经验,独立于经验,但它们却是一切可能经验的条件;它们不能在经验中找到相应客体,但是,一切经验客体都必须通过它们才能成为我们的经验客体。

因此,对纯粹知性概念的超验演绎实际上要解决的是一个一而二的问

---

① 康德:《纯粹理性批判》,A84,B116。

题:如何给出这些概念,即这些概念如何关联对象或如何使经验对象成为可能? 所以,康德说:"所有先验概念的超验演绎有一条整个研究工作都必须遵循的原则,这就是:所有先验概念都必须被承认为使经验(Erfahrung)成为可能的先验条件,不管它们是在经验中被遇见的直观的概念,还是思想的概念。这些给经验之可能性以客观根据(Grund)的概念正是在这个意义上是必然的(notwendig)。"①超验演绎必须是、也只能是演绎那些先验而必然-必要的概念:它们不仅是先验的,而且是经验之所以可能的根据。"方的圆"这类概念是先验的,独立于经验,但它们与经验的可能性无关;对于经验的可能性来说,这类先验概念是完全不必要的,当然也就不是必然的。因此,对这类先验概念的演绎在这里也就不具有意义。所以,要使超验演绎的整个研究工作具有意义,必须遵循康德所说的那条原则。

§ 49

康德对纯粹知性概念所进行的演绎,实际上是为它们的先验性和客观有效性——必然性进行辩护:它们先于(a priori)经验,却又是一切经验的条件,它们对于一切经验都是有效的。在这里,康德主要面对的是以洛克和休谟为代表的经验主义立场。② 洛克不相信先验前提,他视一切知识都只从经验中来。他试图从经验中引出一切概念,包括康德所说的那些知性概念,比如实体、关系、因果等。也就是说,我们使用的一切概念的合法性都可以从经验中得到说明。但是,对于所有经验论者来说,共同的困难在于:既然我们只有通过经验才能认识对象事物,那么经

---

① 康德:《纯粹理性批判》,A94,B126。
② 这绝不是说康德要完全排斥经验论。实际上,近代经验论对康德产生的影响更多是积极的,这一点康德自己也是心知肚明的。所以,他对洛克给予了很高评价,认为洛克在经验范围内探讨了从个别知觉上升到一般概念的过程,是历史上的一种新尝试。而休谟对因果概念的经验主义理解更是使康德从形而上学独断论中惊醒过来。因果概念是由"主体"给出来的,这一点康德与休谟是一致的。不同的只是,休谟把它视为是主体在经验活动中给出来的,而康德则认为是主体先于经验给出的。这是他们的原则区别所在。

验之外的事物,或者更确切地说,没有被经验到的事物具有什么样的性质,与其他事物是否有关系,具有什么样的关系,这一切我们显然一概不得而知。我们显然也不能以先验概念的逻辑功能去推演事物的性质与关系,因为经验论者不相信任何先验概念(或者说,因为这样做与经验论者的前提相违背)。问题是,任何真正意义上的知识都必须具有普遍性,比如,关于某种事物的知识对于同一类其他一切事物也必须都是有效的。但是,我们无法在我们的经验中经验到一切事物;我们能经验到的事物总是有限的。那么,我们又如何能够从部分事物过渡到全体事物呢? 或者说,我们如何从关于经验中的部分事物的知识过渡到关于全体事物的知识呢?

对于这个问题,经验论有两种基本解释:一种是逻辑学解释,即求助于归纳法,另一种是心理学解释,如休谟求助于心理联想(Assoziation)。但这两种解释并没有真正克服经验论的困难,而是转移了困难。就归纳法而言,问题仍然是,我们如何能够从有限的经验事物中获得普遍性知识呢? 我们经验到一些人的生命发生终结这种现象,但我们有什么理由由此认为"所有人都会死"呢? 我们如何能够进行这种跨越? 我尝了许多苹果,它们都是甜的,但我凭什么能由此就得出结论说:"所有苹果都是甜的?"我们有什么根据进行这种由经验涉及的有限事物向全体事物跨越呢? 也就是说,归纳逻辑本身就需要加以说明和追问:我们为什么能进行这种归纳? 归纳推理是如何可能的? 实际上,这一问题也就是:经验知识如何具有经验外的效力? 或者说,从经验中获得的知识如何对没有被经验到的事物具有效力?

从根本上说,问题仍然是:经验如何能够获得普遍有效性? 显然不能从对象获得,因为一切对象都是经验的对象。那么,只能从"主体"方面获得。休谟从心理的联想活动寻找根据:经验现象的一再重现,使心理重复进行联想,从而形成一种习惯。这种习惯使经验知识具有了普遍有效性。

　　但是，习惯只具有主观有效性，而没有客观有效性。所有人的共同习惯对所有人都是有效的，却并不意味着对所有事物都是有效的。也就是说，习惯至多只具有主观方面的普遍性，而不具有客观普遍性。所以，心理学上的联想说并没从根本上解决经验论的困难。实际上，这种心理主义方向给科学的基础带来了根本性动摇——联想的习惯完全可能发生改变。这一点给康德以极大震动。

　　从先验主义角度看，所有的经验知识与经验概念都包含着统一活动；没有统一（Einheit），就不会有知识。归纳本身在表面上看就是一种从经验出发的统一活动。但这种统一活动的最终根据恰恰是先验概念（范畴）。不同的先验概念具有不同的统一功能（量的统一、质的统一、关系的统一、样式的统一）。这些统一功能是经由判断来完成的，也即说，先验概念的各种统一功能是在各种相应类型的判断中实现的。

　　我面对 a、b、c、d、e 五个东西，我断定它们为苹果。但在作出这个判断之前，我必须做了许多先行判断（统一）。首先，我必须把它们统一在某个时间和空间里，并对它们的形态作出把握。第二，我必须把它们统一到某种量下：是一，还是一些，还是全体。第三，我必须对它们的颜色、气味、质地等质方面的性状作出判断（归类），即对它们是有这样的性状，还是那样的性状作出判断。至少作了这些先行判断之后，我才能判断：这五个东西都是苹果。也就是说，"苹果"这个词被当做经验概念（宾词）来使用时，它已包含着先验前提：它已被先行赋予了时-空与质量方面的意义。任何一个语词，只要它被当做宾词（经验概念）使用，它必定已被置于先验概念的前提下，或者更准确地说，它必定包含着先验概念的综合统一的结果。必定已经有了先验概念的统一活动及其结果作为前提，一个词才能被作为经验概念（宾词）使用①，因而才有经验知识。

　　实际上，如没有先验概念作为前提，那么，即使事物能够作为现象在直

---

① 脱离了先验前提的语词只是一个符号，而不可能是一个宾词概念。

观中给予我们,也不可能有任何对象被思考,因而不可能有经验知识。我们的经验知识之所以具有普遍有效性,就在于它以先验概念的统一活动为前提。一切现象事物都是在这种统一活动中被构成为一个经验(知识)对象,即成为符合或遵循这些先验概念的对象,因而也就是说,它成了一个在"一般对象"位置上而具有一般性的具体对象。不管我们直观到还是没有直观到,也不管我们经验到还是没有经验到,只要它要成为经验知识的对象,它就必定被置放到"一般对象"位置上而具有一般性。这也就是为什么我们可以从有限的经验对象向全体可能的经验对象跨越的根据。换句话说,也就是经验知识为什么具有普遍性的原因。

通过分析康德下面这段论述可以使上面的意思更为清晰地展露出来:时间和空间是一切对象知识的前提,这是没有疑义的,因为没有时-空感性形式作为前提,也就不可能有任何对象给予我们。"现在的问题是:先验概念(Begriffe a priori)是否也作为(对象的一切知识的)前提条件而先行呢? 在此(先验概念)条件下,某物虽不被直观,却可作为一般对象(Gegenstand überhaupt)被思想;(关于)对象的一切经验知识之所以必然地符合(遵循)这些先验概念,是因为没有这些先验概念作为前提,任何东西都不可能成为经验的对象。于是,一切经验,除了感性直观(事物通过它而被给予)外,还包含某一对象(在直观中被给予或在直观中显现出来的一个对象)的一个概念。因此,(关于)一般对象(Gegenstand überhaupt)的诸概念作为先验条件也就成了一切经验知识的根据。于是,作为先验概念,诸范畴的客观有效性是建立在这样一个基础上,即经验(就其思想的形式方面而言)只有通过这些范畴才是可能的。这些范畴之所以必然先验地关联(Beziehen)到经验的对象,只是因为只有借助于它们,经验的任何一般对象才能够被思想。"①在这里,康德非常明确地阐明了两方面相互联系在一起的基本意思。

_____

① 康德:《纯粹理性批判》,A93,B126。

一方面,正如时间和空间一样,纯粹知性范畴也是一切经验知识的先验前提。如果说没有时空感性形式作为前提就不会有任何现象事物给予我们的话,那么,如果没有先验概念作为前提,就不会有任何经验对象被思想,因而也就不会有任何意义上的经验知识。在先验概念中,事物——不管它在直观中,还是尚不在直观中——是作为"一般对象"得到思想(考)的。① 或者说,先验概念包含着对对象的先行意识。用我们在前面使用过的概念也可以说,给出先验概念的活动必定就是一种让(使)……作为"对象"出现的活动。"使(让)……作为对象出现"是一切先验概念的基本功能。先验概念之所以是一先验概念,就在于它具有"使……成为对象或作为对象出现"的功能,因而能够成为宾词。不过,这里的"对象"并不是一具体的、个别的对象,而是"一般对象"或"对象一般"(Gegenstand überhaupt)。在这个意义上,我们也可以说,先验概念先行地或在先地给出了对象的一个"空位"。先验概念总是给出一个让事物作为对象呈现出来的位置,凡是要能够作为定义物或宾词物的东西,都必须被"让(lassen)"进这个位置。就这个位置上首先是"一般对象"而不是具体的或个别的现实对象而言,这个位置是一个空位。

先验概念总是虚位以待。通过这个虚位,或者更确切地说,通过给出这个空位,事物在给予我们之前,就被作为一般对象得到思想。任何现实事物要成为经验知识的对象,都必须被置入这个空位,接受这个空位的构造,现象事物由此才成为具有"一般性"的现实对象。在这个空位上,现实事物一方面因其在时-空中而是现实的(wirklich);另一方面因它是在先验概念中呈现出来的,因而是一般的、普遍的。也就是说,在这个空位上,现实事物的一切品性都是作为一般品性呈现给我们,它是一现实的一般物:它是一具体的、个别的现实事物,同时它(在思想中)呈现出来的一切又都是它的一般品性。对于所有能给出空位的先验主体来

---

① 这一点在康德的超验逻辑学里是至关重要的。

说,这些品性都是一样的。在这种空位上,事物的一切非一般性的方面都将被隐去或遮蔽。因此,在康德意义上的思想中,即在知性里,没有绝对的唯一者;在思想(空位)中呈现的任何现实事物的差异都不是绝对的,而是在某种关联视野中的一种差别,随着关联视野的变化,这种差别或者消失或者为其他差别所替代。换个角度说,在先验概念中呈现给我们的任一事物的一切规定性既是这一具体现实物的品性,却又不仅仅是它的品性,而同时是其他一些可能的经验事物的品性,因而,它的这些品性是一般品性。

这里要附带说明的是,被置入空位的"一般现实物(对象)"与先验概念所先行思考的"一般对象"的区别与关系在于,后者使前者成为可能。后者的"一般性"是先验的、必然的,却不是现实的,而前者的一般性则既是现实的,又是必然的。任何事物都必须借助于先验概念给出的空位而成为"一般的现实物",才能成为经验活动(erfahren)的对象,而不仅仅是感性感觉的对象;我们在经验关联中获得的有关它的知识才不是仅仅只是对它有效的知识,而是对在同样关联中出现的其他可能的同类对象也有效的知识。当我确认眼下的这壶水在100℃下会沸腾,那么,我的这一确认就不仅对眼下这壶水有效,它对同样关联条件下的任何一壶水都是有效的,也就是说,我们的经验知识具有普遍性,而其全部根据就是先验概念。

在康德的这段论述中,我们要加以分析阐明的另一个方面是,我们有必要加以演绎的那些先验概念是也只是这样一些概念,即具有客观有效性的那些知性范畴。而诸范畴的客观有效性仅仅在于"经验只有通过这些范畴才是可能的",或者说在于诸范畴能先验而必然地关联到经验的对象,因而使经验(Erfahrung)成为可能。那么,范畴为什么能先验而必然地关联到经验的对象呢? 因为正如前面所阐明的,这些范畴或先验概念总是先行地给出一个"一般对象",也即说给出一个让一切可能的现实对象能够在其中呈现出来的空位,这意味着任何经验对象在给予我们之前,已经在"空位"上被思考。

因此,从根本上说,先验概念的客观有效性同时也就是它们的先验(在先)的条件性存在。它们的客观有效性表明它们是先验的条件,而它们作为先验的条件性存在则表明它们具有客观有效性。这两方面问题构成了先验概念的核心内容,它们可以共同表达在"使(lassen)或让……作为对象呈现(存在)"这个概念中。对先验概念的演绎从根本上说,就是对"使……作为对象出现"这种意识活动的演绎。这意味着,先验概念必定是被作为一种"反思概念"或以反思为前提的概念来演绎。因为只有反思性概念,即一种间接性概念,才能进行"使……作为对象出现"这种构造活动。

于是,演绎我们使用先验概念的"权力"问题也就成了演绎"反思性概念"的问题。这里最后要说明一下的是,这里的演绎之所以叫超验演绎,是因为这种演绎涉及的是先验概念(Begriffe a priori),是关于先验知识的知识。先验知识是一切经验的前提,因此,关于先验知识的知识一定是,也只能是超越于经验,独立于一切经验对象,在一切经验对象之上,因而是超验的(transzendental)。如果说,先验概念是关于经验知识的知识,那么,超验演绎则是关于先验知识的知识。

第六章　我思与存在论宾词演绎

§ 50

　　存在论知识就是使……真实存在的知识,在康德这里,实际上就是使……作为真实的对象存在的知识。它不仅使他者作为现实(wirklich)的对象存在,而且使他者作为具有自身同一性的对象存在。因此,在康德这里,存在论知识不仅需要直观(时-空),而且需要思想,因而需要作为宾词的概念。因为只有通过这种概念,思想才能使(直观中的)现实事物获得非如此不可的自身同一性。这类宾词概念被我们称为存在论宾词。这是前面讨论过的问题。

　　前面我们还与康德一起以判断类型为线索,给出了存在论宾词的数目,即范畴表。但是,我们是否有权利来使用这些范畴呢? 我们使用这些范畴是否在我们的权限范围内? 换一个角度,也就是要问:这些范畴如何是对象获得自身同一性的根据? 或者,它们如何关联对象,并且是对象作为自身同一物存在的方式? 这些问题终归是这样一个问题:我们如何"给出"这些范畴? 回答这些个问题就是对范畴的演绎。在第五章,我们只是讨论了演绎的必要性,随着迫近演绎工作本身,也就进入了康德哲学中最艰难、最隐秘的部分——"我思"问题。据康德自己说,对知性的研究而言,没有比这部分研究更重要的,也正是这部分使他付出最大的辛劳。[①]

实际上,回答上面的问题也就意味着把范畴展现为存在论宾词;我思通过范畴的统一功能而使对象获得自身同一性,即成为第一定义物或第一宾词物。简单说,我思通过范畴构造出第一宾词物,使对象以第一宾词物的角色(方式)存在。因此,范畴的演绎工作可以被我们视为把范畴演绎为存在论宾词的工作。我们这里所谓"存在论宾词演绎"就是把……演绎为存在论宾词,这种演绎工作的出发点就是我思想(Ich denke)。

正如前面所说,所谓演绎在根本上就是一种先验(在先)证明或先验推证,因此,我们不能指望以发生学方式从知性的我思中"给出"范畴,而只能以逻辑方式"给出"它们。

第一节　我思与时间

§ 51

为了真正理解康德意义上的"我思",从而澄清先验范畴的"反思性质",有必要讨论"我思"与作为内在直观形式的时间的区别。作为内在直观(觉)形式,我们可以把时间理解为一种觉识,一种直接性的本源意识(Bewusstsein)。那么,这种意识与"我思"意识有何区别呢? 最根本的一个区别在于时间这种直接性意识不具有综合(Synthesis)的功能。因此,这里我们将通过讨论直观中的综合、想象力中的综合来展示时间与我思的区别与关系。

所谓"直观中的综合",并不是说这种综合是由直观(时间意识)来完

[①] 参见康德《纯粹理性批判》,"第一版序言"。

成,而是由心灵在直观中完成的。康德称在直观中完成的这种综合为感知(Apprehension)的综合。① 那么,为什么需要这种感知综合呢?

直观表象作为心灵(Gemüt)的变化形态最终都从属于时间,都在时间中。但是,单有时间,或者说仅仅停留于时间,我们就不可能把任何直观表象作为一直观表象来表象(意识)。或者说,直观表象就无所谓是一个表象还是多个表象,甚至无所谓这个表象还是那个表象。因为要把直观表象作为一个(这个)直观表象来意识,必须把这一直观中的杂多作为一个杂多总体来意识。康德说:

> 每个直观都包含着一个杂多总体(ein Mannigfaltiges),但如果心灵(Gemüt)不在印象的相续(Folge)中划分(unterscheiden)时间,此杂多就不可能被作为一杂多总体来表象,因为作为瞬间(Augenblick)所包含的印象,每一表象只能是绝对的统一性,而不可能是别的。

> 要从此杂多获得(内在)直观的统一性(就如在空间表象中的统一性),首先必须遍历(durchlaufen)杂多性,然后使之集中起来(zusammennehmmung),我称这种行动为感知的综合(die Synthesis der Apprehension),因为,这种综合是完全针对直观的。直观虽然提供杂多,但是如果不借助这里的这种综合,此杂多就不可能被作为一个杂多(总体)而包含在一个表象中得到表象。感知的这种综合必须也是先验地进行的,也就是说,就诸表象是非经验的表象而言,这种综合是先验地进行的。因为如果没有这种感知的综合,我们既不可能有先验的空间表象,也不可能有先验的时间表象,只有通过对感性在其本源的感受性中呈现出来的杂多进行综合,才能产生空间表象和时间表象。所以,我们必定有一个纯粹的感知综合。②

① Apprehension 在康德哲学中与 Gemüt 一样,是一个不甚明确的概念,它只是在这一点上是明确的,即通过它,康德最后剥夺了直观(首先是时间)的综合功能。
② 康德:《纯粹理性批判》,A99—100。

时间并不仅仅是瞬间(当下),但时间必定是通过瞬间到来的,时间以瞬间方式到时(来):时间展现为瞬间的持存、重演和相续。时间作为纯粹的感性形式,它的到时(来)同时也一定是他者(不管是心灵,还是外物)在其中的显现,否则时间本身不到时。他者在时间中的这种显现只能理解为时间对他者的意识,更准确地说,是对他者存在的意识。但是,在时间借以到时的每一瞬间里,他者只能是作为"绝对的统一性"显现出来。这里的所谓"绝对的统一性"也就是事物(他者)的某种纯粹的单一方面,比如事物的纯粹的颜色方面,或者事物的纯粹的形状方面。瞬间只能"盯住"纯粹的单一现象,只能显现事物的单一方面。瞬间之所以为瞬间(当下),就在于它显现的、它遭遇到的是纯粹的单一方面,是事物的某个"一",否则瞬间就不是瞬间,而是瞬间的相续(系列)。瞬间中不存在差异,差异的出现意味着一个瞬间向另一个瞬间的过渡,意味着时间在相续到来(时)。因此,就瞬间中给出的表象来说,它本身就是一种统一性的存在,就是"一";换个角度我们甚至可以说,瞬间总是只与单一印象相对应,因此,瞬间里的表象本身不存在统一或不统一的问题。如果时间仅仅是瞬间,因而时间的直观仅仅是瞬间的直观,那么,直观表象本身就是统一的,因为直观中的"杂多"(材料)不是多,而是一。

但是,时间并不仅仅是瞬间,而是以瞬间(当下)方式到来:在瞬间的相续中开显自己,让自己在瞬间相续中到来。瞬间的相续才构成了时间的现实性,也即显现出来的时间存在,因为只是在瞬间的相续中才把时间的过去、现在和将来一起展现出来。瞬间的相续意味着不同瞬间之间的过渡,而瞬间之不同,显然在于它们"盯住"的或遭遇的事物的方面各不相同,虽然——在康德这里——时间本身并没有意识到这种不同。因此,在时间中进行的直观必定包含着不同的、相续的瞬间,从而包含着不同的表象,也即所谓"杂多的表象"。

当我们直观一桌子时,我们在瞬间的相续中不仅直观它的颜色、形状,而且还直观它的质地以及它与其他事物的边界等等。也就是说,在瞬间的相续中给出有关桌子的颜色表象、形状表象、质地表象以及边界表象等等。但是，在康德这里，时间仅仅是感性形式，因此，在时间中给出（呈现出）有关桌子的颜色表象，只意味着我们意识到了颜色的存在，却并不把它意识为桌子的颜色，其他诸如形状、质地、边界等等表象亦复如此。这些表象在直观中是作为在相续的瞬间中呈现出来的相续印象被给予的，它们在时间中的这种相续出现并不表明我们（时间）意识到它们之间有某种关系，如果我们停留在直观中，我们甚至给不出一个关于桌子的（整体）表象。因为在时间（意识）的相续中，如果我们先是直观到桌子的颜色，那么当我们"盯住"桌子的形状时，颜色表象就会从我们的（时间）意识视野中溜掉，在此瞬间只呈现形状表象；而当我们转而直观桌子的质地或边界时，形状则马上从我们的意识中隐去。

这一方面表明，有关桌子的一切印象都是在时间的直观中被给予的，没有直观，桌子的颜色、形状等所有方面的表象都不可能给予我们；但另一方面也表明仅靠直观给不出一个关于桌子的整体表象。为什么会这样呢？这与康德对时间的理解与定位密切相关。在康德这里，时间是一种直接性意识，而且是一种被动的感性直接意识。所谓直接性意识，也就是说它是一种非反思性的意识。它与他物的存在直接处于同一性（Identität）当中：它的存在同时也是他物的显现，或者也可以说，它的显现同时也就是他物的存在（出现）。简单说，直接性意识只意识着存在，而并不意识这存在是"我"的存在，还是他者的存在。在直接性意识中，我（意识）与他物相互归属、相互维持着共在于一体。但是，由于时间在康德这里只是一种被动的感性直接意识，因此，时间只能展现为不同被给予物在其中被给予的诸瞬间的相续：不同事物，或者更确切地说，事物的不同方面对时间这种感性形式的不同刺激使时间开显为各个相续的不同瞬间，因而时间本身不具有自我同一性，它的每一瞬间都是不同的——瞬间之所以为瞬间，就在于它对应的是单一的、且不同于前一瞬间显现的事物；倘若我一直盯着桌子的颜色，那么即使外在物理刻度已过了一个小时甚至一天,对于内在时间来说则仍是瞬间(当下);而当我从桌子的形状又转向桌子的颜色时,我的时间意识不会意识到现在的颜色表象与以前的颜色表象是同一颜色表象,因为当我第一次从桌子的颜色转向形状时,颜色表象已从我的(时间)意识中溜掉,而当我再度转向桌子的颜色时,我在时间中更不可能想起第一个颜色表象,因为这需要"记忆力"的再现,但在康德这里,时间不具有这种能力。因此,对时间意识来说,每一瞬间的表象都是新的。

由于时间(意识)本身不具有自身同一性,它也就不可能去联结、统一在其中被给予的诸表象。虽然有关桌子的颜色表象、形状表象、质地表象乃至边界表象等等在直观中先后给予我们,但是如果我们仅仅停留在时间意识当中,我们就不会把它们意识为是对同一个桌子的表象,这里甚至根本就没有对桌子的意识。对于时间(直观)来说,颜色表象仅仅表明颜色的存在,此外再无他物,同样,形状表象仅仅表明形状的存在;也就是说,时间通过颜色表象而意识着颜色的存在,却并不把颜色意识为某物(比如桌子)的颜色。如果任由时间开显下去,或说,任由直观进行下去,那么,这个世界就是一个纯粹流动着的现象界,而不含有确定的、自身同一的事物。任何一个自身同一物都必定有一个能够把一些相应的杂多表象统一在自己之下的表象。这意味着必须对时间作出划分。

所谓划分时间,并不是要切割时间本身,而是要隐去时间中无关的表象,突显某一时间内的诸直观表象,以便确定总是相伴出现的现象,而排除偶然相续的现象。如果不对时间作出划分,而是任由直观在时间的开显中进行下去,那么,比如在直观桌子时,就会出现这种情况:在直观的相续表象中,不仅给出有关桌子的相续表象,而且给出与桌子无关的相续表象,因为在时间的直观活动中,根本不区分桌子与非桌子;也就是说,在直观活动中,有关桌子的诸表象与无关桌子的诸表象一起处在时间的相续系列中。对时间的划分就是对这个相续的表象系列进行划分,把相关的诸表象系列从表象系列中分离、突现出来,在这个例子中就是要把有关桌子的诸表象从与桌子无关的诸表象中分离出来。

对时间的这种划分是给出自身同一物的最初一步,这一工作当然不可能由时间本身来完成,而是由心灵(Gemüt)①来进行。通过心灵的这一工作,有关某物的诸表象才能被作为一个杂多总体得到表象,从而成为某一直观的一个杂多总体。直观本身并不把自己划分或意识为这一个直观或那一个直观,就直观本身来说,它只是在瞬间相续中给出相续表象,并不把这些表象意识为关于某物(比如桌子)的表象,因此,直观本身并不把自己分为一个个直观;只有当心灵对时间作出划分,才会有一个个直观。当我们说"一个直观"或"每个直观"时,实际上我们的心灵已对时间作出了划分,而不是就直观谈直观。没有心灵对时间的划分,我们就不可能把直观的一些相续表象作为一个杂多总体来表象(意识),但仅仅有这种划分也还不足以把直观中这些相续的杂多表象统一为直观的一个杂多总体。为了获得这种统一性——把这些相续的杂多表象作为一个杂多总体来表象,我们的心灵还必须在直观中遍历(意识)这些杂多表象,并把它们集中起来。这种遍历就如数数,把相续表象一个个联系集中起来。因此,感知的综合也可以被视为一种数学式的综合。

§ 52

由于这种遍历活动的数学式综合,我们才意识到在这个杂多总体中的诸表象是相续(相随)的,还是不相续的。在康德这里,由于时间是一种被动的感性形式(直接意识),它的到时(来)只显明他物(比如颜色)的存在,或者更确切地说,是显现时间与他物的同一性存在,并不意识到时间本身的存在。作为一种直接性意识,时间只意识着他物的存在,当颜色在时间形式中显现出来时,时间只意识着颜色的存在,而没有意识到

---

① Gemüt 也是康德哲学中一个模糊的缺乏明确阐明的概念,它似乎包含着直观(时间)与我思于自身,因此,它在一些关键的地方化解或掩盖了康德面临的难题。

自己意识着颜色而存在。简单说，时间的这种直接性意识只知道"来相遇照面的他物的存在"，而不知道"自己知道着他物而存在"；时间知道着他物而存在。或说，他物在时间中存在、显现，并且只在时间中才存在、显现，但时间本身并不知道（意识到）这一点。这是时间意识与我思意识的一个根本性区别所在。

　　具体说，时间是在当下（瞬间）显现事物，表象（意识）事物，并且是在瞬间的相续中显现相续的事物。但是，时间不仅不意识到自身的当下存在，更不意识到自身的当下（瞬间）的相续性存在，虽然时间是一切事物存在、显现的先验条件，而且事物的相续性恰恰是在时间（诸瞬间）的相续性中才显现出来的。因此，时间意识本身给不出关于时间的表象。有借助于心灵的感知综合，也即"对感性在其本源的感受性（die ursprüngliche Rezeptivität）中显现出来的杂多"进行综合，才能给出先验的时间表象。

　　这种综合之所以叫感知综合，因为它完全是针对直观的，更准确地说，是针对在时间的到时中进行的直观。而所谓感性的"本源的感受性"就是超验的感（接）受能力，它不是派生的，而是使感受（他物被给予我们）成为可能的先验条件：它是我们的一切感受活动的本（起）源。这种本源的感受性总是展现为当下（瞬间）的相续到来，这种到来同时也有他物显现、存在，在康德这里，也就是有表象产生并给予我们。这些在诸当下到来、产生的诸表象之所以被康德认为是非经验的（nicht empirisch），因为它们在当下只显明有物在，而不显明此物为何物。也就是说，在当下（时间意识中）到来、产生的表象尚没有获得自身同一性，尚不是自身同一物或宾词物，因而尚不是可以经验（erfahren）的"对象"。只有被构造、综合为自身同一物，事物才能被经验，才能成为经验或知识的对象。在这个意义上，在当下给出的表象只是事物的时间性存在，它先于事物的一切经验规定（属性），因而它是先验的。心灵对这类表象的综合也必定是先验的。实际上，心灵就是在对诸相续瞬间的诸表象的综合，也即在对事物的时间性存在的综合中,才给出时间表象。这个时间表象一般被包含在一个包含着相续或不相续的诸(杂多)表象的表象中。感知综合给出的任何一个表象都必定包含着时间表象。

通过讨论直观中的感知综合,我们着重突现了时间这种感性能力的一个根本特征:它只是一种直接性意识,它不意识自身,只意识他物在当下的到来、存在。或者也可以说,在时间这种直接性意识中,并没有他物存在与意识本身之间的区别,它们直接共在于一体:时间的到来一定也是有物存在、显现,而有物存在、显现,也必定首先是时间的到时。没有他物的刺激,时间的这种感性能力也不会发挥作用,时间就不到时。时间之为此刻,全在于此刻受此物的刺激,是此物的显现。因此,时间意识没有自身同一性,它不意识自己而在,而是意识着他物而在。

§ 53

康德在分析三种综合时,实际上隐含着一个努力,就是把直观(特别是时间)与我思区分开来。三种综合从三个角度把时间与我思区别开来。如果说感知的综合从当下的角度突现时间的根本特征,那么,想象力的综合则是从"过去"的角度显现时间的特征。

在康德这里,由于时间是一种直接性意识,是一种感受性能力,因此,只有当他物刺激、到来时,时间才到时,才有所意识,有所显现。这也就是说,在当下不出现的事物,我们在时间中就意识不到它,时间对它没有表象。因此,那些"过去的东西",也即说那些曾在当下出现而现在不在眼前的东西,得不到时间意识的意识,它们在时间中得不到表象。

实际上,在康德这里,由于时间本身没有同一性(Identität),时间只能是(在)着(Die Zeit ist),而不可能是其曾是(Die Zeit ist gewesen)①,

---

① 这里表明,康德的时间观还带有明显的传统时间观的痕迹,即时间主要还是一种"现在"时间:在这种时间观下,时间里实际上只有"现在"存在,其他都不存在,要不是已不存在(不被意识、表象),就是尚未存在(尚未被意识)。

它当然也不可能意识过去了的东西。因此，如果我们停留于时间（直观）上，我们甚至给不出任何经验和经验事物。"因为经验必定以现象的可再现性（Reproduzibilität）为前提。"①而再现或重现是以想象力的超验综合为前提。这意味着想象力的超验综合是一切经验之所以可能的根据。

　　一些表象（现象）经常相续或相伴出现，比如，吸铁石作为一种现象（表象）出现时，总是与黑色、较重等现象相伴出现。这些表象的相续性或相伴性在我们的心灵中形成了某种固定联系规则，以致当我们心中有某一表象时，即便此时并没有对象出现，这一表象也会使我们的心灵过渡到另一表象，比如，我们会从吸铁石的表象过渡到黑、硬、重等表象。

　　显而易见，这种联系规则是一种经验法则。一个表象总是与其他一些表象相联系，这完全是从经验中观察到的，而不是先验给出的。也就是说，表象间的固定联系的规则是根据经验确立起来的：首先有一些表象相续或相伴出现，才会有关于表象之间的联系的规则。

　　但问题是，我们如何能够确立起这样的经验法则呢？仅仅根据一些现象经常相续或相伴出现，我们并没有充分的理由来确立这些表象间的联系规则。因为这些表象有一百次相续出现，并不能保证第一百零一次也依然那样相续出现。

　　在这里，关于表象间的联系的经验法则显然预设了这样一个前提：现象（表象）本身就服从一种固定的规则；或者说，在表象的杂多中，总是依照某种规则发生相续或相伴现象。只是由于我们预设了这样一种前提，我们才能从相续或相伴现象中确立起经验法则。如果没有预设"现象本身服从某种固定规则"，那么，在康德看来，我们的"经验想象力"（Die empirische Einbildungskraft）就不可能发挥再现的作用。"现象本身并不服从某种固定规则"，这意味着某一现象虽然经常与其他一些现象相续出现，但这并不表明它与其他那些现象有什么确定的联系。举例

---

① 康德：《纯粹理性批判》，A101。

来说,吸铁石虽然经常与黑、重、硬等现象相伴出现,但它们之间并无固定联系;如果我们停留于直观(时-空)上,那么,这些现象只是我们的诸表象的游戏,它们处于不确定的游戏关系中。因此,在这种情况下,当出现了黑色、重、硬等表象时,我们的经验想象力就不可能在心灵中再现表象间的联系,因而甚至不可能再现任何表象。这意味着,如果停留于时间直观中,我们只有在场的、当下的表象,而不可能有关于不在场的、关于曾是当下而现在不在当下的事物的表象。因为对过去的、不在场的事物的表象(意识)也就是对它的再现。

但是,"现象本身服从某种固定规则"这个预设显然是先验的。于是,问题发生了转移:我们如何进行这种预设? 我们为什么能做这样的预设?

预设"现象本身服从某种固定规则",也就是预设直观中的现象杂多有某种规则,实际上这等于说,我们可以赋予现象以某种规则,从而才可以对现象进行综合统一。"因此,必定存在某种东西,这种东西由于它是现象的必然的综合统一的先验根据(Grund),从而使再现现象成为可能的。"①现象必须是可以被必然地综合统一,它才是可再现的。对现象的必然的综合统一,就是赋予现象以规则,或说是预设现象有规则。这种必然的综合统一的先验根据,就是进行这种预设的先验根据。这种东西(先验根据)是什么呢? 是超验想象力。这种超验想象力的超验综合首先使现象获得规则成为可能,从而使再现现象成为可能,也即使经验(知识)成为可能。

想象力是一种观念性存在,它是活生生的一种联结(Verbindung)力量。在康德哲学中,它最富有活动性,因此,发挥着至关重要的作用,它帮助康德解决了许多困难。没有想象力的引入,康德的许多困难是无法克服的。简单一点说,想象力就是一种把规则付诸实际的联结要求或综

---

① 康德:《纯粹理性批判》,A101。

合力量。就想象力本身来说,它对现象的综合就是确立现象间的规则关系,或者说就是赋予现象以规则。赋予现象以规则,意味着从当下的在场现象能够且必定要过渡到不在当下在场的其他现象;或者重现曾在当下显现、出场的现象,或者预期着将在当下显现、到来的现象。因此,想象力的超验综合才使给出一个有关过去、现在(当下)和将来的时间表象成为可能。前面讨论的"感知的综合"实际上离不开想象力的这种赋予规则的综合,因为如果现象没有规则,从而不可再现的话,也就不可能去遍历和汇集现象,因而不可能有感知的综合。

如果没有想象力的这种综合,因而给不出一个整体的时间表象,那么,我们也就不可能给出任何经验(知识)。因为任何经验不仅要以现象的可再现性为条件,也即以能够从当下现象过渡到不在当下的曾在现象为条件,而且以现象的可预期性为前提,即以能够从当下现象或被再现的曾在现象过渡到将在当下到来的现象为前提。经验在根本上就是在当下的现象场境里再现曾在现象和预期可能出现的现象。如果没有再现活动和预期活动,那么也就不可能有任何经验。在这个意义上,经验必须以想象力的这种赋予规则的综合为前提。

康德把想象力的这种综合称为超验综合。因为这种综合不仅涉及一切经验知识的可能性,而且涉及先验(在先)知识的可能性:只有通过想象力的综合,先验范畴才能先验地(在先地)关联到对象,从而才是关于对象的先验知识;也只有在想象力综合的作用下,纯粹的直观表象才成为构成知识的要素之一。

这里,我们不仅强调了想象力综合的再现功能(意识),这也是康德强调的,而且强调了它的预期功能(意识),这则是康德所忽视的。实际上,想象力的超验综合作为一种赋予规则的综合活动,它本身不仅包含着再现意识,而且包含着预期意识。因此,任何规则意识都隐含着再现和预期两个意识向度,否则,规则就没有任何意义。如果一个规则仅仅具有当下向度,而没有再现与预期这两个意识向度,那么,它就不成其为规则,它就只是一种当下意识,即当下直观。在康德这里,由于时间仅仅被理解为一种"现在时间",时间实际上只是一种直接的当下意识,它没有同一性,没有综合功能,它只意识他物存在,而不意识着自己存在。因此,必须借助于想象力的综合,借助于规则意识,才能给出一个整体的时间表象。也就是说,必须借助于非时间的意识才能给出一个整体的时间表象。这是康德的一个矛盾,这与康德对时间的限制密切相关。

第二节　统觉的综合统一:一切概念和知识的制高点

§ 54

实际上,不管是感知的遍历式综合,还是想象力的再现式综合,都是对直观中的表象杂多的联结(Verbindung)。但是,"如果没有意识到,我们现在所思想(Denken)的东西与我们在瞬间前所思想的东西是同一个东西,那么对表象系列中的一切再现都是没有意义的。因为在现在状态下所再现的表象一定是新的表象……因此,表象的杂多永远构成不了整体,因为此杂多缺乏只有意识(Das Bewusstsein)才能给予的统一性(Die Einheit)"①。感知综合可以遍历、汇集表象系列(也即时间相续)中的诸表象,想象力的综合则可以再现这些杂多表象。但是,这两种综合都不能使这些杂多表象构成一个"整体",因为感知综合可以不断进行下去,可以把无关的表象汇集在一起,想象力的综合也可以再现系列中无关的表象。也就是说,这种综合都给不出统一性。所谓"统一性"(Die Einheit),也就是使……构成一个整体(Das Ganze),使……成为一个东西;在这里,也就是使诸杂多表象成为同一个东西的表象,而不仅仅是相续或不相续的表象系列。简单说,这里的统一性就是把直观中的杂多(诸多)表象做成一个对象,"看做"是关于同一个对象的表象,它们只不

① 康德:《纯粹理性批判》,A103。

过是这同一个对象的不同属性。在这个意义上，给出统一性，就是构造出一个"整体"，从而构造出一个具有同一性的对象。

康德在这里引入了"意识"（Das Bewusstsein）这一概念。在他看来，只有"意识"才能给予杂多表象以统一性，使之成为一个对象。但在根本上说，作为纯粹感性形式，时间的到来、开显也是一种"意识"。因此，在《纯粹理性批判》的第二版，康德将此"意识"更明确地称为"自我意识"（Das Selbstbewusstsein）。不管是在第一版还是第二版，康德实际上都是在"自我意识"意义上使用"意识"这个概念，或者我们也可以说，在康德心目中，真正的意识只有一种，这就是"自我意识"。

那么，自我意识如何具有统一功能？或问，它如何成为一切统一的根据呢？这里首要的问题就是如何理解康德所说的"自我意识"。

实际上，在康德哲学中，"自我意识"直接就是"我思"（Ich denke）。自我意识（Selbstbewusstsein）就是意识自身或自身意识：意识意识着自己而存在，它是也始终是意识着自己而存在。意识着自己而存在，也就是说，它不为什么存在，它只因为意识着自己，它才存在；它存在只是因为它意识着自己。在这个意义上，自我意识是一种独立的、主动的纯粹意识，它直接就是我思这种表象活动。我思，我思想，就是我表象着，我知道着，但我思这种表象活动并不是因为有他物的刺激才进行表象。思想之为思想，就在于它是自主的、主动的和独立的，也就是说，我思并不因为某物才思想；我思首先并不思想某物，我思总有所思，但它不思"什么"，它首先只是我思我思。

"我思我思"并不是说，有两个"我思"，一个在前，一个在后，一个是思想者，一个是被思者；"我思"永远只有一个。"我思我思"表明的是，当我思想（Ich denke）时，我或这个思本身知道、明白即意识到自己在思想着。思想本身知道自己在思想着，这是思想不同于一切感性感觉的根本所在。在康德的感性论中，感性感觉（比如我们上面分析过的时间表象）只知道他物的存在，而并不意识到自己的存在。而思想首先意识到的就是自己,思想只要思想着,我思只要思着,它首先且始终就意识着自己的存在,意识着自己是这样一种纯粹意识的存在:当且仅当自己意识着自己存在,它才存在;它存在,仅仅因为它意识着自己存在。思想之所以是主动(自动)性(Spontaneität)的,是一种自我(身)行动(Selbsttätigkeit),就在于它从自身中给出自己,从自身中显现自己。简单说,思想本身就是一种自我显现或显现自我,它以把自己直接作为对象的方式存在着。在这个意义上,思想直接也就是自我意识,就是思想着自己的思想。所以,在康德这里,"我思"中的"我"与其中的"思"是同一个东西,"我"就是"思想",也仅仅是思想。我思就是思想(我)思想着自己,意识着自己。康德的这个"我思"中的"我"("思")与纯粹直观形式共同构成了一个先验"主体"(Subjekt)。

§ 55

我思作为一种自我意识,即作为一种思想着自己意识着自己的思想活动,它在存在中才会有"我"与"非我"的区分,从而才会有最初的综合统一活动。如果没有对自身存在的意识、觉悟,也就不会有"我"的出现,不会有"我"这一自谓的人称,当然也就不会有对事物的任何综合统一,因为事物必须首先成为我的表象,才能得到综合统一。

康德说:"我思(Das Ich denke)必定能够贯穿或伴随有(begleitet)我的一切表象;因为如若不然,在我这里被表象的东西就是全然不能被思想的,这也就意味着或者这一表象是不可能的,或者对我而言它什么也不是(nichts)。那些先于一切思想而被给予的表象叫直观。所以,直观的一切杂多与处在同一个主体中的我思有必然的关系。但是,(我思)这一表象是一种主(自)动性的行动,也即说,它不能被视为是感性的。我把(我思)这种表象称为纯粹的统觉(die reine Apperzeption)(以区别于经验的统觉),或者称为本源的统觉(die ursprüngliche Apperzeption),因为它是这样一种自我意识(Selbstbewusstsein):当它产生'我思'这一表象——

这一表象必须能够伴随有(贯穿于)其他一切表象,并且在所有意识中保持为同一者时,它不能再从其他表象中产生出来。本源统觉的这种统一性,我也称之为自我意识的超验统一性(Die transzendentale Einheit),以便根据它来说明先验知识的可能性。"①

作为主体(而不是"我")而言,人会有各种各样的表象,首先他会有各种直观表象,所谓直观中的杂多,也就是通过直观给予他的各种直观表象。但是,主体具有的这些表象并非都是"我的"表象。只有"我思"所伴有、所贯穿的那些表象才能够成为"我的"表象,也就是说,只有那些归属于自我意识或处在自我意识中的表象,才能归属于我而成为我的表象;不能为我思所贯穿、伴有的表象对我(思想)来说,什么也不是,它们就是无,我对它们视而不见。

任何表象都必须首先成为"我的"表象,才能进一步是某物或某物的属性。因为只有成为"我的"表象,"我"(思)才能进一步把它意识为某一物,或综合入某一物。而我思之所以能够"贯穿"或伴有各种表象,使之成为"我的"表象,就在于我思本身是一种自我意识:意识着自己、思想着自己的表象活动。因此,我思一方面才能在伴有或贯穿其他表象时把它们意识为我的表象。所谓伴有或贯穿(begleiten),也就是当我思在思时,能够且必定有其他表象相伴随。只要我思在思,就总有其他表象杂多相伴出现。所以,这里是我思"伴有"其他表象,而不是"伴随"其他表象。我思伴有其他表象,就是让这些表象进入、归属我思这种自我意识。"我的"表象必定是、也只能是为我思这种自我意识所意识、所表象的表象。如果没有我思这种觉悟着自己存在而存在的意识,也就没有"我"与"非我"、"我的"与无之间的区分。另一方面,正因为我思首先是意识着自己存在而存在的意识,是独立自主的,因而它才能始终保持它自身的同一性,因而才能真正贯穿于其他一切表象中,也就是说,它不会因为与

①　康德:《纯粹理性批判》,B132。

各种不同的表象发生关系而发生变异。实际上,恰恰是通过这个始终保持为同一性的我思,各种表象才能显出它们的千差万别。康德把这种既能贯穿-伴有一切表象又能始终保持同一性的我思称为纯粹的统觉或本源的统觉。这里,所谓"纯粹的"是相对于"经验的统觉"说的,它要标明的是"我思"这种统觉的先验性和独立性;而"本源的"则是标明我思这种统觉本身的起源性:它是从自身中产生出来,它不能再从其他意识中产生出来。纯粹的统觉,也就是没有前提地把……意识为一(Ein),首先则是把……意识为一个"我的表象"。我思贯穿于诸多表象并保持自己的同一性,就是把杂多表象意识为"我的表象"。我思或统觉的这种把杂多表象意识为"一"(我的表象)的活动,就是统觉(我思)的一种统一活动,康德称为自我意识的超验统一性。自我意识的这种统一性,或者干脆说,这种统一功能,是一切先验知识的可能性前提,也就是一切存在论知识的前提。

这里,至为关键的是,康德把统觉(我思)在贯穿或维护杂多表象时所保持的同一性视为统觉的分析性统一(Die analytische Einheit der Apperzeption)。[①] 这意味着在康德心目中,我思或统觉的同一性(Identität)是一种"自身同一性",而不是"自在同一性"。[②] 也就是说,我思的同一性就是"Ich bin ich(我是我)"这种作为逻辑关联起点而本身又在逻辑关联中的同一性。这与康德把"我思"的"我"直接与"思"等同(这一点我们前面曾分析过)相关,因为如此一来,"我"直接就是思所显现的那样,"我"就是无遮蔽的纯粹显现,而不是持守在一个意识(思想)所无法穿透的整体中的自在存在者。

---

① 参见康德《纯粹理性批判》,B133。
② 有关自身同一性(物)与自在同一性(物)的区分可参见本书第一章有关亚里士多德部分的讨论。

§ 56

作为自在存在者,"我"是不能仅仅被归结为意识所显现的存在,它要比意识所显现的多,它虽然是在意识中意识到自己的存在,但它在意识到自己的存在的同时,也意识到自己的存在并不仅仅是意识所展现的存在,它有意识所无法展现的存在。这里要说的是,我在意识中意识到了我有不在意识中出场(anwesen)或呈现的存在,这就如一个提前到达的约会者在约会地点发现对方不在场一样:他在这里"发现"(意识到、注意到)了一个没出现(不在场)的存在。意识就如一束光,它照出了世界的"样子",也照出了样子边缘外的黑暗。这世界永远有这束神圣之光所无法照亮的一面。这束光前进多远,光明与黑暗的边界就会移动多远。"我"和世界总处在半明半暗中,处在出场与不出场之间。这就是"自在的我"和"自在的世界"。

就这种"自在的我"而言,它的同一性是一种自在同一性;它仅仅在这个意义上是同一的,即它不仅仅是意识所呈现的"我",不仅仅是意识所表象的"我";换个角度说,自在之我的同一性仅仅在于它是且一直是持守在意识永远无法呈现的整体中的存在者,也即是持守在自己位置上的存在者。因此,我们无法在意识中完全把握它、理解它、呈现它,这意味着我们不能在意识中规定、把握它的同一性。所以它的同一性,也就是它的存在,并不在逻辑关联中,因而是逻辑学所无法达到的。逻辑学只能是纯粹意识的逻辑学,或者说,只能是关于在纯粹意识中能得到规定、把握的事物的逻辑学。因此,当康德把统觉的同一性视为一种分析的统一性时,也就意味着这种同一性存在是一种逻辑学可以达到的同一性,在这里就是"我是我"这种同一性。因为不管是分析的统一性还是综合的统一性,都是逻辑学里的统一性。

这里,康德所谓分析的统一,也就是把意识中的其他一切相异者的表象排除掉,而把意识中所呈现的我自己作为我自己来表象和规定。我思或统觉的分析的统一就是把自我意识给出（呈现）的"我思"这一表象思想、"一化"（统一）为"我思"自己。这里，被统一的直接就是统一者自己，或者说，被用来规定、述说主词的宾词直接就是主词本身。实际上，只有我思或统觉的同一性是一种分析的统一性，其他自身同一物的同一性都是以我思的同一性为基础，因为没有这种同一性的我思，任何存在物的表象都不能成为我的表象，当然也就不可能给出这一存在物的同一性表象。在这个意义上，对于我思来说，任何其他事物的同一性都是一种综合统一性，或者更确切地说，是综合统一的结果。

当康德说我思必定伴随有我的表象时，实际上也就意味着我思或统觉的同一性与对诸表象的综合总是联系在一起。现在他进一步说："对直观中被给予的一杂多的统觉有其一贯的同一性（Die durchgängige Identität）。统觉这种一贯的同一性同时包含着对诸（直观）表象的综合，而且统觉的这种同一性只有通过对这种综合的意识才是可能的。因为伴随有各种表象的经验意识本身是散杂的，与主体的同一性没有关系。这种关系的发生并不是因为我用意识伴随每一个表象，而是因为我把这一表象与其他表象联系起来，并且我自己意识到对这些表象的综合。所以，只有当我能够把被给予的杂多表象联结在一个意识中，我才能把（贯穿于）这些表象中的意识的同一性表象给我自己，也就是说，统觉的分析性统一只有在某种综合统一的前提下才是可能的。"①分析地说，"我思"或统觉既有自我同一性的一面，又有综合的一面。但是，就实际存在而言，统觉的同一性与综合活动是不可分的。我们可以从两个方面来理解这一点。一方面，统觉或我思的同一性存在并不是孤立的、封闭的存在，相反，它是主动的、开放性的存在。我思是一种敞开性的思，因此，只要我思在思，就会有其他表象被给予，被让进我思里。把其他表象让进我思里，也就是把这些表象意识为"我的表象"，从而联结它们，这就是对它

①　康德：《纯粹理性批判》，B133。

们的综合。因此,我思或统觉的同一性存在——是且一直是意识着自己而存在——本身就包含着对其他表象的综合,或者更确切地说,统觉的同一性存在总伴随有对其他表象的综合。

我思总有所思,纯粹意识总有所意识,首先就是意识着自己,思想着自己。就这一点而言,我思或纯粹意识是独立的,自主的,因而也是起(本)源性的。但是,我们的思想的有限性恰恰就在于,它不得不面对他物,不得不面对感性直观表象,而这些表象并不是我思所能给出的。我思是这样一种被抛的存在:当它意识(思想)着自己的存在时,它也不得不思想着其他表象(直观中的事物)的存在。"我"(思想本身)的存在与他物的存在是在"我思"中同时呈现出来的,同时得到意识的显现。这是人类思想的命运。这里,我们可以看到康德"我思"与笛卡尔的"我思"的一个区别:笛卡尔的"我思"是一个孤零零的起点,它除了自我的表象外,可以没有任何其他表象相伴随,但康德的"我思"则不可避免地要有其他表象相伴随,而不可能是一个孤零零的起点。从另一个角度看,也可以说,康德的"我思"没有笛卡尔的"我思"纯粹。但是,在这一点上他们是一致的:都是以在场性(Anwesendheit)、无遮蔽性的"思想"来理解"我"的存在。这已是另一个话题。我们仍要回到康德的"我思"的同一性与综合统一性的关系问题上。

§ 57

上面我们实际上是从我思的同一性角度去理解它与综合活动的关系,如果从我思的综合角度看,那么在康德看来,我思的同一性甚至只有通过对我思的综合活动的意识才是可能的。这并不是说,先有我思的综合,才会有我思的同一性,就如前面从同一性角度理解与综合的关系时也并不意味着先有同一性,然后才有综合一样。康德这里强调的是我思(统觉)的同一性与综合的不可分离的关系。这里,恰当地说应该是,对我思之同一性的意识,只有在我思的综合活动中才是可能的。我思这样存在着：它意识着自己而存在且一直是意识自己而存在。但是，我思的这种同一性存在恰恰是在与其他各种表象发生关系当中得到意识和表象的。"我思"本身并不会意识到自己的这种不变的同一性存在，它意识不到自己始终是一种自我意识的存在。也就是说，我要把"我（思）"的同一性——是且一直是意识自己而存在——表象给我自己，或者更具体说，我要把"意识着自己而存在"（我）作为"意识着自己而存在"（我）表象给我自己，我必须把被给予的杂多表象联系在一个意识中，也即联系在"意识着自己而存在"这个意识中，由此，我才能意识到贯穿于这些表象中的这个意识的同一性——它意识着自己而存在且一直是意识着自己而存在。它在与任何表象发生关系时都保持为自身，即保持为"意识着自己而存在"。我意识到我（思）自身的同一性，也就是把我自身的同一性表象给我自己。把我——意识着自己而存在——作为我表象给我自己，也就是给出"我是我"这一个分析的统一命题。在这个意义上，对我思的同一性的意识，是在我思的综合活动中完成的。

因此，恰是我思或统觉的综合性显示了我思的纯粹性和同一性。有表象能够在我思（统觉）中显示为我的表象，即能显示为自我意识中的表象，我思也才显示自身的一贯的同一性，即才显示为"意识着自己而存在且一直意识着自己而存在"。

康德有一个脚注很有助于上面的理解："意识的分析的统一为一切普遍概念（alle gemeinsame Begriffe）所有，就作为普遍概念而言，它们就是一种分析的统一。举例来说，当我自己思想一般的红（rot überhaupt）时，那么我会因此而把能作为某物的特征或者能与其他表象联结的某一特性表象给我自己。所以，只是因为被预先思考了的可能的综合统一，我才能把分析的统一表象给我自己。那被思想为种种不同表象中之共同表象，乃是在它之外还有差异者（不同的东西）在的表象。所以，在我能根据此共同表象思想意识的分析的统一（这分析的统一使共同表象构成了一个共同的概念）之前，这一共同表象必须能在与其他表象（虽然只是可能的表象)的综合统一中先得到思想。因此,统觉的综合统一是一个最高点:一切知性运用,甚至整个逻辑学、超验哲学都系于此最高点,这统觉能力,实在说来,就是知性本身。"①

我们不可能孤零零地表象"一般的红"。当我们要思想一般的红时,也就是说当我们要给出一个一般的红的表象时,我们必须把这个一般的红作为某物的一特征,或者把它作为能与其他表象相联结的一特性来表象,否则我们就无法给出一般的红的表象。"一般的红"可以存在于各种不同的可能事物当中,比如存在于绸布、草莓、枫叶、羽毛等等事物当中。换个角度也就是说,在这里,红是绸布、草莓、枫叶、羽毛等等这些不同表象中的一个共同(一般)表象(Die gemeinsame Vorstellung)。但是,我们不能单独地表象红这个"一般表象",而必须与某一可能的表象相联结,我们才能表象它。简单说,如果我们不把红与其他可能表象相联系,我们就不可能把红拿出来"看",因而不能把红作为红来表象。红的同一性,即它作为在各种不同事物中的共同事物(表象),或者说,它在各种不同的事物中保持为红自身,只有在它能与其他事物联结时才能得到意识和表象。对于任何其他一般表象或一般概念之同一性的表象也同样要以联结这种综合统一为前提。

实际上,任何普遍性的概念(Die gemeinsame Begriffe)都具有"意识的分析统一性"。所谓"意识的分析统一性",就是这一概念在意识中保持自身同一性;当它在意识中得到意识时,也就是它成为意识中的一个表象时,它始终保持为这个表象,而不管它是与什么表象联结在一起,因此,它体现为一种纯粹意识本身的自我同一性,即这一意识始终保持为这一意识本身。比如作为一般概念的红,当它在意识中得到意识(表象)时,不管它是与绸布联结在一起,还是与西红柿、草莓联结在一起,它在意识中始终都保持为同一个表象。情况可能会这样:绸布的红要比西红

____

① 康德:《纯粹理性批判》,B134 注。

柿的红淡些(粉红)或浓些(大红),也就是说,在与具体事物联结(统一)而成为某一物的特性时,一般的红会展现为各种红,比如粉红、淡红、大红等等不同的表象,但是,这些表象都可归在"红"这一表象下。在这些表象中,红始终保持为红,或说,红始终被意识为红。

但是,康德这里要强调的是,每个普遍概念(如一般的红)在意识中的这种分析的统一性只是在与其他可能的表象相联结时,才能得到表象。也就是说,才能在意识中把这一概念意识为贯穿于其他表象而始终保持为其自身的概念。如果我们不意识到概念的分析的统一性,那么也就没有分析的统一性,而没有分析的统一性,概念也就不成其为普遍的概念。

因此,在康德看来,普遍概念的分析的统一性是以把此普遍概念与其他可能表象相联结为前提的,这种联结就是统觉的综合统一。如果我们不能预先思想某一表象与其他可能表象的综合统一,我们就不能意识到这一表象具有分析的统一性,即能够在众多表象中保持其为自身,因而也就不可能把它意识为一个普遍的概念。在这个意义上,没有先行的综合统一,我们给不出普遍概念。所以,康德把统觉的本源的综合统一视为包括超验哲学在内的一切知性的制高点。我们必须从此制高点出发,才能理解包括一切先验概念在内的所有知识。

这里要补充阐明的一点是,"我思"作为自我意识给出的一个普遍的表象,它与其他一切一般表象一样,也必须在与其他可能表象的综合中才能展现出"我思"这种意识(表象)的普遍性——在一切表象中保持为自身,因而对一切表象都是适应的。但是,它与其他一般表象(比如一般的红)不同的是,其他一般表象,如"红",贯穿于一些事物,却并不贯穿于所有事物,它们的"普遍性"在于它们在它们所贯穿的事物中保持自身同一性;而"我思"则贯穿于所有(表象中)的事物,它能够贯穿于一切可能的事物,并保持自身的同一性。换个角度说,有些事物共同具有"红"这种性质,但是并非所有事物都具有这种性质。但是,一切事物都一定具有"为我的性质",否则它就不可能具有能够被思考的性质。所谓"为我的性质",并不是一种主观的性质或功利的性质,而是指事物必须首先被调入"我思"这种纯粹的自我意识中,为"我思"所伴有或贯穿。因为正如前面讨论过的,只有为"我思"所伴随的事物才能成为"我的表象物"。

　　这里,康德要阐明的一个基本思想是,正如"我思"这个最普遍的表象(概念)一样,一切普遍的概念,如先验范畴,都必须在统觉的综合统一中才能得到理解、演绎。就其独立性、纯粹性而言,"我思"首先就是"我思我思",即它明白自己意识着自己而存在。但是,"我思"只要思想着,它就不是孤零零的"我思我思",而一定伴有其他表象——因为"我"是被抛的存在,我在任何时候都不得不面对着他者他物。因此,只要我思想着,就一定有其他表象相伴随,就一定要"思及"其他事物,首先是在直观中被给予的表象物。在实际存在中,"我思"无法摆脱表象的"追随"。从另一个角度说,在康德这里,由于"我思"是有限的,这种有限性就是思想本身不能给出内容或杂多,因此,任何能给出新知识的思想都必须与直观相结合,即与直观中的可能表象相联结。我思与其他表象相联结而保持自身同一性,这种活动就是来自自我意识的综合统一。也就是说,就其实际存在而言,"我思"是在与其他表象的联结中意识到自己是"意识着自己而存在",即意识到自己是且一直是一种普遍的、公共的"自我意识"的存在。简单说,"我思"是在统觉的综合统一中展示其为普遍性的表象。

第三节　我思与范畴演绎

§ 58

　　作为普通概念,我们现在可以说,对范畴的演绎在根本上就是要阐明:我们如何把它们作为普遍表象给出来,这一问题仍然与统觉(我思)的综合统一原理相联系。上面我们实际上是从"我思"本身的角度阐明了统觉的综合统一性原理的基础地位,但是,我们还必须从客体(Objekt)之所以可能的角度来讨论这一原理,从而阐明统觉(自我意识)之综合统一的客观有效性。在此基础上,对范畴的演绎也才同时完成对范畴之客观有效性的阐明。

虽然通过感性直观我们会遇到各种现象事物,但是,我们却不会遇到"客体"。如果停留在感性直观里,事物只会作为现实现象出现(存在),而不可能作为真实的对象或客体出现。只有在"知识"中,事物才以"客体"的角色(方式)存在。这意味着"客体"要以某种"知识"为前提,而知识必须与知性相关。

康德说:"一般说来,知性就是知识(Erkenntnisse)的机能(能力,Vermögen)。而知识就是(存在于)被给予的表象与一个客体(ein Objekt)的确定性关系(或者说知识就是明确地确定被给予的表象与一个客体的关系)。而客体是这样一种东西:被给予的直观杂多就是在客体的概念中被结合起来的。诸表象的一切结合(Vereinigung)都要求在这些表象的综合中有一种意识的统一性。因此,意识的统一性乃是这样一种东西:它始终构成了诸表象与一个对象的关系(die Beziehung der Vorstellungen auf einen Gegenstand),因而始终构成诸表象的客观有效性,从而使诸表象成为知识。所以,知性本身的可能性是以这种意识的统一为基础。"①

这里涉及"客体"、"客体的概念"和"诸(杂多)表象"这三个相互联系的概念,必须澄清这三者的关系,才能理解何为"客体"。

我们常说,知识有其客体。那么,何为客体? 一种知识就是一种确定下来的关系。是什么与什么的关系呢? 康德说,是被给予的"诸(杂多)表象"与"一个客体"的关系。所谓诸表象与一个客体的关系,也就是这些表象是否与这个客体构成一种归属关系:它们是否归属于这个客

_____

① 康德:《纯粹理性批判》,B137。

体,从而构成这个客体的各方面属性? 比如,"水是无色无味的液体",这里"无色""无味""液体"这些杂多表象被归属于"水"这个客体,它们在某个层面上构成了水的属性。但是,我们如何理解"水"这个客体呢? 或者问:"水"作为一个包含着这些属性的客体是如何被给出来的? 康德说,这里必须有"客体的概念"的参与。所谓"客体的概念",按我们的理解,也就是使……成为一个客体的概念,把……构造成一个客体的概念。这些概念也就是那些最基本的先验范畴。在这里,"客体的概念"实际上也就是"概念形式"或纯粹概念。"客体"不仅要有直观的来源,更需要有概念形式的参与。如果停留在直观中,那么只有游移不定的、没有自身同一性的表象杂多,而不可能有可被思想、认识的客体。因此,客体实际上有两个来源:概念形式和直观杂多。在这个意义上,客体可以被视为"有内容的概念或获得了内容的概念"。换言之,客体是事物的一种概念性存在。比如,"人是理性动物","理性动物"作为一个客体来理解,它就是人的一种概念性存在;甚至当"人"作为一个客体看,"人"就是我你他这些个体存在者的一种概念性存在:它是"我"区别于牛羊草木这些万千种类中的一个类(种)存在。①

因此,客体不是自在的、现成的,而是被构造出来的。被给予的杂多表象在纯粹概念中被结合、联系才成为客体。或者更确切地说,纯粹概念对被给予的表象杂多的结合、联系才构造出客体。但这里的关键是,对表象杂多的任何联系、结合都要求以一个意识的统一性为前提,首先就是以统觉(我思)的综合统一性为前提。我们必须首先把表象杂多思想、意识为"我的表象",也即让它们都为"我思"所伴有、贯穿,因而都是一个意识(我思)中的诸表象,否则,我们就不可能把它们统一、联结在一个概念之下,从而给出一个客体。这在根本上意味着统觉的综合统一是一切客体之所以可能的前提。统觉之综合统一的客观有效性就在于它

---

① 参见本书第一章有关亚里士多德部分的讨论。

是使一切客体成为客体的前提。

在这里,"客体"之所以具有客观性,而不是主观的,并不是因为它有感性直观的来源,而是因为它以统觉之综合统一为前提。而统觉的综合统一则完全独立于一切感性直观的条件。因此,这里的"客观性"与我们平时理解的客观性不同。这里的客观性的全部根据就在于统觉和一切客体概念(概念形式)的超验性,在于对经验的独立性。在这个意义上,客体的客观性恰恰根源于"主体"的超验性,根源于人这种存在者的超越性的"境界存在"。由于这种超验性和独立性,"我思"和一切纯粹概念意识才能始终保持自身的同一性,而不管被给予的表象杂多有多么不同。换个角度说,只要是"我思"贯穿其中的诸表象,不管它们的来源,它们都首先一定是"我的表象",即它们首先被统一为"我的表象";而如果在"质"这种纯粹的概念意识中,任何表象都只能被统一为具有某种性质的客体,而不可能是其他东西,比如上面所说的作为"无色无味的液体"的水就是在"质"意识中被构造出来的一种客体。

实际上,我们可以把诸纯粹概念意识视为统觉(我思)的综合统一的诸方式。这些不同方式使直观中的表象杂多统一于不同的客体概念,从而构造出不同方面的客体。由于我们人这种存在者不得不承担着超验统觉及其诸纯粹概念意识,超验统觉及其诸纯粹概念是我们这种存在者无法放下的境界存在,因此,在统觉之综合统一中被统一于纯粹概念下的直观杂多才获得了不得不是这样的客观性。

这里涉及一个很关键的问题,这就是统觉之综合统一与感性直观的关系问题。一方面,统觉之综合统一是完全独立于一切感性直观的。[1]另一方面,统觉的综合统一又涉及感性直观中的表象杂多,否则它就不是综合的统一。既然统觉(我思)的综合统一涉及感性直观,它又如何保持自己的独立性?唯有保持独立性,我思在统觉的综合统一中才能保持

---

① 参见康德《纯粹理性批判》,B137。

自身同一性,从而保证其非如此不可的客观性。

这里的关键在于,统觉(我思)所伴有、贯穿的直观表象不是作为具体表象,而是作为一般表象被给予;或者说,在这里,直观中的表象的不同并不影响统觉的综合统一及其结果:不管是涉及水的直观表象,还是涉及树木的直观表象,都不会影响统觉把它们综合统一为"我的表象"。通过"量"这种纯粹意识,统觉必定把直观表象综合为"量的客体",而不会因直观表象的不同来源而发生任何变化。在"量"这种纯粹意识(纯粹概念形式)下,被统觉综合统一的直观表象获得的是一种绝对的量的规定:它就是这量的规定状态,这量的规定状态就是它。也就是说,这里,它与这量的规定状态直接同一,它以"A 是 A"或"这是这"这种方式存在着。它不仅被(统觉)意识(综合)为"我的表象",而且被意识为"这个量的表象"。它在这里的量的规定性之所以是它的绝对的量,是因为"这个量"的规定状态与它本身直接同一。只要它不再仅仅作为感性直观表象存在,而是作为具有自身同一性,因而具有客观性的"客体"存在,它的"这个量"的规定性就是不可剥夺、不可消解的。它的这个先验的绝对的量没有长短,也没有大小,因为只有进入由环境或经验条件决定的关联比较中,这个绝对的量才会显现为(或说被意识为)相对的量的规定性:或长或短,或大或小。

一切大小、长短以及其他量的关系都是在与他者的比较关联中显现出来的相对的量的规定性。每个事物在进入关联比较前,都已获得各自的绝对的量,否则它们就不可能以明确的角色(首先是自身同一物)进入关联比较中。而连自身同一性这种明确身份都没有的事物,它进入任何关联比较中都是没有意义的,甚至它根本就不会被带入关联中。

直观表象通过统觉获得的首先是一种非比较、非关联的规定,因而是一种绝对的规定。获得这种绝对规定的表象首先就是一种一般表象,而不是具体的表象,因此,这种表象的感性来源并不影响统觉之综合统一的独立性。统觉在综合统一活动中的这种独立性构成了一切客观性的全部根据，因而也是一切客体之客观性的根据。任何直观表象只有在统觉之综合统一活动中获得客观性，即先验的客观规定，它才能成为客体。"所以，（统觉）意识的综合统一是一切知识（认识）的一个客观条件：不仅是我为了认识一个客体所需要的条件，而且是每一直观为了成为我的（对我而言是）客体而必须服从的条件。因为，如果没有这种综合，那么杂多就不可能被结合于一个意识中。"①这也就是说，如果一个人要作为一个"认识主体"出现，他就不仅要进行直观，还必须进行"思想"，更确切地说，还必须进行统觉的综合活动；这是从"主体"角度说。从他者角度看，事物如果要以真实的客体身份存在，它就不仅必须在直观中，而且必须以统觉之综合统一为条件。

简单说，统觉之综合统一既是"人"成为"主体"的条件，也是事物成为"客体"的条件。正因为如此，统觉之综合统一作为知性的第一纯粹知识就不仅仅是一种知识类型，而首先是事物的一种必然的存在方式：它是一切事物获得绝对规定从而获得自身同一性的全部根据，因而是一切事物具有客观性的全部根据。

§ 59

统觉的本源的综合统一在根本上是说："我思"总伴有其他表象，同时"我思"又始终保持自身同一性。更深入地说，它标明的是这样一种存在活动："我思"意识到直观中被给予的表象，同时意识着自己的同一性——自己始终就是有所意识的意识。在康德看来，"我思"的分析的统一——我意识到"我是我"——也是在"我思"的综合统一活动中完成的。因此，统觉或我思的综合统一是一切知识的出发点，首先是"我思"本身的自我同一性和一切事物的自身同一性的出发点。

但是，在统觉之本源的综合统一中，事物首先是作为"我的表象"出

---

① 康德：《纯粹理性批判》，B138。

现。所谓作为"我的表象",也就是"我思"所意识或所注视的表象,因此,成为"我的表象",实际上是使……成为"我思"的对象。如果说直观是通过时间和空间这两种纯粹形式来给出直观表象的话,那么,"我思"(思想)又是通过什么来思想、意识"我的表象"呢? 或者问,"我思"借助于什么来使直观表象成为"我的表象",从而把它们构造为"我思"的对象呢? 康德说,借助于纯粹概念,即所谓范畴。

如果说纯粹时(空)间形式是一种直接性意识(见本章第一节的讨论),那么,纯粹概念或范畴则是一种"自我意识",一种反思性的意识。实际上,每个范畴在"我思"或统觉的综合统一中都是作为"我是我"这种同一性表象存在着,因此,每个范畴都是自我意识之自我同一性的开显方式或展现方式。在我看来,这是所有范畴最隐秘的存在论特征。

但是,这里最为关键的是,范畴在统觉的综合统一活动中并不仅仅展现为一种意识的自我同一性,同时也展现为使……获得同一性,让……具有同一性。任何事物必须获得自身同一性才能成为"我思"的对象。或者更确切地说,事物是在获得自身同一性的同时成为"我思"的对象。在统觉之综合统一中,范畴发挥的作用(功能)就是使直观中被给予的表象事物获得绝对规定,从而使之获得自身同一性。范畴在统觉的综合统一中开显为一种意识的自我同一性,也就是范畴作为一范畴本身得到表象;把自己作为自己来意识或表象;而就范畴同时是使……获得同一性而言,它同时是把……作为具有自身同一性的对象来表象,或者说,把……构造为具有同一性的对象。因前者,我们获得了纯粹的普遍概念;因后者,我们获得了思想与认识的"客体"。

因此,就范畴作为纯粹的普遍概念,即作为普通逻辑学所追究的对象的纯粹形式概念而言,它们与"客体"一样,都是以统觉之本源的综合统一为前提。普通(遍)逻辑学里的普遍概念是结果,而不是真正的起点。必须把纯粹的普遍概念还原为纯粹自我意识,确切地说,还原为纯粹自我意识的开显方式,概念才能成为出发点。范畴演绎的根本任务就是要对范畴(从一般逻辑学角度看,它们就是一些普遍概念)进行这种还原工作:把它们放回纯粹自我意识当中来理解和阐明。对范畴进行这种演绎——把它们放回到纯粹自我意识中——的全部根据仅仅在于:如果没有这些范畴作为纯粹自我意识的自我同一性的开显方式,那么也就不可能完成统觉的综合统一,因而也就不可能有"客体",当然也就不可能有关于客体的一切知识。但是,我们有一个客体世界,且拥有关于这个客体世界的可靠的、必然的知识。这是确切无疑的。因此,范畴必定是纯粹自我意识的开显(展现)方式,这意味着范畴是一切客体和一切有关客体的知识之所以可能的条件。正因为如此,我们才有"权力"(Befugnis)把范畴运用于直观表象;或说把范畴运用于直观表象以构造客体,是我们的"权限"。因为就范畴是、也必定是纯粹自我意识的开显方式而言,"一切感性直观都服从于范畴(stehen unter der Kategorien),以范畴为前提条件,只有在此条件下,直观的杂多才能一起进入一个意识中"①。所谓进入"一个意识中",也就是进入具有自我同一性的意识中,由此,直观杂多才能被构造成为具有自身同一性的客体。

§ 60

至此,我们还是从统觉之综合统一需要范畴的角度演绎范畴:我们之所以有"权力"使用范畴,是因为超验统觉之综合统一活动必须借助于范畴才能完成。范畴是超验统觉的展开方式,只有借助于范畴,统觉才能给出自身同一物,从而给出客体。就范畴是统觉之展开方式而言,范畴可以被视为是从纯粹的自我意识中开显出来的纯粹意识。我们把范畴运用于直观表象,无非是把直观杂多带进"一个"具有自我同一性的意识中,由此构造出具有绝对规定从而具有自身同一性的客体。

但是,我们仍有必要从判断与统觉的关系角度来阐明范畴与统觉的

---

① 康德:《纯粹理性批判》,B143。

这种内在的必然联系。我们有各种判断,我们的许多行动和事物都是奠定在这种种判断之上。但是,"判断"(Urteile)是什么? 或说,"判断"意味着什么? 在传统逻辑学视野内,判断就是对两个概念间的关系的表象,或说,判断就是表象两个概念间的关系。但是,在康德看来,这种判断学说只适合于断言(kategorisch)判断,不能说明假言判断和选言判断。因为后面两种判断并不是概念间的关系,而是包含着判断之间的关系。① 这表明把判断视为概念间的关系并没有真正触及判断的本质。

那么,"判断"究竟是什么呢? "如果我们精细地研究一下在判断中给出的知识的关联,把这种关联当作一种属于知性的关联,并与依据再现想象力(die reproduktive Einbildungskraft)的法则而仅有主观有效性的关系区别开来,那么,我们就发现,一个判断不是别的,只是一种把被给予的知识置于统觉之客观统一性下的方式(Die Art)。判断中的系词'是'(ist)就是以此(把被给予的知识带入统觉的客观的统一中)为目的,以便把被给予的诸表象的客观统一与这些表象之主观统一区别开来。因为这一系词标明(bezeichnet)的是这些表象与本源统觉的关联,虽然判断本身是经验的,因而是偶然的,比如,'物体是有重量的'这一判断就是如此。"②

这里,判断首先是给出一种知性关系的行动方式,而不是简单地表象两个概念间的关系。所谓"知性的关系"是相对于"感性的关系"而言。后者是根据想象力的再现法则确立起来的,只有"主观有效性",而前者则以统觉之综合统一为根据,因而具有客观有效性。举例来说,根据想象力的再现法则,我们只能说,当我承载着物体时,我感觉到重量的压迫。这里确立的就是一种"感性关系",即两个表象(物体与重量)在感知中的关系。它表达的是主体的两种状况的关联,因而只具有主观有效性。但是,当我们说:"物体是有重量的"时,这就不是说物体表象与重量表象一起出

———————————————

① 参见康德:《纯粹理性批判》,B141。
② 同上书,B141—142。

现于我们的感知中,而是说这两个表象被统一于一个客体——"物体"中,在这里,"物体"是一个获得绝对规定的客体,而不再是只与重量感相联系的一个主观表象,而重量则是这个客体的一个属性,而不再仅仅是一种主观感知。因此,不管你感知到还是没有感知到,"物体是有重量的"都是客观有效的。

那么,判断如何给出这种"关系"呢?这里,显然必须首先给出"客体",也即给出具有绝对规定的自身同一物。只有对于一个自身同一物,我们才能去规定它的属性和关系。一个没有自身同一性的事物,即一个既非此物又非彼物的东西,我们无法确定它的属性和关系,因为没有任何属性和关系能够属于这种非自身同一物。但是,给出自身同一物这种行动本身就是一种判断行为。就同一性判断是一切其他知识判断的基础而言,同一性判断就是第一知识判断。因此,一切判断都与统觉的本源的综合统一直接相关,因为我们正是在统觉的这种综合统一中才能给出自身同一物。在康德看来,这种相关性就是:判断总是把"被给予的知识"带入统觉的综合统一中。这里所谓"被给予的知识"就是被给予的表象,首先就是被给予的直观表象。把"被给予的表象"带进统觉,首先就是使"这些表象"成为具有自身同一性的客体,或者说,把这些表象构造成"客体"。判断的首要功能就是给出"客体"或构造出客体。"而范畴不是别的,恰恰就是判断的这类功能"①。

也就是说,范畴具有一种使判断得以构造出客体的功能;判断则只有借助于范畴才能完成构造"客体"的行动。从执行判断的"主体"角度说,判断首先是一种主体借助于范畴构造出客体的行动;从事物角度说,判断则是使事物通过范畴显示其存在,或说使事物以范畴形式展开其存在。"客体"是事物的一种概念性存在,它存在于"知性关系"中。判断之所以能够确立起事物的一种"知性关系",其全部"根据"就是范畴。没有

———————————————

① 康德:《纯粹理性批判》,B143。

"质、量、关系"等这些纯粹的范畴意识,也就不可能给出具有质、量、关系诸方面的规定的事物。任何事物,如果要成为客体,即要成为具有自身同一性的存在物,它就必须获得这些方面的规定或者其中某一方面的规定。

因此,范畴的运用是一切判断的基础。现在,我们有许多判断,而且我们的生活甚至离不开这些判断,在这个意义上,我们甚至存在于判断中,至少判断是我们的存在不可避免的一种展开方式:只要我们作为人存在,我们就不可能不进行判断。这一方面意味着"主体"是人不可避免要承担起来的一种角色(这绝非意味着"主体"是人唯一的角色),另一方面则意味着"客体"是事物必须充当的角色。这在根本上意味着我们不可能没有范畴,我们必须得使用范畴。我们使用范畴是我们存在范围内的权限。或者说,我们之所以有"权力"使用这些范畴,其全部根据在于我们的存在本身,在于判断是我们的存在的一种开显、展开方式。

上面我们从判断的角度对范畴进行演绎——讨论范畴使用的权力问题,但是,这种演绎最终仍要回到我思或统觉的综合统一活动中。因为判断作为一种构造客体的活动必定是在我思的综合统一活动中完成的。正如上一节揭示的那样,诸范畴是纯粹自我意识(我思)的诸开显方式或展开方式。自我意识是也只能是以范畴这种纯粹意识形式,才能在展示自我意识之自我同一性的同时,构造出具有自身同一性的事物,即才能给出"客体"。实际上,通过范畴进行的统觉的综合统一活动本身就是最初的判断。范畴的种类规定着统觉的展开方式,因而规定着判断的逻辑形式。所以,康德说:"一切判断的逻辑形式存在于这些判断所包含的诸概念的统觉的客观统一中。"[1]也就是说,统觉的综合统一活动本身包含着判断的逻辑学形式。我们的范畴种类规定着我们能展开出事物的多少种类的属性,比如,我们只能在量、质、关系、样(模)态这些范畴的

---

[1] 康德:《纯粹理性批判》,B140。

类型意识中去规定、展开事物在量、质、关系和样态方面的属性；除此之外，我们给不出事物的其他方面的属性，因为我们想象不出事物还会有其他方面的属性——想象也是要靠范畴来进行的。所以，判断形式的逻辑类型取决于范畴的种类，更确切地说，取决于我思在统觉活动中所使用的范畴的种类。正因为如此，我们才能反过来根据判断的形式类型来确定范畴的种类。不过，这绝非意味着是对"我们为什么正好有这些范畴"这个问题的证明。

§ 61

这样，我们便完成了范畴演绎的最基本的工作：我们之所以有这些范畴，且有权使用这些范畴，就在于只有借助于它们，我们才能完成"我思"的综合统一活动，因而才能给出"客体"，才能使……成为对象（客体存在）。简单说，只有通过范畴，我们才能"思想"（Denken），从而才能获得"知识"，虽然并非所有思想活动都能给出"知识"。因此，范畴只能来自知性本身，来自"我思"，是"我思"不能不给出来的纯粹概念。因此，我们有权使用它们。

> 但是，关于我们的知性的这种性质，即为什么只有借助于范畴，并且恰恰只有通过范畴这种方式和这些范畴数目，才能产生先验统觉的统一，却很少能再作出说明，就如为什么我们恰恰只具有这些判断功能而没有其他判断功能，或者为什么时间和空间是我们可能直观的唯一形式一样，不能再作出说明。[1]

也就是说，对范畴的演绎是有界限的。这是因为我们对"自我"（Ich）也即纯粹的自我意识的认识（erkennen）是有界限的。因为我们并不能如"我在"那样认识"（自）我"本身。如果说，从意识的逻辑学（存在论）角度说，范畴来自"自我意识"，从"自我意识"中"诞生"，那么，这里首

---

① 康德：《纯粹理性批判》，B145—146。

先需要讨论的就是自我意识与自我认识的关系问题。虽然自我意识（Selbstbewusstsein）是一切知识（Erkenntnis）的基础，但是，自我意识本身并不是对自我的认识。在康德这里，意识与知（认）识是界限分明的两个概念。我们且看康德自己的经典论述：

> 但是，在对一般的表象杂多的超验综合中，因而在统觉之综合的本源统一中，我意识我自身（Ich bin mir meiner selbst bewusst）并不是如我显现给我那样意识我自身，也不像在我自身位置上的我（自在之我）那样意识我自身，而只能如我在那样意识我自身（nicht wie ich mir erscheine，noch wie ich an mir selbst bin，sondern nur das ich bin）。"我在"这种表象是一种思想（ein Denken），而不是一种直观。现在，要去认识我（们）自身（Erkenntnis unserer selbst），除了要求思想的行动外（这种思想行动也就是要把每一种可能的直观杂多置于统觉之统一下的那种行动），还要求有某种能给予那种杂多的直观。因此，我自己的定在（Dasein，实际存在）虽然不是现象（更不是单纯的幻象），但是，对我的定在的规定却只能遵循我与在内在的直观中被给予的杂多相联结那种特殊方式，因而也即遵循内在直观的形式发生。因此，我没有关于如"我在"那样的我的知识，而只有关于如我显现给我自身那样的我的知识。所以，对自身的意识远不是对自身的认识（Ich habe also demnach keine Erkenntnis von mir wie ich bin，sondern bloß wie ich mir selbst erscheine. Das Bewusstsein seiner selbst ist also noch lange nicht eine Erkenntnis seiner selbst），虽然有全部范畴——正是这些范畴通过在统觉中对杂多的联结而构成了一个一般客体的思想。①

自我意识（Selbstbewusstsein）也就是我意识我自身（Ich bin mir meiner selbst bewusst）。但我只能如"我在"（Ich bin）那样意识我自身。

---

① 康德：《纯粹理性批判》，B158。

在康德看来,这种"我在"就是"我思",就是"思想活动"。"我在"既不是"我"在时-空中的显现,也不是自在之我(在自己位置上 an mir selbst 的我)的存在。"我在"之所以不是"我"在时-空中的显现,是因为时-空中的显现是一种直接性的存在,是无"我"的存在。如果"我"仅仅局限于在时-空中的显现,那么"我"的存在就如万物的存在一样,是一种无"我"的存在。"我在"(Ich bin)之所以为"我在",而不是物在(Das Ding ist),是因为"我"不仅存在,而且"我"意识着自己而存在。简单说,"我在"就是"我意识着自己而存在"。这里的"存在"是一种"意识着自己存在的存在",所以这种存在是"我(存)在"。因此,康德说,"我在"是一种思想活动,一种思想性存在。

"我在"也不是自在之我的存在。因为"我在"作为"我意识着自己而存在"表明这个"我"在意识中,在思想里,它是一纯粹自我意识。在这个意义上,它也是一种"显现",一种敞开(öffnen)。而"自在之我"就如"自在之物"一样,它不可能仅仅在意识中,否则它就不是"自在之我"。因为"自在之我"之所以为"自在之我",在康德看来,就在于它不可显现,不可敞开,它既不可在时-空中显现出来,也不可在意识中公(敞)开出来。

既然自我意识只能如"我在"那样意识我自身,那么,自我意识也就不可能是对我自身的知识。因为"我在"只是"思想",只是纯粹意识,而"知识"则不仅仅是思想,它还必须有在时-空中显现的杂多。有关"自我"的知识同样也如此。

那么,我们是如何获得有关"自我"的知识呢?阐明这一点,将有助于显明自我意识为什么远不是对自我的认识。正如一切其他知识一样,有关"自我"的知识也必须以"思想"和"直观"为前提。因此,有关"自我"的知识只能是关于在直观中显现的"自我"的知识。也就是说,我们只能有关于如我显现给我自己那样的我的知识。"我"在直观中的显现,就是"我"在自己的直观中显现给我自己。

　　但是，"我"在感性直观中的显现，同时也是"我"对感性直观的作用和规定。感性直观是被动的，它不可能主动去显现"（自）我"，只有"我"去影响、作用于直观，"我"才能显现于直观。"我"对直观的这种影响、作用本身同时就是对直观的一种规定。这是"我"与万物在直观中显现的根本不同所在。万物在直观中的显现就是直观中的杂多，或者说，万物在直观中是作为没有规定的杂多存在的。而"我"则不可能仅仅作为杂多显现于直观中。"我"显现于直观，直接就是作用于直观和规定直观。也可以说，"我"对直观的作用和规定（综合）也就是"我"的显现。但是，"我"又如何作用、规定直观呢？"我"如何规定直观，它也就如何显现于直观。显然，"我"是带着那些具有自我同一性的纯粹形式意识或概念意识去规定直观的。因此，"我"是在综合知识中显现于直观的。更确切地说，"我"只是在"综合知识"中才显现出来的。也可以说，"我"的显现使综合知识成为可能。只是在"综合知识"中，"我"才成为"我"自己的客体对象。也就是说，在综合知识里包含着对"我"的知识。所以，我们也正是从先验综合知识（判断）中分析出先验范畴。先验范畴使一切综合知识成为可能的，但就这些范畴作为关于"我"的知识而言，我们又是从综合知识中分析出来的，或者说，我们是在综合知识中发现这些范畴的。这一点在康德这里是至关重要的。因为这一方面表明，我们有关范畴的理论虽是有关"自我"的知识，但却不是"自我意识"本身。因为"自我意识"可以不涉及感性直观，而只涉及思想本身。而范畴则一定要在涉及感性直观的综合知识中才能得到认识。它们是"自我意识"在感性直观中的展现（开）样式，而不是纯粹的"自我意识"本身。这意味着，只要是有关自我的知识，它就一定不是"自我意识"本身。另一方面，由于我们是也只是在涉及感性直观的综合知识中"发现"或分析出先验范畴，因此，我们只能确认范畴在现象领域的有效性，而不能确定范畴在此之外的有效性。这一点对于下面讨论有关范畴的界限问题是至关重要的。

　　范畴来自知性，来自"自我意识"，但对"自我意识"本身却不可能给出完整的知识。我们有关范畴的知识虽然可理解为有关"自我"的知识，却并非"自我意识"本身。"自我意识"并非仅仅是范畴意识。因此，我们对范畴的演绎工作是有界限的。这意味着在康德心目中，意识或自我意识有它不可把握、不可认识的一面。意识并不能完全成为知识。我们"有"意识，但我们并不能完全认识它，演绎它或支配它。在这个意义上，我们可以替康德说，不是人"拥有"意识，倒是意识"拥有"人。作为被意识所拥有的存在，人的存在是一种被抛的存在。这种存在在根本上指向了一个神圣的维度。或者直接说，意识的不可知性显明了意识存在的神圣性。因为被意识所拥有，人的存在才具有神圣性。

§ 62

这里，我们要附带讨论一下判断的"系词"（Das Copula）问题。在西语中，系词就是"关系词"（Das Verhältniswörtchen）。但是，判断中的系词并不是一般的关系词，介词（Präposition）也是一种关系词。单从语法学角度说，判断中的系词就是联系主词与宾词的关系词。但是，仅就发挥联系主词与宾词的功能来看，"关系系词"完全可以用其他符号（如俄语中）或语气词（如古汉语中）来替代。

也就是说，单从判断的活动角度看，我们在判断中甚至可以不用关系词，我们完全可以借助其他符号来把主词与宾词联系起来。这意味着，如果我们停留在语法学视野内，因而仅仅把系词理解为联结主词与宾词的关系词，那么，就不可能真正理解判断的系词问题。因为在使用某些语言的判断活动中，我们可能找不到联结主词与宾词的"关系系词"。这表明，西语中的关系系词"ist（或 is）"只是判断系词的一种形式。正如古汉语中把主词与宾词联系起来的语气词"者，也"可以视为"系词"的一种形式一样，发挥着这种联系功能的任何符号也可以视为一种"系词"，虽然从语法学角度看，这种符号并不是一个关系词。因此，如果要超出语法学视野，就不能把判断中的系词仅仅理解为关系系词，即联结主词与宾词的关系词。正如判断并非仅仅表象两个概念间的关系一样，判断中的系词也并非简单地联结主词与宾词的关系词。判断中的"系词"可能不是一个语词，而是一个符号。因此，就系词问题，我们首先要问的应当是它作为符号所具有的意义，而不是它作为语词的意义。语词的意义更多地受特殊的语法结构的影响，而符号的意义则更直接地是由它在使用中发挥的功能决定的。

那么，在判断中，"系词"究竟发挥着什么功能呢？按康德的说法，判断"系词"是以把被给予的表象带入统觉之客观统一为目的，以便把这些表象的客观统一与它们的主观统一区别开来。也就是说，我们使用系词是为了达到表象物的客观存在。"把被给予的表象带入统觉之客观统一"，就是把在直观中被给予的诸表象构造为客体，使这些表象与客体的联系是一种必然的联系——构成客体的必然属性，而不仅仅是主观性的联系。所谓"主观的统一"，说的是表象间的联系只是一种主观的经验习惯给出的统一。比如，在经验中经常重复出现这种情况："当我承载着事物时，我感觉到重量的压迫（重量表象）。"于是，根据再现法则和联想法则，一旦出现某种东西的表象，在我心灵中就会紧接着出现重量表象。但是，这里的表象间的联系只是一种主观的习惯性联系，而没有客观必然性。判断系词并不以表象间的这种主观联系为目的，它要标明（bezeichnet）的是"这些表象与本源统觉的关系，因此也就是标明这些表象的必然统一"。① 所谓"诸表象的必然统一"，就是在超验的范畴意识中去构造和理解这些表象，把它们构造成具有同一性的客体和客体属性，在"物体是有重量的"这一判断中，"物体"首先是作为一个"客体"被构造出来的。实际上，任何一个能被判断的事物都是以它被构造为一个客体，也即一个具有自身同一性的存在物为前提。也就是说，任何有关事物的第一判断就是关于这个事物的自身同一性的判断。对于没有自身

---

① 参见康德《纯粹理性批判》，B142。

同一性的事物，我们无法对它作出判断，或者说，对它作出的任何判断都没有意义。在"物体是有重量的"这一判断中，"重量"与"物体"的联系之所以是"客观的"，而不是"主观的"，就在于这里的"物体"已被视作为具有自身同一性的客体构造出来，因此，它已包含着绝对的规定性。"重量"则是这个具有绝对规定性的客体在特定关系（比如地球引力场）中呈现出来的一种属性，因此，它才具有客观性。

因此，如果说系词是以把被给予的表象带入统觉之客观统一为目的，因而标明的是这些表象的客观统一性，那么，在根本上意味着它标明的是事物的一种存在式样，即"客体"这种存在式样。事物既可自在地存在，即在自己位置上存在，也可以在表象中存在，即在客体概念中存在。在"客体概念中存在"，就是在范畴意识中作为客体存在。就判断系词标明的是事物的一种存在样式而言，系词功能既可以用西语中的关系词 to be 或 sein 来承担，也可以用古汉语中的语气词来完成，甚至也可以用约定的符号来表示。因此，我们没有理由把判断中的系词的意义仅仅理解为是非真假的"是"。不管是非真假，事物都必定能够以客体的样式（角色）存在。实际上，只有事物首先能够以客体这种样式存在，才有是非、真假的问题，因而没有标准物，哪来（逻辑上的）是非、真假呢？

这意味着，在西语中，即使作为系词来看待的 Sein 也不能仅仅理解为"是非"之"是"。因为作为系词，它首先表达的是事物的一种存在样式。举例来说，Der Mensch ist das rationale Tier，在这里，"ist"就不仅仅表达"人"是"理性动物"或不是"理性动物"；它首先表达的是"人"这个存在者能够作为"人"这个存在者存在，即它能够作为具有自身同一性的客体存在，并且在与牛羊鸡犬这些种-类动物的比较关系中，显出它独有的品质，即理性。同样，Die Körper sind schwer，实际上表达的是：物体能作为具有同一性的客体存在，且这种客体有重量。"物体"必须首先是客体，它有重量还是没重量，才有是非、对错的问题。因此，在"Die Körper sind schwer"这个判断中，系词"sind"的意义首先也不是"是不是"的"是",而首先意味着"物体"的存在样式。

实际上,正如自身同一物(第一客体)是以自在物为前提①,Sein 作为系动词是以它作为存在动词为前提的。自在物(Dinge an sich)既在自己位置上,又在我们的纯粹直观中;或者更确切地说,它既在我们的纯粹直观中,又不仅仅在直观中。这是我们与康德不同的地方。我们这里所说的"纯粹直观"也不仅仅是感性直观,而是理智性直观。因为我们不认为超验范畴仅仅具有逻辑建构功能,作为纯粹的意识活动,它们既是自我显现,又是让他者显现。我们就是在纯粹意识的这种"让……显现"中直观事物,在这种纯粹意识的直观中,事物获得了显现或规定,但是,并不把事物的这种显现或规定当做(意识为)事物本身。相反,恰恰是意识到事物并不仅仅是它显现的那个样子,它处在一个不可显现(规定)的整体中。在这个意义上,在直观中显现的事物同时保持在自己的位置上,因而它是作为自在物存在着。只有当我们把事物在纯粹直观中的显现就当做这一事物本身,从而实际上把它从其整体中抽离出来,它才成为可以进入逻辑演算空间的自身同一物,由此它也才成为客体。

因此,一物必须首先作为自在物存在,它才能进一步作为客体存在。简单说,一物必须首先"在",它才能是"什么"。"是什么"只不过是事物的一种存在样式。因此,我们说,作为系词的 Sein 以它表达自在物之存在为前提。

就 Sein 首先表达的是自在物的存在而言,Sein 不能成为宾(谓)词(Prädikat)。因为如果 Sein 能够作为宾词,那么,也就意味着自在物可以成为自身同一物,即第一客体,因而成为可以被完全规定的存在物。但自在物之所以为自在物,恰恰就在于它始终保持在自己的位置上,即保持在一个整体中,因而是不可被完全规定把握的。Sein 首先表达的仅仅是自在物的存在,或说,仅仅是自在物的一种"境界状态"

① 参见本书第一章有关亚里士多德部分的讨论。

(Position)——在直观中的存在。就这种"存在"不可被完全规定、把握来说,这种存在可被视为"可能性存在"——尽管一切现实的、确定性的存在都是从这里获取的。这一点康德其实已看得很清楚。康德说:

> 存在(Sein)显然不是一个实在的(reales)宾词,也即不是关于某种能被增添到某物的概念上去的东西的一个概念。它只是某一物的肯定状态或境界状态(Position),或者是对自在存在者的某种规定的肯定。在逻辑运用中,它只是一判断系词(die Copula)。①

Sein 不标明实在的东西,不是一个可在直观中给出一个能被完全确定的对象的概念,因此,它不能作为宾词去扩充主词,即它不能被用来进行综合判断。那么,它是否可用来进行分析判断呢? 也不行。因为它标明的只是自在物的肯定状态,即只表明自在物存在着,而不表明自在物是什么。自在物什么也不是,甚至我们给不出关于自在物的同一性判断。因为自在物并不仅仅是它显现出来的那个样子,即不仅仅是可用 Sein 来肯定、标明的那种"境界状态"。Sein 所标明的事物的肯定状态,首先是事物保持在自己位置上的显现状态,因而也就是自在物的存在状态。纯粹的肯定状态就是自在物的存在状态,也即没有宾词的存在状态。事物的一切其他肯定状态都是从自在物的存在状态那里获取源泉。因此,作为判断系词的 Sein 以它标明的纯粹肯定的状态为前提。

为了防止把 Sein 当做宾词使用,康德明确区分了 Sein 与 Existenz、Dasein。Existenz 在词源上是一个拉丁语词,而 Dasein 则是一个纯粹的德语词,康德用它来表达与 Existenz 相同的意思,即指实际的或现实的存在,也就是在时-空中存在的东西。所以,Existenz 或 Dasein 可以是一个对主词有所扩充的宾词。因此,贺麟等人在翻译德国古典哲学时把 Existenz 译为实存,把 Dasein 译为定在,在理解上都是有根据的。而蓝

---

① 康德:《纯粹理性批判》,A598,B626。

公武和牟宗三在译《纯粹理性批判》时均把 Existenz 译为"存在"倒显得不确切。[①] 因为在康德这里,Existenz 表达的不仅仅是"存在"(Sein),而且是一种现实的存在,即可在感性直观中找到其对象的存在。在康德哲学中,Sein 与 Existenz 的一个根本区别就是 Sein 只是一种可能性存在,即不能在时-空直观中完全得到规定、把握的存在。在这个意义上,Sein 不是"现实的"(wirklich)存在;而 Existenz 则一定是时-空中的现实存在。当我们说"Gott ist"时,我们只是表明上帝可能存在,或者说,我们在思想中(而不是时-空现实中)设定了上帝存在,更强烈一点说,我们在思想中意识到了上帝存在——但也仅仅是在思想中。但是,当我们说"Gott existiert"时,我们说的就是:现实中的确存在着上帝,它和我们的桌子、房屋一样存在于时-空中的某个位置上。对上帝存在的存在论证明的最大失误就在于混淆了 Sein 与 Existenz。这也就是康德为什么要专门区分 Sein 与 Existenz 的原因。

由于 Existenz 是一种"实存"——实际的或现实的存在,因此,"当人们把 Existenz 概念引入一物的概念中,也即引入只是就其可能性得到思考的物(不管此物被伪装成什么样的名称)的概念中,那么,人们就已产生矛盾"[②]。如果一个概念只是关于可能事物的概念,那么,它就不能以"实存"为宾词,即不能把"实存"引入这一概念中。因为这种引入使本来只是"可能的东西"变成现实的东西,也即说,把本来只是思想中的东西变成也在时-空(直观)中的东西。

Sein 与 Existenz 的这种区分在黑格尔的"逻辑学"里更为明确。Sein 是逻辑学里的"存在论问题",由于它没有任何规定,因而 Sein(存在)只是一种可能性。而 Existenz 则是有根据(Grund)的存在,是可追

---

① 参见康德《纯粹理性批判》,蓝公武译,商务印书馆 1960 年版,第 429 页;牟宗三译本下册,台北:台湾学生书局 1983 年版,第 358 页。
② 康德:《纯粹理性批判》,A597,B625。

问其源头的"实存"。因而它属于"本质论"里的问题。① 不过,在现象学-存在哲学中,人们更侧重于思考 Existenz 与 Sein 的关系,而不是区别。海德格尔甚至试图通过 Existenz(生存)来理解 Dasein,从而理解 Sein 的意义。这是因为海德格尔对时间问题作出了不同于古典哲学的理解。

从这个简短的哲学史检讨中,我们也已可以看到,Sein 的意义问题并非简单是一个表示逻辑上的是非(真假)中的"是",而首先涉及事物的存在样式:自在存在(可能性存在)与客体存在(真实存在)。也就是说,Sein 的意义问题首先是一个存在论的问题。

第四节　范畴如何是存在论宾词:范畴的超验演绎

§ 63

上面讨论的实际上是有关范畴的先验起源问题。由于范畴的这种起源(Ursprung)是在经验之外,因而在"自然"(Physis)之外,它"超出"了"自然"。因此,讨论范畴的这种"超自然"的起源的推证工作被康德称为"形而上学演绎"(Die metaphysische Deduktion)——也即"超自然"或"超经验"的证明。

但是,康德的超验逻辑学不仅要阐明范畴的先验(超自然的)起源,而且要阐明这些先验范畴是关于直观中的诸对象的先验知识,因而也就是使一切关于直观中的对象的经验知识成为可能的知识。康德把对先验范畴如何是直观对象的先验知识的阐明称为范畴的"超验演绎"(Die transzendentale Deduktion)。实际上,范畴的超验演绎也就是把范畴作为存在论宾词来阐明。也就是说,"范畴如何是关于直观中的对象的先验知识"这一问题也就是"范畴如何是存在论宾词"的问题。范畴作为一

_____

① 参见黑格尔《小逻辑》,贺麟译,商务印书馆 1980 年版。

切直观对象的先验知识,意味着一切直观对象能够且必须以范畴为其存在方式,在范畴中展开其存在。因此,范畴构成了一切直观对象的基本存在情态(Verfassung)或境界存在。

康德自己这样解释范畴的超验演绎:"现在要阐明的是:能呈现给我们感官的诸对象如何能够通过诸范畴而得到先验认(知)识不是就对象的直观形式方面,而是就对象之联结的法则方面认识(对象),因而似乎也就是如何能够通过诸范畴而给自然界颁布(vorschreiben)法则,甚至也就是使自然成为可能的。"①"范畴如何是关于感性直观中的对象(现象)的先验知识"这一问题换个角度问就是:感性直观中的对象如何能够通过范畴而得到先验的认识? 这里,所谓"先验"(a priori)的认识,就是"在先"的认识,即在一切经验知识之先的知识。感性对象通过范畴得到先验认识,也就是感性对象通过范畴而得到先于一切经验知识的认识。简单说,范畴是我们关于感性对象的先验知识。比如,通过因果范畴,我们先于一切经验就知道在直观中给予的一切事物都是有因果关系的;通过量的范畴,我们知道一切感性事物都有量的规定性:不是单一性,就是多数性或整体性。不过,通过范畴获取的先验知识不是关于事物的直观形式方面的知识,即不是关于事物的时间性和空间性方面的知识,而是关于事物之联结(Verbindung)的法则性方面的知识。也就是说,范畴这种知识是一种使感性事物展开其法则性存在的知识,也即使感性事物按某种法则性关系存在的知识。在这个意义上,范畴这种先验知识就是给作为感性事物之总体的自然界(Natur)颁布法则,从而使自然界成为可能的知识。

因此,在康德这里,范畴的超验演绎最终要阐明的是这样的问题,即范畴如何给自然颁布法则,从而使自然成为可能? 用我们的话语系统说,这一问题也就是自然如何按范畴这些宾词概念展现其法则性的关联存在?

---

① 康德:《纯粹理性批判》,B159—160。

自然界如何存在于法则中,也就是自然界如何存在于范畴-宾词中。当康德阐明了范畴如何给自然界颁布法则时,在根本上意味着阐明了自然界如何存在于范畴-宾词中。在这个意义上,康德对范畴的超验演绎实质上就把范畴作为存在论宾词来演绎。

§ 64

那么,范畴如何就是感性直观中的对象的先验知识?

对于在感性直观中给予的事物,我们有各种经验知识。这本身也是一个经验的事实。而在所有经验知识里都包含着对表象的某种联系。比如,在有关朱砂的经验知识里,朱砂表象总是与红、较重等表象联系在一起。但是,正如在本章 6.1 节里讨论的那样,"我们是在感知的综合下(unter der Synthesis der Apprehension)(才能)理解在经验直观中的杂多的联系"①。如果没有感知综合活动对直观中给予的诸印象的"遍历"与"集中",我们根本无法理解这些印象表象间会有什么联系。没有感知的这种综合,我们根本无法确定表象间的联系,因为在单纯的感性直观中只能给出诸单一的表象。这意味着一切经验知识,也即关于感性直观中诸表象间的具体联系的知识,必须以感知的综合为前提。

感知的综合是针对感性直观的综合,它在任何时候都必须遵循感性直观形式,即时间和空间。因为感知综合只有根据这些形式才能发生。这意味着感知综合必定包含着对时间和空间的表象。实际上,我们也只有通过感知的综合,才能获得有关时间和空间的表象(作为纯粹直观形式,时-空本身并不能给出时-空表象)。"但是,空间和时间并非单纯作为感性的形式被先验表象,而是作为包含着杂多的直观本身被先验表象,因而也就是与规定直观中的杂多的统一一起被先验表象。"②也就是说,感知综合在感性直观中进行综合活动时不可能只给出作为纯粹直观

① 康德:《纯粹理性批判》,B160。
② 同上。

形式的时间的表象和空间的表象,而必定是给出包含着杂多的直观(表象)的表象。作为纯粹形式的时-空本身是不可能被表象的,时空只有在它们包含着杂多时才能成为被表象的对象。康德曾解释说:"我们只有在引出一直线的图像(Bild)下,才能把时间表象给我们自己,即我们才能表象时间……我们必须从外在事物呈现给我们的变化那里引出对时间长度(Zeitlänge)或者时间点位(Zeitstellen)的规定。"①但要使这一直线成为理解、表象时间的一维性的图像,必得使之与我们的时间("意识")相联系,也即使之成为时间中的杂多,并且对此杂多(被视为点的连续)进行感知综合。当我们有意画出一直线时,这一行动本身就是一综合活动。至于时间长度或点位,则更需要借助于外物的呈现才能得到表象。

因此,感知的综合虽然必须遵循时空形式,但是并不仅仅涉及时空形式,而必定涉及时空中的杂多,也即必定是关于包含着杂多于自身的直观的综合。包含着杂多于自身的时空表象就是直观本身。感知对直观的综合是直观中的表象物的一切经验联系的前提。也就是说,感知综合是一种先验的综合,是关于直观表象的先验表象。

但是,从根本上说,感知综合(对直观表象的"遍历"与"集中")正如超验想象力的综合(再现不在场的直观表象)一样,都必须以一种本源的综合统一为前提。"而那种综合的统一不可能是别的,只能是这样一种统一,即在范畴被运用于我们的感性直观范围内依照范畴而在一本源意识中对一被给予的一般直观的杂多进行联结的统一。所以,一切使知觉本身(Wahrnehmmung)成为可能的综合,都服从于诸范畴,而且,由于经验(Erfahrung)就是由被联结起来的知觉组成的知识,因此,诸范畴就是经验之所以可能的条件,并且因此对所有的经验对象都是有效的。"②

在这里,经验(Erfahrung)就是经验的知识(Die empirische Erkenntnis),就是通过被联结起来的知觉而得到的知识。知觉不是对在

---

① 康德:《纯粹理性批判》,B156。
② 同上书,B161。

直观中被给予的最初的印象物的知取,而是对已获得了某种规定(统一)的直观表象的意识(表象)。也就是说,知觉是有前提的。比如,我们要知觉一桌子,也就是说,要给出有关桌子的诸表象间的联系——有关桌子的经验知识,我们必须首先把在直观中呈现出来的诸印象,如颜色、形状、质地、重量、边界等综合统一为一整体表象,并把这一整体意识为一对象,即具有同一性的"桌子",我们才能进一步去知觉"桌子"这个对象的种种性质。简单说,我们必须首先把直观中的诸印象构造成一具有自身同一性的对象,也即"客体",我们才能知觉这一客体及其属性。虽然构成知觉之前提的先验综合有感知综合与想象力综合这些中介环节,但是,这些中介环节的综合都以范畴的本源的综合统一为前提。因此,从根本上说,范畴构成了一切可能经验的前提,因而对所有可能的经验事物都是有效的。也就是说,范畴通过使超验想象力的综合和感知的综合成为可能而使知觉成为可能,从而成为一切可能的经验的先验前提。这从另一个角度等于说,范畴是一切可能的经验事物的先验知识,或说,一切可能的经验事物通过范畴获得了先验的认识。

§ 65

一切经验知识都是经验事物的联系规则,这种联系规则之所以是具有客观必然性的法则,而不仅仅是一种习惯使然的主观性准则,其全部根据就在于一切可能的经验知识都是以范畴为前提的。也就是说,是范畴使一切经验知识具有法则性。这在根本上意味着是范畴给经验事物颁布法则,也即给整个现象界或自然界颁布法则。正如康德总结说:"范畴就是给诸现象,因而也就是给作为一切现象之总体的自然(从质料方面说的自然)颁布先验法则的诸概念。"[1]

但是,范畴并不来自自然(否则它们就不是先验的),那么,范畴又如

---

① 康德:《纯粹理性批判》,B163。

何能够为自然界立法？它们如何能够使自然界以它们为准则，向它们看齐呢？这个问题换成更明确的存在论问题就是：自然界是如何按范畴那样展开其必然性存在，而不是按别样存在呢？

这里的关键在于：康德所谓的"自然界"(Die Natur)并不是传统意义上所理解的那种由诸外在物构成的自在的自然界，而是依赖于主体而存在（显现）的现象界。在康德这里，自然界不"自然"，不"自在"(Die Natur ist nicht an sich)，即不在自己的位置上，而是在表象里：自然界首先是在我们的感性直观形式中开显出来(ex-istieren)的现象界。作为现象之全体，自然界并不是独立自主地存在，而是依存于形式主体而存在，它首先存在于主体的感性形式中，即存在于时-空形式中。只是相对于感性的直观形式，自然界才首先存在，才出现，才被给予。离开形式主体，自然界不存在；在形式主体之外，我们除了知道（意识到）有物存在外，别无所知。此存在之物，就是自在之物(Ding an sich)，即在自己位置上的物本身。自在之物，换言之，就是独立之物，在自己位置上持存的事物。对于这种自在之物，我们除了猜想它们自适于它们自己的法则之外，我们并不能对它们的法则有所知。因为自在之物及其法则既在感性主体之外，也在知性主体之外。我们只是在"思想"上从其留下的痕迹——直观中的现象而推知自在物的存在。

由于自然界并非在自己的位置上，而是存在于主体的形式中，因而依存于主体。因此，主体的知性才能够通过范畴向自然界颁布法则。自然界首先是在感性的直观形式中开显出来的。作为以这种形式开显出来的现象总体，自然界尚没有法则，因为感性直观并不颁布法则，只有当自然界进一步在范畴的本源的综合统一活动中被开显出来，自然界才获得了法则性存在(Gesetzmäßigkeit)，即进入一种普遍性或概念性的存在。

这里，康德通过对直观的限定，首先是对时-空形式的限定，使人与物展现出了双重性身份，充当两种基本角色：自在之物与表象物（现象），或者说,自在存在者与表象存在者。作为自在之物,物只自适其法则,至于什么法则,我们不得而知。而且我们只是在思想中推知它们存在,至于它们如何存在,我们无从知道。作为主体,我们不与自在之物相遇照面。因此,对于自在之物,我们不可能给出相应的存在论知识。

但是,作为表象物看,物就是现象,物界就是作为现象之全体的自然界。作为表象物,物界或自然界的存在问题,就是它如何存在的问题。我们可以通过理解自然界如何存在来理解它的存在。康德对时-空形式的阐明和对范畴的逻辑演绎在根本上就是要回答自然界如何存在、如何开显的问题。因此,范畴论与超验感性论一起构成了关于"自然界"如何现实而又必然地存在的存在论。如果说超验感性论讨论的是"自然界"如何现实地存在,那么范畴论则涉及"自然界"如何"必然地"存在,即如何按某种先验法则而存在。

上面我们实际上讨论了范畴为什么是关于现象事物("自然界")的先验知识,因而是关于现象事物的存在论知识。如果说超验感性论是关于事物如何现实地存在的存在论知识,那么,为什么我们只把范畴这种存在论知识视为一种存在论宾词,以至于我们可以把范畴的演绎视为存在论宾词的演绎?简单说,作为存在论知识的范畴为什么是一种宾词?

宾词显然是相对于主词说的。宾词就是用来述说主词物的词。但是,就一般宾词来说,它们要述说一主词物必须有一个前提,这就是它们所要述说的主词物必须是能够被述说的。这意味着这一主词物必须同时已处于宾词物的位置上,即必须处在主-宾关联的逻辑空间里,从而才可被述说,被逻辑演算。而一个既处在主位上又处在宾位上的事物,首先必定就是一自身同一物,即以"A 是 A"这种形式存在的存在物。自身同一物首先与自身处于"主-宾"关联中,它是最初的逻辑关联,既是逻辑关联演算的界限,也是逻辑关联演算的起点。只有对于这种既是主词物又是宾词物的自身同一物,一般宾词才能被用来述说它。也就是说,只是对于已经以宾词物角色存在的事物,一般宾词才能被用来述说它。我们曾把这种自身同一物也称为第一宾词物或第一定义物。①

　　我们知道,在康德这里,现象世界没有"绝对的主词物"。因为"绝对的主词物"永远处在自己的位置(an sich)上而不为任何他物所述说。但任何现象物都只是表象物,而不是在自己位置上的自在物。不过,有趣的是,在康德这里,如果人们停留在直观中,那么,现象物虽然不是自在物,但也还不是宾词物。因为在感性的时-空形式中,尚没有自身同一物,因此,其中的表象物既不述说自己,也不相互述说。它们只是零散的、没有联结的诸现象物,我们尚没有把它(某一表象)或它们(某些表象)意识为它(或它们)自己,更没有意识到它们之间的关联。只有当我们让现象物在质、量这些范畴意识中开显出来而获得绝对的质量等方面的规定,现象物才具有了自身同一性。现象物在范畴意识中获得绝对规定,同时也就是被意识为一自身同一物。任何现象物必须首先被意识为自身同一物,它才能进一步被他物所述说或述说他物。这在根本上意味着,正是先验范畴使一切现象物得以成为自身同一物,从而成为最初的宾词物。范畴使存在物得以以宾词物这种角色存在,一切宾词的使用都预设了范畴使用为前提。

　　所以,我们把范畴视为存在论宾词:范畴是一切存在物以宾词物(或定义物)这种方式展现其存在的全部根据,因而,也是对存在物进行逻辑演算的全部根据。从而,对范畴的整个演绎工作被我们视为是对存在论宾词的演绎。

----

① 参见本书第一章有关亚里士多德的部分。

第七章　时间与存在论图式

第一节　引言

§ 66

　　存在论宾词的演绎实际上回答了这样的问题：范畴如何是一切现象事物能够作为自身同一物即宾词物存在的先验条件？为什么我们有"权力"使用范畴这些先验概念去述说现象事物？这类问题，在根本上也就是这些范畴如何能够使现象事物作为宾词物存在的问题。把现象事物"构造"为"客体"，让现象事物以可被思想、把握的概念方式存在，是先验范畴的客观有效性所在。自身同一物和一切种属物都是概念物，即以概念方式存在的事物。它们既是一概念，却不仅仅是一空洞的形式概念，而同时是一具体物。简单说，它们都是已获得规定的具体物。当我们对呈现在眼前的某物说"这是月亮"时，那么，眼前这个"月亮"实际上已是一宾词物，即已获得某种规定（首先已获得自身同一性规定）的概念物，而不仅仅是感性物。存在论宾词的演绎表明，一切宾词物（概念物）都是以先验范畴为最初根据的。没有知性提供的这种先验范畴，也就不会有自身同一物和一切种属物,因而也不会有宾词物。一切宾词物都是以范畴为根据对感性事物的综合统一为前提。

但是,这里隐含了一个重大的问题。一切现象物都是在感性直观中呈现出来的,因而都是感性的;另一方面,所有先验范畴都是知性给出的,因而都是非感性的,也就是说,范畴与现象是不同质(类)的(ungleichartig)。在任何感性直观中,我们都不可能发现纯粹先验范畴,它们不可能被直观,因而不包含在现象中。先验范畴是思想性的,存在于思想中,而现象则是感性的,首先存在于感性形式中。既然先验范畴与感性直观是不同类(质)的,那么直观现象又如何能被归置(属)到范畴下呢? 或者问,如何能够把范畴运用于现象事物? 康德的超验图式论(Das transzendentale Schematismus)就是要解决这个问题。

> 显然,必须有一种第三者,它一方面必须与范畴处于同质状态(Gleichartigkeit),另一方面必须与现象处于同质状态,从而使范畴运用于现象成为可能。这种起中介作用(vermittelnde)的表象必须是纯粹的(即没有任何经验的东西),它一方面是理智的(intellektüll),另一方面却是感性的。这种表象就是超验的图式(das transzendentale Schema)。①

超验图式作为范畴运用于现象的中介,在根本上意味着是超验图式使一切现象物得以以范畴为宾词来展现自己成为可能的;或者说,范畴成为存在论宾词是通过超验图式来完成的。在这个意义上,超验想象力根据范畴给出来的超验图式可以被视为一种"存在论图式"——使一切现象均得以以宾词物(自身同一物和种属物)身份存在的先验表象。因此,超验图式说也是作为存在论的超验逻辑学的一部分。而从时间与超验图式的关系,我们可以进一步看到,时间为什么构成了康德心目中的存在论的出发点——这是我们在第三章着重讨论的问题之一。整个图

---

① 康德:《纯粹理性批判》,A138,B177。

式说讨论的就是纯粹知性概念能被运用的感性条件,实际上就是时间条件。

§ 67

这里要附带解释一下,在康德这里,超验图式说属超验逻辑学的分析论的原理部分,而这部分被康德称为"判断力学说"(Die Doktrin der Urteilskraft)。为什么?

超验逻辑学就是关于理性的运用的逻辑学,它与普通逻辑学的一个根本不同就是,后者不涉及知识的内容,而超验逻辑学则要受知识内容的限制。就与内容相关而言,理性之逻辑运用可分为两种:一种是有客观有效性的运用,即在经验界限内的运用,另一种则是无客观有效性的运用,即在经验之外的超越运用。超验逻辑学在分析论里讨论理性的经验运用,在辩证论里讨论理性的超越运用,即无效运用。

超验逻辑学的分析论又分为概念分析与原理分析。概念分析是讨论理性究竟有哪些纯粹概念可运用于经验。这就是有关范畴的超验演绎。在此,理性以知性方式给出了先验范畴。理性给出的可运用于现象的范畴,就是知性概念。这里,理性范畴之所以叫知性概念,这是因为这些范畴是从诸判断类型中分析出来的概念,而在普通逻辑学里,这些概念被视为是知性给出来的,实际上,名之"范畴"是强调其具有判断功能,即能够使现象成为可述说、可演算的存在物,即宾词物;名之"概念",则是强调其先验性来源。当我们说这些概念是范畴时,我们要强调的就是这些概念具有最基础性的判断功能,是它们使一切现象成为宾词物,即成为可述说(判断)的存在物。而当我们说,这些范畴是纯粹概念时,那么我们要突出表明的就是,这些范畴不是感性直观给予的,而是由知性先验地提供出来的。

与概念分析论相应的是原理分析论,它要讨论的是理性范畴或知性概念运用于现象事物(经验)的准则。但是,把范畴或概念运用于现象事物,这乃是判断力的工作。因此,原理的分析论所讨论的准则实际上也就是判断力的准则。"由于这个原因,虽然我以知性的原理作为论题,但我将用判断力学说这个名称,因为这个名称更准确地标识了我的工作。"①

那么,为什么"判断力学说"更准确地标明了康德的工作呢? 这是因为康德在超验逻辑学里所做的工作不同于一般逻辑学的工作。普通逻辑学由于抽去了知识的一切内容,因此,它在讨论判断时只涉及判断的纯粹形式,而不涉及判断的内容,因而也不涉及判断力使用的规则或规章(Vorschrifte)。但是,康德在超验逻辑学的原理分析论部分的核心工作恰恰是要提供出判断力运用的某种规则,以便"通过这种规则去校正(berichten)在纯粹知性使用中的判断力,使判断力成为安全可靠的"。②

实际上,普通逻辑学甚至并不真正涉及判断力本身,而只涉及判断的纯粹形式。在这个意义上,普通逻辑学是一种在后的反思性科学。就是说,普通逻辑学是对我们的判断实践的反思。这种反思促使了人们更自觉地遵循和运用本源的逻辑规则。但是本源的逻辑规则并不仅仅是普通逻辑学中那些只涉及纯形式的规则,更包含着涉及内容或现象的那些规则,这就是康德的超验逻辑学所要给出的那些规则。超验逻辑学既是反思性的,同时,又要求与知性的直接的本源行动同一。它试图在知性的活动中给出知性的全部规则,而不仅仅是不涉及内容的规则,从而与知性本身一致。换成存在论话语说,超验逻辑学要如知性本身那样展示知性的存在,从而按知性的先验规则让现象事物作为自身同一物即宾词物存在。知性的所有规则都必须以那些先验地关联到对象的规则为基础,或者说,知性的本源规则是那些先验地关联到对象的规则。在这个意义上,超验逻辑学是普通逻辑学的基础。在涉及判断力时,超验逻辑学的主要工作就是讨论判断力在涉及对象时,有哪些规则需要遵循。

① 康德:《纯粹理性批判》,A132,B171。
② 参见同上书,A135,B174。

不过,在这个引言里,我们这里要简要加以讨论的是康德对"判断力"本身的理解。

> 如果知性一般被解释为给出规则的能力（Vermögen）,那么判断力（Urteilskraft）就是将某物归置在规则下的那种归置（subsumieren）能力,也即区（辨）别某物是处在一被给予的规则下,还是不处在这一规则下的那种区（辨）别能力。①

判断（Urteilen）的本意就是原始的区分或本原的划分。本原区分的能力就是判断力,或者也可以说,判断力就是一种本原的区分能力。而区分要有区分的依据,也即说,要有使区分得以进行的规则。有了规则,本原的区分能力才能区别出事物是处在规则下,还是不处在规则下。没有规则,就不可能进行区分。这种规则就来自知性。知性是一种提供规则的能力,只有知性才有能力提供出规则。知性提供规则,判断力把某物归置在此规则之下,或把某物排除在此规则之外。知性通过判断力这一环节才实现认识活动,才关联到事物。

一般地说,我们可以把判断力理解为知性的一种运用能力:将纯粹概念或范畴运用于事物的能力。但康德强调,这是一种特殊的知性能力:就知性是提供规则这种能力而言,人人都一样,也即说,人人有同样的这种能力;但就依据这些规则进行判断活动的那种能力而言,则人人各不相同,也即说,就知性的判断力而言,个人之间是不尽相同的。这种判断力的不同并不是由于拥有知识的多寡决定的,这种差异与量无关,康德把它归于天赋所定。

在康德看来,"判断力是一种特殊的天赋（Talent）,它根本不能被教导（belehren）,而只能被训练。所以,判断力是一种所谓的天慧的特质。它的缺乏,是没有任何学校能补救的,因为虽然学校从他人的见解那里吸取过来的诸规则能充分地传授和灌输给一个受限制的知性,但是,正

---

① 康德:《纯粹理性批判》,A132,B171。

确地使用这些规则的能力却必须是学习者自己所具有的。如果缺乏这样的天赋能力(Die Naturgabe),那么,人们为了正确使用规则而展示给他的那些规则也难以保证不被错误地使用"①。

人都具有同样的知性范畴,在学科知识的掌握上也可以通过传授和学习来拉平或达到平均水平。也就是说,人人拥有同样的存在论知识,也可以拥有相同的存在者学知识。但是,如何使用这些知识(不管是先验的,还是经验的)去处理相遇的事物和情况,也即如何让事物在这些知识中展现其存在,则是判断力的事情。这种判断力将因人而异,不可能通过传授或学习来拉平。因为它是上天赋予的,有就有,没有就没有,多就少不了,少则多不了。艺术品是由判断力的无目的的自由创造给出的合目的(合规则)的作品,也即说,它是由天赋能力创造出来的产品。艺术家之所以被康德称为天才,就在于艺术家通过其作品展现了他具有不同凡响的判断力:以一般人意想不到的方式让事物展现在某种规则中。如果说判断力给出的超验图式是知性范畴得以被运用于现象事物的"第三者"或"中间环节",那么,我们可以替康德说,事物首先是艺术的"对象",然后才成为认识的对象。事物首先是在判断力的审美判断中作为无目的的合目的性事物存在,才能进一步成为认识活动的对象。作为"无目的的合目的性事物存在",也就是作为无目的的关联却有意义的意义物存在。这种意义因其无关联而是开放的,不是封闭的。我们实际上甚至于可以把这种"无目的的合目的性存在"视为自在物的一种"遮蔽的显现"或"显现的遮蔽"。在这个意义上,康德的《判断力批判》在他的整个超验哲学中具有基础性的地位。不过这里我们仍要回到判断力问题本身。

由于判断力是天赋的,是一种特殊天慧,因此,如果一个人缺乏判断力,那么这种缺陷是无法补救的。所谓缺乏判断力,也就是我们平常所

---

① 康德:《纯粹理性批判》,A133,B172—173。

说的愚蠢。一个愚蠢的人通过学习和训练可以克服其心胸狭隘和知识贫乏的缺陷，成为见多识广甚至堪称有学问的人。但是，掌握再多的知识也无助于改变其愚蠢的天性。由于他仍缺乏判断力，他在应用所学到的知识或规则时，也就是说，在他要对面临的事物与情势作出判断时，他所掌握的知识也不能保证他不犯愚蠢的错误，不能保证他不误用这些知识。换句话说，他受到的各种良好训练并不足以保证他会像有判断力的人那样，在各种境况下作出正确的决断。因此，就缺乏判断力意义上的愚蠢而言，愚蠢是不可医治、无法补救的。在现实中，我们经常可遇到这种情形：一个政治家虽然拥有各种专门知识，却总是对社会情势作出错误的判断，从而把国家带入灾难；一个医生虽然掌握了广博的病理学知识，但他却经常对个案作出不确切的诊断。诸如此类并不鲜见。如果说医生缺乏判断力只是危害倒霉的病人，那么政治家缺乏判断力则涉及全社会。在所有愚蠢当中，政治家的愚蠢是最可怕，最不能令人忍受的。因为这种愚蠢常常与强力结合在一起，以至于愚蠢被无限放大，从而覆盖了社会中的天才和可贵的判断力，政治家个人的愚蠢由此演变成全民族的愚蠢。一个健康的社会必须有机制能在最大限度内阻止愚蠢的人成为政治家，以使愚蠢的人成为当政者的机会降到最低限度。如果一个社会里的当政者尽是一些平庸之辈和愚蠢之流，那么这个社会一定是一个判断力和整个天性受到压抑的社会，因而也一定是一个想象力匮乏和天才备受艰辛的社会。

不过，这已是另外一个问题，我们这里只是想通过把判断力与一系列问题联系起来来显明判断力问题本身。超验逻辑学与普通逻辑学的一个不同之处就在于前者要追问判断力本身，首先是要讨论判断力如何给出超验图式，也就是讨论纯粹知性概念能被运用的感性条件。这也就是纯粹知性的图式性（Schematismus）问题。

第二节 图式与形象

§ 68

作为范畴与感性直观之中介的第三者,超验图式必须同时与二者处于同质(类)状态(Gleichartigkeit)。但,何为同质状态? 从存在论层面说,以同样的存在方式存在就是同质状态。那么,我们如何理解超验图式与两种不同质的东西同时处于同质状态? 康德自己说:

> 每一知性概念都包含着对杂多一般的纯粹综合统一。而时间(作为内在感官的杂多的形式条件,因而也是一切表象联结的形式条件)则包含着在纯粹直观中的先验杂多。于是,一种超验的时间规定就其是普遍的,并以一先验规则为基础而言,它是与范畴同质的(范畴构成时间规定之统一性);但另一方面,就时间被包含在杂多的每一经验的表象中而言,时间与现象是同质的。因此,借助于超验的时间规定,范畴运用于现象成为可能。这种超验的时间规定就是知性概念的图式,它中介着现象与范畴,从而把现象归置在范畴之下。[①]

知性概念的图式,也就是知性概念能被运用于现象的中介,是一种

[①] 这段引文对于理解康德的图式说很关键,也是容易误解的地方。为此我把原文附上:Der Verstandesbegriff enthält reine synthetische Einheit des Mannigfaltigen überhaupt. Die Zeit, als die formale Bedingung des Mannigfaltigen des inneren Sinnes, mithin der Verknüpfung aller Vorstellungen, enthält ein Mannigfaltiges a priori in der reinen Anschauung. Nun ist eine transzendentale Zeitbestimmung mit der Kategorie(die die Einheit derselben ausmacht) sofern gleichartig, als sie allgemein ist und auf einer Regel a priori beruht. Sie ist aber andererseits mit der Erscheinung sofern gleichartig, als die Zeit in jeder empirischen Vorstellung des Mannigfaltigen enthalten ist. Daher wird eine Anwendung der Kategorie auf Erscheinungen möglich sein, vermittels der transzendentalen Zeitbestimmung, welche, als das Schema der Verstandesbegriffe, die Subsumtion der letzteren unter die erste vermittelt. (康德:《纯粹理性批判》,A139,B178—179。)

超验的时间规定。于是问题的核心变成如何理解这个"超验的时间规定"。时间是超验的,这在康德这里是没有问题的。[①] 但时间从哪里获得超验规定?为什么时间的这种超验规定就是知性概念的超验图式呢?在我们的所有能力当中,只有知性因其有概念而具有规定能力。因此,时间只能从知性获得超验规定。现在的问题是,时间的这种规定是如何给出来的?

这里的关键仍然是,时间是一种内在的感性形式。所谓内在的感性形式,在康德哲学里当有两方面的含义。一方面是说,一切感性表象只有通过时间这种感性形式才能成为"我的表象",因而也才能被联结。通过空间形式给予我们的表象如果不进入时间意识,它们就无法通达"自我意识"或"我思",从而无法真正成为"我的表象",因而不可能被综合统一。所以康德说,作为内在的感官杂多之形式条件,时间同时也就是一切表象联结的形式条件。时间之内在性的另一方面则是说,作为一种感性形式,时间能接受"自我"的刺激、影响,就如空间形式能接受外在事物的刺激一样。

在康德这里,"自我"并不仅仅是"主体",它要比主体"大",它超出了主体。主体只是自我(Ich)的一种角色,这一角色的使命就是构造和展开出客体世界;换言之,主体是自我的一种显现(erscheinen)方式——主体只是在显现自我本身的同时才能构造出客体。但是,正如必须有在感性形式中被给予的杂多才能构造出客体一样,也只有通过感性形式,自我才能显现为主体这种角色,即显示为一种具有构造出自身同一物和整个客体世界的主动性能力的存在者。自我只能在内在的感受性形式即时间中显现,但自我在时间中的这种显现不同于其他事物的显现。其他事物必须首先通过空间形式才能作用于时间而显现于时间,而自我则直截了当地作用于时间;而最重要的不同在于,自我在时间中的显现同时也

---

① 参见本书第二章有关感性论的讨论。

是对时间的规定——这只是就知性自我作用于时间来说的。

　　实际上,当康德把时间当做内在感性形式时,也就预设了时间与自我的特殊关系。因为一旦万事万物被视为只有在我们的感性形式中才被给予,那么,所谓内在与外在之分,就不是指在自我之内还是之外——一切都在自我之内,而只是相对于与自我的关系的直接性与间接性来说的。时间之内在性,从根本上说,就在于它与自我处于直接性关系。至于为什么时间能够与自我有这种特殊关系,也即为什么时间能够作为内在感性形式,从而能接受自我的直接作用与规定,康德并没有作进一步的说明。不过依康德的总体思路,我们可以作这样的理解:时间本身是一种活生生的、一种不断到来、不断展现的直接性意识。因为它是一种不断到来、不断开显的直接性意识,时间才能把他物显现为相继现象;也只是在这种直接性意识当中,我们的各种感性欲望才能作为生命现象展现出来。换言之,才能得到意识,否则我们的一切感性欲望就与动物的欲望一样,只是一种推动躯体运动的盲目"力量"。也就是说,我们的一切感性欲望都是时间性的,由时间来意识和排定:它们总是指向某种对象,但只有通过时间才能获得自己的对象。作为内在感性形式,时间首先显现的也是自我的各种神秘的感性欲望,因而才会有所谓的感觉流或生命体验。虽然我们可以想象无物的时间,但也只是在想象中才允许有空的时间,在实际存在中,时间的到来总是显现着他物,或者是外在事物,即通过空间进入时间的事物,或者是内在物,即自我的感性存在。也即是说,时间的显现同时也是他物的显现。不过,在纯粹时间中的一切显现物,只是作为相续现象系列 X_1、X_2、X_3、X_4…中的现象出现,至于 X_1 与 X_2、X_3、X_4 有无区别以及是什么则不知道,在纯粹时间中尚无此问题。这种纯粹时间中的纯粹相续现象系列就是康德所说的"先验(或在先的)杂多"。在这个意义上,感性自我在纯粹时间中的显现首先也和他物的显现一样,只是作为单纯的相续现象存在,而不是作为"我在"——在这里尚无"我"。"我在"必定是意识着自己始终如一地存在着的存在,而在纯粹时间中,被意识的只是相续性现象。简单说,这里只有相续性,而没有同一性。时间的直接性就在于,它的到来直接展现为现象的相续性开显,但它对自身的相续性并没有意识,即它对自身没有意识,所以时间本身给不出有关自身的表象;而时间的内在性,或者说,时间与自我关系的特殊性,首先就在于时间使感性自我呈现为相续不断且不可逆转的生命现象,在这里,时间的到来,直接就是生命的开显。

但是,自我的生命性存在并不只在其感性自我,更在于其具有主动性的知性自我。感性自我在时间中的开显使知性自我作用于时间成为可能的和必要的。时间本身首先在显现感性自我之际展现为纯粹的相续性,就作为这种纯粹的相续性存在而言,时间是普遍的——正是它的这种普遍性使一切在时间中显现的事物呈现为相续现象。这意味着时间与知性范畴是同质的,从而使知性自我作用于时间成为可能的。实际上,时间与知性自我的同质性还可以从另一面来理解。时间作为一种不中断的连续性展现,它是活生生的,是生命性的;而知性自我即我思在这一点上也是生命性的:它始终展现为自我同一的存在,更准确地说,它始终作为"我意识着自己而存在"这种存在者展现着、持续着。不同的只是,时间在其持续展现中并没有对自身的持续性的意识,而我思则始终意识着自己持续着且同一着。就我们的理解来说,时间与知性自我的同质性既在于其普遍性,也在于其生命性。

进一步说,如果自我只是停留于其感性存在的显现,那么它就不可能获得自身同一,也就是说,自我就不会作为真正意义上的自我存在,因为这里没有始终如一的"我",只有相续现象。只有当知性自我,也即以诸范畴为其展开方式的"我思"作用于时间,自我才显现为具有同一性的自我,即显现为主体这种角色,从而才能获得其对象。只是当"我思"贯穿于在时间中显现为相续现象的感性自我,这个感性自我才是"我"的感性存在,并且这个感性自我所欲求的对象才能得到确定。也就是说,如果没有知性自我对时间的作用,那么在康德这里,自我就会陷于感性自我与知性自我的分裂状态,从而不能承担起主体的角色功能——构造出具有自身同一性因而具有确定性的对象世界。因此,感性自我的有限性(它只是显现于时间中的相续现象)使知性自我作用于时间成为必要的。

但是,这里至为关键的是,知性自我对时间的作用同时也就是对时间的规定,因为知性自我只能通过具有规定(Bestimmen)功能的纯粹知性概念作用于时间。正如时间的到来总是显现着纯粹的相续现象,即所谓先验杂多一样,每个纯粹知性概念作为我思的展开方式,它在自我意识中的到来也总是关联到时间中的先验杂多,也即作为纯粹相续性现象被给予时间的杂多。我们前面提到,就这种杂多作为纯粹相续性现象而言,它是一种无差别的、在先的一般杂多(Mannigfaltige überhaupt)。也就是说,在时间中给予的现象在成为经验对象之前已作为一般对象被纯粹知性概念所关联和思想。任何纯粹知性概念都有自己的对象性维度,只要它在意识中显现,它就先行地关联到对象:把先验杂多统一为某种一般对象(比如量的或质的对象)。所以康德说,"知性概念包含着对一般杂多的纯粹综合统一"。知性概念对纯粹时间中的先验杂多的关联、思想同时就是对时间的规定或"定格"。

这种"时间规定"之所以被康德称为"超验的时间规定",因为它先于经验且超出经验,但又是一切经验的前提。从知性角度说,这种时间规定是知性作用的结果;从感性角度说,时间规定则是知性构造出一切同一性事物和经验对象的条件,只有在这一感性条件的限制下,知性的运用才会有客观有效性,也就是说,才能给出真实的客观对象。在这个意义上,时间规定也就是使……作为对象存在的前提。当我们作为主体这种角色存在时,世界就是一个对象世界,一切事物只是对象物。但是,只有当事物进入时间性图式,它才可能既被给予,又被构造为对象。事物不是作为对象存在,就是作为自在者存在。这是事物在两种超验的存在论境界中开显出来的两种可能性存在。时间性图式则是知性与感性共同开展出来的一种存在论境界,它使事物开显为对象物这种存在方式成为可能的。

§ 69

图式就是一种时间规定，它是知性对时间的作用的结果。但是，知性又如何作用于时间呢？康德说，知性是通过想象力（Einbildungskraft）作用于时间而给出时间图式的。所谓想象力，也就是构象力，或说是给出"象"的能力。万物各有其"象"，但这些万象并非自在之物，而首先是被开显出来的各种"图式"，或许我们可以把康德意义上的图式称为"象式"——有象而无形，这正是康德之 Schema 的意义。也就是说，想象力首先不是给出"形（图）象"（Bild），而是"象（图）式"。想象力的创造性就在于它能创造图式，从而把知性概念与感性时间联系起来。或者更确切地说，想象力通过把知性概念与时间联系起来而给出图式。想象力当然也不是毫无凭借地给出图（象）式，它必须以知性概念为根据，同时必以纯粹直观为前提。这里有必要进一步对纯粹直观作出解释。

纯粹直观是相对于经验直观说的，比如我们有关颜色、质地、个数等等的直观，就是经验直观。经验直观虽然以纯粹直观形式即时空为前提，但它要直观的却不是时空性质，而是能在时空中显现的质料。实际上，若依康德的思路，这种经验直观是要以超验图式为前提的，因为设若没有数这个量的图式，我们就不可能直观到现象的个数。同样，如果没有质的图式，只有各种量度的感觉，有关质地就不可能得到经验（erfahren）。在纯粹直观中，除了单纯的时空现象以外，别无杂多。也就是说，在纯粹直观中，只有单纯的相续性现象（时间性现象）和方位（并列或前后）现象。只要纯粹直观直观着，时间到时着，它就必定展开出这种纯粹现象，而不管这种现象从何而来。就我们的感性直观本身不能给出杂多而言，纯粹直观中的现象必定来自他物，关联到他物；而就这种现象是也只是作为单纯的相续性现象来说，它是一种无差别的普遍性现象，就如奔涌的江河对于旁观者只是不息的川流，这里尚没有大小好坏新旧清浊的区别,因为这里尚没量、质、关系等这些范畴意识去展开事物的相关规定性。简单说,这里还没有对事物的经验(Erfahrung)。正是在这个意义上,康德把纯粹直观中的纯粹现象称为"先验杂多"。这意味着,事物首先是作为"一般对象"或"普遍现象"给予我们的,因而首先也是作为"一般对象"得到思考的——这一点我们前面已讨论过。

知性首先就是通过想象力而思及那"一般对象"或"普遍现象",也即说,知性首先是在超验图式中思及对象。图式是想象力的第一产物,也是第一综合物。想象力是这样进行构"象"活动的:把纯粹知性概念运用于纯粹直观,从而给出一"超验的时间规定",这个时间规定并不仅仅是对作为纯粹直观形式的时间的规定,同时也是对在此直观形式中的"纯粹现象"或"一般对象"的规定;在此规定中,纯粹现象成了相应概念的感性显现。概念的感性显现就是概念的图式或象式。比如,数(Zahl)就是量这个概念的感性显现,也就是它的图式。当想象力依照量这个概念作用于纯粹直观,或者说用量这种纯粹的自我意识去贯穿纯粹直观,那么就会给出一种表象:在这个表象中,包含着同类(gleichartig)的单位的相续增加。也就是说,这个表象展示着同类(质)的单位的相续增加,这就是数。我们既可以说,数是量的图式或感性显现,也可以说,数是纯粹现象在这里获得的一种最初的又是最普遍的量的规定。在数这个图式基础上,现象才能在量方面进一步得到更具体的规定。

这意味着,作为想象力依照知性概念作用于纯粹直观的产物,图式是普遍的。正是在这一点上,图式与形(图)象(Bild)区分开来。"图式就其本身而言总是想象力的产物。但是,想象力的综合并不在意于个别的直观,而是在意于对感性的规定的统一,所以,图式不同于形象。"[1]也就是说,想象力在进行构象活动时,它首先面对的不是直观中偶然的、个别的质料,而是被当做"一般对象"的纯粹直观现象。想象力依照纯粹概念

---

① 康德:《纯粹理性批判》,A140,B179。

对感性直观中的这种纯粹现象进行规定统一时，它所给出的首先是一种普遍性的东西，这就是一般的"象式"或图式。而形象则各不相同。不仅不同事物有不同的形象，比如，人有人的形象，狗有狗的形象，而且同类事物的不同个体也有不尽相同的形象，虽然它们有共同的图式。

现在的问题是，形象与图式有什么样的关系？如果说图式是由想象力依据纯粹概念作用于感性直观给出来的，那么形象又是如何给出来的呢？事物的形象或图形（Bild），特别是那些接近几何学图形的形状，比如三角状、圆状等，只是对主体这种角色才呈现出来的。对于不能以主体这种方式存在的存在者（比如狗或其他动物）来说，事物不具有这些形象。① 这意味着形象是由知性主体构造出来的。那么知性如何构造形象？

形象同样也是想象力的产品。"形象（Bild）是创生想象力（die produktive Einbildungskraft）的经验机能的产品，而感性概念的图式（就如空间形状的图式）则是纯粹想象力的先验产品，并且似乎就是纯粹想象力的专一产物（Monogramm）。只有通过并根据图式，形象才是可能的；也只有借助于形象所要标画（bezeichnen）的图式，形象才必定与概念相联系，而就其本身而言，形象与概念从不完全一致。"②形象虽然也是想象力的产品，但并不是它的先验产品，而是其经验产品。所谓"经验产品"，也就是想象力对"可经验事物"的综合的结果。而这在根本上意味着，形象作为一种经验产品必定要以图式为前提。因为事物要成为可经验（erfahren）的，不仅要在时间中，而且要在图式里，即在最初的先验综合里。

时间使对事物的感觉成为可能的③，但时间尚不足以使事物成为可经验的。在纯粹的时间里，事物只是作为纯粹的相续性现象显现着。换

---

① 这一点对于理解康德的对象学说是至关重要的。
② 康德：《纯粹理性批判》，A142，B181。
③ 参见本书第三章对时间的讨论。

言之，在时间里，我们只意识到事物的纯粹时间性，而没有任何有关事物的规定。事物必须首先获得某种普遍性的规定，它才能成为经验的对象而被经验到。作为知性与感性的最初综合物，图式就是事物获得的最初的普遍性规定。有了事物的图式，我们才能进一步给出事物的形象。形象可以被视为在具体的经验关联中对图式的展示和刻画。具体说来，在量的图式里，事物才有数量方面的相应规定：是一或多，或全体；在质的图式里，我们才会意识到事物存在的强度（Grad，Quantum）和界限；而在关系图式里，事物才进入可被有规则地联系起来的关系中。有了这些相应的先验规定，事物才获得了自身同一性而能够进入经验关联，从而才成为可经验的对象。想象力由此才能进一步给出事物的形象，事物的形象不只是事物的空间形态，它同时呈现了事物在质、量、关系等方面的可能的经验形态。

这里，我们可以把事物的先验图式理解为这一事物的自身同一性存在，也即这一事物在质、量、关系、模式诸方面的绝对规定。因此，这一事物的图式，也就是这类事物的图式。具体的事物各不相同，有各自的形象，但因有共同的图式而归属同一类。比如，个体的人有不同种族、不同形象，但他们都归属"人"这一类存在者。个体事物有个体的形象，类存在物有类的形象。如果说，个体物既在同类中展现其形象，也在异类中展示其形象，那么，类存在物则只在异类中展现其形象。不过，从根本上说，它们都是对类的图式的展示和刻画。所谓对图式的展示和刻画，也就是把自身同一物在具体的经验关联中的存在境况标画出来。因此，想象力在构造或创生形象时，不仅要以图式为根据，而且必须受自身同一物的经验关联的制约。所以，康德把形象视为想象力的经验机能的产品，也即想象力在涉及经验事物时给出的产品。

虽然形象以图式为根据，并通过图式与概念相联系，因此，任何形象都有助于对概念的理解。但是，形象永远达不到图式和概念本身，也就是说，永远不会具有图式的那种普遍性。我们的想象力可以在事物中构造出(看出)各种三角状的形象,比如直角、钝角或锐角,但是没有一个三角状的形象具有三角状图式的那种普遍性,即对所有三角状都有效的普遍性,而总是限于三角状的一部分。因为任何三角状形象都是具体事物也即进入关联中的事物的空间形象,而三角状的图式则不涉及关联事物,而只涉及一般空间形态,它是想象力依据纯粹知性概念对显现于时间中的一般事物之一般空间形态进行综合的结果。在这个意义上,那些最基本的几何学图形都可以被视为一种先验图式,它们是我们的想象力在涉及经验事物的空间形态时进行综合的规则。现在我们可以简要地说,图式是事物的自身同一性存在的方式,因此,在图式里,事物是作为一般物而在,作为一般物被思考,它获得的是一种绝对的规定;而形象则是事物的一种关联性存在的展现,在不同的关联中,事物将被展现出不同的形象。不过,事物的形象不管怎么变换,都必须受其图式的制约,因此,在形象里,事物既是一般物,又是关联中的具体物。

第三节　图式的时间性

§ 70

当康德说,图式是一种"超验的时间规定"时,也就意味着图式是一种时间性存在。所谓图式是时间性存在,当然不是指图式仅仅作为纯粹直观形式的那种单纯的时间而存在,而是说,图式必定存在于时间中。因其是时间性存在,图式才能关联到一切可能的现象事物,并在这种关联中把现象构造为具有自身同一性的事物,也即把现象构造为可被认识和被把握的"对象"。在§68我们只是从一般图式的角度讨论了图式的时间性。这里有必要从康德对诸范畴的图式的具体阐述来进一步展现图式的时间性存在,我们由此也将进一步看到,时间如何构成了康德存在论的出发点,而知性范畴又是如何借助于存在论图式而成为存在论宾词。

量有一、多和全体这些范畴，它们的图式被康德作为一个整体的量的图式来阐述。"量的纯粹图式，作为知性的一个概念的纯粹图式，就是数（Zahl），而数是一种包含着（同类物的）单位的逐一相续相加（die sukzessive Addition von Einem zu Einem［Gleichartigen］）的表象。所以，数不是别的东西，而是对一个同类（质）的直观一般的杂多的综合统一（Einheit）：通过我在直观的感知（Apprehension）中产生时间本身而促成这种统一。"①

这是说，量的图式就是数。因为想象力根据量这一概念在感性直观中给出的就是这样一种表象：它表象着直观中同类事物的单位的逐一相加。也就是说，当想象力以量这种方式展开的自我意识去贯穿直观中的一般杂多时，那么"我"就会给出同类物的一个个单位，并把这些单位相续联结为一个更大的单位，而这就是计数活动，也就是数的表象。数并不是1、2、3、4、5…这些具体的数字——它们只是数的单位——而是$An+Bn+Cn+Dn+En+Fn\cdots=N$这样一种同类单位的逐一相加。而对单位的逐一相加也就是对诸单位的统一。因此，作为一种表象，数本身就是包含着对直观杂多的统一。要强调的是，想象力这里所面临的是直观一般，因此，所要综合的是杂多一般，或说只是作为单纯的相续现象即时间现象的杂多。借助量这种我思意识去"遍历"和联结直观一般中的杂多一般，就是一种感知的综合：在这种综合中，"我"既把单纯的相续现象区分为一个个时间单位，又把它们联结为一个单位。这就是康德所说的"通过我在直观的感知中产生时间本身而促成对直观杂多的统一"。所谓"产生时间本身"，也就是给出时间表象和时间单位或时间个体。

把数视为量的图式意味着，如果没有量这一纯粹知性概念，我们就不会去进行计数活动。因为如果没有量这种自我意识，我们就不会有"单位"或"个位"（Ein）的表象，因而也不会把直观一般中的相续现象意

---

① 康德：《纯粹理性批判》，A142—143，B182。

识(表象)为一个个相续单位,并把这些相续单位联结为一个单位。但是,设若仅有量这一概念,我们也不会有数的表象,当然也不会有计数活动。因为数总是与感性直观中的相续现象相关。如果没有直观一般中相续的时间性现象,我们甚至给不出单(个)位表象,也无所谓相续单位的逐一相加,因为只有在时间中,才有相续性的问题;在时间之外不存在相续性,我们也无法理解时间之外的相续性存在。数作为相续单位的逐一相加的表象,它只能是一种综合性存在:既以量这一概念为根据,又以时间直观为前提。在这个意义上,作为量的图式,数是一种时间性存在。因在时间中,数才能关联到在直观中被给予我们的一切事物,量的诸范畴才因此能发挥存在论宾词的功能而使事物获得量的规定性。

计数活动似乎是纯理智的游戏,实际上它与时间直观直接相关。我们甚至可以说,作为量的图式,数最直接地体现了图式的时间性。我们通过数使世界获得量的规定;事物也只是在我们的计数活动中才可能获得量方面的规定性。但是,任何计数活动都包含着对时间的排定,或者更准确地说,都以对相续性时间现象的编排与确定为前提,否则,计数便无以进行。这在根本上意味着,事物的量的存在要以它的时间性存在为前提。换个角度说,时间是量范畴成为存在论宾词的条件。我们将看到,这一点同样也适合于其他范畴。

§ 71

如果说量的图式是数,那么,又如何理解质的图式呢? 这是康德图式说中比较艰难的部分。我们首先遇到的是如何理解实在和虚无(Realität und Negation)概念及其图式。

康德自己是这样论述的:

> 在纯粹知性概念中,实在是与感觉一般(Empfindung überhaupt)相对应的东西。所以,实在就是这样一种东西,它的概念本身显示着时间中的存在(Sein in der Zeit);虚无的概念则表象着时间中的非

存在(Nichtsein in der Zeit)。因此,这二者的对立是发生在同一个时间区分为被充实的时间,或者空的时间。由于时间只是直观的形式,因而也即是作为现象的诸对象的形式,因此,在这些对象中与感觉相对应的东西就是作为自在物的全体对象的超验质料(die transzendentale Materie),即事实、实在。而每一感觉都有一个度(ein Grad)或者一个量(Grösse);感觉因此(量或度)而能或多或少地充实那同一个时间,也即在涉及对一个对象进行感觉表象时或多或少地充实内在感官,直至止于无(Nichts)(＝0＝空无 negativ)。所以,实在与虚无有一种关系或联系,或者毋宁说,存在着实在向虚无的转变和过渡,这种转变和过渡使每一实在可被作为一强度量(Quantum)得到表象,因此,作为某种东西就其充实时间而言的量度,实在的图式就是同一个东西在时间中的一种持续的和同式样的产生:人们在时间中从有某种度的感觉过渡到这种感觉消失,或者相反,从无(此感觉)逐渐上升到感觉的某种量度。①

这里涉及实在、虚无与感觉、对象、超验质料等的关系问题。必须澄清这些关系,才能阐明实在、虚无的图式。我们对"实在"这一概念实在太熟悉了,以至于我们常常不假思索就说出它或使用它,今天它甚至成了一个口头语:"这很实在。"但是,我们要认真一问:什么是实在?这里我们先撇开它的日常含义,仅追问它在哲学上的意义。

按康德的意思,作为一个纯粹概念,实在与感觉一般相对应②,它表明时间中的存在。那么,与感觉相对应是什么意思?感觉又是什么?我们在第三章曾讨论过感觉与感性的关系问题:感性是以时-空为前提的一种表象能力,即接受他物刺激而获得表象的能力,而感觉则是他物作

---

① 康德:《纯粹理性批判》,A143,B182—183。
② 康德在此处用的原文是 korrespondieren,除了相应、对应外,尚有一致、符合、相通的意思。在稍后的句子"在这些对象里与感觉相对应的东西……",此处的"相对应"用的是 entsprechen。从上下文看,这两个地方要表达的当是同一个意思,我们正文里的分析也将表明这一点。

用于感性这种表象能力的结果。① 简单说,感觉是他物作用于时-空直观形式的结果。因此,感觉既包含着时-空于自身,因为它必定以时空为前提,又包含着他物在时空中的显现,因为它就是这种显现的结果。也就是说,感觉有两方面的"来源":作为其前提的时空感性形式和作为其内容的显现物。

从知性角度看,不同的感觉有不同的显现物,感觉总是对具体物的感觉。所谓"感觉一般"(Empfindung überhaupt),并不是说有一种感觉是对一般物的感觉,而只是说,如果我们不局限于一个个感觉,而是把感觉作为一个总体看,那么,它所包含的显现物也必被当做一总体看。对于这个"总体的显现物",我们既不能说它是一个体物,也不能说它为一一般物,我们只能说它作为无差别的内容存在于感觉中。因此,当康德说,"实在是与感觉一般相对应的东西"时,实在所对应的就是感觉一般中的那个"总体的显现物",也就是说,实在作为一概念,它指的就是作为感觉一般之内容的"总体显现物"。而这个感觉中的显现物也一定就是时间中的存在物,因为时间作为感性形式乃是感觉之条件,它使显现物的显现成为可能的,因而使感觉成为可能的。因此,从根本上说,实在就是表象着时间中的存在;而与其相反的概念虚无自然就是表象时间中的非存在。

这里我们可看到,作为结果看,感觉实际上就是现象②,而感觉中的显现物也就是现象中的质料。正如感觉之内容一样,现象之质料只能来自他物(对时-空形式)的刺激或作用。这个"他物",不管是作为个体看,

① 见本书第三章第一节,§27。
② 在康德的行文中,感觉(Empfindung)这一概念常在两种不加区分的意义上被使用:作为结果的感觉和作为活动的感觉。他物作用于感性直观形式而有某种感觉,就是作为结果的感觉,此意义上的感觉就是直观现象;我们的感性表象能力去接受、表象他物之刺激而提供的质料,就是一种感觉活动。作为一种活动,感觉总是与自在物的刺激所提供的质料相对应。因此当康德说"在这些对象中与感觉相对应的东西就是作为自在物的全体对象的超验质料"时,此处的"感觉"当指活动意义上的感觉,所以它对应的是一种超验质料。可见,Erdmann和Wille对康德这句话的不同注释都是不确切的,这句话并无费解的地方。

还是作为总体看，它都只能被看做是自在物，即一超验的存在者，因为我们不能想象这个"他物"还有一个对象与它相对应；它给我们的感觉或直观提供质料，但它本身并不被我们所表象，即它不在我们的表象中，而只在它自己的位置上，是为自在之物。因此，康德把现（对）象中与感觉相应的质料称为"超验的质料"，也就是实在。在康德看来，这种"超验的质料"在具体的感觉中展现为感觉的具体量度。也就是说，质料或内容是作为感觉之量度出现的。感觉的这种量度当然是相对于我们的内在感官形式时间而言的：感觉因有某种量度而充实着时间，也因没有某种量度而"空出"时间，也即使时间中无物显现而为无。感觉没有了量度，意味着不再有物作用于感性形式，因而感觉消失；而无物作用于感性形式，也就是说，无物显现于时间，或者也可说，时间中显现为虚无。

因此，实在与虚无在时间中存在着一种相互过渡的关系：实在向虚无的过渡和虚无向实在的转变。这种关系可以简单地被表象为感觉量度的变化，即实在可以被表象为时间中的某种量度，而虚无则是关于此量度在时间中完全消失的表象。这也就是实在概念的图式和虚无概念的图式。也就是说，当想象力要把实在这一概念显示于时间时，它就给出这样一个表象：同一个东西在时间中持续产生着、存在着；而当要给出虚无的图式时，想象力就给出这个东西从时间中消失的表象。就时间中持续着的东西可以被视为充实着时间的一种感觉量度而言，我们也可以说，实在的图式是这样一种表象——在时间中出现具有某种量度的感觉；而虚无的图式则是这样的表象——此感觉在时间中消失。实在的图式总是与虚无的图式联系在一起，这种联系恰恰使对事物进行质的基本区分成为可能的。

如果没有实在概念，我们也会有感觉，因为感觉只以感性形式或感性能力为前提。在感觉中，我们也意识到事物的存在，但只是当下的直接性存在，它是现实的，但不是必然的，因为它是一种没有区分的存在。单纯的感性形式即时-空只意识到事物的存在，而不会意识到不存在即

"无",因为只要时间到来或显现着,它就一定有所显现,无物存在,时间不到来。简单说,时间只意识时间中的存在,而不意识不在时间中的存在。但是,就现实存在物而言,只有当它的存在能被与无区分开来时,它的存在才是必然的:它在时间中,而不是不在时间中,也即说,它在,而不是不在。这意味着,必须借助于实在这种"我思"意识,我们才能把现实事物的存在与无区分开来,从而把现实事物意识为必然性存在。当我们依实在范畴去理解感性直观的时候,我们就会把在直观中的显现物确认为时间中的一种量度而与此量度的消失(无此量度)区分开来。现实事物的存在与无的区分是该事物获得的最初界限(Limitation),也即它最初的质的规定性。在这个意义上,实在的图式使一切现实事物获得了最初的质的规定。但是,显而易见的是,实在的图式也必须以时间为前提,是一种时间中的综合物。没有时间,实在与虚无的区分只是一种逻辑学上的对应,而没有现实的意义,也即说,它们不能成为展开现实事物的关联性存在的宾词。

§ 72

从上面的讨论中可以看出,范畴的图式实际上也就是范畴的感性意义或感性显现。量在感性中显现为数,质在感性中显现为感觉量度的产生与消失,也就是时间中的存在与无及其区分。从感性的角度也可以说,范畴的图式是现实事物的最初规定:在数中,事物才有了可计算的量的规定。在感觉的量度中,事物才获得了存在与无这种最初的质的规定。但是,如果仅有量和质的规定,事物就只是一些孤零零的数量存在者,而不能在关系(联)中展开其存在;同样,它们也没有可能性、现实性和必然性这些不同的存在样式。

因此,事物要作为对象展开其存在,必得有关系的存在论图式和样式(模态)的存在论图式。这是我们本节要阐述的。对于关系范畴,我们将着重讨论实体图式和因果性图式。

关于实体图式,康德说:"实体(die Substanz)的图式就是时间中的实在物(Reale)的持存性(Beharrlichkeit),也即是这样一个实在物的表象:这个实在物是经验的一般时间规定的基质(Substratum),当一切其他东西都发生变化时,此基质仍保留不变。时间本身并不流逝(verläuft sich),而是可变的东西的定在(Dasein)在时间中流逝着。所以,时间本身是不变的和常驻的(unwandelbar und bleibend),因而,在现象领域,与此时间相对应的是定在中之不变者,也就是实体,而且只有在此实体中,现象的相续与共在(Zugleichsein)才能按时间得到规定。"①

这里我们碰到了康德对时间的少有的具体刻画:时间本身并不流逝,它是不变的和常驻的。这是什么意思? 我们不是一再说,时间不断到来或到时吗? 它又如何是常驻不变的? 康德所谓时间本身常驻不变,并不意味着时间是静止不动的,是"死的"。相反,时间之为时间,它恰恰是生生不息的直接性意识,因而时间才能显现他物;事物在时间中的显现并不是镜中像、水中月式的映照,而是在相续时位中显现的。时间的这种生生不息就意味着它不断到来着,一直开显着;如果说时间的到来是可断的,那么时间就不会是活生生的,而一定是静止的、没有生命的。时间的常驻性恰恰就在于它是且一直是一种不断到来的直接性意识。它不断到来,它是相续的,但它并不流逝自己,因为它始终是它自己。这是时间问题让人费解的一个地方。这一点在德语里也许更易理解一些,如果我们分析一下几个关键的德语词,可能有助于理解时间的这种存在性质。"流逝"这个词,康德用的是 verlaufen sich,这是一个反身动词,也就是说,把自己流逝掉,让自己在流逝中减少而发生变化。但是,时间在其到来、显现中,既不增加自己,也不减少自己。因此,时间不流逝。它也不变化 unwandelbar,因为所谓变化,不是量上的增减,就是存在形态上发生改变,但是在康德看来,时间除了作为内在的超验感性形式外,它

① 康德:《纯粹理性批判》,A144,B183。

不可能有其他存在形态。"常驻的",康德的原文是 bleibend,这是一个很普通的语词,来自原形动词 bleiben,意即留下、持续、剩余等。时间是常驻的,就是说,它始终作为它自己持续着,逗留着,虽然时间中的现象物千变万化,但时间一直作为它自己留下,它是最后的剩余物。所以时间是活动的,同时又是常驻的。因其活动,才能显现他物;因其常驻性,才能显现他物的相续性和持存性。

如果我们带着实体范畴去面对这种常驻的时间,我们的想象力就会"发现",在相续现象中有一种东西与时间的这种常驻性相对应,这就是实在物的基质。在时间中有各种各样的现象出现,这些现象作为具有一定量度的感觉,就是时间中的定在,也就是实在物。这些定在或实在物是不断变化的,但想象力发现,在定在的这种种变化中,有一种不变者,也就是说,只要时间中有定在现象出现,因而也即只要时间到时着,就有这个不变者出现。简单说,想象力发现,时间中有一个不变者与时间的常驻性相对应,这就是定在中的不变者,或者说是实在物的基质,也就是所谓的实体,确切地说,就是实体范畴的感性意义或图式。

这里我们要问,何为基质的不变性?基质的不变性就在于它是对应于时间之常驻性的一种持存,即一种恒定性的存在。所谓"与时间相对应",就是说,不管时间显现什么样的现象,那种基质都会在时间中持存着。只有当我们"意识到"时间中的这种持存恒定的基质,我们才能区分出诸现象是相续性存在,还是同时性共存。时间本身给不出时间表象——相续性表象或同时性表象。虽然时间也进行表象或意识,但时间只意识到存在,它甚至不意识到无。从§71节的讨论中我们已经知道,只有实在这一反思性意识的进入,我们才能把存在与无区分开来,存在才是与无相对应的实在性存在:它一定在,而不是不在。这里要强调的是,如果没有实体这一"我思"意识的参与,我们就不能"发现"时间中那恒定持存的基质。在时间直观中,时间只意识到纯粹存在,既不意识到实在性存在,也不意识到持存性(恒定性)的存在。也就是说,在时间意识中,既没有实在性存在和虚无的问题,也没有相续性存在和持存性存在的问题。只有实体意识的进入,从而意识到时间中那不变的基质,也即恒定的存在,我们才能进而意识到时间中的现象是相续现象,还是持存现象。因为如果没有一个与常驻的时间相对应的不变基质作为依托和定准,我们就不可能去判定时间中出现的现象是同时地共在,还是相续出现。

这里所谓时间中"不变的基质"或"恒定的存在",当然就是作为一个表象的"不变基质",因为这个"不变基质"是由想象力依据实体范畴在时间中看出来或构造出来的一个表象。因此,作为一个表象,这个不变的基质或恒定的存在就是实体的图式。当我们说,只有根据时间中那不变的基质才能去规定现象的相续性与共在性时,在根本上意味着,必须借助实体范畴,事物才处于相续性与共在性、恒定性与流变性的关系中。也就是说,实体范畴使事物的关系性存在成为可能。

这里要指出的是,实在范畴和实体范畴的图式都是关于时间中的存在表象,但是它们是两种不同表象。实在范畴的图式是作为具有一定感觉量度的存在被表象,它与无感觉量度的虚无相对应。因此,实在范畴的图式强调的是与无相对应的实在性的存在,也即充实着时间的存在。质的范畴通过实体和虚无这两个概念把充实着时间的存在(感觉量度)与这种存在在时间中的消失区分开来,也就是说,通过实体图式,现象物获得的是最初的质方面的规定:它在时间中是一种实实在在的东西,因为它充实着时间,它在我们的感性感觉中具有一定的"影响力",能给出一定的感觉量度。如果说实在图式给出的是充实性的存在表象,那么,实体范畴的图式给出的则是时间中那持存性的存在表象。在实体概念中,强调的是实在物中的持存者或恒定者。在实在图式"观照"下,在时间中会展现出许多实在物,但是,这些实在物总处在流变当中。只有通过实体范畴的图式,我们才能在这些实在物当中"看出"或想象出那不变的持存者。因此,实体图式首先使实在物进入一种最初的关系,即持存与流变的关系,由此,构造出对象的关联(系)性存在才成为可能的。因为只有给出那持存的基质,我们才能把在时间中相续出现的流变现象归附到这个持存者上,使这些现象成为这个持存者的属性,也就是所谓的偶性。于是,才有具体的主词物与其谓词物的关系问题。

实际上,在康德所阐述的诸范畴当中,实体范畴具有特殊的地位。在量和质的范畴意识中,现象还只是作为量值物存在:或者作为数量物,或者作为感觉的量度物。质的规定性存在实际上可以被换算为感觉的强度的数值。如果我们仅有量质意识,那么一切事物就只是一种数值存在物。它们也有关系,但只有单纯的数值关系,即一与多或全体的关系,或者从有(此感觉)到无(此感觉),又从无到有的关系。这里的数值关系尚没有被构造为主词物与宾词物之间的关系。因此,仅有量质图式还给不出自身同一物。因为所谓自身同一物,也就是一数值物被当做它自己的第一宾词物。而一数值物之所以能够被意识为它自己,即被视为一自身同一物,它必须能够被意识为时间中的持存者。而我们只有在实体图式中才能觉悟到时间中的持存者,也即康德所说的基质。把与不流逝的时间相对应的不变基质作为持存者来意识,实质上也就是把一持存者意识为一持存者。在这个意义上,我们可以说,实体范畴的图式就是给出自身同一物。这一分析表明,在康德这里,实体范畴的意义是明确的和单一的,而不像在亚里士多德哲学里那样,实体具有自身同一物和自在物这两层混淆不分的意义。对实体范畴的这种定位,从而使实体与自在物区分开来,是康德存在论的一个重要进步所在。

这里要特别指出的是,基质作为持存者存在,当然是作为某种数值物持存于时间中,也即说,它具有量、质方面的规定,而不是像传统哲学所认为的那样,基质是一种没有任何规定的东西。它没有相对的量质规定,却被误以为没有任何规定。实际上,如果它没有绝对的量质规定,它就不可能被视为时间中的持存者。在这个意义上,实体图式要以量质图式为前提。这也就是康德为什么把关系范畴置于量质范畴之后并按范畴的秩序阐述图式的原因。虽然如此，由于只有在实体图式中，数值物才能被意识为自身同一物，因此，才能进入主-宾关联而作为宾词物展开其各种角色性的存在。这意味着，必须通过实体范畴，量、质以及其他范畴才能够成为存在论宾词。下面对因果性图式的讨论也可以显明这一点。因为如果我们连一事物是否是其自身都还不能确定，我们就更不可能去确定它是结果，还是原因。所谓"原因(Ursache)的图式和物一般的因果性(Kausalität)图式是这样的实在物(das Reale)：只要此实在物被任意设定，任何时候都会有其他实在物跟随它出现。所以，因果性的图式存在于杂多的有规则的相续中"①。也就是说，原因或因果性这种"我思意识"一旦进入时间直观，它就会在直观中的杂多现象之间确立一种有规则的相续性关系。在单纯的时间直观中，现象物也有相续性关系，但是，这种相续性关系并不具有必然性，在此时是在前的事物，在彼时可能是在后的。而在因果性图式中，一切现象物都被纳入一种必然性的相续关系中：A一旦被确认为B的原因，那么它在任何时候都在B之前，B总是在A之后出现，而不可能相反。

在因果性图式里，每一实在物都处在有严格规则的相续关系中：它一旦出现，一定会有其他实在物随后出现；而在它之前，也一定会有另一个使它出现的实在物存在。所以，简单说，因果性图式就是关于处在有规则的相续关系中的实在物的表象。我们一旦思及因果性，想象力就会在时间中给出一个总是有其他实在物随之出现的实在物(表象)。有了这种图式，我们才能对时间中的一切实在物，即具有一定感觉量度的现象物进行有规则的联结。如果没有因果性图式，即使有量、质及实体诸范畴，那么，现象物之间也不存在有必然性规则的相续性联系，而只是一些数值物、实在物或自身同一物。如果说实体图式使事物成为自身同一物，也即第一宾词物，那么，因果图式则使事物进入一个宾词物的关系系

① 康德：《纯粹理性批判》，A144，B183。

列：作为原因，它可以是述说其结果的宾词物，而作为结果，它则可以是述说其原因的宾词物。任何事物必首先成为第一宾词物，才能进入宾词物的关系系列。这意味着实体图式在因果性图式之先并且是因果性图式之前提。

与其他范畴图式一样，实体图式和因果性图式的时间性也是显而易见的，它们存在于时间中，也只存在于时间中。因为关于持存者之表象必是关于时间中的持存者之表象，在时间之外无所谓持存或流变；而有关有规则的相续性表象也只能是时间中的相续性。

§ 73

上面我们阐释了关系范畴的图式，下面只简单讨论一下模态范畴的图式。实际上，模态范畴的图式可以被理解为事物的存在样式：事物不是以可能性（Möglichkeit）样式存在，就是以现实性（Wirklichkeit）样式存在，或者是以必然性（Notwendigkeit）样式存在。这是事物三种不可避免的超验存在样式。

那么，我们又如何理解可能性的图式本身呢？这是模态图式中最困难的部分。康德的阐述也很简单："可能性的图式就是各种表象之综合与诸一般时间条件的一致，比如，相反的东西不可能同时存在于同一物中，而只能先后存在于同一物，因此，可能性的图式就是一物在任一时间内的表象规定。"[1]这句话的后半句原文是：Das Schema ist. . . also die Bestimmung der Vorstellung eines Dinges zu irgend einer Zeit. 在这里，可能性对应的时间是 die irgend Zeit，即任何时间，而不只是某一确定的时间。这是可能性图式不同于现实性图式的一个地方所在。

可能性图式也就是可能性这一范畴的感性意义。在感性领域，可能性就是事物的可能性存在或可能性表象。水这一事物在各种时间中有

---

① 康德：《纯粹理性批判》，A144，B184。

各种可能性存在状态,它可能是冷的,也可能是热的,可能是液体,也可能是固体,它甚至还有其他许多可能性。水的这些可能性有的是可以同时存在,有的则不能同时出现。那么,我们如何理解水的整体可能性呢?或者说,水作为一概念,其可能性的图式是什么? 这一图式——水的可能性整体——就是在任一时间中的水的表象规定,也即水在任何时间中所可能具有的诸表象的综合。

因此,可能性作为一个纯粹概念,其图式就是事物在任何时间中的表象规定。也就是说,可能性概念的感性意义就是事物在时间中到来的诸表象。可能性的图式是就可能性的感性意义来理解可能性,而就感性意义来说,可能性实质上就是在时间中到来的表象,或说是在时间中展现、到来的事物表象。就其感性意义而言,可能性是由时间来展开、照亮的,由时间开辟出来的。当我们思及可能性这一范畴时,想象力就会在感性中给出这样的表象:事物在时间中的诸表象规定。这些表象有的是同时出现的,有的则是在不同时间中到来的。这意味着,在可能性图式中,事物是一种开放性存在。也就是说,事物并不把自己固定为在某一时间中的某种表象,在不同时间里,它会呈现为其他表象。因此,当事物以可能性图式这种存在样式存在时,也就意味着该事物以未完成的、开放性的方式存在着。

与这种可能性图式相比,现实性图式和必然性图式强调的是事物存在的确定性和完成性。"现实性的图式是在一确定的时间中的定在。"[1] 现实性图式对应的时间是 eine bestimmte Zeit,即一确定的时间。在一确定的时间中的具体存在就是现实性范畴的图式。也就是说,所谓现实性范畴的感性意义就是事物在一确定时间中的存在。在时间直观中,我们只意识到事物的存在,但并不把此存在意识为现实性存在,还是可能性存在,抑或为必然性存在;只是在我思意识中,才有确认事物的这三种

---

[1] 康德:《纯粹理性批判》,A145,B184。

存在样式的问题。在现实性这种我思意识中,事物在一确定的时间中的存在就被确认为一现实性存在。当我们想到现实性这一概念时,想象力就会给出一个在一确定时间里存在的事物的表象。现实性图式强调的是事物在某一确定的时间中的存在,而不是任一时间里的存在,也不是所有时间里的存在。但是,事物在确定的时间中存在,也就是事物的确定性存在。现实性图式实际上是在一确定的时间中给出事物的存在。

因此,当我们说,事物是以现实性这种样式存在时,那么这是说,此事物是在一确定的时间中存在着。而当我们说,事物以必然性样式存在时,则意味着这一事物在所有时间中都存在着。因为必然性图式对应的时间是所有时间:"必然性的图式是某一对象在所有时间中的定在。"①所谓"某一对象在所有时间中的定在",是说这一对象在所有时间里都存在着,它不会因时间条件的不同而变成不存在或无。

§74

上面从§68到§73,我们讨论了范畴的图式及其时间性。从根本上说,范畴的图式就是一种时间规定;想象力根据范畴对时间作出的规定;根据什么样的范畴,就会给出什么样的时间规定。但是,在这里,时间并不只是空洞的感性形式,而总是有所显现的时间,因而总是被充实的时间。时间的到时总是有所显现的到时,否则,时间不到时。所以,想象力所规定的时间只能是有内容的、被充实的时间。这意味着范畴的图式一定是一种综合性的存在:既以范畴为原则,又关联到时间中的现象杂多。也就是说,想象力给出的范畴图式在根本上是对时间及其内容的综合统一。要特别强调的是,这里所说的时间中的内容只是一种纯粹的现象,即除了被意识为存在外,没有任何规定的现象。因此,在图式里,现象杂多是作为"现象一般"出现的。现象在图式中作为现象一般而获得超验

---

① 康德:《纯粹理性批判》,A145,B184。

的绝对规定,它的一切经验规定都是在此基础上进入关联中才获得的。也就是说,现象在图式中获得量、质方面的绝对规定而成为自身同一物,才能进入关联中而成为经验的对象。相对于各种具体的经验对象来说,图式中的"对象"是"对象一般",是一个"对象的空位",所有事物都必须在这个空位上才能成为经验的对象。

图式的时间性一方面表明现象只有通过图式才能获得自身同一性,从而成为能在宾位上展开其存在的对象;另一方面则表明,图式使诸超验范畴实在化(realisieren)①,也就是说,使空的纯粹概念关联到感性现象,从而获得感性意义。量的实在化就是数,也可以说,数是量显现于感性的意义;具有一定量度的感觉是现象的质,也即显现于感性的质的意义;现象的持存性是实体的感性意义;时间中有规则的相续性联系就是现象的因果性,或说是因果性范畴的感性意义;事物在时间中的开放性存在则是可能性范畴的感性显现,等等。

一切范畴都是通过其图式实在化于时间中而关联到对象,因而它们才能被运用于对象。在这个意义上,图式在实在化范畴的同时,也限制了范畴:把范畴的运用限制在知性之外的条件,也即限制在感性里。因此,如果说图式是范畴关联到对象的唯一条件和方式,那么,这也意味着,感性领域,也即时间中的现象世界,是范畴运用的唯一领域;在此领域之外,范畴没有任何具有实在性的对象。当然,作为我思意识的展开方式,范畴可以独立于图式,具有比图式更宽泛的意义。但是,没有图式,范畴只是知性的纯粹概念,它们只具有单纯的逻辑意义,而没有实质性的判断功能。也就是说,作为纯粹知性概念,每一范畴与其他概念可以有某种逻辑关系,它可以对其他(非感性的)表象进行单纯逻辑上的统一。但这种统一不具有任何实质性的意义,因为它并不给它所统一的表象增加任何内容。

---

① 参见康德《纯粹理性批判》,A146,B186。

我们试以"灵魂是一实体"来说明。在这里,"实体"就是在不受其图式制约下的一种运用。因为灵魂并不能在感性时-空中给予我们,因此,面对灵魂这种表象,实体不具有"时间中的持存者"这种感性的、实在的意义。所以,"灵魂是一实体"并没有对灵魂有任何实质性的言说,既没表明灵魂是否以及如何现实地(在时间中)存在,也没确认灵魂具有什么性质。"灵魂"和"实体"在这里只是一种单纯的逻辑关系:我们在逻辑上把灵魂看做可以归到实体这一属下的种。但灵魂概念并没有从这一逻辑关系式上获得新的内容。也就是说,从"灵魂是一实体"这一逻辑关系式,我们只能获得这样一个唯一的信息:灵魂是实体的种,实体是灵魂的属。而这一信息对我们来说没任何实质性意义,它和我们说"灵魂是 X"没有区别。① 这意味着,超验范畴一旦脱离图式的限制而越出感性领域的运用,它们马上就失去对象而不再具有法则性意义。这在根本上等于说,只有通过图式,诸范畴才能成为展开事物之存在的法则而真正发挥存在论宾词的功能。在图式中,范畴不仅把事物纳入某种逻辑关系中,而且使事物获得相应的规定。真正的存在论宾词不仅是一逻辑词项,而且是一存在法则,也即事物据以展开其存在的法则。在"月亮是一实体"这一语句中,"月亮"和"实体"之间就不只是一种逻辑关系,而且是存在性的关系,因为它不仅表明,月亮可以作为实体下的种而归属于实体,而且表明,月亮在时间中是一持存者,具有量、质等方面的规定性。也就是说,实体使月亮能够在一系列规定和关系中展开其存在。所以,"月亮是一实体"就不只是一逻辑关系式,而且是一存在性陈述或存在性判断。在这里,实体才真正发挥宾词的作用。

这一分析表明,范畴的图式是范畴发挥存在论宾词功能的条件,只是在图式里,范畴才能成为展开事物之存在的宾词。换言之,只是在图式里,

---

① 把实体或其他范畴运用于诸如灵魂、上帝和其他自在物上,实际上只是一种概念间的逻辑游戏,并不产生任何知识,因为它们所要把握的对象都不能给予我们。参见康德《纯粹理性批判》,A155,B194。

事物才通过范畴来展开其存在。范畴通过图式展开事物的存在,这在根本上说的是,范畴只能如事物(在感性时间中)显现给我们的那样去表象事物,展开事物,而不可能如事物本身存在那样表象事物。如果我们无视范畴运用的条件,因而以为范畴可以有独立于感性条件的运用,那么也就意味着范畴可以如物存在那样表象物和展开物。但在康德看来,这是不可能的。因为物本身的存在就是物在自己位置上的存在:它既不在我们的感性时-空中,也不在我们的思想里,它只在自己位置上。因此,它不给予我们。对于唯一的上帝、不朽的灵魂、自由以及自在物,我们只能从现实存在中推知其存在,至于其存在本身,我们一无所知,也无从得知。我们不知道、表象这种存在的方式,因此,我们不能去表象和推演这种存在。如果我们排除了范畴运用的感性条件,也就意味着允许范畴作为自在物的宾词去推演和展开自在物的存在,其结果将是给出一个虚假的和自相矛盾的世界。

范畴的图式论展示了判断力能够把范畴作为法则运用于事物的条件。对于每个理性存在者来说,他都能够给出所有范畴的感性意义,也即图式,但是,他在根据这些意义把范畴运用于对象时,并不一定能给出正确的判断。也就是说,即使是在感性领域,人们也不一定总能正确地使用范畴的宾词功能。不过,这不是范畴在感性领域的有效性问题,而是判断力本身的问题。判断力如何能给出正确的判断,这在很大程度上是个人的判断力问题,在本章的引言部分,我们曾讨论过这个问题。对于这个问题,我们虽然也能提供一些原理[1],但只是一些消极的、防范性的原理,而不能给出充分的规则。

---

① 这是康德在原理的分析篇第二章所要做的工作。

第八章　超越的存在：理念与幻象

第一节　辩证论的双重存在论意义

§ 75

从第四章到第七章，我们主要讨论了康德的超验逻辑学的超验分析论(die transzendentale Analytik)，这部分曾被我们理解为"真理的逻辑学"①，因为它所给出的纯粹概念与原理正是使……成为真实对象的纯粹知识。因此，超验逻辑学的分析论与第二章所讨论的超验感性论一起构成了一个整体的存在论，这个存在论在根本上只是回答了这么一个存在论问题：先验综合判断是如何可能的？

先验综合判断并不是众多知识中的一种知识，它首先是使一切事物成为真实对象的一种存在方式。在先验综合判断中，事物不仅在感性中，而且在纯粹概念(以图式的意义形式出现)中，因此，事物不仅是现实的对象，而且是真实的对象，也即具有自身同一性规定的对象。对象的

---

① 本书第四章 § 40 以下。

这种自身同一性存在是其一切存在角色或存在身份的基础。没有自身同一性,对象就不可能展开其他的可能性存在。因为一个对象的其他可能性存在只是相对于它的自身同一性存在而言才是这一对象的其他可能性存在。也就是说,一个对象在陈述中被展现出来的存在是否为这一对象的可能性存在,必须以它的自身同一性存在为根据。所以,在先验综合判断中,事物被我们视为一种被揭示状态,也即一种真理性存在。而先验综合判断之所以可能,不仅要有超验感性论所揭示的时间直观,而且要有超验逻辑学的分析论所提供的纯粹范畴。在这个意义上,我们把超验逻辑学的分析论视为一种真理的逻辑学。

与此相应,超验逻辑学的辩证论则被视为"幻象的逻辑学",也即一种"幻象的存在论"。因为超验逻辑学的辩证论不同于普通逻辑学的辩证论,它不是产生或消除幻象的一种技术,而是揭示幻象如何不可避免地产生的一种知识。世界在时间上既是有开端的,又是没有开端的。这种二律背反就是事物(世界)的一种幻象存在。虽然这种幻象能被揭示为幻象 Schein——因为它是自相矛盾的,但是,它却不能被消除。在这个意义上,超验逻辑学的辩证论就是一种特殊的存在论知识,也即揭示事物如何不可避免地以幻象的方式存在的知识。

但是,"幻象的逻辑学"只是辩证论作为存在论的一个方面的意义。从另外的角度说,超验逻辑学的辩证论不只是关于幻象存在的知识,同时也是关于超越的必然性存在的知识。因为这里所说的"幻象"(Schein)并不是一般意义上的假象或谬误,而是与必然的超越性存在相联系的一种假象。因此,为了揭示幻象,超验辩证论必须首先揭示这种超越的必然性存在。

这里我们首先要澄清超验幻象或所谓辩证幻象与一般假象的区分。一般假象是与真理相对应的,真理确立之际,就是假象消失之时。这个意义上的假象就是错误或谬误(Irrtum)。这种假象与真理一样,既不存在于直观中,也不存在于纯粹知性里。因为直观只是被动地显现事物,而不进行判断,它给出的现象就是一个现实世界。因此,在直观中没有真理与假象的问题。在纯粹知性里,同样不会有假象。所谓"在纯粹知性里",也就是说,知性只根据自己的法则进行判断,不受感性因素的影响。但是,"如果知性只按其法则行动,那么结果(判断)就必定必然地与这些法则相符合。而与知性法则相符合则是一切真理的形式"①。既然不受感性影响,知性给出的判断只能是一种纯形式的判断,因此只要形式上为真,它就不会是假的。

既然错误或假象不来自感性直观,也不由知性本身产生,那么它来自哪里呢? 一切知识,不管是存在论知识,还是存在者学知识,都只有两个来源。如果两个知识来源本身不会产生假象,那么假象只能来自这两个来源的结合中。"由于我们除了这两个知识来源外,别无其他来源,所以,错误只能是由于感性对知性的未被觉察到的影响而产生的;由于感性对知性的这种影响,才产生判断的主观根据与客观根据的混淆,并使这些客观根据偏离它们的规定。这就好比一个运动着的物体,如果没有不同方向的外力的影响,它会始终保持在同一个方向的直线上,但是,一旦有其他不同方向的力作用于它,它就会转变为一种曲线运动。"②也就是说,就一般假象而言,它是在知性对感性现象进行联结的过程中产生的。我们在对现象事物进行联结时,不仅以知性范畴为根据,而且也自觉不自觉地以这一事物给予我们的主观印象为根据。所谓主观印象,就是一自身同一物给我们的知觉留下的印象或在我们的知觉中呈现出来的意义。这种知觉印象之所以是主观的,因为它是自身同一物相对于知觉的特殊状态呈现出来的,比如视觉印象的大小、远近。因此,它有可能是假象。这种假象会通过想象力误导判断力作出错误的结论。

在康德这里,知觉印象并不是单纯由感官产生的,而是在知性的经验运用中产生的。我们没有纯感官的知觉,我们的看、听,都是有先验前

---

① 康德:《纯粹理性批判》,A294,B350。
② 同上书,A294—295,B350—351。

提的。我们"看的",不仅要在时间中,如果它要作为某种印象物给予我们,它还必须首先已是自身同一物。我们的所有知觉印象都只能是对自身同一物的感知。在这个意义上,知觉印象就是一种经验:我们的知觉官能利用知性法则对自身同一物的感知、经验,例如,视觉利用量的法则对一对象的大小、远近的感知。因为它只是一种主观的经验,取决于感知者的经验条件。比如,他站得远,对象就显得小,他离得近,对象就显得大。因此,这种知觉经验在它成为判断的根据时,可能有助于作出正确的判断,也可能带来错误的判断。不过,显而易见的是,由这种感知经验引起的假象——错误判断是可以消除的。这种感知经验一旦不再被当做判断的客观根据,人们就能对错误判断作出修正。

就此说来,我们可以把一般假象视为一种经验假象。虽然我们总会犯错误,但每个经验假象本身都不是必然的。它可以产生,也可以不产生;产生之后,它必能被消除。这是经验假象与超验幻象的一个根本性区别所在。这种区别的全部根据就在于后者产生的原因不同。我们可从两个"方向"来理解辩证幻象的产生:一个是上升的方向,一个是下降的方向。

§ 76

从上升的方向看,超验幻象是由知性向经验界限之外扩张、上升的结果。图式论已揭示了经验领域是知性范畴运用的唯一有效性领域,也就是说,知性只能具有经验的运用。但是,我们的判断力,也即用概念去把对象归置到规则下的那种能力,却经常不顾界限而允许知性进行经验外的使用,即超的使用(der transzendentale Gebrauche)。其结果就是使本来只是内在法则(die immanente Sätze)的知性法则成为超越的法则(die transzendente Sätze)而陷入幻象当中。我们且来分析康德的下面论述:

> 我们把那些将其运用完全限于可能的经验界限之内的法则称为内在的法则,而把越出了这一界限之外的那些法则称为超越的法

则。不过,我不是把这种超越的法则理解为范畴的超验运用或者误用,这种超验的运用或误用只是判断力的一种错误:由于判断力没有受到批判的适当抑制,因而对只允许纯粹知性在其中活动的那个领域的界限没有给予足够的注意(从而误用知性);我把超越的法则理解为这样的现实法则:它们鼓励我们打破所有的界限限制,并强占一个不承认有任何界限的全新领域。所以,超验的(transzendental)和超越的(transzendent)是不一样的。前面已阐明,纯粹知性的基本法则只允许经验的使用(der empirische Gebrauche),而不允许超验的使用,也即不允许扩张到经验界限之外的使用。但是,如果一个法则取消了这种限制,甚至要求越过这种限制,那么这种法则就叫超越的法则。如果我们的批判要能够揭示这种强占法则的幻象,可以把与此法则相反的法则,也即只有经验的使用的那种法则称为纯粹知性的内在法则。①

知性范畴本来只是一些内在法则。也就是说,范畴只是在经验范围内才具有客观有效性,离开了时间,因而在经验之外,范畴只是一些空洞的概念,它们没有相应的现实对象。我们只能在感性时-空中才能给出范畴的意义(图式),在时-空之外,我们不知道范畴的意义,比如,我们无法理解在时-空之外的质和量有什么意义。因此,范畴只允许在时-空之内,因而只在经验之内作为法则被运用。如果范畴的运用限制在经验界限之内,那么它们就可以被视为纯粹知性的内在法则,它们的运用就是一种经验的运用。我们知道,范畴是经由判断力被使用的。但是,我们的知性判断力并不总是谨守在经验界限之内,而是不可避免地受到扩充知性知识的诱惑,把知性的运用扩张到经验界限之外。这就是对知性进行"超验的运用"。这种超验运用的结果就是使知性法则成为"超越的法则",也即不承认自己有任何界限的法则。换言之,超越的法则把所有领

---

① 康德:《纯粹理性批判》,A295—296,B352—353。

域都强行霸占为自己的领地。

但是，所有超越法则都必定陷入相互背反，这就是它们的幻象性存在所在。举例说来，因果性范畴本来只是知性的一种内在法则，只能被运用于经验中的事物；当我们的判断力无视这一界限，把它扩张到经验之外去运用，比如把它运用于作为事物之绝对总体的"世界"这一理念上，那么就不可避免地要出现两个相互对立的命题："世界有一个自由因"与"世界没有自由因"，它们在逻辑上都能成立，却相互对立。只要把知性范畴运用于像"世界"这类理念（Idee）领域，就必然要出现这种二律背反，这就是所谓辩证幻象。这种幻象的虚幻性就在于对立的命题在逻辑上都能成立。虽然如此，它们的产生和存在却是必然的。因为一方面，对于理性存在者来说，必定存在一个理念领域。也就是说，对于理性来说，像世界、自由等理念是必然存在的，它们构成了现象世界的前提。如果没有这些理念，理性存在者将无法理解这个现象世界。因此对于理性存在者来说，理念是一个高于现象世界的领域。这一点我们在下一节将详细讨论。另一方面，知性本身在把握现象世界的过程中，则总也自觉或不自觉地要越出现象界，进到作为现象界之前提的理念领域，以便扩充知性知识。追求和扩充知识，这是知性的一种天然倾向。即使超验逻辑学揭示了超验幻象的虚假性，知性也不会停止越界扩张的努力。这就是超验幻象存在的必然性所在。从上升的角度看，超验幻象由知性的"超验运用"产生，它们是一种"超越的存在"。这里我们要附带讨论一下"超验的"（transzendental）与"超越的"（transzendent）这两个概念。康德上面说，它们是不一样的。但不一样在什么地方呢？就其存在而言，"超验的东西"，不仅先于经验，而且可以独立于经验，但它却构成了一切先验知识和经验知识的前提，是使一切知识——首先是使先验知识——成为可能的存在论知识，比如，超验的感性时-空和超验的知性范畴以及超验的理念。与"超验的"相对应的概念是"经验的"（empirisch），"超验的"要强调的是对一切经验的东西的在先性和前提性。也就是说，超验的东西一方面是先于经验和独立于经验,另一方面它又是一切经验的前提和根据。就其运用而言,有些超验的东西只能有"经验的运用",而不能有"超验的运用",否则就会出现超验幻象,一切知性范畴就是如此;而另一些超验的东西则只能有"超验的运用",而不能有经验的运用,否则也会陷入矛盾,一切超验的理念就是如此。这里所谓"超验的运用",也就是摆脱经验、越出经验的使用,但这种运用并不是不承认有经验界限,而只是不满足于这个界限,因此要从经验世界越入超验领域。那种导致超验幻象的知性运用之所以叫超验的运用,而不叫超越的运用,就在于知性的运用总是从经验出发,并且承认(意识到)它所要把握的东西都是经验中的事物,而不是自在物,即不是在自己位置上的东西;当它突破经验界限去把握超验的东西时,它也并不是把它们当做超验的东西,恰恰仍旧把它们作为经验的事物来把握。我们只是从理性或反思的立场看,知性突破经验的运用才是对超验的东西的运用,对于知性本身来说,它无所谓突破不突破,一切都在经验之内。所以,就知性本身来说,它把自己的所有运用都视为一种"内在的运用"(der immanente Gebrauche),即在经验内,或者更具体说,是在表象内的运用,而没有"超越的运用"。这里我们要进一步问:什么是"超越的"?

与"超越的"这一概念相对应的就是"内在的"(immanent)。那么,何为"内在的"? 在什么之内? 在经验之内,而在康德这里,也就是在表象之内。所谓内在法则,也就是承认一切现实的东西都是经验里的存在物,因而都是在表象中给予我们的法则。相应,所谓内在的运用,则是指这种运用只限于经验内的事物,也即在我们的时-空表象中给予我们的事物。"内在的"这一概念要强调的是事物的时-空界限和表象性,简单说就是经验性,以突出自在物领域的非表象性,非内在性。因此,"超越的"这一概念在根本上要强调的就是事物存在的非内在性,非表象性。康德说,超越的法则鼓励我们打破一切界限,并强行要求据有一个不承认有任何界限的领域。这也就是说,"超越的"这一概念并不只是指要突破经验的界限,而且要跨越这个界限,消除这个界限。而消除这个界限在根本上意味着,不承认事物只是在时间表象中才能给予我们,而是认为事物可以在自己的位置上给予我们。因此,"超越的运用"首先意味着这种运用把一切事物都当做自在物,一切概念的运用就是对自在物的运用,即对不在时-空表象中,而是在自己位置上的事物的运用。

如果说知性概念只能有内在的运用的话,那么,理性概念,也即超验的理念,则只能有超越的运用,也必定是一种超越的运用。"纯粹理性概念的客观运用任何时候都是超越的,而纯粹知性概念的运用,就其本性言,任何时候都必定是内在的,因为知性只限于可能经验。"①如果知性的运用突破经验界限,不仅把范畴运用于经验事物,而且运用于超越的事物,即不在时-空表象中的事物,那么就会出现超验幻象。这是从上升的角度说超验幻象的产生。从下降的角度看,辩证幻象则是理性理念的经验运用的结果。

我们以前只侧重从知性越界上升的角度去说,而少从理性下降的方面去理解幻象。实际上,正因理性会下降犯错,所以才要批判。知性本身没有什么好批判的,因为知性本身不会僭越,它永远安于相对的经验统一。只有理性下降到经验现象,才会推动知性去进行绝对的统一,从而产生比如诸宇宙论理念,并且以此类理念去说明和规定现象的集合体——它有时被称为"世界"。而当理性把这些理念运用于作为现象之总体的"世界"时,也就把本来只存在于经验表象中的"世界"变换成了"自在的世界"。这是超验幻象的全部根由所在。这一点康德自己也说得很明了:"(超验的)幻象是这样产生的:人们把只适合于自在物本身的那种绝对总体的理念运用到现象上,而现象只存在于表象中,如果它构成一系列,那么,它只存在于相续的返进中,否则,它就不存在。"②比如,把自由这一理念运用于作为现象系列之总体的"世界"上,于是,就会有

---

① 康德:《纯粹理性批判》,A327,B383。
② 同上书,A506,B534。

"世界有一个自由因"这么一个命题。但是,这个"世界"作为一个条件系列之总体只存在于表象的返进中,而在表象的返进中,不可能有一个自由因,因此,又会有另一个命题出现:"世界没有自由因存在。"

§ 77

上面我们从两个"方向"讨论了超验幻象的产生,这一讨论表明,超验幻象在根本上源于理性本身。康德总结说:"超验幻象的原因是:在我们的理性(从主观角度看就是一种人类的认识能力)当中存在着理性运用的基本规则和准则,它们具有一种客观法则的外表。于是,便会发生这样的情形,我们的概念的某种联系的主观必然性(这种主观必然性有益于知性)被当做客观必然性而成了自在物的规定。"①

这里所谓理性运用的规则或准则不同于知性的运用规则即诸范畴,后者具有客观有效性,它们能被运用于客观事物,因此,这些知性的运用规则(die Regeln)是一种客观法则(objektive Grundsätze)。但是,前者,即理性的运用规则则只是一种主观准则,因为理性在运用这些规则进行统一活动时,它并不直接处理任何东西,不与任何现实事物发生直接的关联,而只是指向对诸条件进行综合的绝对总体。理性的统一活动根据这一"绝对总体"的概念给知性运用以某种统一方向。但是,这个"绝对总体",这个理性用于统一知性运用的"方向"却不是任何经验中的事物,而是理性自身的概念,它只是对理性来说才是必然性存在的,它与知性概念的统一活动的关系也只是对理性来说才是必然的。所以,在这里,理性的运用规则,也即把理性理念运用于对知性运用的统一只是一种主观的必然性。换言之,理性自身的概念与知性概念之间的关系是一种只具有主观必然性的关系。一旦把理性这种只具有主观必然性的运用规则当做具有客观必然性的法则,那么也就把理性理念这种本来是自在于

---

① 康德:《纯粹理性批判》,A297,B353。

理性中(而不是表象里)的自在存在物降格为一"客观实在物",即能在感性表象中给予我们的存在物。因此,理念与知性概念之间的关系也就被视为理念的"客观规定"。超验幻象便由此而生:本来是不可由概念得到表象的理念——条件系列的绝对总体——却得到了知性概念的规定。比如,作为因果系列的绝对总体的"自由因"这一理念,一旦成为一"客观实在者",它也就具有"自然的因果性关系";而本来只是存在于表象中的条件返进系列则被调换为条件系列的绝对总体,即一自在理念,于是,这个条件系列也就成了一个以无条件者为其条件的"世界"。比如,由于"自由因"成了"实在者",它自然也就成为因果系列的第一因,所以这个"因果系列的世界"是一个有第一因的世界。这种超验幻象之所以是幻象,就在于这两个对立的命题都是假的。

但是,超验逻辑学并不能够因揭示了这种幻象就可以消除这种幻象,因为这种幻象是理性本身不可避免地要产生的。首先理性理念是必然的(下节讨论),理念的必然性本身隐含着理性把它们运用于知性的统一活动的必然性。其次,理性的这种运用本身隐含一种自然倾向,即把主观性规则调换为客观性法则。所以,在康德看来,超验幻象,也就是所谓"辩证论",是不可避免的。人们无法避免超验幻象就如天文学家无法避免月亮升起来时显得更大这样的天文假象。天文学家虽然能揭示这种现象是假象,但并不能阻止这种假象发生,同样,对于超验幻象,我们也无法阻止和消除,只能揭示其虚假性而不为所欺。

超验幻象的必然性表明,对于我们这种理性存在者来说,事物不仅要以真理的方式存在,而且也会以幻象的方式存在。如果说超验感性论和超验逻辑学的分析论一起构成关于事物如何以真理方式存在的存在论知识,那么,超验逻辑学的辩证论则是关于事物如何以幻象的方式存在的存在论知识。但是,上面的讨论表明,辩证论为了揭示超验幻象的不可避免性,它必须首先揭示理性理念的必然性。对于理性存在者来说,理念实际上就是自在物的存在方式,或者更确切地说,理念是事物的自在存在方式——在自己位置上的存在方式。通过理念，自在物表明它的存在。因此，超验辩证论不仅是关于事物如何以幻象的方式存在的存在论知识，而且首先是关于事物如何以自在物的方式存在的存在论知识。[①] 所以，作为存在论看，超验辩证论具有双重意义：它不仅是关于幻象存在的存在论，而且是关于自在存在的存在论。但是，就其存在而言，超验幻象与超验理念都是一种超越的存在，因为它们实际上都是跨越和抹去经验界限的结果，并且都不承认任何界限。在这个意义上，也可以说，超验辩证论是关于事物如何以超越的存在方式存在的存在论。

第二节　超验理念：事物的自在存在方式

§ 78

　　理念论是超验辩证论一个很核心的部分，它不仅是理解二律背反的前提，也是理解康德的整个存在论的一个关键。但这一部分却一直没有受到足够的重视，它实际上相当于分析篇里的概念分析部分。这部分的基本问题就是：理性如何具有理念？ 会有哪些理念？ 理念本身意味着什么？

　　在超验逻辑学的第一部分，康德把知性理解为一种"规则的能力"（das Vermögen der Regeln），在第二部分则把理性称为"原则的能力"（das Vermögen der Prinzipien）。所谓"规则的能力"，就是产生规则或给出规则的能力。知性根据自身给出的规则去统一一切直观现象。从存在论立场说，知性这种能力也就是事物的一种存在方式：它使事物在规则中展开来，在规则中给予我们。我们将看到，理性作为"原则的能力"也是事物的一种存在论知识：事物如何以无条件者的方式存在，也即

---

① 关于事物如何以自在物的方式存在的存在论知识，并不是关于自在物本身的知识，而只是关于事物如何必然地以在自己位置上（而不是在我们的表象中）这种方式存在的知识。对于自在物本身，我们不可能有任何知识。

如何以自在的方式存在。这里我们首先要问，何为原则？

在一般使用中，原则就是能被当做其他知识之前提的原理。在这个意义上，每个普遍性命题都可以被视为原则，因为它们都可以在三段论推理中作为其他知识的前提。但是，所有这类普遍命题只是相对于可以归在其下的那些知识来说，它才是一原则；而就其本身和来源而言，它并不是真正的原则。因为就其本身看，它总还有一个更高的普遍命题作为它的前提；就其来源看，所有这类普遍命题都是知性命题，它们都是知性概念运用于可能经验的结果，因此，它们并不是单纯来自概念的知识。但是，真正的原则必须是第一原理，因其是"第一"，它才能是"原-则"。也就是说，它是一切前提的前提，但它本身不再有前提，因此，它不可能来自经验，也不与经验直接相关，它只能单纯来自概念本身。

于是，作为一种"原则的能力"，理性给出的是能把一切知性知识都统一在自己之下的最高知识（命题）。如果说知性是一种借助于规则（范畴）去统一直观现象的能力，那么理性就是一种在原则下去统一知性运用的能力。所以，理性的运用总是与知性的运用相联系。就逻辑运用而言，知性的运用就是进行判断，而理性的运用则是进行推理（Vernunftschluss）。① "理性在其推理中试图把纷繁的知性知识归置在极少数的原则（普遍条件）下，并通过这些原则达到对这些知性知识的最高统一。"② 也就是说，理性是在推理中完成和展示其原则的功能：给知性知识寻找最高前提。

理性在其逻辑运用中，实际上就是要为每一个知性结论寻找普遍条件。但是，这个普遍条件本身不外也是一个结论，这个"普遍条件"作为一个结论，理性同样要为它寻找更普遍的条件（更大的前提）。也就是

---

① 在逻辑学里，"推理"（Schluss）有时被区分为知性推理（Verstandeschluss）和理性推理（Vernunftschluss）。被推论出来的判断已包含在第一判断中，因而无须借助第三个表象就能推导出来，这种直接推理被视为知性推理；而除了已被作为前提的命题外，还需要另一个命题才能作出结论，这样的推理才是理性推理，也即通常所谓的"三段论"。

② 康德：《纯粹理性批判》，A305，B362。

说,理性在其逻辑运用中,必定要去寻找条件的条件,只要看起来能继续下去,理性就不会停止。就每个结论都是知性知识而言,理性为其寻找条件的努力就是对知性知识的统一,其最后结果是,一切条件的条件即是无条件者。

所以,在逻辑运用中,理性实际上遵循着这么一条法则:"为知性的有条件的知识找到无条件者,借此无条件者来完成对此有条件的知识的统一。"①不管理性进行什么类型的推理,它都必定遵循这一法则。我们也可以把这一法则表述为:以无条件者作为一切有条件的知性知识的条件,以此统一知性知识。在康德看来,这一法则显然是综合的,"因为有条件者虽然是分析地关联于某一条件,但并不分析地关联于无条件者"②。每个有条件者都可以从其前提条件中分析地推导出来,但不能从作为最后前提的无条件者分析地推导出来。从有条件者到无条件者之间有"跳跃",只有理性的综合才能弥合这个被越过的距离。这意味着理性从无条件者给出的普遍命题,也即被用于统一知性知识的原则,是一种综合命题——最高的综合命题。那么,作为一种"原则的能力",理性有多少这样的统一原则呢? 这一问题显然取决于理性有多少种类的"无条件者"。

§ 79

这种"无条件者"实际上是纯粹理性自身在其逻辑运用中"回到"的概念,康德把它们称为超验的理念:"恰如我们把纯粹的知性概念称为范畴一样,我们将给纯粹理性的概念一个新名称,把它们称为超验的理念。"③我们不说理性在其逻辑运用中"给出"理念,而是说"回到"理念,这是因为理性并不是在推理活动中产生出理念,恰恰是由于理性理念使理

---

① 康德:《纯粹理性批判》,A307,B364。
② 同上书,A308,B364。
③ 同上书,A311,B368。

性推理成为可能的。这一点正如诸范畴使判断成为可能,而不是由判断产生的一样。正是理性自身中的理念促使理性在其逻辑运用中不断从有条件者向无条件者"跨越"。不过,为了澄清理念的类型,我们同样也必须用"倒溯的方法",首先要讨论理性如何进行推理,如何在推理中"回到"理念。为此,我们要专门分析一下康德的一段话:

> 我们首先是把三段论中的结论宾(谓)词置于处在有某种条件的整体外延中的大前提里进行思考,然后用此宾词来限制或约束某一对象。在那样的条件下,外延的这种完整的(vollendete)量就叫普遍性(Allgemeinheit,Universalität)。在对诸直观的综合中,与这种普遍性相对应的是条件的全体(Allheit)或总体(Totalität)。所以,超验的理性概念不是别的,就是关于一被给予的条件者(das Bedingte)的条件总体的概念。现在,由于无条件者(Unbedingte)才使一切条件的总体成为可能,或者说,一切条件的总体本身是无条件的。所以,一个纯粹的理性概念一般可由无条件者来说明,只要这个无条件者的概念包含着对有条件者的综合的根据。①

康德在这里实际上就是要说明,理性如何进行推理,并如何在推理中达到理念。我们试举一例来分析:

所有的人都是会死者。

苏格拉底是人,

所以,苏格拉底是会死者。

在这个推理中,是用"会死者"这一宾词来限定苏格拉底这个特定对象。但是,在这之前,也即在我们把会死者作为宾词用于特定对象,以便能够得出结论之前,我们必须首先把这一宾词置于大前提中来思考。在大前提中思考一宾词,也就是把这一宾词作为大前提的宾词来思考,而这在根本上意味着让它在某种整体外延中得到思考,这里就是在"人"这

---

① 康德:《纯粹理性批判》,A322,B379。

种存在者的条件下去思考"会死者"的整体外延。在"人"这一对象条件下，"会死者"的整体外延就是"所有的人"。作为理性推理的大前提，每个命题都处在某种完整的外延中。让宾词在大前提中被思考，实质上就是让宾词获得具体的完整外延——这里就是"所有的人"；换个角度说，也就是让宾词成为统一全部主词物的概念。宾词在特定条件下获得的外延量的完整性才使命题具有普遍性，并因而才能被运用于特定对象，比如苏格拉底。理性推理的关键是必须首先给出具有普遍性的命题，或者说，必须首先给出一个能在某种完整的外延量里被思考的宾词。从综合统一的功能角度看，理性推理就是寻求一个外延量更大因而能包含更多概念之完整外延的概念，直至一个以所有概念为其外延但它本身却不能再成为任何一个概念的外延的概念，也即一个绝对主词。以我们这里的例子来说，理性不会停止于"会死者"这个概念上，它会继续下去：

所有会消逝的东西都是被产生的，

会死者是会消逝的东西，

所以，会死者是被产生的东西；

所有有限的存在者都是由一无限存在者产生的，

被产生的东西是有限存在者，

所以，被产生的东西来自无限存在者。

这当然只是理性从苏格拉底这个特定的存在者出发给出的一种可能性推理，从苏格拉底出发，理性可以给出各种可能性推理。但不管是什么样的推理，不达到一个绝对主词，比如，这里达到的"无限存在者"，理性推理就不会停下来。在这个意义上，理性推理就在于透过经验事物达到绝对的主词概念，以获得绝对的普遍性。

就对直观现象的综合来说，与理性所要达到的这种绝对主词概念相对应的就是有条件者的条件系列之全体或总体。知性对直观的综合总是给出一个更高的条件者，也即一个以更多概念为其外延的更大概念。因此，知性在综合活动中给出的永远是一个条件系列，也即一个概念系列——在这个系列中，每个概念都可以成为另一个概念的外延。理性对直观的综合，就是对知性的综合的综合，或者说，是对知性运用的综合。这种综合在根本上就是对条件系列的综合，其结果就是一切条件者的条件总体，也即一无条件者。理性就止于这个无条件者，所以，我们可以从这个无条件者来理解理性理念。甚至我们径直就可以说，这种无条件者作为概念系列之最后概念，它是一绝对主词，它就是理念本身。

理性就是在推理中如此这般地达到理念，回到理念。那么，理性有多少种超验理念呢？这一问题让我们想起知性有几类范畴的问题。我们可以从判断形式那里来获得知性范畴的类型，因为抽去一切知识内容的判断形式就包含着知性范畴。因此，有多少种判断形式，就会有多少个范畴。而判断形式之所以包含着范畴，是因为一切判断都以纯粹知性概念为基础。既然我们可以从知性的逻辑运用即判断的形式获得知性的概念类型，那么，我们当然也可以从理性的逻辑运用即推理的形式中获得理念类型。从上面有关理性如何在推理中达到理念的讨论实际上也已经暗示，我们能够以推理为线索来确定理念类型。也就是说，有几种推理形式，就会有几种理念。

理性推理实际上就是判断间的关系，判断的关系类型决定着推理类型。而判断只有三种关系类型：定言（kategorisch）、假言（hypothetisch）和选言（disjunktiv）。这意味着有三种综合形式，由此可知有三种推理类型。"也就是说，存在着与判断的关系类型一样多的理性推理类型。其中每种类型的推理通过向前回推而进至无条件者：第一种类型的理性推理最后进至一不再是谓（宾）词的主词；第二类型的推理最后进至不再预设任何东西为前提的前提；第三种类型的推理进至划分中的诸分子的集合体（Aggregat）——对这一集合体来说，不再要求任何东西来完善概念的划分。"①我们从三种判断的关系类型可以确定存在三种推理形式，从

---

① 康德：《纯粹理性批判》，A323，B380。

这三种形式的推理分别往回推论下去,最终会达到三个无条件者:① 绝对主词或绝对主体;② 绝对前提,即自由因、一切原因或前提的原因;③ 绝对全体,它无须再有其他东西来使它更完整或使划分更全面。实际上,绝对主词、绝对前提、绝对全体都不可成为宾(谓)词,也即说,没有比它们"更大""更高"的东西。这三个东西实际上是一个东西,因为既然每个无条件者都是最高最大的概念,它们就只能是一个东西。它们只能是"三位一体"的它。我们只是从知性角度看,它才是"它们",才是三个不同的东西。

这里所谓不能再成为宾词,是说:① 它只能在主位上,不能处于宾位;② 它在外延上是最广、最大的,没有其他东西比它大,比它高,因而它是最大最高的;③ 可以成为宾词,意味着它已是一个可定义的概念,因而是次一级的概念,因为只有存在一个比它更高更大的概念,它才是可定义的。不可成为宾词,就是不能成为次一级的概念;④ 成为宾词,从而可定义,在根本上意味着可成为知性对象,即可用范畴来说明。不可成为宾词,表明不能成为知性的对象。因此,所有无条件者都不是知性的对象,它(们)在知性概念的表象之外。

在阐述理念体系的时候,康德还从表象的关联(综合)类型的角度说明这三个理念类型,并把它们归为三门学科的对象。表象的关联(Beziehung)实际上就是判断,就是对表象的综合统一。而表象的关联只有两大关联项,这就是主体和客体。也就是说,表象总处在两大关联中,即与主体的关联和与客体的关联。而客体又可分为现象(直观)的客体和思想的客体,即思想中的一般对象。因此,与客体的关联又可分为:① 与现象的关联;② 与一切一般物的关联。这样,表象间的关联实际上有三种类型:① 与主体的关联,最后是与绝对主体的关联;② 与现象客体的关联,最后是与绝对客体的关联;③ 与一般物的关联,最后是与绝对思想物的关联。

也就是说,作为综合统一的类型,表象间的关联最后会达到三种绝对的无条件统一。"因此,一切超验理念可分为三类,第一类包含着思维着的主体的绝对(无条件)的统一,第二类包含着现象的条件系列的绝对统一,第三类包含着对思想一般的一切对象的条件之绝对统一。而思维着的主体是心理学的对象,一切现象的总体 Inbegriff(即世界)则是宇宙学的对象,那包含着一切能被思考的东西的可能性之最高条件的事物(一切存有者 Wesen 的存在)则是神学的对象。"①对于我们这种理性存在者来说,对表象的综合统一有两个层次:知性的有条件的综合统一和理性的无条件的综合统一。理性是通过对一切条件的无条件的综合统一涉及对表象的综合。只是对于理性的这种无条件的综合统一,表象间的关联(综合统一)才必然会达到超验的理念。但是,由于理性是借助于对知性对表象的综合统一的统一来达到理念,因此,从知性的角度看,理性所达到的那些理念仍可作为"对象"分属不同的学科。于是,理性的三大理念类型分别被看做是心理学理念、宇宙学理念和神学理念。

§ 80

　　但是,理念只是在这个意义上才能够被看做是学科的"对象",即它们是知性的综合统一所要追求的目标,是知性统一的方向。我们不能在"作为表象之对象"意义上把理念当做知性的对象,理念不能成为知性所表象的对象,否则,它就不是理念。

　　也就是说,理念虽然是知识追求的目标和统一的方向,但是,我们不可能给出有关理念的知识,理念不是任何知识的对象,因为作为一切条件之绝对总体的理念不能在直观中被给予,它不在时间中。在这个意义上,理念是非现实的。但是,这并不意味着理念是可有可无的,甚至是虚构的。我们只是从现象界的角度看,理念才是非现实的——因为它们不能被运用于现象领域,不能像范畴那样在现象界构造出相应的对象;从

---

① 康德:《纯粹理性批判》,A334,B391。

理性本身的立场看,理念不仅是必然的,而且是现实的,也即是有效应的(wirklich)。就它是必然的而言,理念是事物的一种象征性的自在存在方式,而就其是有效应的来说,理念本身就是理性存在者的自在存在方式。实际上,理念之必然性,是就理性之理论运用或思辨运用来说的,而理念之有效应性,则是就理性之实践运用说的。我们通常说理性分"思辨(理论)理性"和"实践理性",这并非说,有两种相互独立的理性,理性只有一个。理性之分实践理性和思辨理性,只是就同一个理性的关联领域不同所作的区分。作为人这种存在者的一种特殊天惠,理性使人的存在完全不同于其他动物的生存:人的存在不得不与两个不同领域打交道,或者说,不得不关联到两个不同领域,即他者(现象)领域和自身(人自身),或者更确切地说,是现象的他者领域和自在的他者领域。而动物只与现象的他者打交道。对于纯粹理性来说,自在的人本身也是一个"他者",一个理性可以对之颁布命令而有所作为的自在的他者。

理性与现象领域打交道,就是理性的思辨运用。知性概念对直观现象的综合统一就是理性在现象领域的运用功能的一部分。从存在论角度说,知性并不是与理性比较中的一个阶段性认识能力,而是理性本身在现象领域的展开方式,同时也是现象的他者向理性存在者显现的(存在)方式。理性借助于知性概念的综合统一活动来展开现象事物的存在,同时也就是借助于能构造出一个条件系列的知性活动来达到知识,但是,理性通过知性达到的知识都是有限的,因为它们都是有条件的,都在一个条件系列里。就理性之本性来说,它的思辨运用并不停止于有限性的知识,因为纯粹理性本身是无条件的、没有界限的。理性是一个自律的存在者,它不受任何他者的限制或规定。在这个意义上,理性是一个自在存在者,即在自己位置上的存在者。不过,这是一个特殊的自在存在者,即一种自觉的自在存在者——它觉悟到自己能持守在自己位置上存在,或者说,觉悟到自己能自律-自由地存在着。因此,只有当理性回到自身,也即回到无条件的自在存在,理性才会停下来。理性止于自

在-自身。因此,理性的思辨运用不可避免地要突破有限性知识,从条件
系列越入无条件者。也就是说,知性的综合统一活动只是理性的思辨运
用的一部分,而不是全部。构造出一个条件系列并从有条件者向无条件
者跨越,才构成理性之思辨运用的全部,理性才在其思辨运用中回到自
身。所以,作为无条件者,理念就是理性本身的自在存在方式。

在§78、§79中我们根据理性的逻辑运用讨论了理念的必然性和类
型。但是,理念之必然性并不是说,理念是理性之逻辑运用的必然结果,
而是意味着理念是理性的思辨运用必然要回到止息的地方。对于理性
的思辨运用来说,理念不是必然结果,而是必然前提:它是一切条件的绝
对条件。只是作为这种绝对条件者的理念才是真正的理性理念,而不是
胡思乱想的虚构物。绝对条件者也就是绝对总体,是什么的绝对总体
呢? 一切现象物的绝对总体。正如绝对条件者本身不再是一个有条件
者一样,现象物之绝对总体也不再是一个现象物,因为从现象物(有条件
者)到绝对总体(无条件者)有一个跨越——从表象物向非表象物的突
破。绝对总体不可被表象,它只在表象之外。在康德这里,现象物之为
现象物,就在于它是从自在物那里被显现出来的表象物:它显现于表象
中,存在于表象中,而不再是在自己的位置上。一切现象物都是从自在
物那里开显出来的,在这个意义上,自在物是一切现象物的来源和原型。
但是,从再全面、再充分的现象那里也综合不出一个自在物本身,我们永
远构造不出一个原型物(Urbilder)。因为一切现象物的综合依然是一个
现象物,即仍然是表象中的存在物,而原型物,也即自在物则永远在表象
之外。但是,我们却可以把自在物看做就是现象物的一个绝对总体,因
为这个绝对总体正如绝对条件者一样,是一切现象的前提和来源,而不
是从现象综合出来的。也就是说,对于理性存在者而言,绝对总体是现
象的来源和原型,而不是结果。在这个意义上,绝对总体这种理念同样
也是作为现象之来源的自在物的存在方式,但只是自在物的一种象征性
的存在方式:在这个理念中,作为理性存在者,我们不仅觉悟到自在物的

存在,而且意识到它是一切现象物的来源和原型。但也仅此而已。

我们之所以说理念是自在物的一种象征性的存在方式,就因为在康德这里,理念从来就不是一个知识体系,自在物因而不可能在理念中得到真正的认识和把握。也就是说,理念本身不可能是自在物的存在论知识,而只是一种象征性的存在论知识。自在物并不在理念中显现出来,理念只是透露了自在物是一种原型物的存在,却并不展现这个原型物本身。这是康德与柏拉图不同的地方所在。

在柏拉图那里,理念是事物的原型,我们通过感性获得的有关事物的一切知识都达不到事物的原型。因此,我们的思想不能停留在有关事物的知识上。这表明柏拉图已充分意识到,我们的理性很自然地要追求这样一种概念:这种概念远远超出经验界限之外,以致没有任何给予我们的对象能够与之相一致;虽然如此,这种概念仍然有客观实在性,而不单纯是幻想物。在这个意义上,柏拉图的理念论突出和展现了理性的深度和理性的精神。这是柏拉图被康德所看重的一个方面。但是,柏拉图不仅要寻求这种绝对概念,而且把它们看做就是原型物即自在物的知识,也就是说,理念就是自在物本身的显现。因此,柏拉图试图推演出一个理念体系,以便给出一个真实的、自在的世界。这一点是康德坚决反对的地方。他在一个注释里这样评论柏拉图:"但他(柏拉图)也把他的(理性)概念往思辨知识扩张,当这种思辨知识是纯粹地和完全先验地被给予时;他甚至把他的(理性)概念扩张到数学,虽然数学只有在可能的经验中才有其对象。在这一点上我不能遵循他。同样,他对这些理念的神秘推演(演绎),或者对理念的夸张,以使理念实体化(hypostasieren),我也不能遵从他。"①简单说,康德反对柏拉图的两个做法:首先是柏拉图把理念扩展到一切思辨知识,也就是说,把所有纯粹先验知识都理解为理念,把所有先验的思辨知识都视为一种

① 康德:《纯粹理性批判》,A315,B372。

原型,比如数学知识也成了一种原型。实际上,先验思辨知识的使用都不能离开可能的经验,因为它们必须在经验中才有其对象。其次是对理念进行演绎,试图借此展示一个实体性的原型世界,从而使理念独立化、实体化。

在康德看来,理念绝对不是独立的实体性存在,理念就在我们的理性中,它不能离开理性而独立存在。理念只是在这种意义上是独立的,即在理性的实践运用中,理念是一切德行的根据和标准,简单说就是一切德行的原型,但它不依赖于任何德行,而是永远高于一切德行。即使人世间堕落得没有丝毫道德,也无损理念作为德行之原型的地位,它仍然以其完满性屹立在理性之中;同样,即便世人德行可嘉,我们也不可能从他们的任何德行中直接引申出德行之理念,以致好像理念是来自德行因而依赖于德行似的,实际上,再完满的德行与理念之间也仍然有距离。

§ 81

理性的实践运用实际上就是理性在"人"这一自在存在者领域的运用。这里,理性关联的是有理性的人自身。理性与人自身打交道,就是命令人遵循规则行动,促使人践行理念。如果说在理性的思辨运用中,理念只是知性统一的方向和目标,而不可能在这种统一中被给予——被构造出来,因而不是现实的,那么在理性的任何实践运用中,理念都是有效应的,都能被给予。"实践理性的理念任何时候都能在具体境况中现实地被给予,虽然只是部分地被给予;实在说来,实践理性的理念是理性的任何实践运用不可或缺的条件。理性的践行任何时候都是受限制的,且是有缺陷的,但并不被封闭于某一确定的界限内,因而,理性的践行任何时候都是在一绝对完善的概念的影响下进行的。因此,实践的理念任何时候都是极崇高而富有成效的,而且对于现实的行动来说,是不可或缺地必要的。就实践的理念而言,纯粹理性甚至就是一种因果性

(Kausalität)：它把它的概念所包含的东西现实地产生出来。"①在理性的实践运用中，理念既是行动的目标，更是行动的条件和动因。理念是理性的自在-自由的存在方式，理性的实践运用实际上就是理性从自身即从理念出发命令人行动，让人践行理念。在这个意义上，理念是理性的实践运用的前提条件；而从另一个角度说，理性的任何实践运用都是理性理念的某种程度的实现，或说是向理念的接近。

对于人这种存在者来说，他的全部高贵本性就在于他是唯一能够完全从自身出发也即完全以自身为原因采取行动的存在者。也就是说，人能够完全无视一切对象的诱惑和阻碍，只听从自身的命令行动。这个"自身"就是以理念为其自在存在方式的理性本身，人从自身出发行动就是只听从理性的命令行动。在这里，理性就是一个自由因：它是行动的唯一原因，但它本身不以任何其他事物为原因。人的一切道德行动，也即理性的一切实践运用都是一种特殊的因果性关系：它们都以理性这一自由因为其原因。从另一个角度说，理性的任何实践运用只不过是理性把它的概念即理念所包含的东西（德性）在具体境况中现实地产生出来，因为理性据以命令人行动的就是理性自身止于其上的理念。在这个意义上，理念在理性的实践运用中恰恰是可以被给予的，虽然永远只是部分地被给予。

从理性的任何实践运用中，我们都可以看到理性理念的崇高光芒，看到理念穿越一切和超越一切的力量，但我们永远看不到理念本身。理念作为一切实践运用的自由因，它同时也就是一切德行的标准和目标本身，因为理念作为自由因表明除它自身之外不再以任何其他存在者为其目标和标准，否则它就不是自由因。这种既是一切德行之原因，又是一切德行之目标的理念，只能是一种绝对完满和至善的理念。也就是说，从理性的实践运用的角度说，理性理念必定就是一种绝对完满和至善的

① 康德：《纯粹理性批判》，A328，B385。

理念。这种理念不可能在任何德行中被完全实现出来，因为正如我们不可能在时-空中给出与理念相对应的对象一样，我们也不可能在现实中找到与理念完全一致的德行。任何一个人的行动都不可能完全与理念相一致，从而把理念完全实现出来。因此，我们可以从德行中看出它们的理念基础，但看不到理念本身。

理念虽然没有现实的对象，不可能在现实中被完全实现出来，但这绝不表明理念是虚幻的，没有现实性的。实际上，我们只有根据理念，关于人的行动到底是有价值还是无价值（道德）的判断才是可能的；不仅如此，作为一切德行之动因，理念是人们向道德上的完满无限接近所必不可少的基础。也就是说，理念是推动、保证人们向道德上的完满不断接近的最可靠的原动力。不管人类生活在什么样的患难与困苦当中，是理念，也只有理念能撑起人类的德行。在这个意义上，理念虽不是实在的，但却是最现实、最有力量的，因而是最真实可靠的。

如果有人由于理念的非实在性和不可完全现实化而嘲笑理念，那么，这就是一种极端的无知和浅薄，是精神匮乏和禀赋低下的体现。我们听从理性理念行动，虽然不能把理念完全实现出来，但是，每个行动都是对理念的部分实现，或者说是对理念的接近。因为理念作为理性的自在存在方式，听从理性理念行动，也就是自由地行动。这种自由使人的行动永远是开放的，不会停止于任何确定的界限上，从而使人类不断接近理念成为可能的。用康德自己的话说就是："人类必须停留其上的最高高度究竟能有多高，在理念与其实现之间必定存在的距离究竟会有多大，这类问题是没有人能回答的，也不应有人去回答。这完全是因为自由，自由能跨越每一给定的界限。"①就人是理性的自由存在而言，他的存在所能达到的高度和深度，他的生活与理念之间的差距，是没有限定的，因为自由可以跨越（übersteigen）任何界限。

---

① 康德：《纯粹理性批判》，A317，B374。

　　自由就是从自身开显自身,从自身出发和行动。因此,自由没有界限。这在根本上意味着人在道德行进中是不可度量的。一个人的罪恶罄竹难书,我们也不能由此就断定他德性丧尽,无可救药,他的自由使他随时都能缩小与善的理念之间的距离。十恶不赦之徒完全可能演变为德性之楷模。自由使我们不能把一个人看"死"。也即说,自由使我们不能根据一个人过去的生活把他定位在某个道德等级上。从纯粹理性角度说,自由使每个人在道德等级上是平等的,或者干脆说,自由使道德等级不复存在,它只承认每个人在完善德性的过程中都有同样的可能性。

　　从另一个角度说,自由使人在自我改善的前进中有不可限量的前程。自由不仅使人类不断越过自己的界限成为可能,而且不断促使人类跨越已有的界限。就个体来说,人的自我改善就是向至善理念的不断迈进:不仅获得更多的德性,同时也获得更多的幸福。作为理性之实践运用的最高理念,至善不仅包含着最高的善,而且包含着圆满的幸福,或者说,它是最高的自由,同时包含着一切可能事物于自身。因此,个人的自我改善就是努力获得更多的德性与幸福,而自由使个人在这种努力中没有止境,也不应当有止境。而就人类全体来说,也即从社会的角度说,人类的自我改善则是不断获得更大的自由度,也就是向柏拉图在其《国家》篇里所描绘的"理想国"迈进——在这种理想国里,宪法所达到的自由甚至使任何惩罚都是不必要的。因为在这里,国家与理念相一致。

　　当柏拉图说,统治者应当分有理念,因而应是一个哲学家时,他真正要说的是:统治者必须是一个最接近理性理念的人,因而必须是一个最理性化、最解放(最不受感性束缚)的人,就其实质而言,也就是最自由的人。只有这种最接近理念因而最自由的人,才能为国家制定出最自由的宪法,使国家趋于圆满完善。因此,以哲学家治国的理念在根本上意味着要赋予国家一部最自由的宪法,简单说,就是建立一个最自由的国家。柏拉图的理想国虽然从来就没有实现过,但是,这绝不意味着这种与至善理念相一致的"理想国"是纯粹虚幻的、不真实的,相反,对于我们这种理性存在者来说,它恰恰是合理的和必然的。它是我们人类自我改善的唯一前程,虽然我们从未达到它,但它是我们永远要追求的目标。因为自由的宪法永远是每个国家要追求的目标,不管这个国家当前是多么黑暗和不自由。自由的理想国作为一切国家之原型,使人类在历史的各个时期面对各种苦难和独裁暴政仍能坚持不懈地把宪法尽可能地带向完善,以推动历史中的国家向理想的国家接近。

　　理念作为自在存在者的存在方式,它一方面是理性存在者理解现象世界——现象世界为什么具有统一性因而具有法则性——的前提。在这个意义上理念就是真理世界之所以是一个真理世界的前提,而这在根本上则意味着自由是真理的前提。我们后面将通过分析宇宙论理念和二律背反及其解决来进一步阐释这一点。另一方面,理念作为理性本身的自在存在方式,它既是理性之实践运用的起点,也是终点,是自由因,也是终极目标。就它是自由因而言,理念在任何境况下都能得到实现,因为在任何境况下的道德行动都是出自理性理念。这表明理念的真实性和可靠性,而就它是终极目标言,理念在任何行动中都只是部分地被实现,因为没有一个德行能够与理念完全一致。这意味着人类在自我改善的进程中,不应设定任何界限。自由因使人类和每个人能够不断越过和突破界限,而终极目标则使不断突破界限成为必要的。简单说,理念这种自在的存在方式使人能够且应当不断超越自己。

第三节　宇宙论理念

§ 82

　　前面我们讨论了理念的类型及其存在论意义。康德把理念分为心理学理念、宇宙学理念和神学理念三种类型。这里将专门讨论宇宙学理念,因为它更直接地与我们所要阐述的关于真理与自由的关系问题相关。

　　§79 小节的讨论表明,宇宙论理念只与现象综合的绝对总体相关。康德把这种宇宙学理念也称为"世界概念":"一切超验理念,只要它们与现象综合中的绝对总体相关,我就称之为世界概念(Weltbegriff),这部分是因为世界整体这一概念也是以这个无条件的总体为基础的,因此,世界整体本身只是一理念;部分是因为这类超验的理念只涉及现象的综合,因而只涉及经验的综合。"①世界作为一整体看,它就是一个以现象综合的绝对总体为基础的理念。在这个意义上,康德把四个宇宙论理念视为世界概念,也即从不同角度说明"世界"这个绝对总体的概念。反过来说,作为一个整体理解,世界以宇宙论理念的方式存在。

　　既然宇宙论理念只与现象的综合相关,那么,这也就意味着,宇宙论的理念体系可以以范畴为线索来阐明。也就是说,我们可以根据范畴的类型来反思理性有多少个宇宙论理念,因为范畴的类型也就是对现象进行综合的类型。对此,康德作了这样详细的说明:

　　　　为了能按一原则系统而精确地列举出这些宇宙论理念,我们首先注意,只有知性能够产生纯粹而超验的概念;理性本身并不产生任何概念,它至多使知性摆脱可能经验(对这些概念)的不可避免的限制,因而努力把知性概念扩展到经验的东西的界限之外,但又是在与经验的东西的联系中去扩展知性概念。理性的这种扩展活动是这样进行的:对于被给予的有条件者,理性在条件(知性在此条件下得以使一切现象归于综合统一)方面要求给出一个绝对总体(die absolute Totalität),由此,理性把范畴做成了超验的理念,从而通过把经验综合延伸到无条件者(从不在经验中而只在理念里被遇见的无条件者)而赋予经验综合以绝对的完善性。理性提出这一要求是依以下法则:一旦有有条件者被给予,那么,条件的整体总和,也就是绝对的无条件者,也必定被给予,而且只有通过此无条件者,有条

---

① 康德:《纯粹理性批判》,A408—409,B434。

件者才是可能的。因此，第一点，超验的理念不是别的，只是被扩展到无条件者的诸范畴；这些超验理念也可被置于一个类型表当中，这个理念类型表只按范畴表（四大类型）来归类排列。第二点，但并非所有的范畴都适合于这样的使用（被理性扩展到无条件者），适合这种使用的只有这样的范畴：使综合构成有条件者的一种相互从属（而不是相互并列）的条件系列的那些范畴。只有当绝对的总体是与构成一个被给予的有条件者的上升的条件系列（die aufsteigende Reihe der Bedingungen）相关时，这个绝对的总体才是理性所要求的绝对总体，因此，绝对总体不是下降的结果系列所要求的，也不是与这些结果并列的条件集合所要求的。①

理性有一个基本的存在法则：一旦有一个有条件者被给予，那么，绝对无条件者一定已被给予，并且使有条件者成为可能的。也就是说，对于理性存在者来说，一切有条件者都是这样存在的，即每个有条件者都以绝对无条件者为前提而存在。为什么理性会有这样的存在法则呢？因为理性本身是自在-自由的存在，它能够完全从自身出发存在与行动，也即它能够以绝对无条件者的身份和方式存在，因此，理性也必定要以绝对无条件者的方式去理解一切存在者。对于理性的存在本性来说，一切有条件者只有在无条件者下才可理解，否则，一切有条件者都是不可能的。这个无条件者实质上也就是自在存在者。当理性守护于自在-自由的存在，即守护于自身，他者也必定自在地存在，即守在自己位置上而存在。正如理性的自由存在是其一切其他活动（包括认识活动）的前提一样，他者的自在存在是其一切现象角色的前提。

所以，从存在论角度说，绝对无条件者先于一切有条件者。在这一点上，存在论与逻辑学同样是一致的。理性在其思辨运用中，也即理性在现象领域的逻辑运用里，必定要追溯到无条件者。这种追溯活动就是

① 康德：《纯粹理性批判》，A409—410，B435—436。

一种逻辑学的返溯活动。这种返溯活动是从有条件者出发,直至无条件者。因此,看起来似乎是有条件者在先,无条件者在后。但是,逻辑学的返溯活动达到的最后结果实际上恰恰是逻辑上最先的。从理性的逻辑运用来说,无条件者构成了一切有条件者的逻辑前提。理性在其逻辑运用中从有条件者向无条件者返溯只不过是理性回到自在-自由的自身。所以,当康德说理性用范畴做成理念时,并不是意味着先有范畴,才有理念。不管是从理性的存在本性来说,还是从其逻辑运用来说,作为绝对无条件者,理念先于一切有条件者。但是,由于宇宙论理念与范畴对现象的综合相关,因此,在从被给予的有条件者即现象向无条件者即理念的返溯中,必须借助于范畴。通过把范畴扩展到经验界限之外而给出特殊的超验概念,并以此概念来标识绝对无条件者。所以,宇宙论的理念体系可以由范畴的扩展使用而给出的概念来说明。也就是说,宇宙论理念可依范畴表来排列划分,范畴有多少种类型,也就会有多少种类型的宇宙论理念。

不过,在康德看来,理性并不能把所有范畴都扩展到经验之外使用,只有那种能够使对现象的综合构成一个上升的条件系列的范畴①,才能被不断向上扩展,直至无条件者。也就是说,只有能够构造出上升的条件系列的那些范畴才能被理性用来扩展到无条件者而回到理念。根据这个标准,如果我们从范畴表中选出那些相应的范畴,那么,就只会有四个宇宙论理念与四个范畴相对应。这就是:

一切被给予现象的整体之联结的绝对完整性,对应于量范畴中的全体范畴;现象中被给予的整体的划分的绝对完整性,对应于质范畴中的

---

① 在时间中,对系列的综合有两个方向:返溯和前进。康德把按条件这一方向的系列综合,也即从最切近被给予的现象的条件出发,进到较远的条件这样一种综合,叫返溯的综合(die regressive Synthesis),而把按有条件者这一方向的系列综合,也即从最切近的结果跟进到较远的结果这种系列综合,称为前进的综合(die progressive Synthesis)(康德:《纯粹理性批判》,A411,B438)。这里所说的"上升的条件系列"显然是属于返溯的系列综合。这也就是说,只有能进行返溯的系列综合的范畴才能被扩展到理念。所以,康德说,宇宙论理念只关涉返进的综合的总体,并且只在前提条件方面前进,而不是在后果方面前进。

实在范畴;现象一般之产生的绝对完整性,对应于关系范畴中之因果性范畴;现象领域之可变东西的存在之依存性的绝对完整性,对应于模态范畴中的"偶性-必然性"范畴。

这四个宇宙论理念是借助于不同范畴达到的绝对完整性,也可以说,这个"绝对完整性"即"世界"在不同的关联角度中成为不同角色,就是四个宇宙论理念。这种绝对完整性都是条件系列的绝对完整性,作为理念,它们不是关于对象的知识,不是关于现象的知性概念,而是对(作为条件被给予的)现象之所以如此这般的一种解释或说明(Exposition)。① 现象为什么能按知性法则给予我们? 对于理性来说,只有通过绝对的完整性理念才能得到理解。在这里,现象是被当做已被给予的事实存在物。但是,理性面对这个事实却要问:现象之所以能够存在的条件是什么? 最终则要问那最后的条件,即无条件者。因此,理性面对现象要求给出条件系列的绝对完整性,或者更确切地说,对于理性而言,只有从这个绝对完整性的条件系列出发,现象如此这般的存在才是有根据的和可理解的。所以,就理性存在者来说,恰恰是理念构成了一切现象如此这般存在的前提。

条件系列的绝对完整性也就是条件系列的绝对总体。这种绝对总体有两种可能:或者本身是一个无条件者,也即说,条件系列本身是绝对无条件的,它的返进是无限的返进;或者是包含着无条件者,也即说,它是一个包含着无条件者于自身的条件系列。理性在返进的综合中所要达到的只能是后一种绝对总体。因为前一种系列总体是无限的,其返进从未完成,因此,这种总体其实只是潜在的,而理性不会停止于未完成的总体上。

实际上,如果我们只用知性概念去想象绝对总体,那么,绝对总体必定就是包含着无条件者于自身的条件系列,或者说,无条件者被包含在

① 参见康德《纯粹理性批判》,A416,B444。

这个绝对总体中。因为如果不管感性直观的限制,那么对于任何一个被给予的有限概念物来说,只有通过一个完整的条件系列才是可能的,而这个无条件系列之所以是完整的,就因为有一个绝对的无条件者作为最后的条件。也就是说,如果我们不涉及感性表象而停留于知性表象中,那么,对于任何一个被给予的有条件者来说,我们的理性都可以通过相应的范畴的综合给出一个完整的条件系列,也即为这个有条件者给出一个无条件者。即使涉及的是一个感性直观中给予的事物,虽然它的完整的条件系列或绝对条件能否在感性直观中给出来仍是有问题的,但是理性面对直观中的被给予物,它也必然要求给出一个完整的条件系列,而不管这个完整性理念是否能与经验事物相对应。对于理性来说,没有这个完整性理念,直观中的被给予物反而是没有根据的和不可理解的。

从根本上说,宇宙论理念是与感性事物相关的条件系列的绝对完整性。就世界是一切现象之综合的绝对总体而言,这些宇宙论理念都是关于"世界"之概念。从理性的逻辑运用角度看,这些宇宙论理念是从感性直观中的事物出发,进行条件返溯而达到的;而从理性本身的存在角度看,这些理念,即包含着无条件者的条件系列,恰恰是从自在-自由的理性本身出发的。在这个意义上,理性的自在-自由的存在是整个现象领域的根据和前提。对于理性来说,现象领域不仅是有法则的,而且这种法则性存在有绝对的无条件者作为它的前提条件,否则这种法则性存在甚至是不可能的。这意味着一切现象的法则性存在,因而一切真理性知识,都必须以自由为前提。我们将通过分析二律背反来进一步阐明这一点。

第九章 自由与二律背反

第一节 超验幻象的产生

§ 83

理性在其中回到理念的推理是理性的一般推理(三段论推理),而当理性把知性概念运用于理念进行的推理就是所谓理性的辩证推理(die dialektische Schluss)。纯粹理性的一切超验幻象都是在辩证推理的基础上产生的。因此,正如有三大类型的理念一样,也存在三种辩证推理,因而会有三种类型的超验幻象或误推(Paralogismus)。

第一种辩证推理涉及主体或灵魂之一切一般表象的主观条件的无条件统一,也即所谓"心理学理念";第二种辩证推理则涉及现象领域之客观条件的无条件统一,即宇宙论理念;第三种辩证推理涉及一般对象之可能性的客观条件的无条件统一,即神学理念。这里我们只分析前两种辩证推理的幻象,并着重只分析第二种幻象。

在涉及思想主体或灵魂的理念时,理性的辩证推理产生的是一种片面的幻象(der einseitige Schein)。所谓"片面的幻象",也就是单方面的幻象,简单说就是只有正题没有反题的幻象。由于这里没有对应的反题,理性并不自觉其所陷入的幻象是幻象。

但是,一旦理性的辩证推理涉及现象之绝对总体时,马上就会产生另一种幻象,即正-反对立的命题,也就是通常所说的"二律背反"。对于二律背反这种幻象之产生,康德给予这样的说明:

> 如果我们在使用知性法则时,不只是把我们的理性运用于经验的对象,而是冒险地把这些法则扩张到经验的界限之外,那么就会产生假合理的命题。这些假合理的命题既不希望得到经验的证实,也不害怕经验的反驳。其中每个命题不仅本身不矛盾,而且在理性本性中有其必然性条件。但是,不幸的是,它的反命题也同样是有效的,而且就它本身这一方面的主张来说,它也有其必然性的根据。①

也就是说,二律背反是这样产生的:我们在使用知性法则时,我们的理性不仅把它们运用于经验对象,而且把它们扩展到经验界限之外运用,试图通过知性法则去获得经验界限之外的领域的知识。由此不可避免地产生出假合理的命题,其之所以为假,就在于它们的正-反题都能成立,而且经验既不能证实它们,也不能反驳它们。所以,康德又把它们称为"独断论知识"(dogmatische Erkenntnisse)。

在这种独断论知识中,由于正题是关于绝对总体的主张,因此,反题并不是另一种独断论的主张,也即说,不是关于另一个绝对总体的独断主张,而是独断论知识内部必定要出现的一种冲突。独断论知识之所以为独断的,就在于它本身必定包含着正论与反论,但却无法得到经验的证实或反驳。所以在康德看来,对于超验哲学来说,怀疑论方法是必不可少的,甚至是本质性的。因为其他学科,包括数学,都可以通过经验来消除矛盾与对立,但对于独断论知识,只有借助于怀疑论方法才能揭示

---

① 康德:《纯粹理性批判》,A421,B449。

出其虚假性。①

　　二律背反这种独断论知识的虚假性虽然可以被揭示出来，但是，却不能由此被消除。因为它们不是苦思冥想设计出来的，也不是由于不小心导致的，简单说，它们并非一种人工的幻象，而是理性的"一种自然的和不可避免的幻象。这种幻象即使不再捉弄和蒙骗我们，而只是迷惑我们，因而不再构成危害，也仍难消除"②。虽然如此，超验逻辑学的辩证论一旦揭示了二律背反的虚假性，也就防止理性沉湎于虚假的信念而不自觉，使理性能自觉努力地与自己保持一致。在这个意义上，超验辩证论只是一种消极的、防守性的存在论，而不是开显性的存在论：它是通过揭示事物的幻象性存在来促使理性止于理念或守于理念本身，而不把理念实在化；或者说，理性只把理念当做自己的存在方式，而不把它当做现象的存在方式。理性一旦用知性法则去把握理念，它实质上也就是自我降格：它把自在-自由的自己抛入关联领域，使理念不仅是理性自身的存在方式，且是关联物的存在方式，自由的理性本身因此以不自由的角色出现。理性守于理念而自在-自由地存在，而把理念实在化，仍是理性越位而为，即离开自己的位置而进入知性法则的关联领域。由此导致的背反既是理性自身的幻象存在，也是现象关联物的幻象存在。超验逻辑学的辩证论揭示了超验幻象产生的根据，也就是揭示了事物的幻象存在的存在论理由。在这个意义上，超验辩证论是一种特殊的存在论知识，即关于事物如何以幻象的方式存在的存在论知识。

---

① 康德这里的所谓"怀疑论方法"，简单说，就是对对立双方均持无偏见之态度，也可说均持不信任之态度，并揭示双方的误解之处或者双方争论的对象为一假象。
② 参见康德《纯粹理性批判》，A422，B450。

第二节　二律背反及其证明：幻象存在的分析

§ 84

作为事物的一种存在方式，幻象是理性把理念实在化的结果，也可以说，是理性利用知性法则把理念关联化的结果。而二律背反这种幻象则是把知性法则运用于宇宙论理念的结果，所以它们叫宇宙论理念的背反。相对于四个宇宙论理念，也会有四个二律背反。康德根据宇宙论理念的排列顺序给出并证明了这些二律背反。除了第二背反，下面我们将逐一加以引证和分析，以展示二律背反这种幻象存在。

第一背反的正题：

Die Welt hat einen Anfang in der Zeit，und ist dem Raum nach auch in Grenzen eingeschlossen.（世界在时间上有一开端，在空间上也有一界限。）

对这个论题，康德是这样证明的：

假定世界在时间上没有开端，那么，这也就意味着，我们追溯到任何一个被给予的时间点，都有一个永恒（Ewigkeit）流逝过，因此，必有一个无限的、相续的事物的状态系列在这个世界流逝过。但是，一个系列的无限性恰恰在于，它不可能通过相续的综合得到完成。所以，一个无限的流逝了的世界是不可能的。因此，世界的开端是世界存在的必要条件。

关于空间界限，同样假定正题的反面，即假设世界是一个由共在（同时存在）着的事物组成的无限的、被给定的整体。但是，一个量的量度（die Größe eines Quantität）如果不是在直观的某一界限内被给予的话，那么，这个量度则只有通过部分的综合才是可思议（想）的，而那个量的总体则只有通过完整的综合才是可思议的，或者通过单位的不断叠加才是可思议的。于是,为了把充实着一切空间的世界思议为一个整体,必须把对无限的世界的诸部分的相续综合视为已完成了的,也就是说,一个无限的时间必须被视为在逐一列举一切共在事物的活动中已流逝过去了。而这是不可能的。因此,现实物的无限总集不可能被当做一个被给予的整体,因而不能被当做同时被给予的。因此,世界就其空间广延言,不是无限的,而是有限的。①

　　这个论题的证明的关键实际上是关于时间的证明。关于空间的证明必须借助于时间的证明。具体说,无限世界之部分(空间)的相续综合被视为已完成了的,之所以是不合理的,只是因为这种相续综合必须是在时间中进行的。如果这种无限的相续综合是被完成了的,也就意味着有一个无限的时间已流逝了。因此,完成了空间的无限部分的综合的不合理性,是因为"无限的时间已流逝了"是不可能的。那么,为什么"无限的时间已流逝了"是不可能的呢? 这是本证明的核心。

　　如果说,有一个无限的时间在这个世界上流逝了,也就意味着有一个无限的、相续的事物系列流逝过了。问题是,我们如何才能确定"有一个无限的、相续的事物系列流逝过了"? 显然,只有通过知性的"我思"在时间中对事物进行相续的综合活动,我们才能确定有一个相续的事物系列流逝过。但是,知性在时间中的这种综合活动永远也不可能完成对一个无限的相续系列的综合;知性在时间中的综合活动不管延伸到什么地方,它所综合的相续系列,因而也就是它所能确定的相续系列,在时间中永远有可能继续下去,否则,它就不是知性在时间中的综合活动完成的,而是越出时间所完成的。如果一个由知性综合所完成的相续系列到了不能再进行下去的地步,那么,这样的综合一定是越出了时间的综合。而综合活动在时间之外所完成的任何相续系列,不管它是有限的还是无限的,都不具有时间性意义,也就是说,它不表明是否有时间流逝过。既

① 这个正题及其证明见康德《纯粹理性批判》,A426—428,B454—456。

然知性在时间中永远不可能完成对一个无限的相续系列的综合，那么，这也就意味着，我们没有理由确定"有一个无限的相续系列流逝过"，因而不能确定有一个无限的时间流逝过。这里，也显出了时间对空间的优先性，这在反题里同样也如此。

第一背反的反题：

> Die Welt hat keinen Anfang, und keine Grenzen im Raume, sondern ist, sowohl in Ansehung der Zeit, als des Raumes, unendlich.（世界没有开端，也没有空间界限，不管在时间上还是空间上，它都是无限的。）

证明：

假定世界有一开端。由于开端就是一个有时间在它之前先行流逝过的存在者，而在此先行流逝过的时间里无物存在，所以，有开端也就意味着必有一段世界还不曾存在的时间已先行流逝，也即必有一空的时间。但是，在空的时间（in einer leeren Zeit）里不可能产生任何事物。因为这种空的时间没有一部分能是存在者存在的条件，它只能是不存在（Nichtsein）的条件。所以，在这个世界中，许多事物系列可以有开端，但世界本身却不能有开端，因此，从过去了的时间角度说，世界是无限的。

关于空间方面，同样设定一反题：世界在空间方面是有终的和被限制的，因而，世界处在一空的、没有限制的空间里。于是，不仅有物在空间里的关系，而且也有物与空间的关系。但是，世界是一个绝对的整体，在此整体世界之外没有直观对象，因而没有与世界处在关系中的相关者，所以，世界与空的空间的关系成了世界与无对象的关系。这样一种关系，也即由空的空间给出的对世界的限制是个无。因此，世界就空间而言是没有限制的，即广延上是无限的。①

---

① 反题及其证明见康德《纯粹理性批判》，A427，B455。

在反题的证明中,突现出"世界"是一个绝对的综合统一体,因而是一个概念存在者。这种绝对的综合统一体虽然是从时间系列出发,但并不停留于时间系列,而是超越出时间系列,否则它就不是绝对的综合统一。既然世界是一个绝对的综合统一,那么世界之外当然就无物存在。因此,要说世界有开端、有限制,只能说世界开端于无,受无的限制。受无的限制,等于无限制;开端于无,等于无开端。

实际上,作为绝对的综合统一,"世界"已不在时-空中,而在时-空之外。因此,我们不能追究世界在时-空中的量的存在,也即不能追问世界的时-空量度。而第一背反的正、反题恰恰都是要去确定世界的时-空量度。这是理性自身误用自己的存在论知识(超验感性论和超验逻辑学)而自我降格的结果。

§ 85

第三背反的正题:

Die Kausalität nach Gesetzen der Natur ist nicht die einzige, aus welcher die Erscheinungen der Welt insgesamt abgeleitet werden können. Es ist noch eine Kausalität durch Freiheit zur Erklärung derselben anzunehmen notwendig.(作为自然法则的因果性不是世界现象都能由之产生出来的唯一的因果性;为了解释世界的现象,还必须设定一种自由因果性。)

证明:

现在假定,除了自然法则的因果性外,不存在其他因果性;于是,一切发生的事物都预设了一个在先的状态为前提,那发生的事物不可避免地要按一规则随此在先状态而出现。但在先的状态本身必须也是发生的东西(在某时间中形成,因为在此之前它并不存在),因为如果在先的状态早已存在,那么它的结果就不会才刚产生,而是早已一直存在。所以,某物由之得以发生的原因的因果性关系本身是一发生了的事物,而按自然法则,这一发生了的事物复又预设了一个在先状态及其因果性关系为前提。因此,如果一切只按自然法则发生,那么任何时候都只有一个依存性的开端而永远不会有第一开端,因而,依次相生的原因系列也就不会有完整性。但是,自然界的(因果性)法则恰恰在于:如果没有一先验充分决定了的原因,就无一物能发生。所以,"一切因果性(关系)只能按自然法则才是可能的"这一命题作为普遍命题是自相矛盾的。因此,这种因果性不能被视为唯一的因果性。

据此,必须设定这样一种因果性:某物通过此种因果性发生,但它的原因本身却不再被另一个在先的原因按自然法则所决定,也即说,有一种原因的绝对自决-自动(die absolute Spontaneität),它从自身开始了一个按自然法则进行的现象因果系列。这个自决-自动的原因因而也就是超验的自由。没有这种超验的自由,在自然流程中,现象的原因系列永远是不完整的。①

在这个证明中,"自然法则"(die Naturgesetze)或"自然的法则"(die Gesetze der Natur)是一个很关键的概念。就一般言,自然法则也就是知性法则,即关于现象的法则。这个意义上的自然法则对于现象界来说是普遍有效的,因而是普遍法则。但是,这种普遍性也只限于现象界,对于现象之外的"第一者"诸类的理念,自然法则不具有普遍性。因果性作为自然法则,其普遍性同样也是有限的。如果以为自然的因果性法则的普遍性是无限制的,也即说,世界中的一切存在者都可由它得到解释,那么,这一法则就会陷于自相矛盾。因为如果因果性法则是绝对普遍的,那么也就意味着在相续的原因系列中必有一先验(在先)而充分自我决定的原因,否则,这一原因系列就是不完整的,甚至是不可能发生的;但是,这个在先而充分自我决定的原因,也即第一因,却不按因果性这一自

---

① 论题及其证明见康德《纯粹理性批判》,A444—446,B472—474。

然法则发生，它是一个自由因。

如果因果性法则的普遍性是有限的，情况又会怎么样呢？在那种情况下，对于理性存在者来说，这也就意味着因果性法则是有前提的，也即以另一种因果性——自由因为前提。如果说把因果性法则视为一种绝对的普遍性法则是理性的非法要求，那么限制因果性法则之普遍性，从而给出自由因以作为因果性法则之前提，则是理性之合法要求。对于理性存在者来说，只有以超验的自由为前提，在自然的流程中，因果系列才是完整的，因果性法则也才是可理解的。理性永远不会停留于前因，它要追究更远的前因，直到不再有前因的自由因；对于理性来说，只有从这个自由因出发的因果系列才是充分可靠的。也就是说，在理性看来，一个必然的因果系列必定是从自由因出发。

但是，我们要马上强调的是，也只是对理性来说是如此。自由因是理性止于其上的超验理念，在这个意义上，它是理性的自在-自由的存在方式。它在根本上表明理性本身是一种能够从自身开始一个相续状态系列的能力，整个状态系列都可以视为理性自我行动的结果。因此，自由因也就是一切行动之可归罪性（die Imputabilität der Handlung）的真正根据，也即一切道德评判的根据。

第三背反的反题：

> Es ist keine Freiheit, sondern alles in der Welt geschieht lediglich nach Gesetzen der Natur.（不存在自由，世界中的一切事物都是按自然法则发生的。）

证明：

假设有超验意义的自由是一种特殊类型的因果性（关系），世界里的事件能够按这种自由因果性发生。也就是说，存在一种能绝对地开始一种状态的能力，也即能绝对开始一结果系列的能力。因此，不仅一系列由这种自决性而有一绝对的开始，而且产生这一系列的自决性本身的决定,也即因果性(关系)本身也有绝对开始,从而没有任何在先的东西,以使发生的行动按既定的法则而受这种在先的东西决定。但是,每一行动的开端都预设了一种尚未行动的原因状态为前提,而行动在力学上的第一开端预设了这样一种状态:这种状态与在先发生的行动的原因没有因果性联系,也即说,没有任何结果从此先行原因中产生。所以,超验的自由与因果性法则相对立,它是有效应的原因的相续状态的这样一种联结:根据这种联结,任何经验的统一都是不可能的,也不能在经验中被发现,因而是一种空洞的思想物。

所以,我们只能在自然界里去寻找世界事件的联系与秩序。不受自然法则束缚的自由(独立性,Unabhängigkeit)是从强迫中摆脱出来的解放,同时也是摆脱一切规则之引导的解放。人们不能说,自由的法则代替了自然法则而成了世界流程的因果性。因为如果自由是按法则被决定的话,它就不是自由的,而只能是自然的。①

反题的证明比较晦涩,也比较勉强。这个证明是这样的:如果存在自由这种类型的因果性,那么也就是说,存在一种能够绝对地开始一种状态或结果系列的自决能力。这样,不仅这一自决能力产生的系列有一绝对的开端,而且这种自决能力本身给出某种结果或状态的决定也有绝对的开端,也即说,在自决能力之前没有在先的原因来促使它做出这一决定。因此,也就没有任何东西能按既定的法则从在先的原因中产生出来。只有承认在先的东西存在,事物才可能按既定法则发生,从力学这一角度看,承认第一开端存在,也就意味存在这样一种状态:这种状态与先行的原因没有因果性关系,也就是说,在这种状态里,没有任何结果是从先行的原因里产生出来的。所以,自决能力、绝对的第一开端,也即超验的自由(这类理念)本身是与因果性法则相矛盾的:它本身并不按既定的因果性法则发生。虽然我们可以把自决能力给出的

---

① 反题及其证明见康德《纯粹理性批判》,A445—447,B473—475。

事件视为它的结果,它是这一事件的原因,但是,自决能力(自由)本身并不是按既定的因果性法则给出这一事件,否则,它就不是自决的,而是他决的,因而不是自由的。

因此,如果在经验(现象)领域设定因果性关系有绝对的开端,那么,就会陷入自相矛盾。因为这个绝对的原因本身并不按既定的因果性法则给出结果,否则,它就不是绝对的第一因,即不是自由因。

这也就是说,不能把绝对的因果性视为知性概念,而只能将它当做理性理念。因此,如果把世界当做一个现象领域,那么,我们就不能说,这个世界除了自然因果性外,还有自由因果性,否则,就陷入自相矛盾。但,如果世界被当做一个绝对的总体,那么,这个世界就存在自由因果性。世界作为一个绝对总体,是理性的必然对象,因此,自由因对于理性来说是绝对必然的,它是理性止息的地方。

§ 86

第四背反的正题:

> Zu der Welt gehört etwas, das, entweder als ihr Teil, oder ihre Ursache, ein schlechthin notwendiges Wesen ist. (存在一绝对必然的存在者,它或者作为世界的一部分,或者作为世界的原因而归属于世界。)

证明:

感性世界作为一切现象之整体,它同时包含着一变化的系列。因为如果没有这样一个变化的系列,那么,对时间系列(这种时间系列是感性世界成为可能的条件)的表象本身就不能被给予我们。但每一种变化都有其前提,此前提在时间上是在先的,并使变化成为必然的。现在,每个被给予的有条件者,就其存在而言,都预设了一个完整的条件系列,直至绝对必然的绝对无条件者。于是,如果变化是一绝对无条件者的结果,那么，就必定存在绝对必然者（Absolutnotwendiges）。但是，这个绝对必然者应属于同一个感性世界。因为如果它外在于感性世界，那么世界变化的系列将从一个其本身并不属于感性世界的必然原因中引出这一变化系列的开端，而这是不可能的。因为时间系列的开端只有通过在时间上在先的东西才能得到规定：所以，变化系列之开端的最高条件必定存在于这个变化系列还不曾存在的时间中（因为开端是一个时间先于它存在的具体存在物，在此时间中，开端之物尚不存在）。所以，变化之必然原因的因果性，也即原因本身属于时间，因而属于现象。因此，它不能脱离作为一切现象之总集（Inbegriff）的感性世界。所以，世界本身包含着某种绝对必然者。①

康德的这一证明比较明了，它的思路是这样的：感性世界作为现象的一个整体，它一定包含着变化系列，因为如果没有变化系列，就不会有时间系列的表象。我们对时间系列的表象是与对变化系列的表象一起给予我们的，虽然时间系列本身是变化着的现象的可能性条件。而每一种变化都有其时间上在先的必然性条件。这种必然性条件构成了一个完整的条件系列，直至一个绝对必然的绝对无条件者。这个绝对无条件者必属于感性世界，因为时间系列的开端必须在时间中才能得到规定；如果这个绝对无条件者外在于感性世界，那么也就意味着要从一个并不属于感性世界的必然性原因中引出感性世界的变化系列的开端，但这是不可能的。所以，变化系列的绝对开端必存在于感性世界。

在这个证明中，实际上再次突现了如何理解"世界"这个问题的关键性所在。世界是一切现象之总集，还是现象之绝对的统一？就感性世界而言，它只能是作为现象之总集的世界，因为它只存在于时间中。而在感性世界里不可能存在绝对的开端，因为作为现象之总集，世界不是绝对的，而是相对的，它的开端可以继续被追究下去。去为感性世界的变

---

① 论题及其证明见康德《纯粹理性批判》，A452,454；B480,482。

化系列或有条件者寻找绝对开端或绝对无条件者,等于把感性世界当做世界本身,当做自在世界来认识。在这个意义上,正题谈论感性世界的绝对无条件者本身就是自相矛盾的,因为感性世界没有绝对无条件者。

这里有必要附带指出的是,这个证明包含着康德对时间的一个重要理解:时间是一切变化之所以可能的形式条件,没有时间形式作为前提,任何变化都不可能显现为变化,即不能给予我们。在这个意义上,时间先于变化。但是,时间要在现实意识中给予我们,即要在意识中显现出来而被表象,它必须是作为时间系列被意识(表象)。说时间(系列)是感性世界的条件,并非说对时间系列的表象是感性世界的条件;对时间系列的表象(意识)是与现象系列或变化系列一起被给予我们的。如果没有纯粹现象系列或变化系列给予我们,我们甚至无法表象(意识)时间系列;而如果没有时间系列的存在,我们当然更不可能去表象现象之变化系列。时间系列本身先于变化系列,但时间系列又是在变化系列被给予我们时一起得到表象的。这是否意味着,时间系列在不被表象时,是一种自在的时间?康德说,是一种客观的形式条件。但,我们如何理解这种形式存在?康德通过设置这种形式条件而区分了自在物与现象物,但是这种形式存在本身是否是一种自在的存在?这一直是一个问题。

第四背反的反题:

> Es existiert überall kein schlechthin notwendiges Wesen, weder in der Welt, noch auβer der Welt, als ihre Ursache. (不管是在世界里,还是在世界外,都不存在一个作为这个世界之原因的绝对必然的存在者。)

证明:

假如世界本身是一必然存在者,或者在世界里有一必然存在者,那么,在变化系列中,或者有一开端,这一开端是无条件必然的,因而是没有原因的,这与时间中的一切现象规定的力学法则相矛盾;或者系列本身没有任何开端,虽然它的一切部分都是偶然的和有条件的,但就整体而言,它却是绝对必然的和无条件的,这种情况与(系列)自身相矛盾。因为如果综集(系列总体)中没有一部分是必然的存在者,那么综集的存在也不可能是必然的。

另一方面,假设世界之外有一绝对必然的世界原因,那么,这个绝对的世界原因作为世界变化的原因系列的最高分子,将开始原因的存在及其系列。现在,这个原因必须开始-行动,而且它的因果性关系将存在于时间中,因而存在于现象之总集中,也即存在于世界里。所以,这个绝对的原因本身不存在于世界之外,这与前提相矛盾。所以,不管在世界中还是在世界之外,都不存在绝对必然的存在者。①

这里,我们要对证明的后半部分稍加分析。首先,这部分的证明是这样的:如果在世界之外存在一个绝对的世界原因,那么,这个原因必定开始这个世界里的原因存在与原因系列。如果现象世界的原因系列是由世界之外的绝对原因产生的,那么,这等于说,这个绝对原因的因果性关系存在于现象世界中。而这是与前提相矛盾的。

但是,如果把世界区分为理念世界与现象世界,那么,对于理性来说,绝对的原因就可以被视为现象世界之外的绝对原因。当我们说,在世界中或世界外存在一个必然的存在者是这个世界的原因时,我们是在用一个理性概念来构成现象世界的知识,或者说,是在用因果、量、质这些范畴去理解自由因这类本体存在者。这是背反产生的根由。实际上,在四个背反及其证明中,人们通常是不知不觉中在不同意义上使用"世界"这一概念:或者把世界当做一个绝对的综合统一体,这是一个理念;或者把它当做一个系列的集合体,这是一个以经验为界限的总体,有界限,但不确定。这是理解二律背反及其虚幻性的关键所在。

---

① 反题及其证明见康德《纯粹理性批判》,A453,455;B481,483。

§ 87

　　"世界"既是无限的,又是有限的;既是自由的,又是必然的。有关"世界"的这些背反命题在逻辑上都可以成立。这意味着世界陷入了一种自我背反的存在。超验辩证论对二律背反的揭示与证明,也就是对世界的这种自我背反的存在的存在论展示。这种背反虽然在逻辑上都可以成立,但它们却只是一种假象或幻象,也就是说,它们都是假的。二律背反的这种虚假性表明,世界即一切真实的存在物都是超验的观念性存在,也即以超验感性论和超验逻辑学为其存在论知识(根据)的存在。那么,我们如何理解在逻辑上都能成立的两个背反命题都是假的呢?

　　康德区分了两种背反:一种叫分析的背反,一种是辩证的背反。分析的背反是两个对立的命题中有一个为假,另一个就必为真。比如说,"这物体有好气味"和"这物体没有好气味",这两个背反命题就是分析的。因为如果"这物体有好气味"是假的,那么,"该物体没有好气味"就一定为真。因为后面这个反命题说出了比第一个命题的单纯反命题要多的内容,它包含了第三种情况:物体没有气味。但是,如果说,"这个物体或者有好的气味,或者有不好的气味",那么,这就是一个辩证的背反。因为第一个命题是假的,并不意味着反命题是真的,而是正反命题都可能是假的。因为有第三种情况存在,即该物体根本没有气味。也就是说,辩证背反之所以都是假的,是因为它们错失了第三种可能性,而各执于自己的片面性。

　　宇宙论理念的四个背反都是辩证的背反,它们可以都是假的。康德分析说:"如果说,世界或者是无限的,或者是有限的,那么,这两个背反命题可以都是假的。因为在第一种情形下,我把世界看做在自己的位置上(自在世界)而在量度(Größe)上被规定(为无限的);而在相反的命题中,我不仅把无限性和与无限性相联系的世界之整体的单独存在排除掉,而且还附加给世界一个规定(有限的),并把世界看做是一个在自己位置上(自在)的现实物(an sich selbst wirklicher Ding)。但是,如果世界根本就不作为在自己位置上的物(自在物)给予我们,因而也就是说,在量度上既不是作为无限的,也不是作为有限的给予我们,那么,这一命题(世界是有限的)同样是假的。"①

实际上,在这两个背反的命题中,世界都被看做 die Welt an sich selbst,即一个"自在的世界",或说"在自己位置上的世界"。就第一个命题来说,这个自在世界有一个量上的规定,这就是"无限性"。而反命题不仅排除了世界在量度上的"无限性"这种可能性,同时也肯定了世界的一个规定,即"有限性",在反命题里,世界是一个量度上有限的自在世界。在这里,完全错失了第三种可能性,这就是:世界完全可能不作为自在世界给予我们,而是作为现象领域给予我们。在这种情形下,世界在量度上既不是有限的,也不是无限的,而是处在经验的不断返进(溯)当中。因此,那两个背反命题都可以是假的。

所以,揭示宇宙论背反之虚幻性的一个关键是放弃把它们当做对应的对立命题这种预设,因为世界恰恰是在这种预设中成了自在世界。"如果人们把'世界在量度上是无限的'和'世界在量度上是有限的'这两个命题看做是相互对应的对立命题(die einander kontradiktorisch entgegengesetzten Sätze),那么,人们就等于认定,世界(现象之整体系列)是一自在物本身。因为(那样一来)即使我终止了现象系列的无限返进或有限返进,世界也仍然或者是无限的,或者为有限的(世界独立于我的表象的返进活动)。但是,如果我取消这个预设(那两个命题是对应的对立命题),或说取消这个超验幻象,并且否认世界是一个自在物本身,那么,那两个判断的那种对应的冲突就成了单纯的辩证的冲突。由于世界不是自在地存在,也即不是独立于我的表象的返进系列而存在,所以,它既不是一个自在的无限整体,也不是一个自在的有限整体。它只能在

---

① 康德:《纯粹理性批判》,A504,B532。

现象系列的经验的返进中被遇见,而不能在自己位置上作为自身被遇见。因此,如果(现象系列的)这种返进活动是有条件的,那么世界任何时候都不能整体地被给予,所以世界从来就不会是无条件的整体。因此,世界既不会作为有无限之量度的整体存在,也不会作为有限之量度的整体存在。"①

在这里,der kontradiktorische Widerstreit(对应的冲突),是一个很关键性的概念。所谓"对应的",也就是相互比照、直接相关的。"对应的冲突"表明的是两个对立的命题在逻辑上总是相互对应、相互比照地联系在一起,有一真,就必有一假。在这个意义上,"对应的冲突"就是一种分析的对立。用存在论的语言说,"对应的冲突"把存在者的存在划分为两大可能性,或者更确切地说,它们把所有的可能性包括在自身。而所有辩证命题都不是"对应的冲突",它们之间并没有直接的对应联系。②因为辩证的背反总是错失或者遗漏某种可能性,而真理恰恰可能只存在于这种被错失的可能性当中。

"世界在量上是无限的"和"世界在量上是有限的"这两个对立命题显然是辩证命题,因为它们错失了第三种可能性:世界在量上既不是无限的,也不是有限的,而是不确定的。如果人们误以为它们是对应的对立命题,也即说,以为其中必有一个命题是真的,那么,也就意味着人们认为,世界是一个自在物(在自己位置上的物自身)。因为在认定这两个命题是对应的对立命题情形下,世界在量上不是无限的就是有限的,而不管我是否终止现象系列的返进活动。换言之,世界作为一个条件系列的综合,是独立于我的表象的返进活动,因而是在时-空直观之外的。

实际上,不管是把世界看做在量上是有限的,还是无限的,都意味着把世界视为一个自在世界,即独立于我们的表象而在我们的经验之外。

---

① 康德:《纯粹理性批判》,A504—505,B532—533。
② 这一层意思在牟宗三和蓝公武的译本里都没有被译出来,对这一概念的失察使这段译文没有传达出康德的意思,并使译文近于不可理解。

但是,同时又是用只适应于现象领域的知性范畴(量)去规定被当做自在之物的世界。而用量的范畴去规定自在世界的有限性或无限性,实际上首先是把时间和空间超越化:使时-空独立于我的意识,独立于我的感性而客观化。因为对事物的量的方面的规定正如其他范畴方面的规定一样,都必定以对时-空的连续性与可分割性的规定为前提,或者更确切地说,必定以包含着对时-空的规定为前提。既然世界是自在的,它的量当然也是自在的量,而作为它获得这种量的规定的前提,时-空必定已是自在的。这意味着,当我们用量的范畴把世界规定为有限的或者无限的,从而把世界自在化的时候,我们实际上首先已经把时-空超越化,使之成为自在的时-空。在这个意义上,我们可以说,时间和空间的超越化是导致二律背反的前提。只有在超越的自在时-空里,世界在时-空量度上的有限性或无限性才会独立于我们的表象的系列返进活动。因此,超验感性论,也即有关时-空的超验观念论,对于化解二律背反具有根本性意义。这是我们在下一节要专门讨论的。

第三节　超验感性论与二律背反的化解

§ 88

从根本上说,宇宙论的二律背反实际上都是奠定在自在时-空观上。只有在自在时-空中,系列的返进活动才会独立于我们的经验和表象:它在自在的时-空中进行下去。因此,作为系列之绝对总体,世界永远不可能在经验中被遇见。而对于这样的世界,如果我们用知性范畴去理解它,二律背反就是不可避免的。

所以,当康德说"超验的观念论(der transzendentale Idealismus)是化解(Auflösung)宇宙论之辩证论的关键"①时,这在根本上意味着超验

---

① 康德:《纯粹理性批判》,A491,B519。

感性论是化解二律背反的钥匙。因为康德所说的超验观念论乃是建立在超验感性论的基础之上。这正如他自己所说："我们在超验感性论中已充分证明：在空间或时间中被直观的一切东西，因而也即对我们而言是可能的经验之一切对象，只是现象，也即说，只是单纯的表象；这些现象就如它们被表象的那样，或者是有广延的存在者，或者是变化的系列，它们都不外在于我们的思想观念(Gedanke)而独立自在地存在。我们把这种学说称为超验观念论。"①也就是说，我们的一切可能的经验对象只是我们的表象，只存在于我们的思想或观念之中。但是，它们又是现实的，而不是胡思乱想的幻想物，因为它们都是在超验的感性时-空形式中给予我们。

康德在超验感性论通过对时-空的形而上学阐明和超验阐明把时-空确立为超验的感性直观形式，任何存在者的存在是否是现实的(wirklich)，就在于它能否在时-空这种超验的感性直观形式中给予我们，或者说，它是否是感性时-空中的效果(Wirkung)存在。因此，一切现实的对象必定首先是感性直观中的表象。也就是说，一切现实事物只能如它们在直观中显现的那样存在。超验感性论从根本上表明，时间和空间并不是任何自在物的规定，而只是我们的感性直观形式。因此，在时-空里存在的东西只能是表象，而不可能是自在物；如果事物不在我们的感性时-空里被给予，它就不可能在任何地方被遇见。这也就是说，一切现实的对象从来就不是在自己位置上（自在地）被给予，而只是在感性直观中，因而只在经验表象中被给予，它们不存在于经验之外。

那么，为什么这种超验感性论是化解二律背反的钥匙呢？

如果说时-空是我们的超验直观形式，那么，作为时间和空间中的系列总体，世界不可能是一个自在世界，而只能是一个经验的表象世界。因此，它只能在表象的系列返进中被遇见，而不能在自己的位置上被遇

---

① 康德：《纯粹理性批判》，A491，B519。

见;我们的表象的返进界限就是世界的界限。但是,这个界限却不能被视为一种有限性意义上的界限,因为经验或表象返进的界限只是现实存在物的临时界限,而不是现实存在物的终结。经验表象返进的界限永远是向可能的现实物敞开的,也即向未来的现实物敞开。随着未来时间向当前时间的到来,经验或表象的返进会不断打破界限,给出新的界限。在这个意义上,我们不能把在经验的返进中遇见的现实世界视为有限的,因为它与可能的现实事物联系着,与未来联系着,而不会被它在当前显现的那部分所终结。但是,我们也不能由此说,这个现实世界是无限的,没有终结的。因为我们不能把可能的现实事物当做现实世界的一部分,因为它们没有在当前的时-空中,没有对当前的时-空产生效应,所以它们不是现实的。

因此,现实的世界,也即存在于时间和空间中的世界既不是无限的,也不是有限的。对于现实的世界来说,它没有是有限的还是无限的这样的问题;世界在时-空量度上是不确定的。这也就化解了宇宙论的第一个背反:如果我们谈论的是一个现实的世界,也即在时-空中的世界,那么,世界在量度上既不是有限的,也不是无限的,而是不确定的;如果谈论的世界是作为现象系列的绝对总体,也即说,世界是理性综合给出的一个理念,那么,这样的世界实际上已超越出了感性时-空之外,它不再在时间和空间中,而是在自己位置上,是一个自在世界,对于这样的世界,我们不能指望在经验表象的返进中遇见它,因此,不能对它在时-空量度上作出任何规定。如果人们试图对这种自在世界作出量度方面的规定,也就意味着把理念视为现象,或者说,把理念运用于现象。但这样做本身就是自相矛盾的,因为现象只是时-空中的表象,只存在于表象的返进中。

实际上,人们通常是在两种不同的意义上使用"世界"这个概念:作为现象之总体的世界和作为现象之绝对总体的世界。前者仍是现象本身,它可在经验(表象)返进中被遇到,也只存在于经验中,由于经验返进的界限是不确定的,因此,这个意义上的世界在时-空量度上也是不确定的;后者则不再是现象,而是一理念,它不存在于经验中,或者说,它不仅仅存在于经验中,它要比经验"大",它超出了经验。因为作为现象之绝对总体,世界不可能在经验的系列返进中被遇到,不管经验返进多远。

所谓现象之绝对总体,也就是现象的绝对界限,或者说是一切现象之条件的绝对无条件者。但是,我们显然不可能经验到这种绝对无条件者,或者说,不可能有关于绝对无条件者的经验。因为如果有这种经验,也就意味着的确有一种无条件者在经验中。但无条件者之为无条件者,就在于它不受任何条件的限制,即在它之前只有无或空,它只以无或空为其界限。既然我们可以经验到无条件者,那么,我们在经验返进中就可以感知到它的无或空的界限。而这显然是不可能的,因为根据超验感性论,我们只能在时-空中去感知,而时-空中感知到的永远是有,是现实的,而不会是无或空。凡是现实的,都必定能在时-空中给予我们;凡能在时-空中给予我们的,也必定是现实的,是"有"。因为能在时-空中给予我们,也就是说能对我们的直观形式有效应(Wirkung),因而,它只能是有,而不可能是无。无不可能对我们的感性直观形式有效应。

既然作为现象之绝对总体的世界不能在时-空中被经验到,我们也就不能对它进行质、量、关系等方面的规定,简单说,不能把范畴运用在它上面。

上面的分析表明,超验感性论使"世界"在两个层面上的意义得到了澄清,从而使化解宇宙论的背反成为可能。也就是说,从超验感性论出发,才能从根本上理解事物的幻象存在及其化解的方式。这意味着,超验感性论不仅是关于事物如何现实地存在的存在论知识,而且也是间接地关于事物之幻象存在的存在论知识,它是理解和化解二律背反的出发点。

§ 89

　　根据超验感性论,作为绝对总体或绝对无条件者,理性理念不可能在经验表象的返进中被遇见。但是,这并不意味着理念对于经验(现象)世界是没有意义的。对于现象领域来说,理性理念同样也具有原理的意义,只不过不是构造的原理,而只是一种范导性原理。这种范导性原理不是要把现象构造成绝对客体,而是使现象在其相对性存在中显示出了绝对的维度:它处在与绝对的关联中。从理性的角度说,如果它不下降自己,即不把理念运用于现象,试图在现象领域构造出绝对客体,那么就不会出现二律背反。换言之,对于理性来说,化解二律背反就在于把自己当做范导原理来守护。

　　所谓理性理念不是构造的原理(das konstitutive Prinzip),就是说,理性并不能把理念运用于感性世界,以便根据理念之绝对完整性构造出现实的绝对客体。但是,理性却也可以必定按自己的绝对完整性而要求感性-经验世界不断打破自己的界限,以便尽可能向绝对完整性接近。在这个意义上,理性理念是一种对经验世界提出要求的法则,用康德自己的话说,理性就是"一种要求尽可能大地继续扩展经验的法则。根据这一法则,没有任何经验的界限可充当绝对的界限。所以,理性的原理作为一准则,它预设了我们在返进中应当做什么,却并不预测先于一切返进而自在地被给予的客体是什么。所以,我把理性的原理称为理性的一种范导原理(das regulative Prinzip),以区别于作为自在客体被给予的那种条件系列之绝对总体的法则,这是一种构造的宇宙论法则。我试图通过这种区分来表明,并无理性的这种构造原理,并防止人们把客观实在性归给只充当准则之用的理念,而这通过超验的非法转换是不可避免地要发生的"①。简单说,理性只能充当范导原理,而不能作为构造的原

————————

① 康德:《纯粹理性批判》,A509,B537。

理使用,否则,就会陷入背反。这是康德区分出两种原理的目的所在。

　　理性之所以不能充当构造的原理,而只能作为范导原理起作用,是因为在感性-经验领域永远给不出绝对的界限或绝对的无条件者。以感性直观为基础的经验所达到的任何界限都是相对的,它给出的有条件者总是以一个更高的条件者作为条件。我们不可能经验到一个绝对的无条件者或绝对的总体,因为我们的感性直观永远不可能直观到它们。这意味着,理性不可能构造出一个现实的绝对客体,因为根据超验感性论,凡现实的存在者必定能在时-空中被直观和经验到。所以,不可能有理性的构造原理。但是,理性却可以把自己的理念即绝对者作为任务提交出来。作为理性存在者,我们的理性不可能不对我们的感性世界有所作为。虽然理性不能把自己的绝对性在感性世界里完全构造出来,但是,它可以从自己的绝对性来看待和要求感性世界。相对于理性理念之绝对完整性,不管我们的经验扩展到什么地方,我们的感性-现象世界都是不完整的,都有待于进一步扩展。知性只满足于相对性事物,只有面对理性给出的理念之绝对完整性,知性才会在感性世界里追寻不息。也就是说,理性作为感性世界的原理,它的唯一正当的有效性就在于,它以自己的绝对完整性引导知性在感性世界里不断追寻更高的条件,使知性永远面临必须追问更高条件的任务或问题,而不能心安理得地停留在某一条件者上。从自己的绝对完整性出发给出任务,而不是构造现实客体,这是理性作为感性世界之范导性原理的意义所在。

　　实际上,理性理念作为范导性原理,也就是存在论原理。一方面,它是理性守于自身而自在-自由地存在的方式。理性把自身当做感性世界的范导原理,意味着它并不把自己的绝对性下降到感性世界,而是守护着自己的绝对性,从而使这种绝对性成为感性世界(知性)的任务或使命,而不是感性世界里的对象。理性止于自身的绝对性就是理性守于自身而自在-自由地存在。另一方面,作为范导原理,理性引导着知性在感性世界里不断综合下去,虽然永远达不到目标,永远认识不了绝对,但是,却向感性世界和知性敞开了一个绝对存在者存在的维度。也就是说,理性使人们在感性世界里体会到有一个绝对存在。理性不能使我们直观到绝对,却可以使我们在感性世界里觉识、体会到这个绝对。对于理性存在者来说,他不会停留在任何感性事物上,因为他在任何感性事物那里都可以发现,相对于一个绝对者,这个感性事物总是有限的和相对的。换句话说,作为范导性原理,理性使感性事物与绝对处在联系当中:感性事物以其有限性和相对性显示了绝对存在者的存在。因此,在理性起范导性原理作用的地方,感性事物并不仅仅是感性事物自己的存在,它同时也显示了绝对者的存在。

如果说超验感性论和超验逻辑学的分析篇是关于感性事物能够作为感性事物存在的存在论知识,那么,阐明理性理念的辩证篇则使感性事物如何也显示了绝对者之存在成为可理解的。在这个意义上,超验感性论必得与整个超验逻辑学一起,才能构成关于感性事物的完整存在论:感性事物如何不仅作为感性事物自己而存在,而且显示了绝对者之存在。超验逻辑学的辩证篇对于感性事物同样具有存在论意义。

第四节　自由与真理

§ 90

从亚里士多德到笛卡尔,真理始终都是哲学的核心问题。真理世界就是一个必然性世界,真理就是对必然性的认识。如果说真实的生活要建立在真理之上,那么,这也就意味着真实的生活要以对必然性的知识为前提。而我们之所以要追求真实的生活,则是因为它能使我们获得幸福。所以,真理学说乃至哲学本身也可以被视为幸福生活的指南。①

问题是,那个可被我们认识的必然性世界本身恰恰是有前提的。

---

① 见本书第一章有关古希腊哲学部分的阐释。

因为一个可被我们认识的必然性世界一定是一个能在我们的逻辑法则中被给予的世界，否则我们就不可能认识它。对于人这种存在者来说，可被认识的必然性只能是逻辑法则中的必然性，在康德这里，就是知性法则中的必然性。也就是说，必然性世界是一个以知性法则为前提的世界。不仅如此，理性的范导性原理则表明，必然性世界甚至要以自由为前提。因为理性之所以能够把绝对无条件者也即自由因作为任务提交给现象（必然）世界，是因为在理性存在者看来，现象世界必定以这个绝对无条件者为前提，否则，这个现象世界的必然性法则就是不完整的，因而是不可靠的。所以在康德这里，自由因是真理世界也即所谓能被认识的必然性世界的前提。这个自由因作为理性之理念，是理性回到自身而止息的地方，在这个意义上，自由因是理性自在-自由的存在。因此，在康德哲学里，自由是真理的前提，而不是真理（对必然的认识）是自由的前提。

如果说二律背反是理性理念自我下降的结果，也即说是理性试图把理念在感性经验世界中构造出来而产生的，那么，二律背反及其化解则表明，理性是完全独立于感性经验，独立于必然性，或者说，理性是另一种必然性。理性本身并不在时-空中，它永远自在地存在，虽然它的结果能展现在时-空中。这里涉及康德对人本身的二重性理解。

在各种存在者当中，人被康德视为一种特殊存在者，它具有双重性格或双重身份：既是感性的，又是理智的；既是现象，又不仅仅是现象。人的这种双重性格使他自己的因果性关系也具有双重性：既是自由的，又是必然的。这里我们需要引译康德自己的论述来说明：

> 我把感性对象中那本身不是现象的东西称为理智的东西（intelligibel）。因此，如果那在感性世界中必须被当做现象看的东西本身也有一种能力，这种能力并不能成为感性直观的对象，但是却能够是现象的原因，那么，人们就可以从两个方面来看待这种存在者的因果性关系：如果把（此存在者的）这种因果性关系视为自在

物的因果性,那么就这种因果性之行动言,这种因果性就是理智的;如果把这种因果性视为感性世界中之现象的因果性,那么就其结果言,这种因果性就是感性的。因此,对于这样一种主体之能力的因果性,我们将要去形成一个经验的概念,又要去形成一个理智的概念,而且这两种因果性可以共同在一个结果中发生。①

有一种存在者的特殊性就在于,它一方面可以成为感性世界里的现象或对象,但是,另一方面,它又不仅仅是他在感性世界里显现的那样子,它同时有一种不显现的能力,即不能成为感性直观对象的能力,但这种能力却能够成为给出现象的原因。这种存在者就是我们向来所是的"主体",这种能力就是"理智的能力"。对于这种能力或有这种能力的存在者的因果性,我们可以从它的两种角色来理解:就这种存在者不可显现,因而是自在存在者言,它的因果性是自在的因果性,因而是自由的;就这种存在者可在感性世界造成结果言,它的因果性又是现象的因果性,是必然的。因此,对于有这种不可显现的能力的存在者来说,我们可以用两种因果性概念即经验的因果性(自然因果性)和理智的因果性(自由因果性)来说明它的同一个行动。

当"主体"作为一种经验角色出现,也就是说作为它在感性直观中显现的现象出现,那么主体的行动就只能被视为一种现象事物,而且作为现象事物看,这种行动不仅与其他现象物处于自然法则的联系中,而且可以从其他现象中引导出来,因此,与其他事物构成了一个自然系列。这意味着,作为经验角色看,主体的任何行动都不是由主体独立作出的,而是由其他现象决定的,都是事出有因。而所谓经验角色,就是说,它处在时-空中,是时-空中的存在,可以显现为一种可直观、可研究的对象;从另一角度说,这种经验的角度也就是一个认知者。作为这种直观-认识者,主体不管有多大的主动性和能动性,它都不是自由的,它的一切作

---

① 康德:《纯粹理性批判》,A538,B566。

为都是他律的,都可以从其他现象那里找到原因。

　　但是,主体并不仅仅具有经验角色,它永远要比它在经验中的存在(显现)多,或者说,它有永远不在经验中显现出来的性质,这就是它的理智体(Noumenon)角色。"但是,就其理智性质(虽然我们只能具有这种理智体性质的一般概念)而言,这同一个主体必定完全摆脱感性的一切影响和经验的一切决定。就其理智体言,它身上没有任何东西发生,也没有任何要求力学的时间规定的变化,因而与作为原因的现象没有联系。所以,这个行动者的行动完全独立于一切只存在于感性世界里的自然必然性而是自由的。人们可以正确地说,这个主体在感性世界里的结果是从自身开始的,虽然在这个主体自身中没有行动有开始。"①也就是说,作为理智体,人的存在并不在时-空中,它不是现象,不受任何现象的影响和制约,因此,这个理智体本身就是它在感性世界里显现出来的一切行动的原因,它是其行动的唯一的决定者。在这个意义上,理智体的行动是一种自由的行动,即完全以自己为原因的行动。②

　　于是,主体的同一个行动因人的双重身份而具有两种性质:它既是一个自由因,又是自然系列中一个被决定的环节现象物。作为理智体的结果看,它是从自身开始的,因而是自由的;而作为经验主体的结果看,它则是受在先的其他现象的决定,因而是必然的。这样,自由与必然便在同一个事物中统一起来。显而易见,自由与必然的这种统一是以人的双重身份的统一为前提的。但是,同样显而易见的是,在人的这种双重角色中,理智体是它的更根本性的身份,因为正是这种不可显现的存在使人与其他一切现象物区别开来:它不仅仅是它显现出来的那个样子,

---

① 康德:《纯粹理性批判》,A541,B569。

② 这里要说明的是,行动作为理智体的结果看是从自身开始的,而不是从他者开始的。但是,并不能由此说,理智体是有开始的。就如上帝创造了世界,世界开始了,但我们并不能说,上帝的存在开始了;因为如果说上帝存在有开始,那么也就意味着有一个比上帝更高的原因存在。同样,理智体的任何行动都不能被视为其存在的开始,只能说行动从它开始了,从它产生了。相对于现象事物,理智体实际上是一个无,而无不会开始,在无身上不会有任何变化或发生什么事情,但从无可以开始发生某种事情。

它是在让他者显现为如此这般的现象物的同时把自己显现为万物中的一物。但是，它之所以能进行这种显现，恰恰是因为它有本身不可完全显现的显现能力。这也就是一种让……存在或让……显现的能力。这种能力并不是人的众多能力中的一种能力，而是它的众多能力得以展开和发挥的基础。在这个意义上，让……存在的能力乃是一种存在论能力。当我们把康德对纯粹理性的批判分析当做一种存在论来理解时，也就意味着这种存在论就是关于存在论能力的知识。不过，这种存在论知识不是要展示存在论能力本身——存在论能力本身是不可展示的，而是要展示一切存在者的存在（显现）如何以存在论能力为根据。超验感性论和超验逻辑学并不是要提供有关时-空自身和理性自身的知识（所有有关时-空或理性的知识都只是有关它们的经验性质的知识，而不是有关它们自身的知识），而是要揭示直观和理性如何使存在者如此这般存在成为可能的。通过对超验感性论和超验逻辑学的存在论阐释可以看出，人的经验性质或经验角色只不过是理智体给出的行动在时-空中的关联意义。理智体也即自在的人并不显现于时-空中，但它支配的行动却必定在时-空中展现出来。"理性是一切意志行动的不变条件，借这些意志行动，人才显现为现象。"[1]所以，相对于人的经验角色，它的理智体身份具有根本性地位，理智体是它的经验角色的原因。在这个意义上，自由高于必然，并且是必然的前提。

实际上，如果从人的理智体身份看，任何一个必然性系列都可以被视为是从理性开始的，因此，整个现象世界都是奠定在理性自由的基础上。我们可以从两个方面来说明这一点。

首先，理性可以开始一必然性系列。理性作为一种自在的理智体，它的自在-自由并不仅仅在于它不依赖于经验条件的那种独立性。简单说，理性的自由不只在于能对经验世界说"不"，而且在于理性能够在感

---

① 康德：《纯粹理性批判》，A553，B581。

性世界让一事件系列开始。理性是每个意志行动的无条件的条件,作为理性的结果,行动完全是由理性决定的,是理性无目的、无前提、无功利地给出的,也就是说,在这个结果之前,除了作为其原因的理性之外,再没有其他原因。于是,这个行动在感性世界里便成了一个因果事件系列的开始。换言之,这个结果开始的事件系列可以返进到一个绝对的无条件的条件,即理性本身,理性是这个系列的最高原因,即自由因。由理性之结果开始(我们不能说由理性本身开始,因为理性本身不在时–空中,不能有开始,"开始"是时间中的事情)的这个因果事件系列在前进中逐渐远离第一因,甚至于远离得看不出与第一因的关系,但就它的开始言,仍是由理性决定的。

其次,理性不仅能开始一系列,而且可以中断任何系列。理性作为一种理智体能力,它不在时–空中,它本身不存在在先状态或在后状态。"因此,理性不属于由现象按自然法则构成的感性条件系列。对于人在时间境况中的一切行动来说,理性都是当场的和同一的(gegenwärtig und einerlei),但理性本身不在时间中,并且不落入某种它先前所不曾是的新的状态。"①既然理性不在时间中,不受感性的任何影响,那么,它当然既不会受当前事物的影响,也不会受过去事物的影响,它也不会受未来事物的影响而发生变化。虽然理性的结果在感性世界显现出来的方式是变化的,但理性本身却始终保持为它自身,也就是说,它是不变的,并且永远能够在当下完全从自身给出行动。这意味着对于理性存在者来说,它可以把任何一个条件系列从当下中断,把在当下之前发生的那部分系列视为无,因此,这个条件系列就是从我当下行动开始的,或者说,这个条件系列的开端就是我当下的行动。

如果我们从理性存在者的理性视界出发,那么,由于理性不仅可以中断一系列——把在它行动的当下之前所发生的一切必然性系列排除

① 康德:《纯粹理性批判》,A556,B584。

掉，并且能开始一系列，因此，整个现象世界都可以被理解为是从理性的自由行动开始的，是奠定在理性的自由基础之上；而且也只有这样理解，这个现象世界的必然性以及对这种必然性的认识即通常所谓的真理，才是可靠的和稳固的。

就其形式方面言，现象世界就是一个观念性世界，也即一个表象世界。这个表象世界的现实性（Wirklichkeit）可以由超验的时-空形式来保障。但是，它的真理性，也即这个表象世界的法则性存在，不仅要以知性范畴为构造原理（理性的思辨运用），而且必须以理性的自由理念为范导原理，否则，这个表象世界的法则性存在就失去了绝对性根据。所谓以自由理念为范导原理，也就是把自由理念设定为表象世界的最高根据。实际上，就其存在论意义说，《纯粹理性批判》乃至整个批判哲学的努力就在于力图把"世界"阐释为既是表象的存在，又是自由-自在的存在——以自在-自由为根据的存在。

§ 91

理性那种完全独立于一切感性事物之影响的自由不仅是感性世界之绝对前提，而且更是一切道德法则的基础，因而是一切道德评判的根据。当我们说，理性能够完全从自身出发决定行动，因而是自由的时，这也就是说，理性是一个自由意志：它愿意怎么行动就能够决定怎么行动，而不管行动的任何条件。换言之，理性不受任何他者的影响和制约，只受自己的制约。

所谓受自己的制约，一方面是说，理性只听从自己的决定，受自己支配；另一方面是说，理性不能与自己相矛盾。作为一种自由意志，理性是一种普遍性能力：就它能够完全从自身出发决定行动这一点而言，理性在任何时候、任何地方、任何人身上都是绝对一样的。因此，理性不能与自己相矛盾，在根本上也就是说，理性的行动一旦普遍化，它不能反过来反对自己；或者说，当理性使每个人都决定同样的行动时，不致使人们相互反对。

所以,当我们说理性是自由的时,那么,这也就是说,理性要求我们并使我们能够这样行动:只按能普遍化而不自相矛盾的那种行动去行动。这是理性的自律法则,也是一切道德法则的最高原理,当然也是一切道德上的归罪判断的绝对根据。我们为什么能够把道德上的罪归到某个人身上,并谴责他?因为他是理性存在者,是自由意志的承担者。这里我们要引译康德给出的一个例子来阐释这一点:

> 一个人因其恶意说谎而引起社会混乱,人们首先研究产生这个谎言的诸动因,并根据这些动因去评判,如何能够把这个谎言及其后果归罪于(zurechnen)这个人(或说,在多大程度上能够把这个谎言及其后果归罪于此人)。就第一个目的来说,人们审查和追溯了说谎者的经验性格及其根源:人们可以在有缺陷的教育中,在恶劣的社会环境中,在不知羞耻、麻木不仁的天性与恶习中找到根源,也可以在轻率和冒失中找到理由;在这方面,人们甚至还可以考虑到起作用的偶然原因。人们处理这方面的工作,就如研究一被给予的自然结果的诸多起决定作用的原因系列一样。虽然人们相信(说谎)这一行动是由这些原因决定的,但是,人们仍然谴责这个行动者。人们之所以谴责他,不是因为他的不幸的天性,不是影响他的环境,甚至也不是因为他以前体现的品行而谴责他。因为人们预设,人可以完全排除原先曾是的状态,并把曾经发生的条件系列当做不曾发生的,而把这个行动(说谎)看做完全是无条件的,与在先的状态无关,因此,就像这个行动者完全是自身开始一结果系列。这种谴责是以理性的一个法则为根据:在这里,人们把理性看做不管一切上面所说的经验条件如何,它都能够且应当决定人的行动为另一种情形(即不说谎)的原因。人们不能把理性的因果性视为一种与经验因果性合力或竞争的因果性,而是把它看做自身就是完整的(独立的)因果性,哪怕感性动因并不支持它,甚至反对它。人的

行动被归给他的理智体性质：现在，在当下，由于他说谎，他是完全有罪的。因此，理性不管行动的所有经验条件如何，它都是完全自由的，说谎这一行动完全归因于理性的失职（Unterlassung）。①

对于一个人说谎的动因，我们可以进行社会学、心理学方面的研究，从而可以为这个人说谎找到许多客观的、外在的原因。但是，不管可以找到多少促使他说谎的客观原因，我们照样要谴责这个说谎者。因为他是一个理性存在者，一切客观原因都不足以完全决定他的行动，作为理性的人，他可以对这些客观原因说"不"。不管客观原因有多强大，他的理性都应足以完全决定他的行动。因为理性不在感性时－空中，它可以使人无视一切过去和当下的经验处境，排除一切过去的影响。简单说，理性可以穿越时－空，穿透历史，使人有无视一切现成条件而完全自己决断行动的能力。这也是人的实践自由的根本要义所在。正因为人有这样的自由，我们才能对人的一切行动进行道德的和法律的评判。自由理性是允许对人进行道德、法律评判的全部根据：人本是自由的，他完全可以只根据自己的理性决断其行动，或者说，他的理性本可以独立地决定他的行动，但是，现在理性并没有使人完全听从它的命令，它没有承担起独立决定人的行动这一使命，导致他没能抗拒和排除外在动因的影响而说谎，这是理性的失职、玩忽造成的。由于理性的失职，使人受制于感性欲望和历史经验，由此使人陷入了各种不可普遍化的、无法则的行动中。这种不可普遍化的行动也就是各种非道德、非正当的行为。我们谴责这些行为，实际上就是谴责一个人的理性的失职。他本可以不那样做（比如说谎），由于他的理性的失职，他却那样做了，所以他是有罪的。也就是说，归罪判断的根据就是人是自由的：你本可以完全从理性自身出发决定行动。如果人没有自由，他的一切行动都不得不如此，那么，我们就没有任何理由来谴责他。理性的失职源于理性的不成熟或被蒙蔽，也就

---

① 康德：《纯粹理性批判》，A554—555，B582—583。

是"心学"所说的"良知"的泯灭或暗淡。对于一个恶徒,我们常说,这个人丧尽"天良",禽兽不如。这意思是说,此人的良知或理性暗淡,几近于无。由于没有理性,没有良知,这个人的行动大都出自当下的感性欲望和自然条件,因而与动物无异,徒具人形而已。理性使人获得人的身份。人与动物之别就在于人有理性,有良知;一旦失去良知,一旦理性不发挥作用,那么人也就失去人的格位。人的格位就是人在自己位置上的存在,也就是他的自在-自由的存在,而只有当人守护于自由理性,他才是自在-自由地存在,因而才保持为自身。

理性虽然为人人所赋有,但这种"有"并不是在拥有一种现成东西意义上的有。理性不是现成的东西。人有理性说的是:人存在于理性当中,存在于一种可能性能力当中。这并不是说,理性这种能力可能有,也可能没有,它是人必定有的一种能力。我们之所以说理性是一种可能性能力,只是指理性不像现成物那样有量度上的确定性;作为人的一种能力,理性需要看护和维护,在看护中得到维持与强化。一切成熟的、有生命力的文化之核心精神都在于维护与强化人类的理性能力,它们或者以思想(哲学)的方式,或者以宗教信仰的方式来完成这一使命。而启蒙(Aufklärung)作为人类理性走向成熟的标志,则是任何民族为了获得成熟理性而必须完成和承担起来的一项使命。这一使命并不外在于理性,而是理性本身自我确立自我维护的自觉运动。启蒙之本义就是去除人类的自我蒙蔽,打开自己的理性,以便让理性独立自主地决断一切。在这个意义上,启蒙是人类以彻底的方式——让理性意识到自己的独立自主与自在-自由——维护和强化理性本身。

如果说只有守护于理性,人类才能保持自己的道德格位,那么,启蒙运动的到来则意味着人类将开辟出一个新的、更健康的道德景象,也即一个更出自自由理性本身的道德境界;一切不合乎理性之自律法则的道德规范都将被要求退出实践领域。实际上,近代以来,不仅道德领域,而且一切实践领域里发生的一系列社会解放运动在根本上都是要从各种不合乎理性之自律法则的束缚中解放出来。也就是说,启蒙使自由理性之自律法则实质上构成了近代以来各种社会解放运动的最强有力的根据。因为自由理性不仅是一切道德法则的前提,而且是人类及其个体的一切绝对尊严和绝对权利的全部根据。每个人,不管他当前的处境如何,也不管他过去有什么样的遭遇,未来又会有什么样的命运,他与所有其他个人都具有同样的绝对尊严与绝对的权利,因为他也是理性存在者,也仅仅因为他是理性存在者,因而他是自由的。理性自由的绝对无条件性使每个人出于理性的权利与尊严也是绝对的。这一方面是说,每个人出自理性的那种权利与尊严是任何其他个人不可替代的,也是任何组织不可剥夺的,不管这个组织有多么冠冕堂皇的理由。另一方面表明,正如理性的自在-自由可以穿越时-空而不受经验事物的影响一样,每个人出自理性的那种权利与尊严也超越于任何民族的历史经验及其特殊的文化观念,因此,任何个人和组织都不能以本民族的特殊历史与独特文化为理由而不尊重和维护个人的这种绝对权利与绝对尊严。自由可以穿越时-空,出自自由的权利和尊严超越于历史和民族。

　　就自由是道德与权利的根据而言,道德实践和归罪评判的存在则反证了理性的自由存在。在道德景象健康的地方,也一定是理性之自由得到更好维护与强化的地方。而在个人的权利受压制、个人的尊严遭蔑视的地方,在根本上意味着这是一个理性自由遭践踏的国度。在这种国度里,我们不可能指望会有健康的道德风范,更不可能指望会有社会的公正。因为一切健康的道德景象都必定要以理性之自律法则为基础,而任何社会公正则必定要建立在对个人之绝对权利与绝对尊严的尊重与维护上,否则,任何所谓公正都是虚假的,不值得追求的。人类没有其他社会真理,除了这种真理建立在对个人之自由因而对个人之绝对权利与绝对尊严的维护与尊重的基础上。就人本身的存在而言,他的真理性存在就是他以本相的身份存在,也就是在人自己的格位上存在,这就是他作为理性存在者自在-自由的存在。对于人本身来说,他的自由就是他的最高真理。

一切真理如果要有自己真正的真理性,都必须以自由这个最高真理为前提。在这里,人的自由存在与他的真理性存在是直接统一的。

§ 92

我们不仅可以从人本身的存在角度理解自由与真理的关系,而且可以从人的自在-自由的存在与他者之关系的角度讨论自由与真理。自由-自在的人与他者之间,就是"美",一个审美的世界。康德的《判断力批判》要沟通理性与感性,实际上,也可以被理解为要沟通自在存在者与现象。如果人以本相身份出现,也即说以自由理性的眼光去看待他者,而不仅仅以知性主体的视野去面对他者,那么,他者就不仅仅是有法则的现象,而首先是合目的性的现象,因此,现象世界显出了善(好)的光辉,因而是美的。这意味着对于理性存在者来说,现象世界首先是一个美的世界。因它是一个美的、友善的世界,我们才会进一步去追寻它的法则。如果说以人的本相身份看出的现象是一个美的、本源的真的世界,那么,以知性主体的角色所要认识、把握的现象则是一个必然的、经验的真的世界。如果现象世界首先是一个美的、友善的世界,我们才会去追寻它的法则,那么,从存在论意义上说,这意味着美是经验的真的一个必要前提。

那么,我们如何理解现象(感性)世界的合目的性存在?

当我们说,理性是一结果(行动)的无条件之条件时,也就等于说,理性作出行动之决定不受其他原因的影响,理性的决定没有原因,它只出于自身的一个普遍性目的:维护自身的普遍性而不自相矛盾。也就是说,理性的决定是以自身为目的,而不以任何其他对象为目的,理性没有对象目的。在这个意义上,理性的决定是出于一种无目的的目的。正因为理性的决定是出于以自身为目的的目的,因而是出于无(对象)目的的目的,所以,由理性之结果开始的感性事件系列(现象世界)对于理性来说是一个合目的的系列。因为既然自由理性能够完全从自身决定事物系列的开始,而它又只以自身为目的而不以任何其他事物为目的,那么,它开始的任何事物系列不管发生多大的变化,就这一系列展现了理性之自由而又不违背理性之预期(因为从理性可以预期任何事物系列)而言,这一系列对于理性来说就是合乎目的的。实际上,如果我们把不可显现的自由理性理解为"无",那么,从无开显出来的一切事物对于理性来说都是合目的性的,因为从无中可以预期任何事件,只要这种预期不自相矛盾。从理性的角度看,任何现象物都可以被视为由人的行动造成的,因而是理性的结果。因为任何现象物都是在人的"理性行动"中显现出来,在"行动"中被给予。因此,整个现象世界看起来才是一个合乎目的的、友善的世界,而不是一个完全陌生的、异己的、与"我"无关的世界。由此我们才会发现这个世界的美。也就是说,正因为这个现象世界可以被视为理性的自由行动的结果系列,这个世界看起来才是一个美的世界。如果说审美判断是以无目的的合目的性原理为前提[①],那么,这在根本上意味着美以自由为前提。

人们一般以为,美是一种纯感性的东西,因而它没有真理性,至少它的真理性要比知识(科学)的真理性弱。但是,审美原理恰恰构成了一切经验法则的一个必要前提。因为正是现象世界被意识为一个合乎目的的、因而是美的对象世界,人们才会去追究这个世界的法则。从理性的角度看,现象界的所有法则都是合乎目的的,都有益于我们(理性存在者)的目的的实现,因而都是有意义的,于是,现象及其法则才具有最终的统一性。没有这种统一性,任何经验法则都没有意义,我们甚至不会去追问任何法则。实际上,对于我们来说,这个世界首先是一个美的、和谐的、友善的世界,一个本源的真的世界,我们才会去追究它的法则性存在。在这个意义上,美的世界是知识(经验)的世界的一个必要前提,本源的真是经验的真的必要前提。

---

① 参见康德《判断力批判》,"导言",XXVIII — XXIX。

主要参考文献

Immanuel Kant:

    Kritik der reinen Vernunft. Werkausgabe, Band III, IV. Herausgegeben von Wilhelm Weischedel, Frankfurt am Main, 1974

    Kritik der Urteilskraft. Werkausgabe, Band X. Herausgegeben von Wilhelm Weischedel, Frankfurt am Main, 1974

    Kritik der praktischen Vernunft. Werkausgabe, Band VII. Herausgegeben von Wilhelm Weischedel, Frankfurt am Main, 1974

    Die Metaphysik der Sitten. Werkausgabe, Band VIII. Herausgegeben von Wilhelm Weischedel, Frankfurt am Main, 1974

    Der Streit der Fakultäten. Kants Werke, Band VII. Herausgegeben von Ernst Cassirer, Berlin, 1916

Martin Heidegger:

    Kant und das Problem der Metaphysik. Gesamtausgabe, Band III. Frankfurt am Main, 1991

    Was ist Metaphysik? Frankfurt am Main, fünfzehnte Auflage, 1998

Arthur Schopenhauer:

    Die Welt als Wille und Vorstellung. Zürcher Ausgabe, Werke in zehn Bänden, Band

I—IV. 1977

G. W. F. Hegel:

Phänomenologie des Geistes. Suhrkamp Verlag Frankfurt am Main, 1970

小逻辑. 贺麟译. 商务印书馆, 1980

哲学史讲演录. 贺麟, 王太庆译. 商务印书馆, 1960

Plato:

Platos Gesamtausgabe, Band Ⅲ, Ⅳ. Verlag von Artermis, 1974

理想国. 郭斌和, 张竹明译. 商务印书馆, 1994

Aristoteles:

Metaphysik. übersetzte von Eugen Rolfes. Verlag von Felix Meiner, 1920

Kategorie. übersetzte von Eugen Rolfes. Verlag von Felix Meiner, 1920

形而上学. 吴寿彭译. 商务印书馆, 1997

范畴篇. 方书春译. 商务印书馆, 1959

培根:

新工具. 许宝骙译. 商务印书馆, 1984

笛卡尔:

第一哲学沉思集. 庞景仁译. 商务印书馆, 1986

叶秀山:

思·史·诗. 人民出版社, 1987

后　记

在《时间与永恒——论海德格尔哲学中的时间问题》一书的后记里我曾说,我对时间问题的兴趣始于对康德哲学的兴趣。实际上,真正让我不仅对哲学有了兴趣,而且对哲学有了信心,都源于康德哲学。对哲学的信心在根本上就是对理性的信心,对自由的信心,因而也就是对每个人之绝对尊严与绝对权利的信心。本书既是对康德哲学的阐释,也是作者确立起这种信心的自我表达。哲学意义上的信心必是一种自觉,它必须通过自我表达来完成和维护。对于我们来说,对理性自由的自觉以及对此自觉的确立依然是一项尚待完成的哲学使命。

在 20 世纪,下面这首诗曾经响彻中国上空:

> 生命诚可贵,爱情价更高。
>
> 若为自由故,二者皆可抛。

它在 20 世纪几代中国人心中激起过指点江山的如虹气概。然而,当激情过后,历史作为结果却向我们表明,自由这个近代哲学最核心的问题并没有在我们汉文化语言中得到真正的自觉与确立。但是,近代之所以为近代,或者说,近代之别于中世纪,就在于近代社会不仅奠定在真理(思维)原则之上,而且首先奠定在自由原则之上。也就是说,近代社会首

先是从自由原则那里获得合法性根据的。理性自由的自律法则,因而理性
存在者的绝对尊严与绝对权利,是否在一个民族的文化-语言中得到自觉
与确立,这在根本上意味着近代对于这个民族来说是否是可能的问题。这
也就是真理与自由构成了本书理解康德哲学之线索的理由,作者试图以此
工作来践行在汉文化-语言中对自由的自觉与维护。

感谢德国 Konrad Adenauer Stiftung 的资助,使我有机会到马堡
(Marburg)大学哲学系就康德哲学研究进行学术访问。本书按原计划包括
对康德三大批判的阐释,但是由于时间和篇幅的限制,实际上只完成了
对《纯粹理性批判》的阐释,余下的工作有待以后完成。本书的第一到第六
章完成于国内,由我妻子帮助我输入电脑,其余部分完成于马堡。第一到
第五章曾作为中国社科院青年自选课题的结果提交给王树人、赵敦华、谢
地坤三位教授审阅,第一章的亚里士多德部分(这部分曾作为单独的论文
发表在北京大学哲学系编的《哲学门》2000 年第二卷上)曾提交给叶秀山先
生审读,我的同事马寅卯、赵广明、周迈也曾看过部分内容,他们都提出过
我十分愿意接受的意见。意外重逢于马堡的朋友 Y 在我最紧张的时候为
我付出了许多时间和精力,让我非常愉快地度过了这段时光。在此谨向他
们表示谢忱。这里还要对江苏人民出版社的领导以及其他同仁对"纯粹哲
学丛书"的支持深表敬意。江苏人民出版社周文彬先生对本书的写作一直
给予持续的关注,并提出过十分中肯的意见,这是我要向他特别致谢的。
还要说明的是,由于有关参考书的相关材料均留在国内,所以这里所列的
参考书目是不完整的,特别是中文方面。此外,有关康德哲学的重要概念
的汉译也有必要作出专门的说明,这一工作我也只能留待晚些时候来做。

黄裕生

2002 年 7 月 26 日于 Marburg an Lahn

再版后记

　　这本书作为"纯粹哲学丛书"第一辑的一部作品,由江苏人民出版社出版于 2002 年。后来出过精装本与其他版本,都没有改动,这次再版,除了校正一些错别字以外,也没有其他改动。

　　在这本书再版之际,不由想起二十多年前的南京之行。2001 年春季,叶秀山、王树人两位先生带着学术版《西方哲学史》各分卷主编及部分作者访问江苏人民出版社,商讨这套八卷本《西方哲学史》的写作和出版事宜。正是在这次南京之行,我向时任哲学编辑部主任的周文彬先生提出出版一套既有专业深度又有原创思想的"纯粹哲学丛书"的理念。周文彬先生虽表示有兴趣,但不置可否,我以为就这样不了了之了。出乎我意料之外的是,回北京一周后,就接到了周先生电话,他说:"吴源社长支持'纯粹哲学丛书'计划,可以马上启动。"我把这一消息告诉叶先生,他也很高兴。但对是否担任丛书主编,叶先生有犹豫。我把为什么叫"纯粹哲学"的想法告诉了他,并表示这样的纯粹哲学精神正体现了他的哲学精神。非常幸运的是,叶先生不仅同意主编这套丛书,而且为丛书先后写了两篇序言,对"纯粹哲学"做了深入的阐释。同样幸运的是,这套丛书不仅得到吴源、周文彬等老一代出版人的支持,也得到杨建平、戴亦梁等新一代出版人的持续支持。这里，要借此机会，对江苏人民出版社新老出版人表示谢意，感谢他们对学术出版的贡献。

按原计划，在完成这部作品之后，紧接着要写它的姐妹篇《自由与希望》，以完成康德另两个批判的讨论。但二十年过去了，这部停留在笔记里的作品迄今仍未完成。这除了因为写作计划的变化外，还因为受一个冲动的引导，那就是脱离文本进行思考与写作，也就是出于自己而思考一写作。对经典文本的研读与阐释既被我视为一种与那些站在历史节点上的伟大思想者进行对话，也被我视为一种思想的自我操练。于我而言，无论是对话还是操练，其目的都指向独立思想；换个角度说，都是为了摆脱这样一种流行性状态：不凭借文本便无法展开对问题的思考——这也就是一种不独立的状态，一种不生产思想的思想状态。摆脱文本，脱离依仗，以直面问题本身，直面事物本身的方式展开思考，让我获得一种解放感与自由感。在这种不依凭文本展开对问题的追究与讨论的努力中，问题成了切己的问题，思考成了自己打开自己的道路。哲学的确就是一种助产术：它帮助每个从事哲学的人生出自己。一个能够独立面对事物，独立思考问题的人，才有人所应当成就的那个自己。生出这样的自己，才可能生出真正的思想。每个从事哲学的人都有一个隐秘的目标，那就是成为生育者——成为自己的生育者而成为思想的生育者。

当然，这并不意味着对伟大文本的研究不重要，更不意味着我对这些文本的忽视，相反，它们一直构成我偏离原计划的思考活动的参照系。虽然偏离了原写作计划，却也并非告别了康德，《自由与希望》仍在陆续的写作中，只是当有问题成为我的急迫时，我便会把它放下，而优先面对问题。但愿这篇后记会成为自己尽快完成《自由与希望》的新起点。

黄裕生

2023 年 5 月 30 日于清华大学蒙民伟人文楼

"纯粹哲学丛书"书目

《哲学作为创造性的智慧:叶秀山西方哲学论集(1998—2002)》 叶秀山 著

《真理与自由:康德哲学的存在论阐释》 黄裕生 著

《走向精神科学之路:狄尔泰哲学思想研究》 谢地坤 著

《从胡塞尔到德里达》 尚杰 著

《海德格尔与存在论历史的解构:〈现象学的基本问题〉引论》 宋继杰 著

《康德的信仰:康德的自由、自然和上帝理念批判》 赵广明 著

《宗教与哲学的相遇:奥古斯丁与托马斯·阿奎那的基督教哲学研究》 黄裕生 著

《理念与神:柏拉图的理念思想及其神学意义》 赵广明 著

《时间性:自身与他者——从胡塞尔、海德格尔到列维纳斯》 王恒 著

《意志及其解脱之路:叔本华哲学思想研究》 黄文前 著

《真理之光:费希特与海德格尔论 SEIN》 李文堂 著

《归隐之路:20 世纪法国哲学的踪迹》 尚杰 著

《胡塞尔直观概念的起源:以意向性为线索的早期文本研究》 陈志远 著

《幽灵之舞:德里达与现象学》 方向红 著

《形而上学与社会希望:罗蒂哲学研究》 陈亚军 著

《福柯的主体解构之旅:从知识考古学到"人之死"》 刘永谋 著

《中西智慧的贯通:叶秀山中国哲学文化论集》 叶秀山 著

《学与思的轮回:叶秀山 2003—2007 年最新论文集》 叶秀山 著

《返回爱与自由的生活世界:纯粹民间文学关键词的哲学阐释》 户晓辉 著

《心的秩序:一种现象学心学研究的可能性》 倪梁康 著

《生命与信仰:克尔凯郭尔假名写作时期基督教哲学思想研究》 王齐 著

《时间与永恒:论海德格尔哲学中的时间问题》 黄裕生 著

《道路之思:海德格尔的"存在论差异"思想》 张柯 著

《启蒙与自由:叶秀山论康德》 叶秀山 著

《自由、心灵与时间:奥古斯丁心灵转向问题的文本学研究》 张荣 著

《回归原创之思:"象思维"视野下的中国智慧》 王树人 著

《从语言到心灵:一种生活整体主义的研究》 蒉益民 著

《身体、空间与科学:梅洛－庞蒂的空间现象学研究》 刘胜利 著

《超越经验主义与理性主义:实用主义叙事的当代转换及效应》 陈亚军 著

《希望与绝对:康德宗教哲学研究的思想史意义》 尚文华 著

《多元与无端:列维纳斯对西方哲学中一元开端论的解构》 朱刚 著

《哲学的希望:欧洲哲学的发展与中国哲学的机遇》 叶秀山 著

《同感与人格:埃迪·施泰因的交互主体性现象学研究》 郁欣 著

《从逻辑到形而上学:康德判断表研究》 刘萌 著

《重审"直观无概念则盲":当前分析哲学语境下的康德直观理论研究》 段丽真 著

《道德情感现象学:透过儒家哲学的阐明》 卢盈华 著

《自由体系的展开:康德后期伦理学研究》 刘作 著

《根本恶与自由意志的限度:一种基于文本的康德式诠释》 吕超 著

《现代性中的理性与信仰张力:近代西方国家意识的建构及其困境分析》 尚文华 著